Korsika

Norbert Nepaschink
Karl Wolfgang Biehusen

DUMONT RICHTIG REISEN

Inhalt

Korsika – Eine Inselkunde

Reisen auf Korsika

Calvi und die Balagne

Bastia, das Nebbio und Cap Corse

Inhalt

Inhalt

Tips & Adressen

Verzeichnis der Karten und Pläne

Nonza, Cap Corse ▷

Korsika – Eine Insel-kunde

Der Mythos Korsika

Die alten Griechen nannten Korsika *Kalliste*, ›die Schönste‹. Sie waren keine Werbepsychologen sondern gute Beobachter und haben Tourismusmanagern von heute das Stichwort geliefert: ›Insel der Schönheit‹. Es hat lange gedauert, bis die landschaftlichen Reize Korsikas wiederentdeckt wurden. Für den französischen Schriftsteller Stendhal (1783–1842) war Korsika »eine große Anhäufung von Gebirgen, die mit kargen Waldungen umkränzt und von tiefen Tälern durchfurcht sind. Auf dem Grund dieser Täler«, fuhr er fort, »trifft man ein wenig bebaubare Erde und einige wilde, nicht sehr zahlreiche Volksstämme, die von Kastanien leben. Diese Leute geben nicht das Bild einer Gemeinschaft wieder, sondern eher das einer Ansammlung ausschließlich durch die Notwendigkeit zusammengeführter Einsiedler«, die nur zwei Dinge im Sinn hätten: »sich an ihren Feinden zu rächen und ihre Frauen zu lieben«.

Die letzte Bemerkung ist bezeichnend für den Mythos über die korsischen Männer, die lustvoll zu Mördern werden, weil das Gesetz der Ehre und Blutrache es befiehlt. Er ist bis heute zum Nachteil der Insel wirksam geblieben: Meldungen von Bombenanschlägen und Attentaten finden sofort ihren Weg in die Zeitungen und Nachrichtensendungen, während positive Berichte eher selten sind. Wer weiß beispielsweise, daß in Ajaccio eine der größten Sammlungen italienischer Renaissancemalerei Europas zu sehen ist?

Französische Romantiker haben im 19. Jh. Korsikas Gruselimage begründet und gepflegt. Noch bevor er die Insel besucht hatte, schuf Prosper Mérimée (1803–70) mit seiner Novelle ›Mateo Falcone‹ (1829) das Bild des blutrünstigen Korsen, dem die Ehre wichtiger als sein eigen Fleisch und Blut ist. Er erzählt die Geschichte eines Korsen von altem Schrot und Korn, der seinen eigenen Sohn erschießt, weil er einen Banditen an die Polizei verraten und ihn somit entehrt hatte. Ähnlich finster geht es in seinem wohl bekanntesten Werk zu, der Novelle ›Colomba‹ (1840), die er nach seiner ersten Korsika-Reise veröffentlichte. Im Mittelpunkt der Handlung steht die Vendetta, die korsische Blutrache.

Prosper Mérimée hat sich freilich auch in positiver Hinsicht um Korsika verdient gemacht. In seinem 1840 erschienenen Reisebericht ›Notes d'un voyage en Corse‹ machte er die Öffentlichkeit erstmals auf die Fülle der bislang größtenteils völlig unbekannten Zeugnisse einer spannenden Geschichte aufmerksam. Im Auftrag der französischen Regierung reiste er 53 Tage durch die Macchia und stieß auf unentdeckte Kulturdenkmäler: prähistorische Menhire mit menschlichen Zügen, einsame pisanische Kirchen, trutzige Wehrtürme und verträumte Festungen.

Gänzlich fremd war Korsika zu jener Zeit freilich nicht. Dafür hatte u. a. der schottische Reisende James Boswell mit seinem 1769 veröffentlichten Buch ›An account of Corsica, the journal of a tour to the island and memoirs of P. Paoli‹ gesorgt. Mit dieser Werbeschrift für den Freiheitskampf der Korsen und ihren Führer Pasquale Paoli entfachte der Autor eine europaweite Korsika-Begeisterung. »Ein Land in Europa gibt es noch, das fähig ist, sich seine Gesetze zu geben: die Insel Korsika. Die Tapferkeit und Beständigkeit, mit der dieses Volk

Bergdorf Sant'Antonino

es verstand, seine Unabhängigkeit wiederzuerlangen und zu verteidigen, würden es verdienen, daß ihm irgendein Weiser beistünde, sie zu erhalten«, merkte Jean-Jacques Rousseau im ›Contrat social‹ (1762) an – und blieb der unruhigen Insel lieber fern.

Im gleichen Jahr, als Boswells Buch erschien, wurde Napoleon Bonaparte auf der just französisch gewordenen Insel geboren. Er machte seine Heimat für immer berühmt und sicherte ihr erst die Neugier seiner Biographen und über sie die Aufmerksamkeit von Reisenden. Der deutsche Historiker Ferdinand Gregorovius gehörte dazu, der als einer der ersten Korsika-Reisenden der Landschaft besondere Beachtung schenkte. Sein Reisebericht ›Korsika. Historische Skizzen und Wanderungen im Jahre 1852‹ ist bis heute eine nützliche Ergänzung zu aktuellen Reiseführern.

Heute ist die vielfältige Landschaft der stärkste Trumpf des Urlaubslandes Korsika. Schroffe Berge mit verschneiten Gipfeln wechseln mit tiefen Schluchten und den vielleicht schönsten Wäldern im gesamten Mittelmeerraum ab, durchzogen von ungestümen Flüssen, die sich in das stets nahe Meer regelrecht zu stürzen scheinen. Das Dorf, das hinter der Kurve auf einem Felsen thronend in Sicht kommt, mutet wie das schönste an, bis es vom nächsten übertroffen wird. An der Küste setzt sich die unglaubliche Formenvielfalt korsischer Landschaft fort: An endlosen Sandstränden und atemberaubenden Steilküsten findet jeder seinen Lieblingsplatz, und eine Stadt mit genuesischer Festung und malerischen Altstadtgassen ist immer in der Nähe. Die landschaftlichen Extreme und Höhepunkte liegen so dicht beieinander, daß man überall Quartier nehmen kann, ohne sich für eine bestimmte Art von Urlaub festzulegen: Morgens Strand, mittags Berge und abends Kultur – ein abwechslungsreiches Tagesprogramm läßt sich problemlos zusammenstellen.

Bisher ist Korsika vom ausgesprochenen Massentourismus verschont geblieben; unansehnliche Hotelkomplexe bilden die Ausnahme – gerade dies macht den Reiz des wunderschönen Eilandes aus. Das abschreckende Beispiel anderer Mittelmeerküsten mahnt zum behutsamen Umgang mit den Ressourcen der Insel, ohne ihr ökologisches und soziales Gleichgewicht zu stören.

Schwarzer Kopf auf weißem Grund
Das korsische Wappen

Er weht über Supermärkten und Campingplätzen, ziert Autos und die Büros nationalistischer Organisationen: der Kopf eines schwarzen Mannes mit weißer Stirnbinde – der Mohrenkopf, *Tête de Maure*. Über die Herkunft, Geschichte und Bedeutung des korsischen Wappens ist viel diskutiert und gerätselt worden. Inzwischen gilt als sicher, daß es aus der Zeit der Reconquista stammt, als sich siegreiche christliche Ritter mit den Köpfen erschlagener Muslime brüsteten. Als heraldisches Zeichen kam der Mohrenkopf wohl mit den Aragonesen nach Korsika. Deren Einfluß war auf Korsika nur kurz, aber auf Atlanten wurde der Kopf fortan als Kürzel für Korsika verwendet.

Auf Sardinien, wo sich die Spanier für Jahrhunderte festsetzten, hinterließen sie eine Fahne mit gleich vier Mohren- oder Maurenköpfen, allerdings tragen diese eine Augenbinde. Verbundene Augen hatte auch der schwarze Kopf, den König Theodor I. (s. S. 37) 1736 auf Korsika zum offiziellen Wappen seines kurzlebigen Inselreiches machte. Erst Pasquale Paoli blieb es angeblich vorbehalten, dem schwarzen Mann die Augenbinde von den Augen auf die Stirn zu schieben: als Zeichen der Befreiung von der Fremdherrschaft.

Korsika auf einen Blick

Größe und Verwaltung: Die französische Region *Corse* ist mit 8680 km^2 nach Sizilien und Sardinien die drittgrößte Insel des westlichen Mittelmeeres. Sie ist aufgeteilt in die Départements Haute-Corse (141 600 Einwohner, Hauptstadt Bastia, 38 000 Einwohner) und Corse du Sud (118 600 Einwohner, Hauptstadt Ajaccio, 53 000 Einwohner). Ajaccio ist gleichzeitig Inselhauptstadt und Sitz des Regionalparlaments.

Lage und Ausdehnung: Die Insel liegt zwischen dem 41. und 43. Grad nördlicher Breite und dem 8. und 10. Grad östlicher Länge. Sie verfügt über eine 1047 km lange, abwechslungsreiche Küstenlinie. Von Norden nach Süden mißt sie 183 km, die Ost-West-Ausdehnung beträgt maximal 83 km. Vom französischen Festland (Nizza) ist Korsika 180 km entfernt, zwischen dem italienischen Livorno und der Insel sind 85 km auf dem Ligurischen Meer zu überwinden. Von der Nachbarinsel Sardinien trennt Korsika die 12 km breite Wasserstraße von Bonifacio.

Bevölkerung: Auf der dünn besiedelten Insel leben über 260 000 Menschen, dies entspricht einer Bevölkerungsdichte von 30 Einwohnern/km^2 (Frankreich: 106 Einwohner/km^2). Die Arbeitslosigkeit liegt in Korsika bei knapp 12 %, schwankt jedoch saisonbedingt. Fast 80 % aller Arbeitsplätze finden sich im Dienstleistungssektor, vor allem im öffentlichen Dienst und im Tourismus, dem wichtigsten Wirtschaftszweig in Korsika. Die Landwirtschaft, hier dominiert der Weinbau im Norden, bietet noch fast 6 % der Arbeitsplätze. Im produzierenden Sektor sind nur knapp 16 % der Korsen beschäftigt, überwiegend im Bauwesen oder in kleinen, eher handwerklichen Betrieben.

Sprache: Korsisch; Amts- und Verkehrssprache Französisch.

Geologisches: Das Gebirge im Meer

Zwei Gebirgsmassive bestimmen die geologische Gliederung der Insel. Das größere von ihnen erhebt sich im Nordwesten bei Calvi und L'Ile-Rousse aus dem Meer, erreicht schon 25 km landeinwärts mit dem Monte Cinto (2706 m) seinen höchsten Gipfel, setzt sich in Richtung Südosten mit mehr als 70 weiteren Zweitausendern diagonal über die ganze Insel fort und versinkt sanft ausrollend im Südosten zwischen Solenzara und Bonifacio im Wasser des Mittelmeeres. 12 km südlich von Korsika taucht das Land als Sardinien wieder aus dem Meer auf.

Weiße Kreidefelsen kommen im Süden bei Bonifacio zum Vorschein, doch insgesamt besteht das westkorsische Massiv aus Granitgestein. Es wirkt mit

Die weißen Kreidefelsen von Bonifacio

Wind und Wetter

Das Wetter kann sich auf Korsika sehr schnell ändern. Auf einen raschen Witterungswechsel sollten sich vor allem Bergwanderer und Wassersportler einstellen. Verantwortlich sind in erster Linie die verschiedenen Winde, die auf einer Insel naturgemäß eine große Rolle spielen und alle mit einem eigenen Namen gewürdigt werden. Besonders heftig und häufig weht der **Libecciu.** Der im Sommer meist warme Südwestwind bringt im Winter Regen und kann auch unangenehm böig und kalt ausfallen. Da er vornehmlich im Süden der Insel (in Bonifacio 192 Tage im Jahr) und an der Westküste vom Cap Corse (174 Tage im Jahr) dominiert, sind die verlockenden Surfreviere dort eher eine Sache für Könner. Der reine Westwind heißt **Ponente.**

Von Nordwesten kommt der böige, trockene und kalte **Maestrale,** der einen Teil seiner Kraft zuvor als **Mistral** in der Provence eingebüßt hat. Doch kann er vor allem im Westen Korsikas das Wasser heftig aufpeitschen. Zum Glück eher selten bricht der **Tramontane**, ein kalter Winterwind, von jenseits der Alpen ein. Aus Nordost bringt der **Gregale** dem Inselnorden Regen, dem Süden dagegen Trockenheit. Der **Levante** weht aus dem Osten und erzeugt ein feuchtwarmes Klima ähnlich dem **Scirocco,** der überdies gewitterträchtig und damit für Bergwanderer gefährlich ist.

Die Sommer sind im westlichen Mittelmeer warm und regenarm, die Winter recht mild und regenreich. Ab April und bis in den Oktober hinein kann man baden oder sich zumindest sonnen. Die Wassertemperaturen steigen bis auf 25 °C an, im Winter sinken sie nicht unter 10 °C. Wem es an der Küste zu heiß wird – nicht selten klettert das Thermometer im Juli und August über 30 °C –, der braucht von jedem Ort der Küste nur wenige Kilometer zu fahren, um ins deutlich kühlere und waldreiche Gebirge zu gelangen. Hier bestimmen verschiedene Klimazonen das Wetter.

In der ersten Gebirgsstufe bis etwa 1000 m nehmen die Niederschläge bereits spürbar zu, im wesentlichen jedoch von November bis Februar. In der anschließenden montanen Zone (1000–1800 m) regnet es schon im Oktober häufiger und heftiger. Ab Dezember schneit es in ›normalen‹ Wintern; in Höhen über 1500 m dauern die Schneefälle oft bis zum April an. Die wichtigsten Pässe – Col de Bavella (1218 m), Col de Verde (1289 m), Col de Vergio (1477 m) und Col de Vizzavona (1163 m) – sind in dieser Zeit manchmal gesperrt.

Die subalpine Stufe (2000 m) – in ihr gedeiht nur noch einiges Buschwerk – geht ganz allmählich in die karge alpine Zone über, die für kurze Zeit im Jahr eine wahre Blütenpracht schmückt (s. S. 20). Dieses Revier für Wanderer und Bergsteiger erschloß bereits Ende des 19. Jh. der Stuttgarter Alpinist Felix von Cube, ein Erstbezwinger so manchen korsischen Gipfels. In Anerkennung seiner Leistung ist nach ihm ist ein Gipfel im Cinto-Massiv benannt.

seinen parallel in südwestlicher Richtung verlaufenden Bergketten wie ein lose über die Insel gezogenes, Falten werfendes Tuch. Tatsächlich handelt es sich um ein Faltengebirge, haben tektonische Verwerfungen das Urgestein in die Höhe gepreßt. In Grabenbrüchen sprudeln vielerorts mineralische Quellen an die Oberfläche. Ortsnamen wie Guagno-les-Bains weisen darauf hin, daß man sie mehr oder weniger effektiv zu nutzen weiß.

Mineralische Zusätze sind es auch, die für die verschiedenen Färbungen des Urgesteins Granit sorgen, etwa für das auffällige Rot der Felsen in der Calanche, das auf Porphyrzusätze zurückzuführen ist. Feldspat, das am häufigsten vorkommende Mineral, führt zu den unterschiedlichsten Farbschattierungen, Quarze lassen das Gestein glänzen und schimmern. Eigentlich fehlt nur der Feuerstein in dieser Vielfalt – ihn mußten schon die Inselbewohner in der Steinzeit importieren.

Alkalische Beimischungen haben der Insel eine Attraktion beschert, die zumindest in ihrer Häufigkeit ungewöhnlich ist: die sogenannte Tafoni-Verwitterung, eine loch- oder höhlenartige Verwitterung in Graniten (korsisch *tafonare* = durchlöchern). Kleine Steine und riesige Felsen können wie ein Schweizer Käse durchlöchert sein oder weisen Dellen und Höhlungen auf. Manche Felsbrocken sind fast völlig ausgehöhlt, andere sind zu bizarren und phantastischen Figuren erodiert und machen die Calanche, wo die Tafoni am häufigsten vorkommen, zum touristischen Pflichtprogramm.

Im waldreichen westlichen Granitgebirge haben die meisten Flüsse ihre Quellen. Allen voran der 84 km lange Hauptfluß Korsikas, der Golo, der im Cinto-Massiv entspringt und südlich von Bastia ins Meer mündet. Der zweitlängste Fluß ist mit 80 km der Tavignano, der ebenfalls an der Ostküste bei Aléria ins Meer fließt. Im Nordwesten mündet der Fango (25 km) bei Galéria ins Meer, im Westen der Porto (21 km) und im Südwesten der Prunelli (38 km), der Taravo und der Rizzanèse (jeweils 53 km). Diese und weitere Flüsse haben sich Täler gegraben, die zu den aufregendsten Naturerscheinungen der Insel gehören, wie z. B. die Scala di Santa Regina (Golo), die Tavignano-, Restonica- oder Prunelli-Schlucht.

Das erdgeschichtlich uralte westkorsische Gebirgsmassiv erhielt sein schroffes und zerklüftetes Aussehen erst im Quartär, im jüngsten Erdzeitalter, das vor ca. 1,5 Mio. Jahren begann. Die Gletscher, die die Insel während der pleistozänen Eiszeit bedeckten, hinterließen diese deutlichen Spuren und formten Kare wie den Creno- und Melo-See oder die vielen bizarren Gipfel und tiefeingeschnittenen Täler. Bergketten und Täler des Massivs reichen z. T. weit ins Meer hinein und bilden im Westen eine stark zerklüftete Küstenlinie mit Buchten, die an norwegische Fjorde oder die Rias-Küste im Nordwesten Spaniens erinnert.

Ein tektonischer Graben teilt die Insel in zwei Hälften. Diese ›natürliche‹ Grenze verläuft in etwa entlang der Linie L'Ile-Rousse–Corte–Solenzara und entspricht somit der Grenze zwischen den Départements Haute-Corse und Corse du Sud. Nordöstlich dieses Grabens erhebt sich die zweite, jüngere Gebirgsformation der Insel. Sie besteht vor allem aus kristallinem Schiefer, der stellenweise als Serpentin grünlich schimmert. Das östliche Schiefergebirge ist wesentlich kleiner als das westkorsische Granitmassiv, sein höchster Berg ist der Monte San Petrone mit 1767 m. Wie ein ausgestreckter Finger bildet dieses Schiefergebirge nördlich von Bastia die Halbinsel Cap Corse mit deren höchstem Berg, dem Monte Stello (1307 m).

Südlich von Bastia erstreckt sich, von den Bergen der Castagniccia nur auf einer kurzen Strecke verengt, eine breite Flachlandzone bis nach Solenzara. Sie ist aus alluvialen und pleistozänen Ablagerungen entstanden, wurde also von den Flüssen angeschwemmt. So entstand die einzige größere Ebene Korsikas, auf der industriell betriebene Landwirtschaft möglich ist. Weiße Strände und Lagunen, die sogenannten Etangs, sind charakteristisch für die Wasserfront der Plaine Orientale, wie die östliche Schwemmlandebene genannt wird.

Flora: Tiefe Wälder und dichte Macchia

So wie die waldreiche Bergwelt Korsikas mag einmal der gesamte Mittelmeerraum ausgesehen haben, bevor der seit der Antike andauernde Raubbau die natürlichen Ökosysteme veränderte. Die üppigen Wälder verdankt die Insel der Unzugänglichkeit ihrer Bergregionen: Es war und ist auf Korsika nach wie vor schwierig, Holz zu schlagen und abzutransportieren. Wo der Wald dennoch verschwand, wucherte die schier undurchdringliche Macchia, die, in Ruhe gelassen, wieder zum Wald wird. Wald und Macchia bilden neben den Strand- und Küstengebieten die wichtigste touristische Attraktion Korsikas und sind gleichsam Markenzeichen der Insel.

Der Wald

Die Größe der Waldflächen Korsikas wird mit 150 000–250 000 ha (etwa ein Drittel der Gesamtfläche) angegeben. Die unterschiedlichen Zahlen resultieren wahrscheinlich aus der Schwierigkeit, genau abzugrenzen, wo die Macchia aufhört und der Wald beginnt. Korsikas

Alles überwuchernde Macchia: Kirchenruine bei Barcaggio, Cap Corse

Korkeichenernte bei Porto-Vecchio: Vorsichtig wird die kostbare Rinde abgenommen

Hauptbaumarten sind Schwarz- und Strandkiefer, Buche, Stein- und Korkeiche. Der größte Teil der Wälder wird forstwirtschaftlich genutzt, zeichnet sich aber dennoch vielfach durch Mischbestände aus.

Auf der mediterranen Vegetationsstufe, besonders im Süden zwischen Porto-Vecchio und Figari, beeindrucken ausgedehnte Korkeichenwälder. Sind ihre Stämme frisch geschält, leuchten sie in rötlich-braunen Farben. Bis zu zwölf Jahre dauert die Regenerationsphase der Korkrinde. Im Inselnorden dominiert die immergrüne Steineiche, der klassische waldbildende Baum des gesamten Mittelmeerraums. Sie wird bis zu 20 m hoch und ist nicht auf die mediterrane Stufe beschränkt, sondern wächst auch noch in Höhen von über 1500 m.

Vor allem in der östlichen Küstenebene trifft man häufig auf den Eukalyptus, auch Fieberbaum genannt, da man einst annahm, sein starker Duft vertreibe die Anopheles-Mücken. Heute weiß man, daß er dem sumpfigen Boden das Wasser entzieht und den Malariaüberträgern damit den Lebensraum nimmt.

Schließlich wird der wohl typischste Baum des mediterranen Raums auch auf Korsika gepflanzt, der Öl- oder Olivenbaum. Man findet ihn überall in den Ebenen und den Terrassenkulturen der Berghänge. Damit die Früchte nicht einzeln aufgelesen werden müssen, breitet man Netze unter den Bäumen aus, in die diese fallen oder geschüttelt werden. Wo der Ölbaum und seine Wildform, der Oleaster, wachsen, gedeihen auch Mandeln, Zitrusfrüchte, Pfirsiche, Aprikosen, Quitten, Feigen, Granatäpfel und Haselnüsse.

Platanen, Pinien, Lorbeer, Mimosen, Bougainvilleas, Agaven, Opuntien (vor allem Feigenkaktus) und Palmen bestimmen die Vielfalt der Küstenvegetation. Diese Pflanzen prägen heute unsere Vorstellung vom mediterranen Raum, obwohl viele von ihnen aus Asien, Amerika oder gar aus Australien kommen, wie der Eukalyptus. Bereits vor 2600 Jahren machten griechische Kolonisten den Wein auf Korsika und in anderen Gegenden des westlichen Mittelmeeres heimisch.

In der Übergangsstufe bis zu einer Höhe von etwa 1000 m ist vor allem die Edelkastanie anzutreffen. Auch sie ist ein antiker Import aus dem Osten. Heute gehört sie zum Ortsbild fast aller Dörfer und bildet ganze Wälder. Die Vegetation der Region Castagniccia wird von einem 15 000 ha großen Kastanienwald dominiert. Die Früchte liefern getrocknet und gemahlen ein Mehl, das noch bis ins 19. Jh. Grundnahrungsmittel der Inselbewohner war. Die kaum noch gepflegten Bestände (s. S. 178 f.) sind heute vielfach vom Kastanienrindenkrebs befallen, die Früchte werden nur noch selten geerntet und dienen den freilaufenden Schweinen als Futter. Neben diesem ›Brotbaum‹ prägen auf gleicher Ebene Weiden, Erlen, Ulmen, Eschen, Pappeln und Ahorn die Landschaft. In den Wäldern findet man im Spätsommer und Herbst Unmengen von Pilzen.

Die beeindruckendsten Bäume wachsen in der montanen Zone über 1000 m Höhe. Im zentralen Gebirgsmassiv gibt es riesige Buchenwälder. Am auffälligsten sind freilich die korsischen Schwarz- oder Lariciokiefern, die sonst nur noch auf Sizilien und in Kalabrien zu Hause sind. Die oft meterdicken Stämme wachsen kerzengerade bis zu 50 m hoch. Besonders imposant wirken sie in kleinen Gruppen oder einzeln vor der Kulisse zerklüfteter Felsgipfel. Ihre in Windrichtung strebenden und verzweigten Kronen sind ein Wahrzeichen des korsischen Gebirges. Die Lariciokiefer trotzt nicht nur Stürmen, Schnee und Eis, sondern ist auch relativ unempfindlich gegen Feuer.

Wahrscheinlich ist es allein dieser Robustheit zu verdanken, daß es noch große zusammenhängende Schwarzkie-

Netze helfen bei der Olivenernte

fernwälder gibt. Uralte Bäume, angeblich bis zu über 1000 Jahre alt, stehen im Forêt de Bonifato (4000 ha), im Forêt de Valdo-Niello (4638 ha), im Forêt de L'Ospédale (3500 ha) und in etlichen kleineren Wäldern. Hier wachsen zudem Strandkiefer, Aleppokiefer, Tanne und Buche. Die Baumgrenze liegt zwischen 1600 und 1800 m.

Oberhalb dieser Höhe ist die baumlose subalpine Zone zunächst noch durch Erlengestrüpp, Zwergwacholder und Ebereschen gekennzeichnet. Der Übergang zur alpinen Zone erfolgt allmählich – ungemein viele Blumen blühen hier in der kurzen schneefreien Zeit von rund vier Monaten. In dieser kargen Gebirgswelt wächst eine äußerst artenreiche Flora, finden sich auch die meisten der 78 endemischen Arten Korsikas, wie u. a. der korsische Nieswurz, der korsische Krokus und die korsische Bergzwiebel.

Die Macchia

Nirgendwo tritt die mediterrane Vegetationsform der Macchia so üppig und artenreich wie auf Korsika zutage. Vielleicht bedeckt sie wirklich, wie vielfach behauptet, die halbe Insel. Aber korsische Statistiken sind in bezug auf die Unterscheidung zwischen Wald und Macchia nicht sehr aussagekräftig. Die Macchia hat die Waldgebiete oft durchsetzt und überwuchert und kann bis zu 10 m hoch wachsen. Viele Bäume kommen in beiden Biotopen vor, was nicht verwundert, da die Macchia lediglich eine Sekundärvegetation des Hochwaldes ist: Wo das Feuer raste, wächst schon bald wieder Macchia.

Der *Maquis*, wie die Franzosen ihn nennen, ist als Zufluchtsort für Verfolgte untrennbar mit der Inselgeschichte verbunden (s. S. 41 f.). Dornenbewehrte, stachelige und hartlaubige Gewächse, Bäume, Büsche und Gräser bilden einen schier undurchdringlichen Dschungel. Der Name ›Macchia‹ stammt vom korsischen Wort *Mucchio*, der Bezeichnung für eine typische Pflanze dieser Vegetation, die Zistrose. Andere typische Macchia-Pflanzen sind neben weiteren Zistrose-Arten Stein- und Kermeseiche, Steinlinde, Erdbeerbaum, Myrte, Ginster, Mastixstrauch, Wacholder, Oleaster, Wegedorn, Thymian, Rosmarin, Lavendel sowie Baumheide, ein bis zu 5 m hoher Strauch, aus dessen Wurzeln die Bruyère-Pfeifen geschnitzt werden.

Um sich vor Austrocknung durch Verdunstung zu schützen, sondern viele dieser Pflanzen aromatische Öle, gummiartige oder harzige Substanzen ab. Diese erzeugen einen Duft, dem Korsika einen seiner vielen Beinamen verdankt: *l'Ile parfumée*, ›die duftende Insel‹. Napoleon behauptete, seine Heimat schon aus der Ferne am Geruch zu erkennen. Im Frühjahr wird die Macchia zu einem besonderen Erlebnis der Sinne: Blauer Lavendel und Rosmarin, gelber Ginster, weiße und rote Zistrosen bilden dann hier und da wahre Blütenmeere und verströmen intensive Düfte.

Viele Macchia-Blumen, besonders etliche der über 40 auf Korsika heimischen Orchideenarten, sowie Krokus, Iris und Narzisse findet man in der Garrigue, einer besonders kleinwüchsigen Pflanzengemeinschaft – gewissermaßen die Kümmerform der Macchia. Sie gedeiht vor allem in Küstennähe auf unfruchtbaren Böden und unter extremen klimatischen Bedingungen. Die Bezeichnung leitet sich von der Kermeseiche ab (provenzalisch *Garoulia*), die hier als kleinwüchsiger Busch selten höher als 1 m wächst. Typische Garrigue-Pflanzen sind die aromatischen Kräuter Rosmarin, Salbei, Thymian, Lavendel, Berg-

Feuer – Die Geißel Korsikas

Existenzielle Gefahr droht dem Wald heute weniger durch profitorientierte Rodungen als vielmehr durch das Feuer, die Geißel Korsikas. Erschreckend weite Macchia- und Waldflächen sind in den letzten Jahrzehnten abgebrannt. Feuer im Wald und in der Macchia gehören zum korsischen Alltag. Die Folgen der Brände sind verheerend, ihre Ursachen umstritten. Auffallend häufig treten die Brände am Rande der industriellen und touristischen Ballungszentren auf, wie z. B. rund um Porto-Vecchio: »Da wird Bauland vorbereitet«, heißt es ganz offen auf Korsika, und alte Korkeichenhaine werden dafür vernichtet. Den Namen der Brandstifter kennen viele, doch die Polizei sieht sich einer Mauer des Schweigens gegenüber. Umweltschützer fordern als vorbeugende Maßnahme immer wieder ein generelles Bauverbot auf abgebrannten Flächen. Unter Hinweis auf die notwendige wirtschaftliche Entwicklung sträuben sich Politiker gegen diese einfache und wirkungsvolle Möglichkeit, zumindest Spekulanten von der Brandstiftung abzuhalten.

Schon der Mangel an gutem Weideland hat die Hirten stets dazu verführt, der Natur durch Brandstiftung nachzuhelfen. Denn frisches Gras für Schafe und Ziegen wächst nur auf den Lichtungen der Wälder und ist das erste, was auf Brandflächen wieder sprießt. Die meisten Brände wüten jedoch in der Macchia, also in jenem Buschland, das brachliegendes Kulturland oder ver-

brannte Waldflächen innerhalb weniger Jahre in undurchdringliches Dickicht verwandeln kann und die Bekämpfung von Bränden ungemein erschwert. Viele Pflanzen der Macchia sind zudem reich an ätherischen Ölen und daher leicht entzündbar. Das Feuer bedroht immer wieder Dörfer, da die wenigen Bewohner die umliegenden Terrassen oft längst der wuchernden Macchia überlassen haben.

Doch gegen Ignoranz und ökonomische Skrupellosigkeit bildet sich zunehmend Widerstand – nicht zuletzt, weil immer mehr Korsen erkennen, daß auch die scheinbar unendliche Natur ihrer grünen Insel verbrauchbar ist. Dörfer gründen über die Gemeindegrenzen hinweg Feuerwachen und Selbsthilfegruppen und ergreifen vorbeugende Maßnahmen.

minze, Ysop und Raute, die herrliche Düfte verbreiten.

Fauna: Jäger und Gejagte

Seit 1956 ist die Jagd auf das korsische Symboltier, das Mufflon, verboten. Seit etwa 20 Jahren stagniert der Bestand dieser scheuen Kletterkünstler bei 500 bis 800 Tieren, die im Hochgebirge der Insel ihr Rückzugsgebiet haben. Um 1900 gab es noch über 5000 Mufflons. Neben der touristischen Erschließung der Hochgebirgsregionen als Wander- und Kletterrevier ist es auch Wilderern zuzuschreiben, daß die Population nicht wieder anwächst. Vor allem die mächtigen widderähnlichen Hörner stellen für viele Trophäenjäger eine unwiderstehliche Versuchung dar, der auch schon der korsische Hirsch zum Opfer fiel: Er war mittlerweile völlig von der Insel verschwunden, hat aber auf Sardinien überlebt und wird vorsichtig wieder angesiedelt.

Gefährlich leben auf der an Säugetierarten recht armen Insel ebenso Fuchs, Feldhase und Wildkaninchen, vor allem aber das Wildschwein. Obwohl jährlich etwa 10 000 Tiere der korsischen Jagdleidenschaft zum Opfer fallen, ist die Art nicht vom Aussterben bedroht, da ausgedehnte Macchia- und Waldflächen ein idealer Lebens- und Reproduktionsraum für die Wildschweine sind. Zusammen mit über den 30 000 halbwild lebenden Hausschweinen – sie suchen sich ihre Nahrung ebenfalls in Wald und Macchia und erhalten lediglich ein spärliches Zufutter – sind Schweine in jedem Fall die auffälligste Säugetiergattung Korsikas. In den Kastanienwaldregionen sind sie allgegenwärtig, vermischen sich häufig mit ihren wilden Artgenossen und stehen mit Vorliebe hinter der nächsten Kurve mitten auf der Straße.

Alltägliche Begegnung auf Korsikas Straßen

Die üppig grüne und nur dünn besiedelte Insel bietet auch den Vögeln gute Lebensbedingungen. Der Korsenkleiber ist sogar eine insulare Besonderheit. Zahlreich vertreten sind die mitteleuropäischen Vogelarten, darunter neben Amsel, Drossel und Fink auch Specht, Nachtigall, der auffällig bunte Eisvogel, die Krähe und der große Kolkrabe. Sie streiten sich um die Lufthoheit mit zahllosen Greifvögeln, von denen am korsischen Himmel neben Bussard, Sperber und Milan so seltene Arten wie Wander- und Eleonorenfalke, Stein- und Fischadler sowie Bartgeier kreisen. Neben den Nachtigallen sind Eulen und Käuze nachtaktiv und zahlreiche verschiedene Fledermausarten, die natürlich noch zu den Säugetieren zählen. Wasservögel wie Kormorane, Reiher, diverse Möwen- und Wildentenarten finden an den Küsten und Etangs gute Lebensbedingungen vor.

Unter den unzähligen Insekten – besonders auffällig sind die allgegenwärtigen und artenreichen Heuschrecken sowie die lautstarken Zikaden – finden sich auch der korsische Perlmuttfalter und der korsische Schwalbenschwanz, die nur hier und auf Sardinien durchs Gebirge flattern. In den Tälern schicken korsische Imker zahllose Bienenvölker auf die Pollenernte: Die Macchia liefert in ihrer Vielfalt ganzjährig Nahrung, saisonweise kommen Baumblüten hinzu und erbringen bis zu vier Ernten im Jahr.

Der korsische Gebirgsmolch sonnt sich einzig im heimischen Gebirge, häufiger trifft man dagegen auf allerlei Eidechsen, Feuersalamander oder Geckos, die sich wie Chamäleons ihrer Umgebung anpassen können. Der griechischen Landschildkröte begegnet man bei Wanderungen durchaus, Giftschlangen dagegen nicht, es kommen nur ungiftige Natternarten vor.

Imker bei Speloncato

In korsischen Binnengewässern leben Aal und Forelle. Aale schwimmen auch in den Brackwassern der Etangs, in denen besonders auch Meeräschen und Wolfsbarsche den Fischern in die Falle gehen, die dort auch Austernzucht betreiben. Die korsischen Küstengewässer sind wie das ganze Mittelmeer sehr artenreich, doch die Zahl der Meeresbewohner war nie sehr groß und ist durch moderne industrielle Fangmethoden noch mehr geschrumpft. Die wenigen korsischen Fischer holen nur kleine Fänge ein. Zwei Drittel der auf Korsika aufgetischten Meeresfrüchte sind Importe. Zwei der beeindruckendsten Meerestiere – Delphin und Finnwal – sind in erster Linie durch die umstrittene Schleppnetzfischerei bedroht, jedoch mit etwas Glück von Bord der Fähren zu beobachten. Und da es nach alter Seemannstradition auch Glück bringen soll, wenn man einen Delphin springen sieht, sollte man bei der Fähranfahrt die Wasserfläche nicht aus den Augen lassen.

Eine Mittelmeergeschichte

Griechen, Römer, Goten, Vandalen, Byzantiner, Sarazenen, Spanier, Pisaner, Genuesen, Franzosen, sogar Deutsche und Engländer: Sie alle haben sich irgendwann auf Korsika blicken lassen und mehr oder weniger lange die Geschichte der Insel und ihrer Bevölkerung geprägt. Als strategisch günstiger Stützpunkt für Seefahrer und Armeen sah sich Korsika den ständigen Angriffen fremder Mächte ausgesetzt. Immer wieder haben sich Korsen kräftig in die Händel der Mächtigen dieser Welt eingemischt. Korsen kämpften bis in die Gegenwart an allen Fronten und in allen Ländern – vor allem aber auf der eigenen Insel. In den Auseinandersetzungen auf und um Korsika verwickeln sich externe Großmachtansprüche unentwirrbar mit internen Sozial- und Machtkämpfen. Fließend sind deshalb die Grenzen zwischen heroischer Tat und heimtückischem Mord, zwischen Aufopferung und Verrat.

Krieger und Kolonialisten

Friedlich scheint es nur im korsischen Neolithikum zugegangen zu sein. Keramikgefäße und das Skelett der ›Dame von Bonifacio‹, die um 6750 v. Chr. starb (Museum von Levie, s. S. 234), zeugen von jener Zeit, als Jäger, Fischer und Sammler im Süden Korsikas lebten. Schon für das 6. Jt. v. Chr. lassen sich Kontakte mit den Nachbarn im Süden nachweisen. Werkzeuge und Waffen aus Feuerstein und Obsidian, beides Materialien, die auf Sardinien, aber nicht auf Korsika vorkommen, deuten auf Handelsverbindungen in der Steinzeit hin.

In der zweiten Hälfte des 4. Jt. v. Chr. erreichte das Megalithikum (*magas* = groß und *lithos* = Stein) die Insel. Die Träger der Großstein-Kultur führten eine neue Religion ein, die auf einem Totenkult beruhte. Anfangs genügte zur Totenbestattung eine große Steinkiste, bis zu 2 m tief in die Erde gegraben und von einem kleinen Hügel (Tumulus) gedeckt. Daneben wurden Menhire aufgestellt. Im Laufe des 3. Jt. v. Chr. begann man oberirdische Dolmen (korsisch *Stazzone* = Schmiede) zu bauen. Später wurden die bis zu 4 m hohen Menhire (korsisch *Stantari*) in größeren Entfernungen zu den Grabplätzen aufgestellt und schließlich zu Alignements (Steinalleen) aufgereiht. Gegen Ende des 3. Jt. erhielten die schlichten Steinsäulen menschliche Formen und Züge (s. Filitosa, S. 227 ff. und Sartène, S. 225 f.). Etwa seit 1800 v. Chr. wurden Gesichter gemeißelt, mit Nase, Augen, Kinn und sogar Ohren (s. Patrimonio, S. 124).

Etwa ab 1600 v. Chr., in der mittleren Bronzezeit, gerieten die Urkorsen unter den Druck überlegener Krieger, denen der Forscher Roger Grosjean nach den Steintürmen, die sie errichteten, den Namen ›Torreaner‹ gab. Nach seiner – umstrittenen – Theorie handelt es sich um das Volk der ›Shardanen‹, von denen die ägyptische Geschichte des 13. Jh. v. Chr. berichtet und die in Sardinien noch viel zahlreichere und größere Wehr- und Wohntürme (Nuraghen) hinterließen. Die geringe Größe und Brandspuren im Innenraum (Cella) der korsischen Türme lassen jedoch eher auf eine Nutzung als Kultstätte schließen. Eine andere Theorie identifiziert sie mit den Steine werfenden Zyklopen, von denen Homer berichtet. Der Angriff auf Odysseus soll bei

Bonifacio stattgefunden haben. Die zyklopischen Festungsanlagen in Filitosa und Cucuruzzu zeugen davon, daß die Bronzezeit keine allzu friedliche Epoche gewesen war.

Alalia, das heutige Aléria, wurde laut Herodot, dem ersten griechischen Historiker, 565 v. Chr. von Griechen aus dem kleinasiatischen Phokäa aufgrund eines Orakelspruchs besiedelt. Später gesellten sich Landsleute zu ihnen, die von den Persern vertrieben worden waren.

Danach rechneten die Karthager, die neue Großmacht im westlichen Mittelmeer, Korsika zu ihrem Einflußgebiet. Dieser Umstand führte dazu, daß Korsika bereits in den ersten der drei Punischen Kriege verwickelt wurde, in denen das aufstrebende Rom sich gegen Karthago zur Weltmacht der Antike aufschwang. 259 v. Chr. eroberte und zerstörte der römische Konsul Publius Cornelius Scipio Alalia, das in der Folge als ›Aléria‹ oder ›Colonia Julia Tertianorum‹ Hauptstützpunkt der Römer auf Korsika wurde. Ebenfalls an der Ostküste, südlich des heutigen Bastia, siedelten die Römer um 100 v. Chr. Veteranen an. ›Mariana‹ hieß der Stützpunkt, nach ihrem Gründer Marius, dem Onkel Cäsars.

Korsika blieb bis zum Beginn der Völkerwanderungszeit zumindest formal römisch. Karthago hatte die Insel im Jahre 238 v. Chr. vertraglich an Rom abgetreten, und Korsika wurde zusammen mit Sardinien die zweite römische Provinz (nach Sizilien) der Republik. Doch revoltierte die Urbevölkerung immer wieder. Nach römischen Angaben kam es besonders in den Jahren 180–170 v. Chr. zu heftigen Aufständen. Als Folge mußten die Korsen Tribut zahlen, wurden zur Fronarbeit verpflichtet oder gar versklavt.

Die *Corsi*, wie die Römer die Bewohner nannten, wurden im Laufe der Jahrhunderte romanisiert. Korsika spielte je-

Das Ausgrabungsgelände bei Aléria mit den Überresten der einstigen römischen Stadt Alalia

doch weder im republikanischen Rom noch im Kaiserreich eine herausragende Rolle. Allenfalls Aléria und Mariana waren als Stützpunkte für Handel und Militär von Bedeutung. Der Philosoph Seneca lebte 43–49 n. Chr. auf Korsika in der Verbannung (wenn auch kaum, wie behauptet wird, auf dem Cap Corse). An den Korsen ließ er kein gutes Haar: »Ihr erstes Gesetz ist die Rache, das zweite, vom Raub zu leben, das dritte, zu lügen und das vierte, die Götter zu leugnen. ... Wo kann man etwas so Nacktes, so auf allen Seiten Abgerissenes finden als dieses Felsenland?« Andere Zeitgenossen zeichneten das Bild einer ungewöhnlich bewaldeten Insel, deren rund 30 000 Einwohner zurückgezogen in den Bergen lebten, sich von Milch, Honig und Fleisch ernährten und ihr Zusammenleben – ganz im Gegensatz zu nahezu allen anderen ›Barbaren‹ – nach den Regeln des Rechts organisierten.

Die Völkerwanderung erreichte Korsika im Jahre 456 mit der endgültigen Zerstörung des ohnehin von einer Feuersbrunst und von Malariaepidemien heimgesuchten Aléria durch die Vandalen. Dieses germanische Volk hatte sich nach langer Wanderschaft ein Reich in Nordafrika aufgebaut und beherrschte von dort aus für einige Jahrzehnte das Mittelmeer. 535 wurde es vom byzantinischen General Belisar vernichtet. Belisar und sein Rivale Narses vertrieben auch die Ostgoten, die ab 493 bis zu ihrer Niederlage 553 große Teile des ehemaligen römischen Westreiches beherrschten und um 550 unter ihrem König Totila auch Korsika besetzten.

Zumindest dem Anspruch nach blieb die Insel in der Folgezeit Teil des Byzantinischen Reiches. Die Kaiser in Konstantinopel konnten jedoch nicht verhindern, daß auch die germanischen Langobarden Korsika zeitweise in Besitz nahmen, die seit 568 weite Teile Italiens beherrschten. Im korsischen Volksmund hat sich eine Erinnerung an diese unruhige Zeit erhalten: *»Ni trema Bisanzia«* (»Davor fürchtet sich sogar Byzanz«), sagt man etwas ironisch angesichts eines beeindruckenden Phänomens.

Importierter Adel

Die Ereignisse der folgenden Zeit bis zum Ende des 11. Jh. sind für die Geschichtsschreibung nur schwer faßbar. Wichtigste Quelle für die Geschehnisse im frühen Mittelalter stellt das Werk des Chronisten Giovanni della Grossa dar, der wesentlich später (1388–1464) lebte und eher Legenden als Fakten übermittelte. Sagen und Legenden transportieren jedoch durchaus historisch relevante Nachrichten. So heißt es etwa, die Mauren hätten auf Korsika ein Königreich errichtet. Historisch belegt ist zumindest, daß die Sarazenen seit dem 7. Jh. plündernd und Sklaven jagend auch Korsikas Küsten heimsuchten. In Corte legten sie den Grundstein für die heutige Zitadelle.

Den Mauren folgten im Zuge der Reconquista christliche Abenteurer. Historisch gesichert ist die Figur des toskanischen Edelmannes Bonifacio, der 828 die nach ihm benannte Stadt gegründet hat. Eine weitere ›Sagengestalt‹, Hugo Colonna, gilt auf Korsika als erfolgreicher Führer der Reconquista und, über seine Söhne Cinarco und Bianco, als Begründer des korsischen Feudaladels, der *Sgio* (vom italienischen *Signore*). Dieser ursprünglich italienische Feudaladel suchte seine Ansprüche vermutlich über die Figur des Edelmannes Colonna historisch zu legitimieren.

Die Korsen gerieten in die wirtschaftliche und rechtliche Abhängigkeit der

Sgio und verloren oftmals sogar ihre persönliche Freiheit. Fortan trieben die Hirten – vor allem im Süden der Insel – nicht mehr die eigenen Herden auf die Wiesen, sondern die ihrer Herren. Die mythische Figur des Orso Alamano personifiziert die Willkürherrschaft jener Zeit: Von den Bräuten seiner Untertanen verlangte er nicht nur das ›Recht der ersten Nacht‹, sondern von ihren künftigen Ehemännern überdies ein Pferd oder eine Kuh, bis ein zwangsweise gehörnter Bräutigam dem Terror durch Mord ein Ende bereitete. Revolten gegen diese neuen Herren und deren unaufhörliche Fehden untereinander führten zu einer lange andauernden feudalen Anarchie.

Die Legitimation für die Kreuzzüge des 9. und 10. Jh. zogen die Päpste aus der sogenannten Pippinschen Schenkung von 754, die, in Verbindung mit der Behauptung, Kaiser Konstantin habe dem Papst das Westreich überlassen, die Grundlage des päpstlichen Territorialstaates darstellte. Pippin I., der Kurze, hatte sich von Papst Stephan II. als rechtmäßigen König des Frankenreiches anerkennen lassen; im Gegenzug garantierte er dessen weltliche Oberhoheit über das ehemalige Exarchat Ravenna: über die Stadt Rom und ihre Umgebung sowie die Inseln Korsika und Sardinien. Dieser Vertrag wurde später von Pippins Sohn, Karl dem Großen, erneuert.

Die Korsen blieben weitgehend Spielball der Mächtigen. Nur einer von ihnen, ein gewisser Arrigo Bel Messer (›der gute Herr Heinrich‹), stellte um die Jahrtausendwende als Graf von Korsika vorübergehend wieder Recht und Ordnung auf der Insel her. Ihm erging es jedoch nicht anders als etlichen Nationalhelden nach ihm: Korsische Verräter ermordeten ihn meuchlings. Um späteren Racheakten vorzubeugen, ertränkten sie seine sieben unmündigen Söhne kurzerhand ›wie die Kücken‹ im Fluß Prunelli. Damals lautete ein Sprichwort: *»E morto il conte Arrigo Bel Messere e Corsica sara di mal in peggio«* (»Er ist tot, Graf Arrigo, der gute Herr, und Korsika wird es schlimm ergehen«).

Kampf um Korsika – Pisa contra Genua

Zu Beginn des zweiten nachchristlichen Jahrtausends herrschten auf Korsika ähnliche Verhältnisse wie in Italien. Hier und dort waren Barone und (Glücks-) Ritter eifrig bemüht, auf Kosten der Nachbarn und zu Lasten ihrer Untertanen Territorium und Macht zu vergrößern. Eine neue politische Kraft machte sich immer stärker bemerkbar: die Stadtrepubliken. Vor allem in Norditalien hatte sich ein Händlerpatriziat gebildet, das sich mit Geld Söldner und damit Macht kaufen konnte. Zwei Städte sollten für Korsika von großer Bedeutung werden: Pisa und Genua. Zunächst wirkten sie zusammen, als sie im Jahre 1016 gemeinsam die letzten Sarazenen aus Korsika und Sardinien vertrieben, doch dann begann der Kampf um die Insel.

Um den Machtspielen auf und um Korsika ein Ende zu bereiten, übergab Papst Gregor VII. die Insel unter Berufung auf die Pippinsche Schenkung 1077 dem Bischof von Pisa zum Lehen. Tatsächlich geriet sie jedoch unter die Herrschaft der Republik Pisa, die sich gerade unter der Führung gewählter Konsuln von der Vormundschaft des Bischofs zu emanzipieren begann. Dieser wurde 1092 Erzbischof und damit kirchliches Oberhaupt von Korsika. Es galt nun, das Christentum wieder fest

Pisanische Kirche San-Michele-di-Murato

zu installieren, das zu Zeiten der Sarazenen-Überfälle arg an Boden verloren hatte, sowie in der von Feudalfehden zerrissenen Insel eine Art Landfrieden herzustellen. Kirchen im pisanischen Stil zeugen überall auf der Insel vom Erfolg dieser Reconquista. Wesentlichen Anteil an der Rechristianisierung hatten die Klöster, die Benediktiner und Franziskaner in großer Zahl auf der Insel gründeten.

Pisa geriet im gesamtitalienischen Kräftevergleich schon bald unter den Druck der mächtiger werdenden ligurischen Republik Genua. Beide Städte stritten sich um die Handelsmacht im Mittelmeer und machten sich auch auf Korsika Konkurrenz. Bereits 1133 sah sich Papst Innozenz II. unter dem Druck Genuas gezwungen, Korsika zu teilen: Pisas Erzbischof bekam die Diözesen Aléria, Ajaccio und Sagone zugesprochen, sein genuesischer Kollege erhielt Mariana, Nebbio und Accia (einen heute nicht mehr existierenden Ort in der Castagniccia).

Auf diese Weise wurde die unselige Spaltung begründet, die fortan die Geschichte der Insel bestimmen sollte. Lag doch der genuesische Teil bereits ziemlich genau auf dem Gebiet ›diesseits der Berge‹ *(en deça-des-monts)*, das 1975 als Département Haute-Corse wiedererstanden ist, während der pisanische Teil ›jenseits der Berge‹ *(au-delà-des-monts)* sich etwa mit dem heutigen Département Corse du Sud deckt. Dieser Zweiteilung entsprachen ökonomische und soziale Unterschiede, deren Spuren man in der Art der Besiedlung und Bewirtschaftung sowie in der politischen Grundtendenz noch heute bemerken kann: Der Südwesten ist immer noch konservativ, der Nordosten eher ›links‹ orientiert.

Im Land ›jenseits der Berge‹ überwog die archaische Weidewirtschaft der Transhumanz unter dem Patronat von Feudalherren. Im Land ›diesseits der Berge‹ dominierte unter den günstigeren landschaftlichen, klimatischen und gesellschaftlichen Verhältnissen stets der Ackerbau, der in der Folge eine immer selbstbewußter werdende Bauernschaft hervorbrachte.

Eine Sonderstellung nahm und nimmt das Cap Corse ein, dessen Geschicke bis in die Neuzeit Adelsgeschlechter wie die De Gentili und Da Mare bestimmten. Dennoch war dieser Teil Korsikas wirtschaftlich bei weitem der fortschrittlichste. Seit dem 11. Jh. ist bezeugt, daß die Cap-Korsen auf eigenen Schiffen landwirtschaftliche Produkte auf das italienische Festland transportierten. Sie verkauften dort vor allem Wein und Getreide von ihren Feldern im Nebbio und in den Agriates, aber auch Häute, Honig und Käse. Auf dem Rückweg brachten sie aus Genua Fertigwaren mit. Die Bewohner des Cap Corse waren gleichzeitig Überschuß produzierende Landwirte, Kapitäne und Händler.

Die Genuesen kämpften mit den Pisanern vor allem um die küstennahen Festungen. 1195 eroberten sie Bonifacio, 1268 Calvi und gründeten Bastia (1380) und Ajaccio (1492) neu. Nach der Seeschlacht von Meloria (1284) besetzte Genua schließlich sämtliche Festungen. Die Städte, die sich im Schutze von Zitadellen entwickelten, führten in der Folgezeit ein nur am Rande mit dem übrigen Korsika verbundenes Eigenleben.

In den Kampf der beiden italienischen Städte griffen auch die Feudalherren *(Seigneurs)* ein. Sie nutzten jede Chance, sich als Parteigänger der einen oder anderen Seite, häufig auch die Fronten wechselnd, Vorteile zu verschaffen und haben sich nicht selten, zumindest für die Nachwelt, den Ruf von Kämpfern für die korsische Unabhängigkeit erworben. Der bedeutendste unter ihnen, Sinucello della Rocca (1221–1305) aus dem Haus der Grafen von Cinarca, ging als *Giudice de Cinarca*, als ›der Richter‹ oder ›der Gerechte‹, in die Legenden Korsikas ein. Er beherrschte als Statthalter Pisas zeitweise ganz Korsika mit Ausnahme von Bonifacio und Cap Corse. Als er nach siebenjähriger Haft in einem genuesischen Kerker starb, war vor allem im Süden der Insel der permanente Kampf unter den großen und kleinen Herren wieder in vollem Gange.

Die genuesische Herrschaft

Im Jahre 1288 verzichtete Pisa endgültig zugunsten Genuas auf alle Rechte über Korsika. Das wirtschaftliche Interesse der neuen Herren zielte vor allem auf die Küstenflächen der Insel. Vorrangig im Osten entstanden große Lehnsgüter, auf denen Kolonisten vom Festland Getreide anbauten. Das führte immer wieder zu Spannungen zwischen ligurischen Neusiedlern und Korsen, die sich in die Berge gedrängt und ihrer Weideflächen beraubt sahen. Während sich die Genuesen in den Städten verschanzten, mußten die Korsen vor den Toren der Städte siedeln, die bis heute ihren festungsartigen Charakter bewahrt haben.

Die folgenden fünf Jahrhunderte waren vom Erstarken von vier Mächten gekennzeichnet, derer sich die Republik Genua zu erwehren hatte und die direkt oder indirekt auch als Unruhefaktor auf Korsika einwirkten: Venedig, das spanische Königshaus von Aragón, Frankreich und die genuesische ›Bank des hl. Georg‹ *(Banco di San Giorgio)*. Genua hatte zwar Pisa ausgeschaltet, geriet jedoch bei der Wahrnehmung von Handelsinteressen zunehmend in Konflikt mit der Republik Venedig. Über 100 Jahre dauerte der Zweikampf der Städte um die Vorherrschaft im Mittelmeer, bis der Frieden von Turin 1381 den Sieg der Markus-Republik besiegelte. Die Kämpfe mit diesem Konkurrenten banden die Kräfte Genuas und behinderten es in dem Bemühen, der Adelskriege Herr zu werden, die auf Korsika und in Norditalien wieder tobten. In dieser Situation griff das Volk gewissermaßen zur Selbsthilfe: Es rebellierte.

Relativ leicht wurde die Obrigkeit mit den ›Ghjuvannali‹ fertig, einer spirituellen Bewegung, die von Carbini ausgehend die Prinzipien der Armut und Gleichheit bis hin zur Gütergemeinschaft im Sinne eines gelebten Urchristentums durchsetzen wollte. Ihre Anhänger wurden 1354 exkommuniziert, das einzige historisch belegte Datum dieser Episode (s. S. 236).

Kirchen und Festungen
Baukunst aus Italien

Das Christentum hatte es lange schwer, auf Korsika Fuß zu fassen. Unter den Römern befanden sich zwar Christen, aber kaum Missionare. In den Resten ihrer Siedlung Mariana fand man neben der Kathedrale La Canonica südlich von Bastia ein Baptisterium aus dem 4. Jh. Aus der gleichen frühchristlichen Epoche stammen der Altar der Kapelle Sainte-Restitute in Calenzana und der Marmorsarkophag der Märtyrerin in der dortigen Krypta.

Die christlichen Ritter der Reconquista errichteten vielerorts Taufkirchen und Kapellen, die dem hl. Johannes dem Täufer geweiht sind. San Giovanni Battista wurde zu einem beliebten Schutzpatron auf Korsika. In Prunelli-di-Fiumorbo befinden sich die Reste der Kirche San Giovanni Battista aus dem späten 6. Jh. Die Ruine der gleichnamigen Kirche bei Corte aus dem 9. Jh. ist ein weiteres Beispiel dieser vor- und frühromanischen Bauten.

Spätestens seit Papst Gregor VII. im Jahre 1077 den Bischof der Handelsstadt Pisa zum geistlichen und weltlichen Oberhaupt Korsikas erklärte, setzte sich auch der konstruktive und ästhetische Einfluß der Kolonialmacht Pisa auf Korsika durch. Etwa 300 Kirchen und Kathedralen wurden in den ersten 200 Jahren nach der Jahrtausendwende im Stil der pisanischen Romanik erbaut.

Selbst die größten und herausragendsten Bauten aus dieser Zeit, die Kathedralen La Canonica (35 m lang) südlich von Bastia und Santa Maria Assunta in Saint-Florent, erscheinen winzig verglichen mit dem Original in Pisa. Aber auch sie sind dreischiffige Basiliken im typisch pisanischen Stil. Einige Kirchen Korsikas weisen mit einem aus verschiedenfarbigen Steinen gegliederten Mauerwerk ein besonders auffälliges Schmuckelement der pisanischen Romanik auf. Ein herausragendes Beispiel dieser polychromen Bauweise stellt die nur 14 m lange Kirche San-Michele-di-Murato dar. Die Verwendung von dunkelgrünem Serpentinschiefer und weißlichem Kalkstein macht ihre Fassade unverwechselbar. Weitere Schmuckelemente des pisanischen Kirchenbaus – Rosetten, Rauten und Ornamente sowie Skulpturen, Flach- und Hochreliefs, Kranzgesimse und Blendarkaden – treten ab der Mitte des 12. Jh. hinzu, ohne jedoch die schlichte Linie der Gebäude zu überdecken.

Die Kirchen markierten jeweils das Zentrum einer Pfarrgemeinde *(Pieve)* und dienten sowohl der geistlichen wie der weltlichen Autorität (oft wurden beide vom Priester ausgeübt) als Zentrum ihrer Amtshandlungen. Weitere besonders typische und beachtenswerte Beispiele sind die Dreifaltigkeitskirche bei Aregno (Balagne) und die Kirche bei San-Pietro-di-Tenda (Nebbio). Auch auf dem Cap Corse, zum Beispiel in Canari und Sisco, findet man solche wohlproportionierten pisanischen Kirchen. Eine Besonderheit stellen die Kirchen mit Doppelapsis dar, wie in Macinaggio auf dem Cap Corse und bei Cervione in der Castagniccia.

Das Zentrum der pisanischen Bautätigkeit lag im Norden Korsikas, vor allem in der Balagne, im Nebbio und in der Castagniccia. Die wenigen pisanischen Kirchen im Süden der Insel sind durchweg schlichter und strenger gestaltet und verzichten auf das verschiedenfarbige Mauerwerk. Die markantesten Beispiele sind die Kirche San Giovanni Battista in Carbini mit ihrem freistehenden Campanile sowie die Kirchen von Santa-Maria-Figaniella und Grossa.

Die Übergänge zur nachfolgenden Herrschaft Genuas (1284–1768) sind, architektonisch gesehen, fließend. Kirchen im gotischen Stil fehlen auf Korsika weitgehend. Die große Ausnahme bildet die Kirche Saint-Dominique in Bonifacio, erbaut zwischen 1270 und 1343. Obwohl es einige schöne Renaissancekirchen gibt, z. B. die Kathedrale Notre-Dame-de-la-Miséricorde in Ajaccio, wurden doch erst im Zeitalter des Barock wieder verstärkt Kirchen gebaut, vor allem in den damals reichen Gegenden in und um Bastia, in der Castagniccia und in der Balagne.

Nach außen hin schlicht, fallen sie allenfalls durch ihre einzeln stehenden Campanile auf. Manche dieser Kirchen enthüllen ihre Eigenarten möglicherweise erst wieder nach ihrer Restauration, wie z. B. die Kirche Saint-Jean-Baptiste in La Porta (Castagniccia). Hier zeigen sich jedoch gleichzeitig die mit einer Restauration verbundenen Gefahren: So glatt und gefällig herausgeputzt, wie sie sich heute präsentiert, ist die Kirche zuvor nie gewesen.

Besonders an der Innendekoration zahlreicher Sakralbauten wird deutlich, warum man das 17. und 18. Jh. kunsthistorisch als das ›Goldene Zeitalter‹ Korsikas bezeichnet. Aus Marmor, Holz und Sandstein, mit Stuck und Fresken, Wandbespannungen, Skulpturen und Gemälden schufen Künstler in dieser Epoche beeindruckende Barockinterieurs. In diesem Zusammenhang verdienen die Kirchen von Bastia besondere Erwähnung. Die Künstler und Architekten stammen zumeist aus dem ligurischen Herrschaftsbereich Genuas. Der Gesamteindruck ihrer Werke ist gelegentlich leider durch ungeschickte Zusätze, Veränderungen und Restaurationsarbeiten aus dem 19. und 20. Jh. beeinträchtigt.

Von den zahlreichen Klöstern, die in dieser Zeit entstanden, haben nur wenige die Stürme der Französischen Revolution überstanden. Das aus der korsischen Geschichte bekannte Franziskaner-Kloster von Orezza bei Piedicroce ist nur als Ruine erhalten. Das ähnlich berühmte Kloster Corbara wurde erst im 19. Jh. wiederaufgebaut. Zu den wenigen unversehrten Klöstern dieser Zeit gehört das Franziskaner-Kloster in Sainte-Lucie-de-Tallano. Vermutlich im 17. Jh. errichteten Franziskaner das Kloster bei Alando. Die meisten Klöster stammen indes aus dem 19. Jh., wie z. B. die besonders sehenswerte Abtei Saint-François in Vico.

An die genuesische Herrschaft, die sich immer wieder gegen Fremdangriffe zu verteidigen hatte, erinnern in erster Linie Wehr- und Militärbauten: zahlreiche Wachtürme, Festungen und etliche Brücken, mit deren Hilfe das Land militärisch und wirtschaftlich erschlossen wurde. Über die Tavignano-Brücke bei Altiani rollt noch heute der Straßenverkehr. Beeindruckender und origineller sind hingegen die einbogigen, für den Straßenverkehr ungeeig-

Trutziger Wachturm der Genuesen am Golfe de Valinco

neten Brücken, allen voran der ›Pferderücken‹, Spin' A Cavallu, nördlich von Sartène und der Ponte Vecchiu im oberen Asco-Tal.

Über 90 von ursprünglich 150 Wachtürmen der Genuesen, teils nur noch als Ruinen erhalten, säumen die gesamte korsische Küste, am dichtesten am Cap Corse. Sie entstanden zumeist im 16. und 17. Jh., als die Barbaresken aus Nordafrika auf ihren Raubzügen die Mittelmeerküsten heimsuchten. Die Wächter auf diesen dreistöckigen, überwiegend runden Türmen konnten vor nahenden Piratenschiffen warnen, indem sie sich per Feuerzeichen mit den Nachbartürmen verständigten. Der Bevölkerung in der Umgebung wurde die drohende Gefahr mit der *Conca* angekündigt, einem Horn aus dem Gehäuse der Tritonsschnecke. Die meisten der viereckigen Türme stammen dagegen von den Pisanern oder wurden später von den Korsen als Wehr- und Schutzbauten errichtet.

Die Genuesen haben sich mit dem Bau der Zitadellen am nachhaltigsten im Lande verewigt. Sie prägen bis heute vor allem das Stadtbild von Bastia, Calvi, Corte und Bonifacio. In Algajola, Ajaccio, Saint-Florent, Porto-Vecchio und Girolata finden sich ebenso mehr oder weniger gut erhaltene Festungsbauten. An den meisten genuesischen Festungen haben auch spätere Baumeister Hand angelegt, wie etwa eine Inschrift an der Festung von Bastia beweist, die König Ludwig XVI. als Bauherrn eines Abschnitts benennt. Die Anlage wurde noch im 19. Jh. militärisch genutzt. Die Zitadelle von Ajaccio und einzelne Trakte der Festungen in Bonifacio und Calvi werden nach wie vor für militärische Zwecke in Anspruch genommen.

Weit handfester ging man ab 1358 im Norden der Insel vor: In einem regelrechten Bürgerkrieg zerstörten Korsen unter der Führung eines Bauern aus Alando im Bozio mit Namen Sambucuccio d'Alando sämtliche Burgen der *Seigneurs*. Sie installierten ein System der kommunalen Selbstverwaltung, das ökonomisch durch die Einführung von Gemeindeeigentum an Grund und Boden abgesichert wurde. Seither trägt das Land ›diesseits der Berge‹ im Gegensatz zur *Terra di Signori* im Südwesten auch die Bezeichnung *Terra di Comune*.

Diese Volkserhebung wird auf Korsika stets mit Sambucuccio in Verbindung gebracht, sie besaß jedoch Vorläufer und Parallelen in Norditalien. Vor allem in den Städten war schon lange mit unterschiedlichen Regierungsformen experimentiert worden, die dem aufstrebenden Bürgertum freie Entfaltung und gleichzeitig militärische und rechtliche Sicherheit gewähren sollten. So wurden etwa einem auswärtigen *Podestà* (Gewalthaber) auf Zeit geradezu diktatorische Vollmachten eingeräumt. Das Volk wählte *Capitani* oder übertrug Räten *(Signori)* die Regierung, an deren Spitze ein *Rector* stehen konnte. Erstmals trat auch das Volk als *Popolo* in Erscheinung, wobei in der Regel das *Popolo minuto*, die Unterschicht, vom *Popolo grasso*, dem ›fetten Volk‹ unterschieden wurde.

Die nach solchen Vorbildern geschaffene neue Form der dörflichen Selbstverwaltung, *A popolo e a Comune*, im nordöstlichen Teil Korsikas hatte insofern eine eigenständige Tradition, als hier schon die Pisaner eine Gemeindeordnung schufen: Pfarrbezirke *(Pievani)*, die aus mehreren Kommunen *(Paese)* bestanden. Spätestens seit der Zeit Sambucuccios wurden auf Orts- und Gemeindeebene Vorstände gewählt, an deren Spitze ein *Podestà* stand. Den größten Einfluß besaßen die *Caporali* in ihrer Funktion als Volkstribune und aufgrund ihrer Verbindungen zu Genua.

Die Ortsvorstände wählten einen ›Rat der Zwölf‹ als oberstes Exekutivorgan der gesamten *Terra di Comune*. Diese Struktur gilt vielfach als Schritt zur Demokratie. Letzlich diente sie jedoch eher dazu, den Einfluß von Familien und Sippen untereinander auszutarieren. In dieser Entwicklung ist eine wesentliche Quelle des ›Clanismus‹ zu sehen. Zeigte es sich doch schon bald, daß die eigentliche Macht bei den Oberhäuptern der *Caporali*-Häuser lag, um die sich Anhänger und Abhängige scharten. Die Clanchefs beeilten sich, den gewissermaßen erblichen Einfluß auf ›ihre‹ Dörfer in das großkorsische Ränkespiel um die Insel einzubringen. Sie verfeindeten, verbündeten und verschwägerten sich später sogar mit den *Seigneurs* der restlichen Insel.

Das Gebiet der kommunalen Selbstverwaltung umfaßte nicht das ganze Land ›diesseits der Berge‹, sondern sparte das Cap Corse und die genuesischen Festungsstädte an den Küsten aus – der Preis für die Anerkennung der Neuerungen durch Genua. Die Stadt, immerhin selbst eine Republik, fand unter den Bewohnern der *Terra di Comune* sogar Verbündete gegen ihre neuen Feinde, die Aragonier.

Bereits 1297 hatte Papst Bonifatius VIII. Jakob II. von Aragón mit Korsika und Sardinien belehnt. Da der aragonesische Hof etlichen *Seigneurs* während des vorangegangenen Bürgerkrieges Schutz und Arbeit als Söldnerführer geboten hatte, konnte Jakob II. ab dem Beginn des 14. Jh. deren interne Auseinandersetzungen zur Intervention auf Korsika nutzen. Aus diesem Eingriff als ›Schiedsrichter‹ resultierte kein Frieden, sondern eine etwa 200 Jahre andauernde zweite Periode feudaler Anarchie auf Korsika.

Arrigo della Rocca, ein Urenkel des *Giudice*, trat seit 1372 als Parteigänger der Spanier auf. Es gelang ihm sogar, unter den *Caporali* des Nordens Anhänger zu gewinnen und sich 1376 zum Grafen von Korsika ausrufen zu lassen. Doch im Jahre 1401 erlag er dem Widerstand der progenuesisch gesinnten Volkspartei im Norden der Insel, zu deren Bastion sich Bastia entwickelt hatte.

Als ein noch schwierigerer Gegner erwies sich sein Neffe Vincentello d'Istria, Graf der Cinarca. Er landete 1404 im Auftrag des Königs von Aragón im Golf von Sagone und wurde später von Alfons V. als Vizekönig (1420–34) auf Korsika eingesetzt. Daß seine Herrschaft auf Korsika als ›glorreich‹ gilt, mag an der Tatsache liegen, daß der große korsische Chronist Giovanni della Grossa, Vincentellos Sekretär und Verwaltungsfachmann, auch die Verdienste seines Herrn der Nachwelt in gebührendem Licht erscheinen lassen wollte.

Auch der persönliche Einsatz König Alfons' V., der 1420 das genuesische Bonifacio vergeblich belagerte, nützte der aragonesischen Sache am Ende nichts: Vincentello d'Istria wurde an Genua verraten und dort 1434 enthauptet. Dennoch führen Historiker den korsischen Traum von einem eigenständigen Königreich auf diese Herrschaftszeit zurück. Eine bleibende Spur hat Vincentello d'Istria zudem in Corte hinterlassen, wo er auf den Resten der maurischen Festung die Zitadelle errichten ließ.

Die zweite Hälfte des 15. Jh. brachte den Höhepunkt und gleichzeitig das Ende der feudalen Anarchie, in der schließlich auch die *Caporali* des Nordens kräftig mitmischten. Besonders Gian Paolo de Leca, auch er ein Graf der Cinarca, spannte die Führer der benachbarten Gemeinden in seine ehrgeizigen Pläne zur Übernahme der alleinigen Macht auf Korsika ein. Er revoltierte 1486, 1488 und 1501 gegen die letztlich überlegene genuesische Obrigkeit, bis er endgültig ins Exil nach Sardinien gehen mußte. Nach seinem Sturz blieb nur der selbsternannte Graf von Korsika, Rinuccio della Rocca (1486–1511), als *Seigneur* von überregionaler Bedeutung übrig. Mit seinem Tod war auch das Ende der feudalen Anarchie besiegelt: Der Adel hatte sich in seinen Parteikämpfen selbst zerfleischt; heute findet man kaum noch Reste seiner Burgen auf der Insel.

Die Republik Genua, in kostspielige Kriege verwickelt, konnte sich Korsika schon bald nicht mehr leisten. 1453 trat sie die Verwaltung und Einkünfte aus Korsika an die ›Bank des hl. Georg‹ ab. Genuesische Kaufleute waren die Gründer und Eigentümer jener Kapitalgesellschaft, die ihren Reichtum gegen letztlich unbezahlbare Zinsen der Stadt zur Verfügung gestellt hatte. Die Bank versuchte nun, das heruntergewirtschaftete Land zu befrieden, um es um so besser wirtschaftlich ausbeuten zu können. Zu diesem Zweck ging sie nicht nur gegen die *Sgio* im Süden vor, sondern schaffte auch die kommunale Selbstverwaltung im Norden ab. Die Bank setzte auf Zuwanderer aus Italien und Griechenland, um das zu großen Teilen entvölkerte Korsika wieder zu besiedeln. Sie gründete Ajaccio (1492), um hier wie zuvor in Calvi, Sartène und Bonifacio ligurische Familien heimisch zu machen. Versuche, die entvölkerten Küsten wieder zu erschließen, scheiterten an der Malaria und den feindlichen Übergriffen der Korsen. Auch die Pest suchte Korsika nach den großen Epidemien des 14. Jh. zwischen 1526 und 1530 erneut heim.

Die genuesische Bank hatte überdies das Pech, daß just zu dieser Zeit eine neue Bedrohung von See auftrat: Die Barbaresken, nordafrikanische Seeräuber, stellten sich in den Dienst des osmanischen Sultans, der im 16. Jh. dem Islam wieder zu einer Vormachtstellung im Mittelmeerraum verhalf. 1562 zog ein Trupp von 600 Türken durch das Taravo-Tal und führte Hunderte von Menschen in die Sklaverei.

Sampiero Corso

Schließlich erkannte auch der französische König Heinrich II. den Wert der Insel vor der Tür seines Reiches im Kampf gegen die Habsburger. Mit Oberst Sampiero (s. S. 256) verfügte er über einen Offizier, der darauf brannte, seine Heimat vom genuesischen ›Joch‹ zu befreien. 1553 landete Sampiero mit den ersten französischen Truppen unter Marschall Thermes auf Korsika, ausgerechnet unterstützt von den Korsaren Draguts, hatte sich doch Frankreich mit den Türken verbündet.

Recht schnell fielen die festen Plätze Bastia, Saint-Florent, Corte und Bonifacio. Lediglich Calvi, die ›immer treue Stadt‹, konnte die genuesische Bank halten, als 1557 in Vescovato der Anschluß Korsikas an Frankreich gefeiert wurde. Doch bereits zwei Jahre später mußte Frankreich im Friedensvertrag von Cateau-Cambrésis auf alle italienischen und damit auch korsischen Ambitionen verzichten.

In dieser Situation wurde Sampiero zum wahren Freiheitskämpfer. Er begann, auf eigene Faust Krieg gegen Genua zu führen. Noch bis zwei Jahre nach seinem Tod dauerte dieser Krieg, in dem die Korsen erstmals ohne fremde Hilfe um ihre Unabhängigkeit kämpften. Vergeblich hatte Sampiero in ganz Europa und sogar beim osmanischen Sultan um Unterstützung gebeten. Als er 1564 mit zwei Schiffen zu seinem letzten Kampf gegen Genua im Golf von Valinco landete, begleiteten ihn weniger als 50 Getreue – darunter 25 Franzosen.

»Nach Beendigung der Kriege Sampieros«, schreibt Ferdinand Gregorovius, »zeigte sich erst das ganze Elend der Insel. Sie war einer Wüste gleich geworden, das Volk dezimiert durch den Krieg, durch gezwungene oder freiwillige Auswanderung, gänzlich verarmt und verwildert.« In dieser Situation begann die Stadt Genua, die Korsika 1562 wieder von der ›Bank des hl. Georg‹ übernommen hatte, mit einer Verwaltungsreorganisation endlich Ordnung zu schaffen. 1571 erließ sie eine Generalamnestie für die Anhänger Sampieros und verkündete die *Statuti civili e criminali di Corsica*, das erste korsische Zivil- und Strafrecht.

Eine Art Ministerium für Korsika *(Magistrato di Corsica)* wurde in Genua eingerichtet und auf der Insel ein Gouverneur eingesetzt, der bei seiner Verwaltungsarbeit von einem Vizegouverneur und dem wieder eingesetzten ›Rat der Zwölf‹ unterstützt wurde. In Calvi, Bonifacio und Ajaccio regierten Kommissare, in Corte, Aléria, Rogliano, Algajola, Sartène und Vico Leutnants. Auf dem Land wurden in *Consultas*, eher Honoratioren- als Volksversammlungen, wieder die *Podestàs* gewählt. Dieses Element der Selbstverwaltung hatte freilich einen Haken: Mit dem neu geschaffenen Posten wurde die Stellung der *Caporali*, der Chefs einflußreicher Familien, legitimiert. Im innerkorsischen Kräftemessen traten sie neben die *Seigneurs* des Südens und des Cap Corse, die beharrlich an ihren mittelalterlichen Privilegien festhielten.

Aufbruch der Nation

Im Zuge des nunmehr einsetzenden Wirtschaftsaufschwungs blühte zwar der Handel der Küstenstädte und des Caps, und die Landwirtschaft konnte z. T. sogar Überschüsse für den Verkauf erwirtschaften, doch die meisten korsischen Familien blieben arm, ausgebeutet und chancenlos. Vor allem die Hirten gerieten in Not, weil ihre küstennahen Weidegründe landwirtschaftlich genutzt und häufig privatisiert wurden.

Immer mehr Korsen gingen ins Exil, zumeist als Söldner. Und immer häufiger griffen sie zur Verteidigung ihrer Rechte und Ehre zum Gewehr, oft im Auftrag ihrer Herren oder Führer. Vendetten gehörten zum Alltag. In nur 30 Jahren, berichtet Gregorovius, wurden damals 28 000 Meuchelmorde gezählt. Es kam zu Erhebungen, wie jener, die zwischen 1611 und 1617 den Süden erschütterte, als die Aufständischen viele Burgen schleiften und ihre Bewohner ermordeten. Eine Radschloßflinte wurde zum wichtigsten, oft einzigen Besitz. Für ihren Erwerb verschuldeten sich unzählige Korsen, denn Armut galt nicht als ehrenrührig, wohl aber Waffenlosigkeit.

Lange Zeit profitierte Genua von diesem Zustand, indem es das Waffentragen lizenz- und gebührenpflichtig machte. Als sich Anfang des 18. Jh. die Erkenntnis durchsetzte, daß der innere Frieden auf diese Weise nicht zu erlangen war, wurde der Waffenbesitz untersagt und eine neue Steuer eingeführt. Die *Due Seini*, eine Abgabe auf jede korsische Feuerstelle, wurde erstmals im Jahre 1715 erhoben – und stieß auf erbitterten Widerstand. 1729 entfachte der ›Steuerstreik‹ eines Bauern im Bozio einen allgemeinen Aufstand. Innerhalb kürzester Zeit formierten sich Freischärlerkompanien, die die genuesischen Soldaten und ihre Stützpunkte angriffen. Mit Bastia fiel bereits 1730 die erste wichtige Festung der italienischen Republik. Der sogenannte Vierzigjährige Krieg hatte begonnen.

Der Unabhängigkeitskrieg

Unter verschiedenen Führern, in wechselnden Koalitionen der *Caporali* des Nordostens und der *Seigneurs* im Südwesten, kämpften die Korsen bis zur Niederlage gegen Fremdherrschaft und Unterdrückung um ihre Freiheit, bis sie sich im Jahre 1769 endgültig den Franzosen geschlagen geben mußten. Auf zahlreichen *Consultas* trafen sich die Verschwörer und wählten ihre Führer. Klöster spielten dabei als Versammlungsorte eine bedeutende Rolle, Mönche stellten sich der Revolution als Berater und Abgesandte an Europas Höfen zur Verfügung. Nicht ohne Erfolg: Der Freiheitskampf der Korsen beschäftigte die Menschen im Zeitalter der Aufklärung, er beeinflußte die amerikanische Unabhängigkeitsbewegung und die Französische Revolution, lockte Abenteurer an und beeindruckte Persönlichkeiten wie den Philosophen Rousseau und Friedrich II. von Preußen.

Im April 1731 erklärte eine *Consulta* im Kloster von Orezza Genua offiziell den ›heiligen und gerechten Krieg‹. Soldaten vieler Nationalitäten tummelten sich in der Folgezeit auf dem Kriegsschauplatz Korsika. So landete noch im gleichen Jahr – ein Vermittlungsversuch der Franziskaner war gerade gescheitert – ein Expeditionskorps von 8000 vorwiegend deutschen Soldaten unter Hauptmann Wachtendonck im Namen Kaiser Karls VI. in Calvi, um Genuas Sache zu unterstützen. In der Schlacht von Calenzana wurde die Truppe im Frühjahr 1732 vernichtend geschlagen.

Ab 1735 füllten sich die Reihen der Rebellen mit zurückkehrenden Exilkorsen. Der Ruf der Revolution hatte sie in ganz Europa erreicht. Im gleichen Jahr beschlossen die korsischen Befehshaber, ihrer Sache gegen Genua eine rechtliche Basis zu geben. Sie formulierten eine erste Konstitution, die später Pasquale Paolis Verfassung beeinflussen sollte, und suchten nach einem legitimen Oberhaupt. Bis ein solches sich finden würde – man dachte etwa an einen spanischen Prinzen – erklärten sie pfiffig die Jungfrau Maria zur Königin und das Lied ›Diu vi salvi Regina‹ zur Nationalhymne.

Im April 1736 krönten die korsischen Clanchefs im Kloster von Alesani den deutschen Baron Theodor von Neuhoff, geboren 1686 im Schloß Pungelscheid in Westfalen und aufgewachsen am Hof von Versailles, zu Korsikas König Theodor I. Der frischgebackene Monarch versprach sofort, seine guten Kontakte für Nachschublieferungen zu nutzen. Zum Einstand verteilte er in Cervione fleißig Orden und Titel und setzte sich sodann in Marsch gegen die Genuesen. Porto-Vecchio und Sartène nahmen die frisch motivierten Korsen im Sturm, sie scheiterten vor Bastia, womit der unaufhaltsame Abstieg König Theodors I. begann. Die versprochene Unterstützung vom Kontinent blieb aus. Im November 1736 verabschiedete sich Theodor I. von seinem Volk, um sich persönlich um Hilfe zu bemühen. Er kehrte noch zweimal, 1738 und 1743, zurück, doch hatte er das Spiel um Korsika längst verloren. Ein mächtigerer König, nämlich Ludwig XV. von Frankreich, hatte sich eingemischt. Theodor I. blieben von seinem Königreich nichts als Schulden bei Amsterdamer Spekulanten. Der erste und letzte König Korsikas starb 1756 völlig verarmt in London.

Theodor I. von Korsika

Beunruhigt durch die Querelen vor ihrer Haustür, griff die französische Regierung mehrfach in den Krieg um und auf Korsika ein. Sie konnte dabei auf eine wachsende Anhängerschar auf Korsika unter der Führung des populären Juristen Gianpietro Gaffori bauen. Mit seiner Ermordung im Oktober 1753 war dem Aufstand gegen Genua der letzte große Führer genommen worden. Ein eilig gewählter Fünferrat agierte in den nächsten zwei Jahren wenig überzeugend, wendete jedoch mit einer Personalentscheidung das Blatt ausschlaggebend. Er berief 1755 den 30jährigen Pasquale Paoli (s. S. 150) aus dem italienischen Exil in die bedrohte Heimat.

Am 13. Juli 1755 wählte ihn eine Versammlung von Gemeindevertretern in Orezza zum ›General der Nation‹. Zunächst erwies sich Paoli auf militärischem Gebiet als erfolgreich: Innerhalb kürzester Zeit drängte er die Truppen Genuas in ihre Festungen zurück. Es dauerte jedoch weitaus länger, alle innerkorsischen Gegner zu besiegen oder zu überzeugen. Und alle Pläne, etwa die Entmachtung der Clans, konnte er nie durchsetzen. Seinen Ruf als ›Vater des Vaterlandes‹ hat er sich dennoch verdient. Pasquale Paoli schuf noch 1755 einen Nationalstaat mit einer rechtsstaatlichen und vergleichsweise demokratischen Verfassung, die bereits die aufklärerischen Prinzipien von Volkssouveränität und Gewaltenteilung kannte.

Dabei griff Paoli auf Vorgaben zurück, die schon im Mittelalter unter Sambucuccio die kommunale Selbstverwaltung als Basis der Volksherrschaft bestimmt hatten. Die Wahlberechtigten – Männer ab 25 Jahren – wählten an die Spitze jeder Kommune einen Hauptmann und zwei Gemeindeälteste. Mehrere Kommunen bildeten einen Landkreis *(Pieve)* mit gewählten Vorstehern. Von den Genuesen übernahm Paoli die

Pasquale Paoli

Gliederung Korsikas in neun Provinzen mit einem Magistrat an der Spitze. Das oberste Legislativorgan, die ebenfalls gewählte *Consulta*, tagte in der neuen Hauptstadt Corte, wo auch die Regierung, der sogenannte Staatsrat, ihren Sitz hatte. Ihr stand der ›Erste General der Nation‹, Paoli selbst vor.

Paoli ließ auch das System der gemeinschaftlichen Bodennutzung wieder aufleben, das ›diesseits der Berge‹ schon im Mittelalter üblich war, und dessen Auflösung zu den sozialen Spannungen auf Korsika beigetragen hatte. Er prägte eine eigene Geldmünze und bemühte sich, Handel und Gewerbe zu beleben. Besondere Aufmerksamkeit erregten in jener Zeit der Söldnerheere die Einrichtung einer Volksarmee und einer Marine sowie die Anlage von Häfen.

In der Philosophie der Aufklärung, nur ein gebildetes Volk könne auf Dauer seine Freiheit erhalten, begründete er ein Schulsystem und eine Universität. Sie wurde am 3. Januar 1765 in Corte eröffnet und sollte dem jungen Staat die notwendigen Experten, vor allem im Rechtswesen, liefern. Als vornehmstes Ziel der Justiz formulierte Paoli die Überwindung der Vendetta, die als Erbe jahrhundertelanger Willkürherrschaft jedem zivilisatorischen Fortschritt im Wege stünde. Die Mitglieder des Obersten Gerichts, der *Rota*, wurden von der *Consulta* ernannt. Faktisch jedoch gab Paoli als einzige wirklich anerkannte nationale Autorität auch hier den Ton an.

Mit seinen Reformen gewann Paoli zwar in ganz Europa Freunde und Bewunderer, aber keine Verbündeten. 1768 hatte Genua, des ewigen Krieges müde, seine Rechte auf Korsika an Frankreich verkauft. Die Franzosen machten kurzen Prozeß: Am 8. Mai 1769 wude Paolis Armee bei Ponte Nuovo entscheidend geschlagen. Paoli ging ins Exil nach

London und der korsische Nationalstaat hörte auf zu existieren.

Noch einmal sollte der alte General auf der Bühne der korsischen Geschichte erscheinen. Am 3. April 1790 empfing ihn die revolutionäre französische Nationalversammlung im Triumph, und er durfte als amnestierter Volksheld und Regierungspräsident des Départements Korsika in seine Heimat zurückkehren. Dort geriet er jedoch in Fraktionskämpfe, in denen er lediglich die Rolle einer Gallionsfigur für die Adelspartei spielte, die nach der Hinrichtung des Königs gegen Frankreich arbeitete.

Am 27. April 1793 proklamierte eine *Consulta* in Corte erneut die Unabhängigkeit Korsikas, woraufhin der Wohlfahrtsausschuß in Paris Paoli prompt zum Verräter und für vogelfrei erklärte. Paoli rief daraufhin die Engländer zu Hilfe, die unter Admiral Nelson eingriffen und Saint-Florent, Bastia und Calvi eroberten. Zehn Monate lang hielten sich die Briten auf Korsika, nachdem sie am 15. Juni 1794 ein britisch-korsisches Königreich gegründet und den Schotten Sir Gilbert Elliot zum Vizekönig ernannt hatten. Der enttäuschte, weil übergangene Paoli ging erneut ins Exil nach London, wo er am 5. Februar 1807 starb. Seine sterblichen Überreste wurden 1889 anläßlich der 100-Jahr-Feiern der Französischen Revolution nach Morosaglia in sein Geburtshaus überführt.

Der Weg nach Frankreich

Die französische Regierung hatte den korsischen Unabhängigkeitskrieg von Anfang an als Chance begriffen, ihre Interessen auf der strategisch wichtigen Insel zu wahren. Bereits 1738 war ein Expeditionskorps eingetroffen, um ›vermittelnd‹ einzugreifen. Die Genuesen hofften, genauso wie viele Korsen, auf einen starken Verbündeten in Paris. Auf Korsika zählte beispielsweise Matteo Buttafuoco aus Vescovato zu den Führern der profranzösischen Partei, der Rousseau für die Sache der korsischen Nation gewinnen wollte. Seit 1764 unterhielten die Franzosen in Bastia, Ajaccio, Calvi und Saint-Florent militärische Stützpunkte. In Bastia residierte General Charles René Marbeuf, mit dem, James Boswell zufolge, Paoli auf gutem Fuß stand. Der französische Graf zählte auf jeden Fall zu den Hausfreunden der Familie Bonaparte – von Charles, einem Adjutanten Paolis, und vor allem der schönen Letizia, deren Sohn Napolione Buonaparte er später verdächtig großzügig unterstützte. Im Jahr von Ponte Nuovo, am 15. August 1769, wurde der zukünftige ›Kaiser der Franzosen‹ in Ajaccio geboren – gerade noch rechtzeitig, um als Franzose zur Welt zu kommen.

Mit Napolione Buonaparte, erst mit 33 Jahren französierte er seinen Namen, stellte Korsika den Mann, der diese Revolution, je nach Sichtweise, verriet oder zum Abschluß brachte. Vater Charles hatte sich hastig und nachdrücklich auf die Seite Frankreichs geschlagen, kaum daß die Schlacht bei Ponte Nuovo verloren war. Seinem Sohn kam der Frontwechsel zugute. Gefördert von General Marbeuf, konnte er seit 1779 eine französische Militärschule besuchen, um Offizier zu werden. Das hinderte ihn nicht daran, sich auf Korsika als glühender korsischer Patriot und Franzosenhasser aufzuführen und sich um die Freundschaft Pasquale Paolis zu bemühen.

Mit der Französischen Revolution hatten sich ohnehin neue Konstellationen auf Korsika ergeben. Zwei Parteien oder Clans hatten das Sagen, geführt vom konservativen Charles André Pozzo di Borgo einerseits und dem Republikaner Christophe Saliceti andererseits, der als ›Linker‹ in der Pariser Nationalversammlung großen Einfluß hatte. Ihm schloß sich Napoleon schließlich an – was ihn und seine Familie fast den Kopf kostete: 1793 brannten dessen Gegner das Haus der Familie Bonaparte nieder und zwangen sie ins Exil nach Frankreich.

Dort machte Napoleon nicht nur Karriere, sondern sorgte als echter Korse auch für das Fortkommen seines Clans. Seine Erfolge als Oberbefehlshaber der Italien-Armee (seit 1769) legten den Grundstein für seine Popularität in Frankreich. Ein Staatsstreich, bei dem sein Bruder Lucien als Präsident des ›Rates der Fünfhundert‹ eine entscheidende Rolle spielte, trug Napoleon das neu geschaffene Amt eines Ersten Konsuls ein (1802 auf Lebenszeit). Im Jahre 1804 krönte er sich selbst zum ›Kaiser der Franzosen‹.

Das weitere Schicksal Napoleons ist bekannt: Nach der verlorenen Völkerschlacht bei Leipzig 1813 muß der Kaiser im April 1814 abdanken. Aus dem Exil aus Elba, wo man dem geschlagenen *Empereur* ein ehrenvolles Pensionärsdasein gestattet hatte, kehrte Napoleon für ›100 Tage‹ (von der Landung in Cannes am 1. März bis zur Schlacht von Waterloo am 18. Juni 1815) an die Spitze seines Reiches und seiner Truppen zurück. Nach der nunmehr endgültigen Niederlage verbannten die Alliierten ihn auf die Atlantik-Insel Sankt Helena, wo er am 5. Mai 1821 starb. Seine sterblichen Überreste setzten die Franzosen 1840 im Invalidendom in Paris bei.

Weitaus weniger bekannt ist die Theorie, derzufolge dieses ganze Kapitel europäischer Geschichte nichts weiter als eine korsische Familien-Vendetta war: Drahtzieher der Koalition gegen den Bonaparte-Clan war danach sein alter Feind Charles André Pozzo di Borgo. Dessen Familie habe ursprünglich das gleiche Haus in der Altstadt von Ajaccio wie die Bonapartes bewohnt, wo sich die Mütter verzankt hätten. Tatsache ist, daß Graf Pozzo di Borgo als Diplomat im Dienste des russischen Zaren den Widerstand der europäischen Höfe gegen den Emporkömmling aus Korsika schürte.

Auf Korsika war Napoleon nach seiner Flucht im Jahre 1793 nur noch einmal: im Jahre 1799 bei seiner Rückkehr aus Ägypten. Ansonsten hat er sich um seine Heimat kaum noch gekümmert, wenn man von der Förderung einer Reihe von fähigen Generälen seiner Armeen absieht (die allesamt auf Korsika mit Denkmälern geehrt werden) sowie der ›Wiedervereinigung‹ der Insel als Département im Jahre 1811 (Ajaccio wurde Hauptstadt). Der ›Mythos Bonaparte‹ ist freilich noch immer lebendig – und keinesfalls nur im Souvenirgeschäft.

Nach dem Zusammenbruch des Ersten Kaiserreiches blieb Korsika weitgehend sich selbst überlassen und damit seinen internen Querelen. In zahllosen, nicht selten blutigen Auseinandersetzungen der Clans um Macht und Pfründe mischten sich soziale Spannungen mit politischen Anliegen, zeigten Monarchisten, Republikaner und Bonapartisten Flagge. Die Fronten verliefen, wie so oft in der korsischen Geschichte, häufig unklar und wurden nicht selten gewechselt. Auch die Grenzen zwischen politisch und sozialrevolutionär motivierter Guerilla zum puren Banditentum blieben fließend. So streiten sich die Historiker noch heute um die ideologische Einordnung einer Revolte, die 1816 im Fium-

Banditen und Vendetten
Die Ehre Korsikas

Wenn ein Mann ›in die Macchia ging‹, so war zumeist ein Mord der Grund, begangen im Zuge einer Familienfehde. Stolze Banditen und Vendetten gehören unverrückbar zum Bild von Korsika. In den Vendetten hielt sich die korsische Tradition, das Recht selbst in die Hand zu nehmen. Das ungeschriebene Gesetz der Ehre und Blutrache stand über den Gesetzen der jeweils herrschenden Ordnung und war zugleich Ausdruck ihrer Mißachtung. In der undurchdringlichen Macchia fand der Täter Schutz vor der Polizei und der Rache der Familie des Ermordeten.

Pasquale Paoli war davon überzeugt, daß die genuesische Willkürherrschaft das Banditenwesen gefördert hat, das schon zu seiner Zeit den Ruf Korsikas gefährdete. Von Natur aus seien die Korsen gerechtigkeitsliebende Menschen, und weil es lange an staatlicher Gerechtigkeit gemangelt habe, seien sie

Die sechsjährige Toussainte Valérie wird von Banditen bei lebendigem Leibe verbrannt, Farbdruck von 1910: Ein Verbrechen an einem Familienmitglied setzte die Spirale der korsischen Blutrache oft unaufhaltsam in Gang

Im Kampf mit der Gendarmerie wird der Banditenchef Baretta erschossen, Farbdruck von 1909: Die Macchia war für die ›Banditen aus verlorener Ehre‹, die bisweilen wie Volkshelden verehrt wurden, oft die letzte Zuflucht

zur Selbstjustiz übergegangen. So sah es auch Ferdinand Gregorovius, der Korsika zu einer Blütezeit der Familienkriege bereiste, deren korsische Bezeichnung ›Vendetta‹ genauso bekannt geworden ist, wie der Begriff ›Omerta‹ für das ungeschriebene Gesetz des Schweigens gegenüber der Polizei.

Diese ›Banditen aus verlorener Ehre‹, die immer wieder Stoff für die Literatur boten, waren sicherlich mehr als bloße Wegelagerer. Weniger kriminelle Energie als vielmehr politische und soziale Mißverhältnisse trieben wohl viele Banditen aus dem 19. und frühen 20. Jh. in die Macchia. In Erzählungen und auf Postkarten wird auf Korsika das Andenken an sie bis heute bewahrt. Im Jahre 1823 wählten die korsischen Banditen im Wald von Aitone mit Theodor Poli sogar einen König – ein zweiter König Theodor. Der ›König der Berge‹ tat sich als Gesetzgeber seines Waldreiches hervor, ein korsischer Robin Hood, der als Rächer der Armen und Feind der Reichen auftrat. Das Volk liebte ihn und betrauerte seinen gewaltsamen Tod im Jahre 1827. Noch Gregorovius schwärmte 25 Jahre später: »Keine Gemeinheit befleckte ihn, im Gegenteil rühmte man seine Großmut, und selbst Verwandten seiner Feinde verzieh er.«

Ein ›Leutnant‹ Polis, ein gewisser Gallochio, machte auch außerhalb Korsikas von sich reden. Er kämpfte 1824–35 im griechischen Unabhängigkeitskrieg gegen die Türken. Der Mord an seinem Bruder rief ihn nach Korsika zurück, wo er im Verlauf dieser Vendetta den Tod fand.

Vermutlich handelten Banditen häufig im Auftrag von ›großen Herren‹. Zumindest für den Süden Korsikas sind Streitigkeiten der *Seigneurs* um Weiderechte als Anlaß für Vendetten belegt. Doch ob es um Weideland, Politik, Ökonomie, Macht oder Neid ging – immer wieder galt es, die verletzte Ehre wiederherzustellen. Sie verlangte von jedem männlichen Korsen, eine Beleidigung eines Familienmitglieds an der feindlichen Familie zu rächen, oft forciert von den Müttern und Ehefrauen. Eine Blutschuld konnte nur durch Blut beglichen werden: Ein Mord provozierte so den nächsten.

Vendetten hielten die Insel während des gesamten 19. Jh. in Atem. 2358 Gewalttaten mit tödlichem Ausgang beschäftigten in den Jahren 1825–52 die Justiz, 106 waren es 1871 und noch 79 im Jahre 1900 – bei einer Gesamtpopulation von weniger als 300 000 Menschen. Britische Forscher haben einige dieser Fehden untersucht, von denen die meisten sich über 50, einige sogar 100 Jahre oder länger hinzogen. Die Fehde von Fozzano, die Prosper Mérimées Novelle ›Colomba‹ zur Vorlage diente, läßt sich über die Zeit von 1774–1896 verfolgen.

Um die Ehre des ganzen korsischen Volkes dürfte es gegangen sein, wenn geflüchtete Mörder und Rebellen von den Korsen in der Macchia mit dem Lebensnotwendigen versorgt wurden und ihr Ruhm sich über die ganze Insel verbreitete. Es erfüllt Korsen bis heute mit Stolz, wenn sie von Antoine und Jacques Bonelli, genannt Bellacoscia, sprechen. Diese beiden Brüder beherrschten während der zweiten Hälfte des 19. Jh. die Wälder im Süden der Insel und hielten in ihrem Heimatdorf Bocognano regelrecht Hof: Englische Adelige und deutsche Prinzessinnen rissen sich darum, sie zu besuchen. In den Brüdern Bonelli verehrten Korsen (vielleicht noch immer) Traditionalisten, die konsequenter an überkommenen Werten festhielten, als sie selbst es taten.

orbo ausbrach. Unstrittig ist eher der Hintergrund der korsischen Querelen: Aus der Zugehörigkeit zu Frankreich ergaben sich im Kampf um Macht, Einfluß und Reichtum neue Chancen und Risiken. Aus gesellschaftlichen Unterscheidungen erwuchsen erstmals drastische ökonomische Unterschiede.

Es zeigte sich in der Folge deutlicher als je zuvor, wie sehr auch insulare Lebensbedingungen durch die Entwicklungen auf dem Kontinent geprägt wurden. Die Liberalisierung der Märkte, die Modernisierung der Landwirtschaft und zunehmend auch die Industrialisierung veränderten die Rahmenbedingungen, unter denen die korsische Gesellschaft mit schwindendem Erfolg versuchte, ihre Identität zu wahren: Das 19. Jh. hat Korsika nachhaltig geprägt. Das Clanwesen beispielsweise hat, so traditionell es auf Korsika verankert ist, seine gegenwärtige politische und gesellschaftliche Bedeutung erst in jenen Jahren erhalten. Die Clanchefs nutzten die Gunst der Stunde, sich als Sachverwalter der korsischen Interessen gegen die Zentralgewalt in Paris zu profilieren. Von dort bezogen (und beziehen) sie gleichzeitig ihre Möglichkeiten, Geld und Gunst zu verteilen oder zu verweigern.

Emanuel Arène, ein Gefolgsmann Léon Gambettas, der in Paris über großen Einfluß verfügte, darf als Verkörperung dieser gesellschaftspolitischen Entwicklung gelten. ›König Arène‹ verstand es zwischen 1880 und 1908, in wechselnden Ämtern den Klientelismus der traditionellen Art mit den Möglichkeiten des modernen Zentralstaates derart zu verknüpfen, daß er sich nachsagen lassen muß, den Clanismus auf Korsika zum ausgeklügelten System institutionalisiert zu haben.

Die fortschreitende Technik, die auf dem Kontinent Einzug hielt, hinterließ auch in Korsikas Landschaft deutliche Spuren. So berichtet Gabriel Xavier Culioli in der korsischen Familiengeschichte ›Das Land der Herren‹ von den Folgen der Einführung der Gasbeleuchtung in der französischen Hauptstadt auf der Basis von Holzkohle. Die Korsen konnten diesen Rohstoff liefern und begannen in der zweiten Hälfte des 19. Jh., Macchia und Wald weiträumig zu roden: »Die Reichsten vergaßen den traditionellen Anbau und verfolgten blindlings ihren alten Traum vom schnellen Geldverdienen.« Vor allem der Süden Korsikas ist mit seinen ausgedehnten Garrigue-Flächen von diesem Raubbau noch immer geprägt.

Rein statistisch fällt eine explosionsartige Vermehrung der Bevölkerung auf. In etwas mehr als einem Jahrhundert verdoppelte sich die Zahl der Einwohner von etwa 150 000 zu Beginn der Zugehörigkeit zu Frankreich auf 296 000 im Jahre 1901. Veränderungen der Produktionsverhältnisse in der Landwirtschaft und der Beginn der Industrialisierung gelten als ursächliche Faktoren der Bevölkerungszunahme. So vergrößerte sich auf Korsika die Anbaufläche für landwirtschaftliche Produkte aufgrund gestiegener Exportchancen sowie der Notwendigkeit, mehr Menschen zu ernähren. Viele der heute verwilderten Terrassenäcker in den Bergen stammen aus dieser Zeit.

Die industriell betriebene Landwirtschaft wurde vor allem in den Ebenen gefördert. Plantagen für Weinreben und Oliven wurden besonders am Cap Corse, im Nebbio und in der Balagne angelegt. Die Ausdehnung der Getreideanbauflächen, teils im Binnenland, aber zunehmend an der Ostküste, erreichte im Laufe des 19. Jh. mit 225 000 ha ihren Höhepunkt. Wein, Olivenöl und Getreide waren für den Export bestimmt und verhalfen besonders den Unternehmern auf dem Cap

In der Altstadt von Ajaccio um 1900

Corse zu beachtlichem Reichtum. Grundnahrungsmittel der Einheimischen blieb noch lange Zeit das Kastanienmehl. Die Edelkastanie wurde nicht ohne Grund als ›Brotbaum‹ bezeichnet. Vor allem in der damals reichen und dicht besiedelten Castagniccia – bis heute Zentrum des Tischlerhandwerks – wußte man auch das Holz zu nutzen.

Der Fortschritt forderte freilich auch seine Opfer. Dazu zählten nicht nur – und wieder einmal – die Hirten, denen mit jedem Quadratmeter Ackerland Weidefläche verlorenging. Gegen die Konkurrenz der Produzenten auf dem Festland konnten sich schon bald selbst die tüchtigsten korsischen Bauern nicht mehr durchsetzen. Entwertet wurden in zunehmendem Maße auch Heimarbeiten wie Spinnen, Weben und Schneidern – die Textilfabriken in Frankreich kreierten und lieferten das, was heute als korsische Tracht gilt (s. S. 68 f.).

Paris entwickelte sich für die Korsen politisch und ökonomisch zum Nabel der Welt. Die Frankreichbegeisterung erreichte während des Zweiten Kaiserreiches (1852–70) ihren Höhepunkt, und bis heute gilt diese Zeit als eine besonders glückliche Periode in der Inselgeschichte. Die Gründe sind nicht nur im Wirtschaftsaufschwung zu suchen, der vom Mutterland auf die Insel ausstrahlte. Wichtiger war die Tatsache, daß sich Napoleon III. demonstrativ korsikafreundlich gab. Die Förderung der Insel und die Bevorzugung von Korsen im expandierenden Bereich der Administration, beim Militär und in der Kolonialverwaltung diente ihm dazu, eine dynastische Kontinuität mit seinem Onkel, Napoleon I., zu demonstrieren. »Die Exilanten sind wiedergekehrt«, jubelte das Volk 1860, als die kaiserliche Familie Ajaccio besuchte. Beim Plebiszit von 1852 hatten 56 500 von 56 600 stimmberechtigten Korsen mit Napoleon III. einen der Ihren zum Kaiser gewählt.

Trotz einer letzten korsischen Revolte im Jahre 1887 gelang den Franzosen innerhalb eines Jahrhunderts, was die Pisaner und Genuesen in 700 Jahren nicht geschafft hatten: Korsika war zum weitgehend integrierten Bestandteil einer kulturellen, ökonomischen und militärischen Übermacht geworden. Es klingt wie ein Treppenwitz der Geschichte, daß sich viele Korsen gleichzeitig ihrer alten, lange bekämpften Verbindungen zu Italien entsannen. Die wohlhabenden *Caporali* bauten Häuser im Stil der Neorenaissance, schickten ihre Söhne auf italienische Universitäten und sprachen Italienisch. Diesen Trend suchten die Italiener ab 1870 im Zuge der nationalen Einigung zu nutzen. Ihr Werben um die einzigen noch nicht ›befreiten Brüder‹ blieb zwar ohne großes Echo auf Korsika, schürte jedoch das Mißtrauen der Franzosen. Gegen die Verlockungen des Irredentismus (von *Italia irredenta* = unerlöstes Italien) wurde die korsische Geschichte mit offiziellem französischen Wohlwollen plötzlich als eine Kette anti-italienischer Aufstände ›wiederentdeckt‹. Vor allem Sampiero Corso kam als Nationalheld erneut zu Ehren, ließ sich doch über ihn eine besonders frühe Verbindung Korsikas mit Frankreich dokumentieren.

Gegen Ende des 19. Jh. zeigte sich, in welchem Maße die Insel ökonomisch von Frankreich abhängig geworden war. In der Provence und im Languedoc ließen sich Oliven und Zitrusfrüchte weit billiger anbauen als im korsischen Bergland. Reblausplagen, die in ganz Europa wüteten, brachten den Weinbau zum Erliegen, der vor allem den Reichtum der Menschen auf dem Cap Corse ausgemacht hatte. Auch der Getreideanbau brach zusammen, da man auf dem Festland billiger produzierte: Betrug die Anbaufläche 1902 noch 105 000 ha, ging sie bis 1961 auf 3800 ha zurück. Die zaghaften Versuche, die Bodenschätze der Insel (Silber, Kupfer, Blei, Mangan, Eisen und Asbest) zu heben, erstickten im Keim. Die letzte Asbestgrube wurde in den 60er Jahren des 20. Jh. geschlossen.

Korsika während der Weltkriege

Vor allem der Erste Weltkrieg hat zur Entvölkerung der Insel beigetragen. Mit 12 000 Gefallenen brachten die Korsen ein überdurchschnittlich hohes Opfer für Frankreich. Nie zuvor waren die Bande zwischen Frankreich und Korsika enger als in der gemeinsamen Not. Es scheint zwar befremdlich, daß die korsischen Soldaten des Ersten (wie später des Zweiten) Weltkrieges, den Aufschriften auf den zahlreichen Kriegerdenkmälern zufolge, für das französische Vaterland gefallen sind. Doch gerade dieser Umstand hat die Korsen in ihrer Mehrheit gegen die Verlockungen Mussolinis gefeit, sich als Teil des faschistischen Italien von Frankreich zu lösen. Vor einem Kriegerdenkmal in Bastia schwor 1938 eine Menschenmenge »französisch zu leben und zu sterben«.

Im Zweiten Weltkrieg beanspruchte Mussolini Korsika im Zuge seiner Vision von einem italienisch dominierten Mittelmeer, dem *Mare Nostro*. Der Unterzeichnung des Waffenstillstands von 1940 folgte zunächst die Teilung Frankreichs in einen von den Deutschen okkupierten Norden und ein halbautonomes Frankreich unter dem autoritären und zeitweilig sehr populären Regime des Generals Pétain in Vichy, zu dem auch Korsika gehörte.

Am 11. November 1942 wurde die Insel von etwa 80 000 italienischen und 10 000 deutschen Soldaten besetzt. Korsika wurde nun selbst zum Schlachtfeld, denn viele Korsen ›gingen in die Macchia‹ und bekämpften die Besatzer aus dem Untergrund. Auf Korsika gelten die *Maquisards* bis heute vielfach als Nachfolger der *Bandits d'honneur* des 19. Jh. Die berühmtesten unter ihnen werden als Befreier der Insel in ehrendem Gedenken gehalten.

Besonders häufig trifft man auf den Namen Danielle Casanova, die ihre antideutsche Aktivität 1943 im Konzentrationslager Auschwitz mit dem Leben büßte. Jean Nicoli, Führer des korsischen Widerstands, war schon vor seiner Hinrichtung am 30. August 1943 bei seinen Landsleuten zur Legende geworden. *»Vendetta corsa. Jean Nicoli, tu seras vengé. Vive de Gaulle!«*, stand auf einem Maschinengewehr, das dem ›Befreier Frankreichs‹ bei seinem triumphalen Aufmarsch in Ajaccio am 8. Oktober 1943 überreicht wurde .

Seit November 1942 erhielten die korsischen Partisanen Unterstützung von der ›Front National‹ aus Algerien. Dort bemühte sich seit 1941 das französische ›Nationalkomitee‹ (ab 1943 ›Befreiungskomitee‹) zum Mißvergnügen Churchills um einen aktiven Beitrag von Franzosen an der Befreiung ihrer Heimat. Der bekannteste – und nach der Entmachtung General Girauds bedeutendste – Führer der Bewegung ›France Libre‹ war kein Geringerer als der General Charles de Gaulle.

Das Unterseeboot ›Casabianca‹, dessen Turm in Bastia zu sehen ist, spielte bei der Befreiung eine legendäre Rolle. Bei Cargèse erinnert ein Denkmal an die ›Casabianca‹, deren Besatzung hier in der Nacht vom 13. auf den 14. Dezember 1942 den ersten Kontakt zu den *Maquisards* aufnahm. Am Hafen von Ajaccio steht ein weiteres Denkmal an der Stelle, wo am 13. September 1943 dasselbe U-Boot die ersten 109 französischen Soldaten landete. Bereits am 9. September 1943 waren die Korsen zum offenen Aufstand gegen die Besatzer übergegangen, wenige Stunden, nachdem der bereits am 3. September abgeschlossene Waffenstillstand zwischen den Alliierten und Italien (Mussolini war im Juli gestürzt worden) öffentlich verkündet worden war.

Der letzte Kampf um Korsika dauerte bis zum 4. Oktober 1943 und fand seinen Höhepunkt in der Schlacht am Col de Teghime, an die heute ein Denkmal erinnert. In den finalen Kampf um Bastia, den zuvor vor allem korsische Freischärler – unterstützt von etlichen italienischen Soldaten – geführt hatten, griffen schließlich die Amerikaner ein. Ihre Gegner, deutsche Wehrmachts- und SS-Truppen, rückten von Sardinien aus nach Bastia vor, von wo aus sie in den Kampf um Italien eingreifen sollten. Besonders heftig und verlustreich für beide Seiten hatten zuvor schon die Kämpfe im Sartenais getobt, allein 172 korsische *Maquisards* ließen dabei ihr Leben. In deutschen Konzentrationslagern und in Gefängnissen (Kaserne Marbeuf in Bastia) und Internierungslagern der Insel (Prunelli-di-Fiumorbo) starben insgesamt 474 Korsen.

Die Korsen haben sich in der Armee und in der Résistance, in Frankreich und auf ihrer Insel loyal und tapfer genug gezeigt, um sich ein Ruhmesblatt in der französischen Geschichte zu sichern. »Korsika hat das Glück und die Ehre, das erste befreite Stück Frankreichs zu sein.« Mit diesen historischen Worten würdigte Charles de Gaulle bei seinem ersten Besuch in Ajaccio am 8. Oktober 1943 die Rolle Korsikas im Zweiten Weltkrieg. Insgesamt sechsmal, zuletzt 1961, sollte der General Korsika besuchen. Die Korsen haben ihn in ihrer Mehrheit stets begeistert empfangen und ihm bei Wahlen ihre Treue bewiesen, wobei auch verwandtschaftliche Beziehungen des Wahl-Lothringers mit Korsika eine Rolle gespielt haben dürften. Am 28. September 1958 erhielt die auf ihn zugeschnittene Verfassung der Fünften Republik auf Korsika 87 % der abgegebenen Stimmen gegenüber 62 % im Landesdurchschnitt. Es schien, als habe sich Korsika endgültig als Teil Frankreichs zu fühlen begonnen.

Evisa, am Fuße des Forêt d'Aitone

Zeittafel zur Geschichte

7000 v. Chr.	Die jungsteinzeitliche Besiedlung der Insel setzt vermutlich von Elba und Ligurien aus ein. Das älteste bisher auf Korsika gefundene Skelett ist das einer etwa 35jährigen Frau, der sogenannten ›Dame von Bonifacio‹, die um 6750 v. Chr. starb.
6000 v. Chr.	Einwanderer lassen sich im Süden nieder und betreiben eine wechselnde Weidewirtschaft (Transhumanz). Die neolithischen Korsen bestatten ihre Toten in Grotten und Tafoni-Löchern.
3500 v. Chr.	Hirten und Seefahrer – vermutlich aus dem südlichen Frankreich – bringen eine neue Religion nach Korsika. Die Megalith-Völkerschaften, benannt nach den von ihnen geschaffenen Kultanlagen und Steinskulpturen, sorgen für einen landwirtschaftlichen Aufschwung.
1600 v. Chr.	Kriegerische Torreaner, deren Herkunft ungeklärt ist, bedrängen von Süden her die friedlichen Megalith-Völker.
1000 v. Chr.	Phönizier, Iberer und Libyer richten zeitweise Handelsstützpunkte ein.
565 v. Chr.	Die griechischstämmigen Phokäer aus Kleinasien gründen Alalia (Aléria).
538 v. Chr.	Etrusker und Karthager greifen die Insel an, werden jedoch von den Phokäern in der Seeschlacht von Alalia besiegt. Dennoch verlegen die Phokäer ihre Hauptstadt nach Massalia (Marseille).
259 v. Chr.–455 n. Chr.	Mit der Eroberung Alalias durch die Römer beginnt nach und nach die Romanisierung Korsikas. Ab dem 3. Jh. n. Chr. wird Korsika christianisiert, die ersten fünf Bischofssitze – Nebbio, Mariana, Aléria, Ajaccio und Sagone – werden gegründet.
456 n. Chr.	Die Vandalen erobern Korsika.
6.–8. Jh.	Nach der kurzen Herrschaft der Ostgoten gehört Korsika, abgesehen von der zeitweisen Besetzung durch die Langobarden, über zwei Jahrhunderte zum Byzantinischen Reich. Die Sarazenen, die den Byzantinern ihre Vorherrschaft streitig machen, überfallen ab dem 7. Jh. immer wieder auch Korsika.
754	Durch die Pippinsche Schenkung gehen die byzantinischen Bistümer an den Heiligen Stuhl.
828	Bonifacio wird gegründet.
1016	Endgültige Vertreibung der Sarazenen aus Korsika.
1077	Beginn der pisanischen Herrschaft.
1133	Papst Innozenz II. unterstellt drei der sechs Diözesen (Aléria, Ajaccio, Sagone) Pisas Erzbischof; Mariana, Nebbio und Accia unterstehen dem genuesischen Erzbischof.
1284	Aus der Seeschlacht von Meloria geht die Republik Genua als Sieger gegen die Rivalin Pisa hervor. Beginn der genuesischen Herrschaft.

1297	Der Papst belehnt den König von Aragón mit Korsika und Sardinien.
1348	Einer verheerenden Pestepidemie fällt ein Drittel der Bevölkerung zum Opfer.
1358	Ein Volksaufstand unter Sambucuccio d'Alando zieht die Einführung eines Systems der kommunalen Selbstverwaltung im Nordosten der Insel nach sich.
1376	Arrigo della Rocca ernennt sich im Namen des Königshauses von Aragón zum Grafen von Korsika.
1380	Gründung von Bastia.
1404	Vincentello d'Istria, Neffe von Arrigo della Rocca, beginnt im Auftrag des Hauses Aragón Teile Korsikas zu erobern.
1420	Korsika-Expedition von König Alfons V. von Aragón. Bis 1434 ist Vincentello d'Istria Aragóns Vizekönig auf Korsika.
1453–1562	Die genuesische ›Bank des hl. Georg‹ verwaltet Korsika.
1492	Gründung von Ajaccio.
1553	Unter Marschall Thermes landen französische Truppen auf Korsika.
1557	Offizieller Anschluß Korsikas an Frankreich.
1559	Mit dem Friedensvertrag von Cateau-Cambrésis fällt die Insel wieder an Genua. Bis zu seiner Ermordung 1567 unterstützt Sampiero Corso die Aufstände der Korsen.
1564	Sampiero landet im Golf von Valinco.
1571	Das erste korsische Zivil- und Strafrecht wird verkündet.
1611–17	Antifeudaler Aufstand im Süden.
1676	Mit Paomia bei Cargèse wird eine erste griechische Kolonie gegründet.
1715	Erhebung einer Haussteuer *(Due Seini)*.
1729–69	Vierzigjähriger Krieg.
1736	Vom 15. April bis 11. November regiert Baron von Neuhoff als König Theodor I. von Korsika.
1738–41	Französische Militärintervention.
1748–53	Erneute Intervention Frankreichs. Im Oktober 1753 wird Gianpietro Gaffori ermordet, der den korsischen Aufstand gegen Genua anführte.
1755	Am 13. Juli läßt sich Pasquale Paoli zum ›General der Nation‹ ausrufen.
1765	Eröffnung der Universität in Corte.
1768	Im Vertrag von Versailles (15. Mai) tritt Genua Korsika an Frankreich ab. Am 15. August wird Napoleon in Ajaccio geboren.
1769	Die Niederlage der korsischen Armee am 8. Mai in der Schlacht bei Ponte Nuovo gegen die Franzosen bedeutet das Ende des Unabhängigkeitskrieges.
1789	Sturm auf die Bastille (14. Juli); Korsika wird französisches Département, das später in Golo (Bastia) und Liamone (Ajaccio) unterteilt wird.

1794–96	Sir Gilbert Elliot regiert als Vizekönig ein britisch-korsisches Königreich.
1804–14	Erstes Kaiserreich unter Napoleon I. 1814 wird Napoleon nach Elba verbannt.
1821	Am 5. Mai stirbt Napoleon auf Sankt Helena.
1852–70	Zweites Kaiserreich unter Napoleon III.
1887	Letzter korsischer Aufstand.
1894	Die Eisenbahnlinie Ajaccio–Bastia wird eröffnet.
1914–18	Erster Weltkrieg.
1942	Landung italienischer und deutscher Truppen auf Korsika am 11. November.
1943	Befreiung Korsikas.
1957	Gründung der SOMIVAC (›Société pour la mise en valeur agricole de la Corse‹) und SETCO (›Société pour l'équipement touristique de la Corse‹).
1967	Edmond und Max Simeoni gründen die Bewegung ›Action pour la Renaissance de la Corse‹ (ARC).
1972	Korsika wird 22. Region Frankreichs.
1975	Aufteilung Korsikas in die Départements Corse du Sud (2A) und Haute-Corse (2B). Beginn von Attentatsserien nach der Besetzung eines Weinguts bei Aléria durch korsische Nationalisten unter Edmond Simeoni.
1976	Gründung der nationalistischen Bewegung ›Fronte di Liberazione Naziunale Corsu‹ (FLNC).
1982	Erste Wahl zur *Assemblée Régionale de la Corse.*
1983	Die FLNC geht nach ihrem Verbot in den Untergrund.
1987	Die ›A Cuncolta Naziunalista‹ (ACN) wird als legaler Arm der FLNC gegründet.
1989	Die nationalistische Bewegung splittet sich auf: u. a. Gründung der ›Union du Peuple Corse‹ (UPC) durch die Brüder Simeoni und Spaltung der FLNC in den ›Canal habituel‹ und den radikaleren ›Canal historique‹.
1991	Mit dem Gesetz vom 13. Mai 1991 wird die Autonomie Korsikas erweitert. Die Wahl zum neuen Regionalparlament stärkt die nationalistische Bewegung.
1993–94	Mit den Fememorden an Robert Sozzi (15. Mai 1993) und Frank Muzzi (28. Dezember 1994) beginnt eine neue Welle der Gewalt: 39 Morde auf Korsika allein im Jahre 1994.
1995	Die Bereitschaft zum Widerstand gegen den Terror wächst: 1329 Frauen unterzeichnen am 8. Februar das ›Manifest für das Leben‹.
1998	Ermordung des Präfekten Claude Erignac am 6.2.
2000	In einem Stufenplan sagt Frankreichs Premierminister Lionel Jospin den Korsen größere Unabhängigkeit zu. Der Innenminister tritt aus Protest zurück.

Korsika heute

Frankreich und Korsika – Eine schwierige Ehe

Weitgehende Autonomie für Korsika, sogar das Recht, französische Gesetze abzuändern: Das versprach der Premierminister Lionel Jospin den Korsen im Juli 2000. Bis zum Jahr 2002 wird experimentiert, 2004 soll die Verfassung dann geändert werden. Das Inselparlament stimmte zu – und der Innenminister trat aus Protest zurück. Die Einheit der Republik sei in Gefahr. Auch auf Korsika waren nicht alle begeistert, hatte Jospin doch auch mit Bombenlegern verhandelt.

Einen ersten Schritt zur Anerkennung einer korsischen Identität tat Paris 1972 mit der Erhebung Korsikas in den Status einer Region. Freilich, damals stellten Regionen in Frankreich noch keine echten Gebietskörperschaften dar und die Regionalräte hatten keine Exekutivrechte. Das änderte sich erst in den 80er Jahren, als in Frankreich die Sozialisten unter François Mitterand an die Macht kamen, die Politik der Dezentralisierung ernsthaft begann und den Korsen ge-

Schattige Place Saint-Nicolas in Bastia

Feliceto: Besonders die Dörfer in der Balagne sind von der Landflucht betroffen

wisse Sonderrechte eingeräumt wurden. 1982 durften sie erstmals eine *Assemblée Regional* wählen, eine Regionalversammlung mit einem Präsidenten an der Spitze.

Mit dem ernannten Regionalpräfekten hat die Regierung in Paris freilich noch immer eine Art ›Aufpasser‹ in Ajaccio, der Regionshauptstadt. Auch die beiden 1975 geschaffenen Departements Haute-Corse und Corse du Sud kennen einerseits den gewählten *Conseil Général,* den Generalrat, andererseits einen *Commissaire de la République* in den Hauptstädten Bastia und Ajaccio. Mit der Einrichtung der Departements lebte die alte Einteilung Korsikas in das Land ›diesseits der Berge‹ und das Land ›jenseits der Berge‹ (s. S. 28) wieder auf. Beide Teile erlebten eine unterschiedliche Geschichte, so daß die Gliederung gewissermaßen historisch gerechtfertigt war und noch heute gelegentlich ihre Bestätigung findet.

Das zeigte sich etwa in der Debatte um den Standort einer korsischen Universität, mit der die Regierung dem nationalen Selbstbewußtsein der Korsen entgegenkommen wollte. Ajaccio und Bastia kämpften solange um die Ehre, ihr Standort werden zu dürfen, bis Corte den Zuschlag bekam. Dort setzt sie seit 1981 die Tradition fort, die der große Reformer Pasqual Paoli bereits 1765 in Corte begründet hatte.

Große Bedeutung messen die Korsen dem ›Gesetz vom 13. Mai 1991‹ bei. Der sozialistische Innenminister Pierre Joxe setzte auf der Insel und in der Nationalversammlung nach jahrelangen Bemühungen einen regionalen Sonderstatus für die Insel durch, der Korsika erstmals eine eigene Identität zusicherte: »Die französische Republik garantiert der historischen und lebendigen kulturellen Gemeinschaft, welche das korsische Volk bildet, die Rechte zur Wahrung seiner kulturellen Identität und zur Verteidigung seiner besonderen wirtschaftlichen und sozialen Rechte«.

Mit größerem Respekt für die Korsen und ihre Bedürfnisse, aber auch mit finanziellen Hilfen für die strukturelle Entwicklung auf der Insel als Voraussetzung für eine gesellschaftliche Befriedung suchte die Regierung Korsika und die Korsen zu versöhnen und an das kontinentale Frankreich heranzuführen. Der Staat läßt sich diese ›Entwicklungshilfe‹ jährlich über 13 Milliarden Francs kosten.

Zwar beherrschten weiterhin Nachrichten von Bombenattentaten auf Korsika und dem Festland, politischen Morden, Streiks und Subventionsbetrügereien die Schlagzeilen. Und eine Schlamperei ungeheuren Ausmaßes wurden sichtbar, als die Ursachen des Einsturzes eines Fußballstadions untersucht wurden, der am 5. Mai 1992 in Furiani bei Bastia, 18 Menschen das Leben kostete. Der mutmaßliche Hauptverantwortliche wurde am 26. Dezember 1994 Opfer eines Racheaktes. Dennoch waren die 90er Jahre eher von dem Willen der Korsen geprägt, sich mit den Franzosen zu arrangieren und ihre nationale Eigenständigkeit auf kultureller Ebene zu demonstrieren. Musikgruppen wie etwa ›I Muvrini‹ wurden populärer, als nationalistische Terorrtruppen, die zunehmend in den Verdacht gerieten, eher kriminell als politisch motiviert zu sein.

An dieser Entwicklung hatte der beliebte und moderate Präfekt Claude Erignac einen großen Anteil. Vielleicht wurde er deswegen am 6. Februar 1998 auf offener Straße in Ajaccio ermordet. Ganz Frankreich war erschüttert und in der angeblich größten Demonstration in der korsischen Geschichte sprachen sich die Korsen nach dem Attentat eindeutig für Recht und Ordnung und gegen die Gewalt auf ihrer Insel aus.

Erignacs Nachfolger, der forsche Präfekt Bernard Bonnet, brauchte nicht viel mehr als ein Jahr, um den Kredit der Zentralregierung wieder zu verspielen, den sein Vorgänger aufgebaut hatte. Ausgerüstet mit Sondervollmachten und einer Spezialpolizeitruppe von Kontinentalfranzosen wollte und sollte er mit harter Hand gegen Korruption und Mißwirtschaft vorgehen und für rechtsstaatliche Verhältnisse auf Korsika sorgen. Tatsächlich reduzierte sich die Zahl der Sprengstoffanschläge um 70, die der Mordtaten um fast 30 %. Die Hinterziehung der Umsatzsteuer halbierte sich. Der arrogante Stil des Pariser Statthalters verprellte jedoch selbst Gutwillige auf der Insel. Seine Verbündeten in der Regionalversammlung bekamen die Quittung präsentiert. Als die Korsinnen und Korsen 1999 wegen Unregelmäßigkeiten bei der Wahl im Vorjahr erneut über die Zusammensetzung des Inselparlaments entscheiden mußten, erteilten sie der bürgerlichen Parteienliste mit 24,2 % der Stimmen eine herbe Abfuhr. 1998 waren für die Rechte unter Parlamentspräsidenten José Rossi noch 35 % gezählt worden.

Und dann traten die Elite-Polizisten in der Nacht vom 19. auf den 20. April 1999 selbst das Gesetz mit Füßen. Sie steckten ein illegal erbautes Restaurant in Brand und scheiterten beim stümperhaften Versuch, die Tat den Nationalisten in die Schuhe zu schieben. Die Truppe wurde aufgelöst und ihr Chef umgehend vom Dienst suspendiert; aber der Staat und seine Institutionen gelten seither auf Korsika wieder als Lachnummer. Und Frankreich bekommt als formlose und korporatistisch verfilzte Staatsmasse mit Korsika sein Spiegelbild vorgehalten, meint der korsische Autor Robert Colonna d'Istria in seinem Buch ›De la Corse‹.

Probleme und Hoffnungen

Im Rückblick begann bereits vor mehr als 100 Jahren nach dem verlorenen Krieg von 1870/71 und dem Zusammenbruch des Zweiten Kaiserreiches unübersehbar zu werden, wie sehr sich die Verhältnisse auf Korsika geändert hatten. »Eine alle Lebensbereiche erfassende wirtschaftliche Rezession, der endgültige Bruch des bestehenden agro-pastoralen Gleichgewichts, verschiedene Kriegsfolgen, der Aufbau einer Kolonialtruppe und bessere Berufs- und Verdienstmöglichkeiten außerhalb der Insel« macht Hartmut Lücke in einer 1976 veröffentlichten Untersuchung für die Entvölkerung der Insel verantwortlich, die ihren Höhepunkt im Jahre 1962 erreichte.

Zu Beginn des 20. Jh. lebten 296 000 Menschen auf Korsika, 1962 waren es nur noch 176 000. 1999 war die Bevölkerung zwar wieder auf etwa 260 000 angewachsen, doch diese Entwicklung war fast ausschließlich das Ergebnis von Zuwanderungen – in erster Linie aus den Mittelmeerländern – und nicht etwa die Folge eines Geburtenüberschusses. Gerade junge Korsinnen und Korsen sehen sich noch heute gezwungen, Korsika zu verlassen, um ihren Lebensunterhalt bestreiten zu können. Man schätzt, daß zwischen 1968 und 1975 etwa 29 % der 20- bis 30jährigen der Insel den Rücken gekehrt haben und bei der Überwindung der Entwicklungsprobleme Korsikas fehlen. Gleichzeitig wächst die Zahl der Gastarbeiter, die besonders für untergeordnete Tätigkeiten, bei der Ernte sowie im Hoch- und Tiefbau eingesetzt werden und nach offiziellen Angaben den Fremdenanteil auf knapp 10 % erhöht haben (landesweit knapp 6,3 %). Gegen sie richtet sich, wie in Frankreich auch, eine zunehmende Ausländerfeindlichkeit.

Vor allem der Dekolonialisierungsprozeß, meint der irische Forscher Robert Ramsey, legte in den 1960er Jahren die Lunte an ›die korsische Zeitbombe‹. Mit dem Ende des Versuchs, Algerien in der kurzlebigen ›Französischen Gemeinschaft‹ zu halten (1962, Verträge von Evian), wurde die Rolle Korsikas als ›Entsorgungsstation‹ für französische Probleme deutlich. Die Stationierung von über 3000 Mann der Fremdenlegion, die nie zuvor französischen Boden betreten hatten, zeigte es symbolisch: Offenbar rechnete man Korsika noch immer nicht so recht zu Frankreich. Erst in den 1980er Jahren zogen sie, bis auf das Zweite Fallschirmjäger-Regiment in Calvi, wieder ab.

Am nachhaltigsten wurde der soziale Frieden auf Korsika durch die Rückführung von ehemaligen Kolonisten aus Nordafrika gestört, auch wenn man diese Aktion gern als Maßnahme zur Wiederbevölkerung der Insel ausgab. Ein regionales Entwicklungsprogramm von 1957 förderte mit der Gründung der mächtigen SOMIVAC (›Société pour la mise en valeur agricole de la Corse‹) und der SETCO (›Société pour l'équipement touristique de la Corse‹) zwischen 1958 und 1965, verstärkt nach 1962, die Ansiedlung von 17 000 *Rapatriés*, Rückkehrern aus Nordafrika nach Korsika. Die Zahl entspricht über 10 % der damaligen Inselbevölkerung. Gut die Hälfte von ihnen blieb in Bastia und Ajaccio, die anderen ließen sich vorwiegend an der Ostküste nieder.

Obwohl ein erheblicher Teil der *Pieds noirs* korsische Vorfahren hatte, wurden sie zumeist als unwillkommene Fremde betrachtet. (Die Bezeichnung ›Schwarzfüße‹ hatten sie den Nordafrikanern zu verdanken, denen die schwarzen Lederschuhe ihrer Kolonialherren absonderlich erschienen.) Den *Pieds noirs* wurden Vergünstigungen für den Aufbau der Agrarwirtschaft gewährt, die korsischen Bauern zur Erhaltung ihrer Familienbetriebe verwehrt worden waren. Gestützt auf Subventionen und Steuervergünstigungen, hatten die Neusiedler sogleich mit der Kultivierung der Küstenebene begonnen. Die Anbaufläche von Weinreben – später kamen Zitrusfrüchte, Getreide und Kiwis hinzu – verdreifachte sich von 1960–70 von 9600 auf 29 000 ha. Zu Beginn der 70er Jahre brachten knapp 10 % aller Weinanbaubetriebe 90 % der Ernte ein – und keiner von ihnen gehörte einem Korsen.

Ihre Bevorzugung durch den Staat sowie Weinpanschskandale machten nicht nur die Neusiedler bei den Korsen zunehmend unbeliebt, sie schadeten auch dem Ansehen Frankreichs. In diesem Zusammenhang ist das Entstehen des korsischen Nationalismus zu sehen, der sich ursprünglich gegen die staatliche Ungerechtigkeiten richtete.

Der Geldsegen aus Paris ergießt sich inzwischen zwar nicht mehr auf die Landwirtschaft, die nur noch mit 2 % am korsischen Bruttoinlandsprodukt beteiligt ist, einer gesunden Ökonomie und Gesellschaft ist er dennoch nicht förderlich. Denn wenn drei Viertel des korsischen Bruttoinlandprodukts (81,6 % gegenüber 70,1 % in Gesamtfrankreich) auf den tertiären Sektor entfallen, wird deutlich: Es sind nicht die produktiven Bereiche der Wirtschaft, denen die Subventionen zugute kommen. Es profitiert der Dienstleistungsbereich – neben dem Tourismus vor allem die Verwaltung – und damit profitieren die *Patrons*, die dort das Sagen haben.

Tout Tourisme?

Die ›nächste der fernen Inseln‹ – nicht nur aus der Sicht der Franzosen mit ihren überseeischen Regionen – scheint wie geschaffen für den Fremdenverkehr, und doch blieb seine Rolle auf Korsika stets umstritten. Braucht Korsika den Tourismus oder verbraucht der Tourismus die Ressourcen der Insel?

1999 kamen 2 Mio. Besucher auf die Insel, ein absoluter Rekord für Korsika, das sich lange Jahre mit etwa 1,5 Mio. Reisenden pro Jahr begnügen mußte. Die Touristen sorgen für etwa 26 000 Arbeitsplätze, ein Großteil davon allerdings nur auf die Saison von Mai bis

In den Sommermonaten Juli und August ›spucken‹ die Fähren jedes Jahr Massen von Urlaubern vom europäischen Festland aus, wie hier im Hafen von Bastia

September begrenzt. Gut 60 % aller Korsika-Urlauber – davon sind viele Korsen auf ›Heimaturlaub‹ – sind Franzosen, und diese strömen besonders im Juli/August auf die Insel, genauso wie die Italiener, die fast 20 % der Touristen stellen. Deutsche Urlauber machen etwa 10 % der Inselgäste aus und bevorzugen wie Schweizer und Österreicher vor allem die Monate Mai/Juni und September/Oktober.

Die Korsen sollten den Urlaubern in erster Linie mehr Aufmerksamkeit entgegenbringen, meinte 1995 die für Tourismus zuständige Ministerin aus Paris – und machte sich damit nicht gerade beliebt auf der Insel. Ganz unrecht hat die Dame freilich nicht. Korsen fallen ihren Gästen nicht unbedingt begeistert um den Hals. Aber diese distanzierte Haltung steht in wohltuendem Gegensatz zur manchmal anstrengenden Gastfreundschaft, mit denen Reisende andernorts gelegentlich beglückt werden. Man sollte zudem nicht vergessen, daß die Korsen den Tourismus nicht ganz freiwillig zu ihrem wichtigsten Wirtschaftszweig gewählt haben. Sie wurden nicht gefragt, als man in den 1960er Jahren unter der Federführung der SETCO damit begann, den Massentourismus ohne Rücksicht auf das ökologische und soziale Gleichgewicht auszubauen. Profitiert haben vor allem die Banken als Kapitalgeber, die Korsika regelrecht unter sich aufteilten. »Die Insel ist der touristischen Invasion ausgeliefert – mit oder ohne Zustimmung der Korsen«, lautete im Jahre 1970 das Ergebnis einer regierungsamtlichen Untersuchung.

So kann man mit Korsen nicht reden: Mit Bomben wehrten sich Untergrundkämpfer gegen ›Tout Tourisme‹, sprengten Bettenburgen in die Luft und konnten sich des Beifalls ihrer Landsleute sicher sein. Dennoch empfahl der Finanzinspektor des französischen Innenministers, Michel Prada, den Korsen im Jahre 1989 erneut ungerührt, verstärkt auf Tourismus zu setzen, zu klotzen statt zu kleckern. Die radikaleren Mitglieder der *Assemblée Régionale* legten daraufhin ihr Mandat nieder. Selbst die gemäßigten Mitglieder des Regionalparlaments in Ajaccio distanzierten sich vom ›Rapport Prada‹. Sie setzten in einem eigenen Entwicklungsplan auf mehr Industrie und den sogenannten ›Integrierten Tourismus‹, den Ausbau eines räumlich und zeitlich entzerrten Fremdenverkehrs.

Andere Schlagworte für den jetzt geforderten und geförderten Fremdenverkehr lauten ›Grüner Tourismus‹ und ›Intelligenter Tourismus‹. Angestrebt wird die Förderung eines ausgedehnten Fremdenverkehrs, der sich nicht nur auf die Sommermonate und die Küsten beschränkt, sondern möglichst ganzjährig und überall auf der Insel für Einnahmen sorgt. In den Mittelpunkt der Tourismuswerbung rücken die landschaftliche Schönheit – vor allem die des Binnenlandes – sowie die kulturellen Eigenarten Korsikas.

Den Urlaubern kann der Ansatz nur recht sein, denn Korsika ist tatsächlich ganzjährig eine Reise wert: Allerdings fehlt es bisher an touristischer Infrastruktur außerhalb der Sommersaison, viele Hotels und Campingplätze haben nur zwischen Mai und Oktober geöffnet. Doch vor allem muß die Spirale der Gewalt durch die völlig außer Kontrolle geratenen separatistischen Organisationen durchbrochen werden. Doch solange Korsika mit dem negativen Image, eine Hochburg des Terrors zu sein, leben muß, wird dieser wichtige Wirtschaftszweig der Insel immer wieder von Einbrüchen bedroht sein.

Die Autonomiebewegung

Sie waren schon fast abgeschrieben, die korsischen Nationalisten und Separatisten. Nur noch 5,23 % der Wählerinnen und Wähler hatten dem nationalistischen Parteienbündnis ›Corsica Nazione‹ bei der später annullierten Wahl zur Regionalversammlung 1998 ihre Stimme gegeben. Doch mit einem sensationellen Ergebnis von knapp 17 % meldete sich die nationalistische Liste mit ihrem Spitzenkandidaten Jean-Guy Talamoni überraschend ein Jahr später als politische Kraft zurück.

An der Spitze der ›Union du Peuple Corse‹ (UPC), einem der fünf Parteien im Bündnis ›Corsica Nazione‹, meldete sich 1999 auch ein Mann zurück, dessen persönliche Geschichte mit der des Kampfes für Korsika als Insel mit kultureller Eigenart und politischer Selbstbestimmung weitgehend identisch ist. Noch 1995 hatte der Kinderarzt Edmond Simeoni in dem Buch ›Corse: La Volonté de'être‹ eine ernüchternde Bilanz seines politischen Lebens gezogen – ein Jahr nachdem 39 mehr oder weniger politisch motivierte Morde die Insel erschüttert hatten, legte er alle politischen Ämter nieder.

Edmond Simeoni hat zusammen mit seinem Bruder Max 1967 die ›Action pour la Renaissance de la Corse‹ (ARC) gegründet. Diese ›Aktion zur Wiedergeburt Korsikas‹ klagte auf friedliche Weise das Recht der Korsen ein, über ihre politische, ökonomische und ökologische Zukunft selbst zu bestimmen. Zumindest in Paris blieben diese Mahnungen ebenso ungehört wie die Hinweise auf Willkür und Betrug in Politik und Justiz. Erst mit einer Gewaltaktion änderte sich die Ignoranz – eine fatale Tatsache, die bis heute in der korsisch-französischen Geschichte immer wieder eine Rolle spielt.

Mit einer Handvoll Bewaffneter besetze Edmond Simeoni am 21. August 1975 das Weingut eines gewissen Henri Depeille. Dieser hatte eine besonders unrühmlich Rolle in einem Weinpansch- und Finanzskandal gespielt, den bis zu diesem Zeitpunkt keine Behörde zur Kenntnis nehmen wollte. Jetzt aber wimmelte es schlagartig von Journalisten – und von Polizisten. Schüsse fielen, es gab Tote und Verwundete – und das Anliegen der Aktion eroberte endlich die Schlagzeilen. Daß Edmond Simeoni für fünf Jahre ins Gefängnis wanderte, hat ihm auf der Insel nicht geschadet. Eher im Gegenteil.

Seither war der Nationalismus als politische Kraft nicht mehr ignorierbar, obwohl die ARC sofort verboten wurde. Die nationalistische Bewegung formierte sich in immer neuen Organisationen, deren bekannteste, die ›Fronte di Liberazione Naziunale Corsu‹ (FLNC), 1976 gegründet und 1983 nach einer Serie von 146 Attentaten gegen touristische Einrichtungen innerhalb eines Jahres verboten wurde.

Sie existiert freilich in zwei verfeindeten Flügeln noch heute im Untergrund:

Die ›FLNC-Canal habituel‹ gilt als eher gemäßigt, die ›FLNC-Canal historique‹ ist die radikalere Fraktion. Doch über Zahl, Größe, Namen und Ziele der mehr oder weniger gewalttätigen Organisationen haben selbst Korsen schon lange die Übersicht verloren. So wurden 1986 insgesamt 22 militante Gruppierungen auf Korsika gezählt, und noch 1999 meldete sich mit der ›Armata Corsa‹ (Korsische Armee) eine neue Terrortruppe mit Attentaten aus dem Untergrund.

In den 70er Jahren hatten die Nationalisten noch als Helden gegolten, die die Franzosen mit Worten und Waffen Respekt gegenüber Korsen und Korsika lehrten. Vor allem ihr Kampf gegen die ›Balearisierung‹ Korsikas kam gut an: Mit Sprengstoffanschlägen gegen oft illegal erbaute Ferienanlagen an den Küsten wehrten sich Untergrundkämpfer gegen die ›Kolonialisierung‹ durch fremdes Kapital – und trugen so dazu bei, daß aus ihrer Insel bis heute kein zweites Mallorca geworden ist. Auch Brand- und Sprengstoffanschläge gegen Einrichtungen des ›kolonialistischen‹ Staates wurden noch lange toleriert. Soweit überhaupt Personen zu Schaden kamen, waren es meistens ›Kollaborateure‹ aus dem Insel-Establishment. Touristen zählten und zählen bis heute nicht zu den Zielen von Anschlägen.

Graffiti der Autonomiebewegungen in Bastia

Die legalen Vertreter des korsischen Nationalismus wurden in wachsender Zahl in die Inselräte gewählt. Umso mehr, als sie sich zunehmend von der Gewalt distanzierten und sich auf politische Mittel besannen. Auch die Förderung von Kunst und Kultur wurde zum Anliegen überzeugter Korsinnen und Korsen. Mit moderner Musik auf traditioneller Basis erwiesen sich Gruppen wie ›I Muvrini‹ als weitaus bessere Botschafter Korsikas denn vermummte Terroristen auf Pressekonferenzen in der Macchia.

Ihren Kredit in der Bevölkerung als Nachfolger der ›Banditen aus verlorener Ehre‹ begannen die Terroristen im Laufe der 80er Jahre schließlich mit Schutzgelderpressungen, Fememorden und der Nähe zur Mafia zu verspielen, die einigen Organisationen nachgesagt wird.

Allgemeine Abscheu erregten die militantesten Terroristen schließlich in den 90er Jahren, als rivalisierende Gruppen im Untergrund dazu übergingen, sich gegenseitig umzubringen: Allein 1995 wurden zehn Fememorde registriert. Mit der Ermordung des Präfekten Claude Erignac am 6. Februar 1998 schien sich der korsische Untergrund endgültig ins kriminelle Abseits gestellt und die legale nationalistische Szene mit in den Abgrund gezogen zu haben. Erignac hatte nämlich die Absicht der Regierung, rechtsstaatliche Verhältnisse auf Korsika zu etablieren, erstmals glaubwürdig und volksnah vertreten. Vermutlich aber war er gerade deshalb den Kräften im Wege, die im trüben Tümpel der Korruption und Kriminalität fischten, in den sich auch Teile der nationalistischen Bewegung begeben hatten.

Mit seinem Nachfolger Bernard Bonnet machte die Regierung jedoch den Bock zum Gärtner (s. S. 53). Zwar reduzierte sich die Zahl der Sprengstoffanschläge und Mordtaten, aber der arrogante und ignorante Stil des Pariser Statthalters, der die ohnehin große Zahl von Polizeitruppen noch um eine nur ihm unterstellte Spezialeinheit von Kontinentalfranzosen erweiterte, verprellte selbst gutwillige Korsen. Der Begriff ›Kolonialisierung‹, der am Anfang der separatistischen Bewegung gestanden hatte, bekam aktuelle Bedeutung, und statt Rechtsstaatlichkeit demonstrierte die Spezialtruppe schließlich selber jene Willkür, gegen die sie angeblich angetreten war: Sie setzte ein illegal erbautes Strandrestaurant in Brand und versuchte vergeblich, die Tat dem korsischen Untergrund in die Schuhe zu schieben.

In der Wahl vom März 1999 bekam Bonnets Aktion für Recht und Ordnung bereits eine deutliche Abfuhr, bevor sie sich auf diese dramatische Art und Weise ganz offensichtlich als verlogen entlarvte. Der Verstoß staatlicher Organe gegen die Regeln des Rechtsstaates gab den nationalistischen Terrorkommandos endlich wieder den lange gesuchten Vorwand zum Handeln: Insbesondere im Herbst 1999 überzogen sie die Insel wieder mit ihren Sprengstoffattentaten.

Nationalität: Korsisch

Am Versuch, Korsika und die Korsen zu verstehen, sind Politiker, Ethnologen, Dichter und Journalisten gescheitert. »Auf Korsika ist alles extrem schwer zu begreifen«, stellte selbst Napoleon fest. Fremde scheinen sich eher ein Urteil zu erlauben: Durch keine Kultur gezähmt, die Arbeit als Entehrung scheuend, nach Taten dürstend, so erlebte sie Ferdinand Gregorovius und meinte, die Korsen seien »eiferartige Naturen; Eifersucht, Ruhmsucht, Ehrsucht, Rachsucht, alle diese verzehrenden Leidenschaften sind die Ihren, und sie sind geborene Streiter in jedem Sinne des Wortes«.

Heute fällt eher auf, daß Korsen an den Errungenschaften der modernen Konsumwelt teilhaben wollen, aber in vieler Hinsicht gleichzeitig mit großer Zähigkeit an uralten Wertvorstellungen und überkommenen Lebensformen festzuhalten suchen. Widersprüche zeigen sich allenthalben. So gelten dienende Berufe nicht gerade als ehrenvoll – was Probleme bereitet auf einer Insel, in der etwa drei Viertel der Beschäftigten im Dienstleistungssektor arbeiten. Das eigene Haus auf dem Lande gilt auf Korsika als einzige angemessene Wohnstätte, zwei Drittel aller Korsen leben jedoch in den städtischen Großräumen. Bis heute genießt der Hirte in der Macchia noch immer ein Ansehen, das sich mit dem eines Bankangestellten messen kann. Gleichzeitig spielt die Höhe des Einkommens durchaus eine Rolle für das Sozialprestige – vielleicht ein Grund, warum es Korsen (wenn überhaupt) ganz selbstverständlich in Centimes angeben – so werden sie rasch zu Millionären. In keinem Supermarkt fehlt die elektronische Kasse, aber Kunden und Kassiererinnen plauschen, als stünden sie in einem Tante-Emma-Laden.

Nach wie vor ein Job mit Sozialprestige: junger Ziegenhirte

Korsen sind keineswegs unfreundlich, nicht selten strapazieren sie jedoch die Geduld ihrer Gesprächs- oder Geschäftspartner mit einer unerschütterlichen Gelassenheit. Eine gelassenere Haltung sei auch gestreßten Mitteleuropäern empfohlen. So ist es auch ratsam, das leicht zu verletzende Ehrgefühl der Korsen zu respektieren. »Ich mußte ihnen doch zeigen, daß ich ein Korse bin und sie nur Touristen sind«, lautete kürzlich die Begründung eines Korsen dafür, daß er plötzlich seine Pistole auf Campinggäste gerichtet hatte. Die Touristen hatten ihn ausgelacht – und hatten noch Glück. Jähzornigere Korsen haben auch schon scharf geschossen und getroffen.

Nicht nur ihr ausgeprägtes Gefühl für persönliche Würde haben die Korsen bewahrt, sondern auch ihren Familiensinn. Als soziale und ökonomische Einheiten hatten die Familie, die Sippe und der Clan ehemals eine größere Bedeutung. Heute ist der Staat für Gerechtigkeit und Wohlfahrt zuständig.

Clans – Immer sind es zwei

Die verkrusteten Machtstrukturen bilden das Haupthindernis für die gesellschaftliche, ökonomische und politische Zukunft Korsikas. So sieht es nicht nur der Alt-Nationalist Edmond Simeoni, der den ›Clanismus‹ (vom schottischen *clan*) als ›soziale Prostitution‹ und ›antidemokratische Kloake des Unrechts‹ bezeichnet. Der ›Clanismus‹ prägt seit Jahrhunderten die gesellschaftlichen Verhältnisse Korsikas als ein Geflecht von Beziehungen, Begünstigung von Freunden und Benachteiligung von Gegnern.

Den Kern des korsischen Clans und seinen historischen Ursprung bildet die Familie. Die Großfamilie oder Sippe *(Sterpa)* garantierte den Individuen in archaischen oder vorindustriellen Gesellschaften über die materielle Versorgung hinaus Rechtssicherheit nach innen und Schutz gegen äußere Feinde. Der korsischen *Sterpa* oblag es etwa, Vendetten zu führen oder zu beenden. Um den Kern der führenden *Sterpa* eines Dorfes herum bildeten sich schon früh die Clans als Gefolgschaft eines *Patron*. Er sicherte, ähnlich wie im mittelalterlichen Lehnswesen, das Fortkommen der Vasallen, die ihm dafür Gehorsam schuldeten.

Als sich auf Korsika vor 400–500 Jahren das Zusammenleben in Dörfern durchsetzte, bekamen die Clans zunächst, als kommunale Organisationsstruktur und schließlich auch auf übergeordneter Ebene, politisches Gewicht. Auf dem Boden der gleichen Verwaltungseinheit konnte – und kann – nur ein *Principal* das Sagen haben: der mit der größten Macht, d. h. dem stärksten Clan im Rücken.

Die Franzosen bescherten den Clanchefs mit dem Wahlsystem eine weit solidere Machtbasis, als sie die kaum meßbare Treue einer unbestimmten Zahl von Vasallen darstellte: Stimmzettel kann man zählen, Wahlen manipulieren. Prozesse wegen Wahlfälschungen gehören zum korsischen Justizalltag. Die Korsen kämpfen hingebungsvoll für ihren *Patron*, »früher mit dem Gewehr, heute mit dem Stimmzettel«. Nur ein ausgewiesener Gefolgsmann des siegreichen Chefs kann mit einem einträglichen Posten rechnen – und braucht keine Strafmandate zu bezahlen. Wer als Angehöriger des unterlegenen Clans bekannt ist, kann es sich sparen, einen Bauantrag zu stellen.

Für die Zeit seit der Französischen Revolution hat das inzwischen eingestellte Wochenmagazin KYRN ermittelt, daß es eigentlich immer nur zwei Fraktionen auf Korsika gab, die in der Regel mit jeweils einem Clan zu verbinden waren. Republikaner, Monarchisten, Orléanisten, republikanische Bonapartisten, republikanische Opportunisten und nichtrepublikanische Bonapartisten: Die Etikettierungen wechseln, es bleibt jedoch der Gegensatz zwischen dem Land ›diesseits der Berge‹ und ›jenseits der Berge‹ (s. S. 28). In einem Punkt sind sich übrigens alle korsischen Clanchefs einig: Sie sind gute Franzosen und erbitterte Gegner aller autonomistischen Bestrebungen. Ist es doch der Staat, der die Posten, Ämter und Einkünfte bereitstellt, mit deren Verteilung die *Patrons* ihre Gefolgsleute korrumpieren.

Frauen und Männer

Die Rangfolge innerhalb der korsischen Familie ist klar definiert: Vater, Mutter, Söhne und schließlich die Töchter. Die Mutter hat das Sagen in Haus und Hof, der Vater vertritt die Interessen der Familie nach außen, verdient das Geld und macht Politik. An diesen Verhältnissen hat auch das 1944 in Frankreich eingeführte Frauenwahlrecht wenig geändert. Die Abhängigkeit der Korsinnen von ihren Männern wuchs sogar in dem Maße, wie der Haushalt im Zuge der Arbeitsteilung und Industrialisierung seine Bedeutung als Produktionsstätte verlor.

Niedere Arbeiten sind auf Korsika traditionell Sache von Ausländern und Frauen. Trat aber ein ›nationaler Notstand‹ ein, durften auch die Korsinnen ihre Fähigkeiten unter Beweis stellen. Die Inselgeschichte weiß von vielen Heroinnen zu berichten, die gegen Genuesen, Franzosen, Italiener und Deutsche kämpften. Auch als christliche Märtyrerinnen durften sich Frauen schon früh bewähren, so z. B. die hl. Restitute, die im 4. Jh. ihren Missionseifer mit dem Leben büßte. Besonderen Respekt genießen Jungfrauen. Die Jungfräulichkeit von Verwandten zu schützen war und ist den Einsatz edler Korsen allemal wert. Dieser Aspekt der korsischen Moral wird zwar oft als orientalisches Element der Mittelmeerkultur betrachtet, die Wertschätzung der Jungfräulichkeit ist sich aber auch vortrefflich mit dem christlichen Marienkult zu verbinden.

Auf der anderen Seite mußten korsische Ehefrauen stets so fruchtbar wie nur möglich sein, wollten sie sich den Respekt der Männer verdienen. Kinder, vor allem Knaben, bildeten als potentielle Arbeitskräfte in der ländlichen Familie des alten Korsika stets die Lebensversicherung ihrer Eltern. Töchter zogen indes als Verheiratete zu ihren Schwiegereltern und halfen, deren Wohlstand, nicht den elterlichen, zu mehren. Neben den Kindern auch die Schwiegereltern zu umsorgen, war und ist das Los der Korsinnen. Diese Verpflichtung wird ihnen schon früh beigebracht. Frühzeitig werden sie dazu erzogen, die Männer in der Familie besonders zu achten und zu ehren – sogar die jüngeren Brüder. Paradoxerweise obliegt diese Erziehung traditionell den Frauen. Nicht selten waren es Mütter, Ehefrauen und Schwestern, die Männer zum ehrenvollen Kampf gegen Unterdrücker und Familienfeinde aufstachelten. Als »Milchspenderin den ihren, Blutnehmerin den anderen« sieht Georges Ravis-Giordani die Korsin.

Die Einstellung der korsischen Frauen zur Gewalt hat sich gewandelt – es ist zu hoffen, daß auch ihr Einfluß auf die Männer bestehen bleibt. Im Februar 1995 haben die korsischen ›Frauen für das Leben‹ nach dem Fememord an Frank Muzzi innerhalb weniger Tage

Die jungen Korsinnen entwickeln ein neues Selbstbewußtsein

1500 Unterschriften in einem ›Manifest für das Leben‹ gesammelt. Sie organisieren seither nach jedem politischen oder politisch motivierten Mord Protestdemonstrationen. Jedoch begnügen sich die korsischen Frauen keineswegs mit dem bloßen Protest gegen politische Fehlentwicklungen, sie sind auch in der offiziellen Politik aktiv. Frauen haben Ämter als Bürgermeisterinnen inne, bekleiden hohe Verwaltungsposten, sind Unternehmerinnen und genießen mittlerweile eine bessere Ausbildung als die korsischen Männer. Doch wie überall ist der Weg zur Gleichstellung der Geschlechter noch recht steinig und weit.

Wie die Korsen wohnen

Lange haben sich die Korsen relativ wenig um den Erhalt und die Pflege historischer Bausubstanz gekümmert. Bei Neubauten lehnte man sich eher an französische als an traditionell korsische Vorbilder an. Nicht zuletzt im Hinblick auf die Ansprüche und Erwartungen der Feriengäste haben sich die Korsen inzwischen vielfach auf die eigenen Traditionen besonnen und setzen nunmehr auf die Restaurierung und Sanierung ihrer Altbauten, für die sie z. T. staatliche Förderung in Anspruch nehmen können.

Hoch an einem Hang klebend oder gar auf einem Gipfel thronend, wirkt das typische korsische Bergdorf aus der Ferne wie eine Festung. Es gewinnt sogar noch beim Näherkommen: Enge schattige Gassen und schmale Treppen säumend, drängen sich die mehrstöckigen grauen Häuser dicht aneinander und scheinen jedes für sich ein kleiner Wehrturm zu sein. »Die corsischen Dörfer sind gemeiniglich auf den Spitzen ihrer Berge und auf rauhen Klippen von einer so erstaunlichen Höhe gebaut, daß man die Häuser am Tage kaum unterscheiden kann«, schrieb der Schotte

Wohnhaus mit Schieferdach bei Nonza

James Boswell vor über 200 Jahren. »Des Nachts aber, wenn die Hirten ihr Feuer anzünden, geben diese in der Luft schwebenden Dörfer einen malerischen und angenehmen Anblick.«

Siedlungen dieser Art gelten oft zu Unrecht als mittelalterlich. Im Mittelalter dominierten Streusiedlungen – die pisanischen Kirchen stehen folglich meist isoliert in der Landschaft. Erst im 14. und 15. Jh. begannen die Korsen, sich in Dörfern zusammenzuschließen. Unter dem Druck wachsender Angriffe nordafrikanischer Seeräuber nahmen vor allem im Norden viele Dörfer schließlich den Charakter von Fliehburgen an. Im Süden läßt dieser festungsähnliche Charakter wieder nach, vermutlich weil die weiteren Täler des allmählich abflachenden Gebirges mehr Raum und größere Übersicht boten und so eine frühzeitige Flucht in die Macchia ermöglichten.

Den ersten Bewohnern der Insel boten Felsvorsprünge, Grotten und die höhlenartigen Tafoni-Verwitterungen Schutz vor Wind und Wetter. Später wurden diese Behausungen durch Hütten aus Stein ersetzt. Verstreut über die ganze Insel, dienen sie noch heute als Geräteschuppen und Unterkünfte für Hirten und Touristen. Obwohl viele von ihnen noch im 20. Jh. bewohnt waren, blieben sie oft nur als Ruinen erhalten. Auf den ersten Blick gleichen sich die *Stazzu* oder *Capanna* (auch *Cabana*) genannten Steinhütten: ein Raum, eine niedrige Tür und allenfalls ein Fenster. Vor allem auf der Halbinsel von Santa Manza trifft man noch gelegentlich auf die *Borricone*, turmähnliche Rundhäuschen.

Um- und Anbauten haben im Laufe der Jahrhunderte dafür gesorgt, daß die architektonischen Grundformen der Wohnhäuser nur noch selten klar zu erkennen sind. Vorzugsweise am Fuße der Berge, insbesondere in der Castagniccia, findet man die rechteckigen Kastenhäuser. Sie weisen ein großes Scheunentor auf, das in den *Palmentu* führt, den Wirtschaftsteil des Hauses, sowie eine Treppe, über die man in den darüber gelegenen Wohnbereich gelangt. Das wehrturmartige Wohnhaus, *Casa Torre*, gilt mit seinen bis zu sechs Stockwerken als besonders typisch für die von endlosen Fehden heimgesuchte Insel. Stockwerk für Stockwerk wächst es mit der Familie.

Das Zusammenleben auf engem Raum verlangt ein ausgeklügeltes System der Trennung von privatem und öffentlichem Bereich. Im Idealfall gehört vor jedes Haus eine kleine *Piazza*, die als ›verlängertes Wohnzimmer‹ den privaten Wohnbereich in die Öffentlichkeit erweitert. Auch die *Salla*, der zentrale Wohnraum des traditionellen korsischen Hauses, war kein abgeschlossener Privatbereich. Erst die angrenzenden Räume waren zumindest für Männer tabu, selbst für die Ehemänner und Brüder. Sie mußten sogar in der *Salla* schlafen, die Füße zum offenen Feuer gerichtet, das im *Fucone* brannte und das sie auch zu versorgen hatten.

In erreichbarer Nähe eines jeden Hauses lag ein Brunnen. Er war Treffpunkt der Frauen, die auf Korsika nicht ohne Grund häufig mit dem Wasserkrug auf dem Kopf dargestellt werden. Diese aus Quellen gespeisten und oft aus Kieselsteinen gemauerten Brunnen finden sich für den Bedarf der Hirten auch außerhalb von Ortschaften. In Dörfern und Städten zieren prächtig ausgestaltete Exemplare zentrale Plätze, häufig mit dem Namen ihrer Stifter versehen. Manche wurden zu gemeinschaftlichen Waschplätzen ausgebaut und werden hier und da sogar noch als solche genutzt.

Ähnliches gilt auch für die Backöfen, die überall zu sehen sind. *Tre case e un fornu*, drei Häuser und ein Backofen, reichen aus, um ein *Paisolu* (Dörfchen) zu bilden. Ein richtiges Dorf *(Paese)* besitzt zusätzlich noch einen Brunnen, eine Kapelle, einen Friedhof, ein Café, ein bißchen Gartenland und meist noch einige Kastanienbäume.

Variationen in der Bauweise korsischer Häuser ergeben sich in erster Linie aus den geologischen Gegebenheiten. Schiefer ist das übliche Baumaterial im Nordosten, auf der restlichen Insel wird traditionell Granit verwendet. Bei Bonifacio sind die Hauswände vielfach weiß, denn die Stadt steht auf Kreidefelsen. Steinplatten *(Teghie)* decken nur noch wenige ›stilechte‹ Bauten. Im Süden werden auch rot gebrannte Lehmziegel benutzt. Die Mauern werden hier oft auffällig verfugt. Bisweilen ragen lange Steine aus den Vorderfronten der Häuser, deren Sinn deutlich wird, wenn sie als Stützen eines Balkons genutzt werden. Sie sind nicht zu verwechseln mit den sogenannten Stummeln, die aus den Seitenfronten der Häuser schauen. Sie dienen dazu, sich zur Verbesserung der Statik in ein künftiges Nachbarhaus zu ›krallen‹ und kommen überall auf der Insel vor.

Kieselbrunnen in Galéria

Auch soziale Unterschiede der Bauherren lassen sich an Bauten erkennen. Die Holzschindeln *(Scandule)* fanden früher auf der ganzen Insel für ärmlichere Häuser Verwendung. Manches Stalldach ist noch heute damit gedeckt. Überall auf der Insel stehen auch herrschaftliche Häuser. Mit diesen zuweilen burgähnlichen Bauten oder schloßgleichen Villen pflegten die stolzen Besitzer ihren Erfolg zu demonstrieren, den sie oft als Offiziere im Dienste ausländischer Mächte erlangten. Auffallend sind die im Stil der italienischen Neorenaissance errichteten Gebäude aus dem 19. Jh., als vergleichsweise viele Bauern und Bürger zu Wohlstand und Bildung kamen.

Korsika kulturell

Selbstbewußt auf der Suche

Nach 200 Jahren Zugehörigkeit zu Frankreich, in denen ›Corsica‹ zu ›La Corse‹ wurde, ringen die Korsen um ihre kulturelle Identität. Die Wiedergründung der Universität in Corte im Jahre 1981, benannt nach ihrem Gründer Pasquale Paoli, galt dem Versuch, vor allem über die Förderung der eigenen Sprache das Selbstbewußtsein der Korsen als Volk und für ihre Insel als Heimatland zu wecken.

Der Pflege und Förderung korsischer Musik, Sprache und des Brauchtums widmen sich inzwischen zahlreiche Institutionen, Vereine und Einzelpersonen. Die Sammlungen der Heimatmuseen, z. B. in Bastia und Ajaccio, veranschaulichen mit Sorgfalt Aspekte der korsischen Geschichte. Höchst verdienstvoll ist die Arbeit des Heimatvereins ADECEC in Cervione, der Forschungsprojekte und Tagungen organisiert, eines der sehenswertesten Museen und sogar einen Radiosender in korsischer Sprache betreibt. Auch das staatliche Regionalfernsehen FR 3 bringt korsischsprachige Beiträge. Regionale Themen und kulturelle Ereignisse auf der Insel nehmen in den Tageszeitungen einen hohen Stellenwert ein.

Lange Zeit beäugten die Festland-Franzosen das Engagement für den Erhalt des korsischen Brauchtums mit Mißtrauen. Seit den 80er Jahren wird es staatlich gefördert, gilt doch Kulturpolitik in ganz Frankreich als Teil einer ›Modernisierungsstrategie‹ der Wirtschaft. Auch kann der Regionalismus nicht als eine spezifische Erfindung der Korsen gelten, er hat im übrigen Frankreich, etwa in der Bretagne und im Elsaß, eifrige Vertreter. Auf der anderen Seite ist Korsika kein Freilichtmuseum zur Konservierung archaischer Bräuche und Lebensformen eines isolierten Inselvolkes.

Bei Festivals, vor allem in Bastia und Bonifacio, zeigen sich die Verantwortlichen jedoch selbstbewußt genug, die korsischen Beiträge in den Bereichen bildende Kunst, Literatur, Musik und Film in mediterrane Zusammenhänge zu stellen und gemeinsam mit den Beiträgen anderer Mittelmeerregionen zu präsentieren. In dieser Hinwendung zu den Nachbarn schöpfen die Korsen Kraft aus den ältesten Quellen ihrer Kultur, war doch Korsika schon im Altertum eine Begegnungsstätte vieler Völker. Etrusker, Griechen, Phönizier, Römer, Araber, Spanier und Germanen legten die Grundlage für die Kultur der Korsen: für ihre Art, sich zu kleiden, zu essen, zu arbeiten, zu feiern, sich selbst und Fremde zu lieben und zu hassen. Auf dieser Basis baute die römisch-katholische Kirche als ein Sammelbecken zahlreicher kultureller Strömungen auf.

Die Heiligenverehrung und damit verbundene christliche Bräuche prägen bis heute die Kultur Korsikas, christliche Feste gliedern das Jahr. Sie sind durchweg Ausdruck tiefer Religiosität und gesellschaftlich absolut verbindlich. Niemand, auch kein ›aufgeklärter‹ Zeitgenosse, entzieht sich ohne triftigen Grund seinen religiösen Verpflichtungen, etwa an einer Prozession teilzunehmen.

Jede Kirche hat mindestens einen Schutzheiligen, dessen Jahrestag mehr oder weniger aufwendig mit Messen und Prozessionen begangen wird. Originell wird vor allem der Jahrestag des hl. Erasmus (2. Juli) begangen, des Schutz-

Marienfest Granitola in Casamaccioli

patrons der Seeleute und Fischer. Auch die Schutzheiligen von Ortschaften werden häufig mit Feierlichkeiten geehrt. Besondere Bedeutung kommt im korsisch-katholischen Kalender neben der Osterzeit traditionell dem Tag des hl. Johannes zu (24. Juni). Der Karneval hingegen, der im Mai gefeiert wird, gilt nur noch als lustiger Mummenschanz für Kinder. Höhepunkt des Festkalenders bilden die Feiern am 8. September, die der Schutzheiligen der ganzen Insel, der Gottesmutter Maria, gelten.

In manchen religiösen Handlungen haben sich vorchristliche Elemente erhalten. So erinnert der Brauch, das Brot, das am Tag des hl. Anton gebacken wird, als vorbeugende Maßnahme gegen Brände in den Ofen zu werfen, an heidnische Opferriten. Und ist es etwa christlich, zur Abwehr böser Geister Tierschädel über Haustüren und an Weidegatter zu hängen? Die Korsen haben, heißt es, über die Jahrtausende einen allen Naturvölkern eigenen Zugang zum Übersinnlichen beibehalten. Es gibt angeblich kein Dorf ohne eine *Signatore*, eine weise Frau, die über magische Kräfte verfügt. Eine Kerze sowie eine Untertasse mit Öl und Wasser sind ihre wichtigsten Requisiten bei der Abwehr des Bösen.

Ewig junge Mode

Wer heute auf Ajaccios Straßen flaniert, wird Korsen in traditioneller Kleidung wohl vergeblich suchen. Nicht nur in den Auslagen der Textilgeschäfte findet sich Pariser Chic, vor allem junge Korsen und Korsinnen unterscheiden sich in ihrer Kleidung nicht von ihren Altersgenossen auf dem Kontinent. Soweit es ökonomisch machbar war und sich mit den traditionellen Wertvorstellungen vereinbaren ließ, waren die Korsinnen stets bemüht, modisch auf dem laufenden zu bleiben.

Aus dem 18. und 19. Jh. stammen die Beschreibungen von Frauen mit weißen Schürzen, mit schwarzen oder braunen Röcken über weißen oder roten Unterröcken, von ärmellosen Miedern und taillierten Jacken oder Oberteilen. Die *Mandile*, ein kleines Kopftuch, vervollständigt das Bild – historisch gesehen ein Relikt des arabischen Schleiers. An Details im Schnitt konnte man die geographische Herkunft der Frauen erkennen, am Aufwand ihren sozialen Status. Die Farbigkeit der Kleidungsstücke und Bänder signalisierten Wohlstand.

Schuhe trugen zumindest einfache Frauen bis ins 20. Jh. allenfalls zu festlichen Anlässen. *Mandilen*, Hauben oder Hüte gehörten zur Alltagskleidung. Den Reisenden des 19. Jh. erschien das türkisch anmutende, weite Kopf- und Schultertuch *(Mezzaru)* der Frauen als typisch korsisch; es war aber gerade erst in Mode gekommen. Auch das einteilige schwarze Kleid, in das die Korsinnen der Literatur sich hüllen, widerspricht der eher farbenfreudigen Vielfalt der klassischen Trachten. Selbst das straff gekämmte Haar hatte damals noch keine Tradition. ›Schnecken‹ hinter den Ohren, aus zwei Zöpfen gewunden, bildeten ursprünglich die übliche Frauenfrisur.

Die Farbe der Trauer war auf Korsika einst das Blau. Daß später schlichte schwarze Kleider zum Symbol korsischer Damenmode wurden, läßt sich

Jugendliche in Bastia

nur sozioökonomisch erklären. Auf Korsika wurden keine Kleider produziert, die mit der schwarzen Massenware aus französischen Fabriken konkurrieren konnten. Die schwarze ›Nationaltracht‹, ein vergleichsweise billiger Industrieimport, sorgte dafür, daß die Korsinnen mit der Zeit ihre eigene Spinn- und Webproduktion einstellen mußten. Überdies erschien Frankreich den Korsinnen und Korsen, besonders zur Zeit des Zweiten Kaiserreiches, auch als Mutterland der Mode. Was aus Paris kam, war ›in‹. Daran hat sich nichts geändert, wie sich auf den Straßen und in den Schaufenstern jederzeit nachvollziehen läßt.

Die traditionelle Tracht der Frauen war eher bunt. Vor Regen und Wind schützte sie der *Pelone*, ein grob gewirkter Wollmantel, wenn sie nicht einen weiten Überrock, die *Faldetta*, über den Kopf zogen. Eigentlich handelt es sich dabei um schürzenartige Tücher, die vor allem noch in der Gegend von Brando am Cap Corse an Festtagen zu sehen sind. Ansonsten sind die ursprünglichen Frauentrachten aus dem Straßenbild verschwunden.

Die Trachten der Männer kann man gelegentlich noch bei folkloristischen Veranstaltungen bewundern. Eingehüllt in den *Pelone*, die Hosen in langschäftige Lederstiefel gesteckt als Schutz gegen die dornige Macchia, und die wärmende, spitz zulaufende Wollmütze auf dem Kopf: So bekleidet haben korsische Männer über Jahrhunderte ihre Herden gehütet.

Die spitzen Stiefel aus Schweinsleder trugen auch die Etrusker. Der weite Hirtenmantel, ähnlich dem arabischen Burnus, sieht man in der ländlichen Türkei noch heute. Aus Kleinasien stammt zudem die Mütze, was in der Bezeichnung ›phrygische Mütze‹ zum Ausdruck kommt. Als ›Jakobinermütze‹ wurde sie zum Symbol der Französischen Revolution – sie schützte die Köpfe der Armen, die sich keine Hüte leisten konnten.

Melancholische Musik

Das beliebteste traditionelle Gesangsstück auf Korsika ist seit 1735 die Hymne ›Diu vi salvi Regina‹, die der Muttergottes als Königin der Nation im Aufbruch huldigt (s. S. 37). Sie wird bei weltlichen wie kirchlichen Anlässen gesungen und erinnert an jene getragenen, in ihrer Einfachheit ergreifenden Stücke, mit denen kleine Blasorchester die zahlreichen Prozessionen musikalisch zu begleiten pflegen.

Musik ist für moderne Korsinnen und Korsen in erster Linie das, was der Walkman aus den internationalen Charts wiedergibt. Bei einigen Lokalsendern gehört das traditionelle Liedgut, das sich wieder wachsender Beliebtheit erfreut, mehr und mehr zum festen Programmbestandteil.

Überhaupt sind Korsen unüberhörbar sangesfreudig. Je anregender der Tag war, je später der Abend und je mehr vom Nationalgetränk Pastis geflossen ist, desto eher kommt man auch als Tourist in den Genuß einer spontanen ›Session‹. Ganz unvermittelt greift jemand in einer Bar zur Gitarre und beginnt ein Lied, in das sogleich willige Mitstreiter einstimmen. Bis tief in die Nacht kann ein solch musikalischer Abend dauern, bei dem sowohl Sänger (seltener Sängerinnen) als auch das Publikum garantiert spät ins Bett kommen.

Je weiter man nach Norden kommt, um so häufiger hört man korsische Lieder mit politischen Inhalten. Französischer und eher nach Schlagern klingen die Lieder, je mehr man nach Süden, in die Heimat des 1983 verstorbenen Tino

Paghiella mit Bühnenshow
I Muvrini

In Paris spielen sie vor 15 000 begeisterten Zuhörern, sie touren durch ganz Frankreich, spielen in Quebec, geben Gastspiele in Deutschland, aber vor allem treten sie natürlich vor ihrem Inselpublikum auf: Korsikas populärste Musikerformation ›I Muvrini‹ (Die Mufflons). Nicht nur der Name, auch die perfekte und aufwendige Bühnenshow der Gruppe verweist auf die korsischen Wurzeln. Da besteht das Bühnenbild mal aus Menhiren, oder es wird gar ein korsisches Dorf auf die Bühne gestellt.

Den beiden Brüdern Bernhardini – sie sind das Herz der 14köpfigen Band – wurde ihr Schicksal bereits an der Wiege gesungen, denn schon der Vater war Musiker. An seine Söhne gab er die traditionelle Kunst korsischer Musik weiter, die ihnen bis heute Verpflichtung ist. Längst machen ›I Muvrini‹ Musik mit umfangreichem Instrumentarium und modernster Elektronik, doch

Rossi vorstößt. Jede Menge Epigonen rühren dort die Zuhörer in endlosen Litaneien in seinem Stil zu Tränen. Rossis politische Nähe zum Faschismus war seiner Popularität auf Korsika nie abträglich.

Großes Glück hat, wer in einer Dorfkneipe Ohrenzeuge des uralten Wechselgesangs *Chiam'e rispondi* wird. Es scheint, als ob zwei Männer sich streiten. Polemischen Inhalts sind die Texte tatsächlich. Sie bleiben, weil stets auf Korsisch gesungen bzw. rezitiert, selbst für Franzosen unverständlich. Voller schwermütiger Melodik ist die *Paghiella*. Auch sie wird, selten genug, gelegentlich an Theken zum besten gegeben. Drei, manchmal auch vier Männer singen sie, eine Hand zum besseren Hören der eigenen Stimme hinter dem Ohr. Schon diese Geste erinnert an muslimische Muezzins. Die vielen Vierteltöne und die langgezogenen Endakkorde lassen dann endgültig auf eine orientalische Herkunft der Polyphonien schließen, aber niemand kennt genau den Ursprung dieses korsischen Urgesangs. Die *Paghiella* gehört seit langem wieder zum Repertoire aller korsischen Musikgruppen, ebenso wie die polyphonen Kirchenlieder, die zu besonderen Anlässen auch wieder in den Gottesdiensten erklingen.

Wie Totenklagen aus der Antike müssen die *Lamenti* auf den Tod geliebter Menschen und die zur Rache aufrufenden *Voceri* beim Tod Ermordeter geklungen haben. Diese Sprechgesänge wurden am Totenbett von besonders begabten Spezialistinnen im Stegreif vorgetragen und galten bereits den Zeitgenossen als hervorragende Beispiele einer Volkskunst, die keine schriftlich fixierte Literatur oder Poesie kannte. Von außerordentlicher Zartheit kann die meist von Frauen gesungene *Nanne* sein. Der Vortrag dieses korsischen Wiegenlieds in Harmonien zwischen sakralem und tänzerischem Stil ist in mandie korsischen Wurzeln sind selbst in den avantgardistischen Stücken noch hörbar. Zudem gibt es kein Konzert ohne *Paghiella*, ohne ein polyphones ›Kyrie-Eleïson‹ oder ›Diu vi salvi Regina‹.

Die Gruppe spielt nicht selten in Kirchen und stellt ihre Konzerte immer häufiger unter das Motto ›*Contre la violence*‹ (Gegen die Gewalt). So sehr vor allem die korsische Musikszene an der Erlangung kultureller und politischer Autonomie beteiligt war, so sehr will man sich nun eindeutig von der ausufernden und nur noch kriminell und terroristisch begründbaren Gewalt distanzieren. Für Jean François Bernhardini ist der katalanische Kollege Luis Llach ein großes musikalisches – und politisches – Vorbild. Nicht nur die Musiker von ›I Muvrini‹ befürworten eine politische und kulturelle Autonomie Korsikas – wie im spanischen Katalonien.

In ihrer Haltung gegen die Gewalt und für eine größere Unabhängigkeit von Frankreich werden ›I Muvrini‹ auch von anderen Musikern der Insel unterstützt, haben sie doch alle die gleichen Wurzeln. Bei aller Unterschiedlichkeit ihrer Musik verleugnen sie auch musikalisch ihren gemeinsamen Ursprung nicht. Wer sich eine Übersicht über die korsische Musikszene verschaffen will, sollte neben ›I Muvrini‹ vor allem auf folgende Gruppen und Interpreten achten: ›A Filetta‹, ›Les Nouvelles Polyphonies Corses‹, ›Donnisula‹ (eine reine Frauenband), Petru Guelfucci, Véronique Sanson und Jean-Paul Poletti.

chen Familien noch heute lebendig. Er findet jedoch nur noch in der Intimität des Hauses statt, auf deren Wahrung Wert gelegt wird.

Die Sprache der Alten

Eine der schmerzhaftesten Formen von Kolonialisierung ist der Verlust der eigenen Sprache. Noch in den 70er Jahren war diese sprachliche Enteignung für die Kinder in der Schule wörtliche Realität: Wer ein Wort Korsisch sprach, bekam Schläge. Inzwischen hat sich das Problem verlagert. Die Kinder lernen Korsisch mit dem Segen der Schulbehörde, aber es ist gar nicht so leicht, Lehrerinnen und Lehrer für dieses Fach zu finden. An der Universität in Corte werden angehende Lehrer der korsischen Sprache und Literatur ausgebildet. Das ›Centre de recherches corses en lettres et sciences humaines‹ der Universität war das erste Institut seiner Art. Fast nur noch für ältere Menschen ist Korsisch Alltagssprache. Die jungen Korsen konzentrieren sich auf die Beherrschung des Französischen, der Sprache der Erfolgreichen und des Fernsehens. Auch in 200 Jahren gemeinsamer Geschichte mit Frankreich hat sich auf Korsika kein französischer Dialekt herausgebildet, so daß das Französische im korsischen Alltag in einer beachtlich reinen Form gesprochen wird.

Ein ›Hochkorsisch‹, das von allen Korsen gesprochen wird, gibt es auf der Insel nicht, sondern lediglich eine Vielzahl von Dialekten. Erst 1989 wurde ein Lehrstuhl in Corte eingerichtet, um die sprachlichen Gemeinsamkeiten der Korsen wissenschaftlich zu erforschen und für eine gemeinsame Hochsprache zu sammeln. Zu diesem Zeitpunkt hatte der Streit um die Wiedereinführung korsischer Namen auf Wegweisern und Ortsschildern seinen Höhepunkt erreicht.

Zweisprachiges Ortsschild

Unter dem Schlachtruf *»Vulemu nomi corsi per i nostri paesi«* warfen Nationalisten Wegweiser ins Meer, wenn sie mit französierten Namen beschriftet waren. Mittlerweile wird fast inselweit zweisprachig ausgeschildert.

Die auf Korsika übliche Schriftsprache war, als Sprache des Adels und der Gebildeten, stets ein toskanisches Italienisch. Im ausgehenden 18. Jh. wurde es als Amtssprache durch das Französische ersetzt. Korsische Literaten schrieben im Laufe der Jahrhunderte in Latein, in toskanischem Italienisch und erst zuletzt in Französisch. Der erste Roman in korsischer Sprache, ›Pesciu Anguilla, rumanzu bastiese‹ von Sébastien Nicolai, erschien erst 1930.

Die erste korsischsprachige Zeitung, ›La Tramuntana‹, kam 1896 heraus; 1914 wurde sie wieder eingestellt. ›Le Journal de la Corse‹, die erste korsische Zeitung überhaupt, wurde 1817 in französischer Sprache herausgegeben. Das älteste noch immer existierende, rein korsische Blatt, ›Le petit Bastiais‹, wurde 1917 gegründet. Die Tageszeitung ›Corse-Matin‹ hingegen ist die korsische Ausgabe von ›Nice-Matin‹, die sich aber trotzdem um die korsische Sprache verdient macht.

In der gesprochenen Volkssprache und ihrer Vielzahl von Dialekten spiegeln sich die geographische Situation der Berginsel, die historisch unterschiedlichen Entwicklungen einzelner Regionen und Städte sowie, so der Sprachforscher Fernand Ettori aus Corte, auch soziale Unterschiede wieder. Das *Corsu cumunu* der Unterschicht, der Hirten und Landarbeiter zeichnet sich durch Deftigkeit aus. Korsen von gehobenem sozialen Rang, z. B. Grundbesitzer und Landadelige, bedienten sich einer feineren Sprache *(Corsu pulitu)*, wie Ettori bemerkt: »Unter den kleinen Notablen der Castagniccia gehörte es zum guten Ton *formagliu* zu sagen und nicht *casgiu*, ein Wort, das den Herstellern des Käses vorbehalten blieb.«

Unter Sprachwissenschaftlern galt es lange als strittig, ob die Korsen überhaupt eine eigene Sprache sprechen oder nur Abarten des Italienischen. Heute steht im wesentlichen fest, daß auf der Basis einer eigenen romanischen Sprache italienische Einflüsse wirksam wurden. Die Grundlage des heutigen Korsisch ist Latein. Die Korsen sprachen, ähnlich den Katalanen, Spaniern, Franzosen und Italienern, eine eigene Art Vulgärlatein. Spuren sind noch in einigen korsischen Worten zu erkennen: Das korsische *hoddie* (heute) steht dem lateinischen *hodie* deutlich näher als dem italienischen *oggi*. Phonetische Anklänge an die Sprache der alten Römer kann man vor allem im Süden der Insel noch heraushören.

Dieses Volkslatein fanden die Pisaner vor, als sie im 11. Jh. die politische, geistliche und kulturelle Vorherrschaft auf der Insel antraten. Ihr toskanischer Dialekt wurde über den Weg der Amts- und Kultursprache verbindlich auf Korsika. Der Klang des Toskanischen, seine Ausdrücke, Zusammensetzung und Grammatik bilden die zweite Grundlage der korsischen Dialekte, auf der sie ihre Eigenarten entfalten konnten.

Auch die Genuesen beeinflußten später die korsische Sprache. Gemessen an den 500 Jahren ihrer politischen, wirtschaftlichen und militärischen Dominanz blieb von ihrem ligurischen Italienisch jedoch erstaunlich wenig haften – vielleicht, weil ihre Herrschaft vielfach als drückender empfunden wurde als die Herrschaft Pisas. Den Genuesen sagte man eine sprichwörtliche Verfeinerung und Arroganz nach: *»Un' ci capisci mancu un Ghjinuvesi«* (»Das versteht selbst ein Genuese nicht«). Nur dort, wo Genuas Macht besonders lange und intensiv wirkte und zudem wohlgelitten war, ist auch die Sprache der Korsen deutlich ligurischer, so etwa in Calvi, Cap Corse und Bastia. Die Menschen im traditionell eher vornehmen und sehr italienischen Bonifacio sprechen sogar einen dem Ligurischen so stark verbundenen Dialekt, daß sie selbst von engen Nachbarn nicht verstanden werden.

Gering sind indes die Spuren, die Vandalen, Langobarden oder gar Mauren in der korsischen Sprache hinterlassen haben. In einzelnen Worten ist ihre jeweilige, nicht allzu nachhaltige Präsenz nachweisbar. So findet sich z. B. der germanische ›Wald‹ in der topographischen Bezeichnung ›Valdu Niellu‹ (Schwarz-

Nur noch die älteren Korsen ›pflegen‹ die korsische Sprache im Alltag

Richtig Reisen
Thema

Leben mit dem Tod

Sie bringen den Tod: die *Mazzeri.* Diese Männer und Frauen treibe es des Nachts ins Freie, wo sie in der Macchia das erste Tier töteten, das ihnen begegne. Unweigerlich sterbe bald darauf ein Mensch, dessen Geist in geheimnisvoller Weise mit dem des Tieres verbunden gewesen sei. Solche düsteren Geschichten über den Tod, melancholische Gesänge, mysteriöse Relikte eines heidnischen Aberglaubens und eines besonderen Totenkults, sind sie ein Erbe von Gewalt und existenzieller Unsicherheit, die Korsikas Geschichte durchziehen? Auch wenn die Totenklage heute nicht mehr praktiziert wird, Schwermut und ein gewisser Fatalismus sind Ausdruck eines besonderen Verhältnisses der Korsen zum Tod und zu den Toten. Dafür spricht der Aufwand, der auf Friedhöfen und den häufig zu findenden solitären Grabanlagen betrieben wird. Pracht und Größe der Mausoleen, insbesondere am Cap Corse und in der Balagne, sind enorm und übersteigen häufig das Maß des guten Geschmacks.

»Korsen blühen bei Beerdigungen richtig auf, dann fühlen sie sich besonders wohl«, hat eine Deutsche beobachtet, die seit Jahrzehnten auf der Insel lebt. Stellen Familienfeiern ohnehin die traditionellen Höhepunkte des korsischen Alltags dar, so sind Trauerfeiern deren Gipfel. Vor allem die Totenwache ist stets ein gesellschaftliches Ereignis. Da sitzen die Familienmitglieder, Freunde, Bekannte und Nachbarn bei dem Verblichenen und flüstern – über den Toten, sein Leben und Sterben. Bei ›leichter‹ Trauer (um entfernte Verwandte) kann es schon einmal lauter

wald) wieder. In Bonifacio gibt es eine ›Place du Fondaco‹, die sich vom arabischen Ladengeschäft *(fondouk)* herleitet.

Die Zugehörigkeit zu Frankreich hat auch die korsische Sprache beeinflußt, Gallizismen haben sich eingeschlichen. So sagt man heute *dumandà*, vom französischen *demander* (fragen), statt des ursprünglichen *chere*. Dennoch benutzten selbst gebildete Korsen bis zum Ende des 19. Jh. das Französische eher als Zweit- und Fremdsprache – für eine Karriere im öffentlichen oder militärischen Dienst unvermeidlich, aber auf Korsika nicht ›alltagstauglich‹. Napoleon I. soll Französisch zeit seines Lebens nur unvollkommen beherrscht haben. Auf der Militärschule in Brienne wurde er deshalb ›Strohnase‹ genannt: Seinen Namen sprach er korsisch aus, also ›Napolioné‹, was wie *la paille au nez* klang.

Brocciu – Und was die Korsen sonst noch essen

Die korsische Küche, bodenständig deftig und typisch mediterran, war in der Vergangenheit eher vom Mangel als vom Überfluß geprägt. Trotz vieler Einzugehen. Dann wird die Gelegenheit genutzt, einmal richtig zu tratschen.

Das Brauchtum der noch im 19. Jh. üblichen Totenklage, die dem eigentlichen Totengeleit der herbeigeeilten Schar von Freunden und Verwandten, der *Scirrata* oder dem *Corteo*, voranging, gehört mittlerweile der Vergangenheit an. Die Totenklage stellte wohl das ›korsischste‹ Kulturelement überhaupt dar. Eine Beschreibung findet sich bei Gregorovius: »Wenn der Tod eingetreten ist, beten die um das Totenbett stehenden Verwandten den Rosenkranz, dann erheben sie ein Klagegeschrei *(Grido)*. Die Leiche wird nun auf einen Tisch an die Wand gelegt, welcher *Tola* genannt wird. ... An der *Tola* wird gewacht und geklagt, oft die ganze Nacht hindurch, und es brennt ein Feuer. Die große Klage aber erhebt man am Frühmorgen vor dem Leichenbegängnisse.«

Dies war die Stunde der Klageweiber, der *Pleureuses*, die als Expertinnen im Heulen, Jammern und Haareraufen oft von weit her geholt und nicht schlecht entlohnt wurden. Sie bildeten einen Kreis um die *Tola* und konnten sich in Extase steigern, bis Blut aus ihren aufgerissenen Gesichtern floß: Vergossener ›Lebenssaft‹ versöhnt in vielen alten Kulturen die Toten. Sicher zu Recht führte die Kirche diese Art der Trauer auf heidnische Ursprünge zurück. Sie verbot sie, wie aus dem 17. Jh. bekannt ist, als ›Brauch der Mauren‹ – vergeblich.

An die Mauren erinnert auch die *Moresca*. Mit diesem längst nicht mehr vorgeführten Waffentanz beschwor man einst die blutige Zeit der Sarazenen-Kriege. Fröhliche Tänze waren auf Korsika nie üblich. Das verwundert nicht bei einem Volk, das Schwermut als Zug seines Nationalcharakters durchaus selbst anerkennt. Frohsinn wird als Anlaß für Unheil beargwöhnt. Ist jemand ungehemmt ausgelassen, läuft alles wie gewünscht oder freut man sich gar über derart viel Glück, dann kann man Korsinnen und Korsen noch heute verstohlen zwei Finger einer Hand zum uralten Abwehrzeichen spreizen sehen. Sie zeigen dem Bösen, das unweigerlich solchen Freuden folgen muß, vorsorglich und abwehrend die Hörner.

flüsse (italienische, französische, spanische) hat sie sich etliche Eigenarten bewahrt und verdient heute besonders wegen ihrer ausgezeichneten Naturprodukte Beachtung, die in einem Europa der Massentierhaltung und des industriell betriebenen Landbaus selten geworden sind.

Berühmt – mitunter sogar berüchtigt – ist der korsische Schafs- und Ziegenkäse (Milchkühe sind äußerst selten). Selbst Freunde pikanter Käsesorten können vom starken Duft und Geschmack einiger korsischer Käsespezialitäten noch überrascht werden, doch die breite Palette der Käsesorten hält auch milde Sorten bereit. Nachdem der größte Teil der korsischen Milch noch bis vor wenigen Jahren nach Roquefort-sur-Soulzon auf das Festland geliefert wurde, verarbeiten die Hirten sie nun mit wachsendem Erfolg wieder direkt auf der Insel. Käse ist nicht nur ein beliebtes Mitbringsel für die Touristen, sondern auch eines der wenigen wirklich erfolgreichen Exportgüter der Insel.

Eine besondere Spezialität ist der *Brocciu*, ein milder Frischkäse ähnlich dem italienischen Ricotta. In erwärmter Molke wird frische Milch solange erhitzt, bis sie auszuflocken beginnt; dann wird sie abgeschöpft. *Brocciu* wird mit Obst, Zucker, Honig, Kräutern und/oder *Eau de Vie* gegessen, mit Minze zu Omeletts oder mit Spinat zu Klößchen verarbeitet. Er dient z. B. als Füllung für Ravioli, Canneloni, Paprikaschoten, Zucchini sowie Forellen oder Doraden. Am häufigsten bekommt man ihn aber als Gebäck: *Fritelle au Brocciu* (kleine Krapfen), *Fiadoni* (Käsekuchen) oder *Falculelle* (flacher Käsekuchen auf einem Kastanienblatt).

Ziegen, Schafe und die ebenfalls freilebenden, halbwilden Schweine liefern das Fleisch für den beliebten korsischen Sonntagsbraten. Aber auch Kühe und Kälber suchen sich ihre Nahrung an Steilhängen selber. Sie setzen dabei kein Fett, sondern nur erstklassiges Muskelfleisch an und werden nur spärlich zugefüttert. Dies gilt ebenso für die Schweine, die sich im wesentlichen von Kastanien, Bucheckern, Eicheln und Kräutern ernähren, und deren Fleisch, verglichen mit dem nichtssagenden Schweinebraten aus den üblichen Zuchtanstalten, sensationell gut schmeckt.

Zu Recht sind die Korsen auf ihre *Charcuterie* stolz, auf die Produkte aus dem hervorragenden Schweinefleisch. *Prisuttu* (roher Schinken), *Lonzu* (Lachsschinken) und *Coppa* (Rollschinken) werden gesalzen und stellen nach einer Beize in Wein, Knoblauch und Kräutern sowie im Rauch von aromatischen Macchia-Hölzern wahre Delikatessen dar. Für die *Figatelli*, eine Schweinsleberwurst, wird die Leber in einer solchen Marinade eingelegt, bevor sie feingehackt in Därme gepreßt, geräuchert und sodann gebraten oder gegrillt verzehrt wird.

Eine Spezialität: korsische Wurstwaren

Delikatessen aus dem Mittelmeer

Wenn in einem Restaurant außerhalb der Jagdsaison Wildschweinbraten serviert wird, stammt dieser nicht unbedingt aus der Tiefkühltruhe, sondern garantiert von einem verwilderten Hausschwein oder ›gezähmten‹ Wildschwein. Auch mit Tauben, Enten, Bekassinen, Rebhühnern, Wachteln und – trotz Verbots – Amseln bereichern die korsischen Jäger das Angebot in den Restaurants.

In den korsischen Flüssen tummeln sich besonders wohlschmeckende Forellen, im Etang de Diane und Etang d'Urbino werden ganz vorzügliche Austern gezüchtet und besonders am Cap Corse und bei Bonifacio Langusten gefangen. Meeresfische kommen nur zu einem kleinen Teil aus dem Mittelmeer, das schon seit langem den Fischhunger der Anwohner und Touristen nicht mehr stillen kann. Die beliebtesten Fänge sind *Dorade* (Goldbrasse), *Loup de mer* (Seewolf), *Pagout* (Rotbrasse) und *Rouget* (Meerbarbe). *Rascasse* (Drachenkopf), *Denti* (eine Doradenart), *Congre* (Meeraal) und Languste werden besonders gern in der korsischen Bouillabaisse, der *Aziminu*, verarbeitet. *Zini* (französisch *Oursin*), die äußerst schmackhaften Seeigel, werden meist roh verspeist.

Märkte und Geschäfte bieten alles, was man zum Verarbeiten der Landesprodukte benötigt. Oliven und Olivenöl gehören ebenso zum Standardangebot wie ein großes Sortiment an Obst und Gemüse, wozu die besonders köstlichen Artischocken, der intensiv schmeckende grüne Spargel, viele Pilzsorten (u. a.

Marktstand in Bastia

Steinpilze und Braunkappen), Mandeln, Avocados, Haselnüsse, Feigen, Zitrusfrüchte und vor allem Maronen zählen.

Obwohl Kastanienbäume in fast allen Dörfern stehen, ist Kastanienmehl dennoch ein teures Mitbringsel; es wird auf Korsika vor allem zum Kuchenbacken verwendet. Die genannten *Fritelli* können auch aus Kastanienmehl bestehen. *Pisticcine* sind Fladenkuchen aus Kastanienmehl und *Brocciu* auf einem Kastanienblatt. Restaurants mit korsischer Küche bieten besonders im Winter Polenta aus Kastanienmehl an. Zum Dessert kann es Kastanienpfannkuchen *(Crêpes)* mit Zedratlikör geben oder gar einen *Flan à la farine de châtaignes*, eine Kastanienversion des in ganz Frankreich beliebten Karamelpuddings.

Korsische Gerichte erhalten ihre besondere Note durch die Verwendung der heimischen Kräuter wie Rosmarin, Majoran, Salbei, Thymian, Fenchel, Myrte, Basilikum, Wacholder, Minze und Borretsch. Sie sind frisch oder getrocknet überall zu kaufen, können aber in der Macchia auch selbst gesammelt werden und bilden, zusammen mit anderen aromatischen Pflanzen der Insel (Erdbeerbaum, Lavendel, Kastanie etc.) die Grundlage für den außerordentlich würzigen korsischen Honig. Von fast weiß bis dunkelbraun gibt es den Honig in allen Geschmacksvarianten von feinschmeckend mild (Orangenblütenhonig) bis nahezu medizinisch streng (Kastanienhonig).

Pizza auf Holzfeuer

Wenn Korsika auch kein ausgesprochenes Reiseziel für Gourmets ist, so gibt es doch auch hier ausgezeichnete Restaurants mit sehr guter französischer und internationaler Küche und daneben etliche weitere, die die Kunst der feinen

Küche mit korsischer Tradition und den frischen Inselprodukten zu kombinieren verstehen. Hier speist man, natürlich nicht eben billig, Hummerfrikassee mit Morcheln und Doradenfilet mit Pinienkernen, Austern oder auch Ravioli mit *Brocciu*.

Die meisten Restaurants und die *Auberges* pflegen indes eine bodenständige – gutbürgerliche bis deftige – Regionalküche. Hier ist einerseits die Verwechslungsgefahr mit den reinen Touristenabfertigungslokalen besonders groß, andererseits sind aber gerade in dieser Kategorie die erfreulichsten Entdeckungen möglich, vor allem außerhalb der touristischen Zentren.

Eine besonders günstige Möglichkeit, den Hunger zu stillen, bieten fast alle Bars, die Sandwiches und kleine Tellergerichte servieren. Diese Lokale nennen sich dann oft *Brasserie* oder *Bistro*. Beliebt sind die Pizzabäcker, die neben der nicht selten erstklassigen Pizza und diversen Nudelgerichten häufig auch ein breiteres Speisenangebot bereithalten. *Au feu du bois* verweist darauf, daß hier zum Backen noch Holz verheizt wird, so wie es sich für die Zubereitung einer Pizza gehört. Kenner verachten deshalb das ›Billiggericht‹ Pizza gerade auf Korsika keineswegs, zumal dazu ein vorzügliches, mit Macchia-Kräutern, Knoblauch und Chilies aufgesetztes Olivenöl gereicht wird, das man über die tischfertige Pizza träufelt.

Kleine Winzer – Große Weine

Nach einer unerfreulichen Periode des Massenanbaus und der Weinpanschskandale in den 60er und 70er Jahren ist sich die Fachwelt inzwischen einig: Der korsische Wein erlebt in den letzten Jahren eine Renaissance. Die korsischen Winzer, unter denen die Zahl der Kleinbetriebe wieder wächst, haben systematisch gegen diesen schlechten Ruf angekämpft. Die weitaus meisten von ihnen arbeiten in ihren »sonnenverwöhnten Hügeln ohne Weinlesemaschinen und ohne Herbizide und produzieren auf diese Weise ganz vorzügliche Weine«. Zu diesem Ergebnis kommt das angesehene Magazin ›Gault Millau‹, das in jedem Herbst auch etliche korsische Weine unter die 300 besten Weine Frankreichs wählt.

Der korsische Käse ist besonders pikant

Rund um die Insel erstrecken sich acht Anbaugebiete: Coteaux du Cap Corse, Patrimonio, Calvi-Balagne, Côte Orientale (sie umfaßt das ganze Gebiet zwischen Bastia und Solenzara sowie das Tal des Golo bis Ponte Leccia), Ajaccio, Porto-Vecchio, Sartène und Figari. Auf diesen Rebflächen werden neben dem einfachen Landwein *(Vin de pays de l'île de beauté)* mittlerweile zu einem großen Teil Weine der höchsten französischen Qualitätsstufe, der *Appellation d'Origine Contrôlée* (AOC), produziert.

Nur die AOC-Weine aus diesen acht Anbaugebieten dürfen sich *Vin de Corse* nennen. Auf dem Flaschenetikett muß also etwa stehen: ›Appellation Contrôlée Vin de Corse, Porto-Vecchio‹. Ausnahmen bilden lediglich die Gebiete Ajaccio und Patrimonio. Sie verzichten auf den Zusatz *Vin de Corse* und begnügen sich z. B. mit der Bezeichnung ›Appellation Ajaccio Contrôlée‹. Grundlegende Voraussetzung für Qualitätswein sind die Rebsorten, die durch die AOC-Bestimmungen vorgeschrieben werden. Hier entscheiden die Weinbau- und Weinbereitungsmethoden, die Ertragsmengen pro Hektar, der Mindestzuckergehalt im Most, der Mindestalkoholgehalt und dergleichen

Auf Korsika dominieren drei ausgezeichnete Rebsorten den gesamten Bestand, die man im restlichen Frankreich vergeblich sucht: Nielluccio, Sciacarello und Vermentino. Rotwein und Rosé werden im wesentlichen aus Sciacarello und Nielluccio gewonnen. Letzterer ist eine Variante des Sangiovese, der den großen Rotweinen der Toskana ihre Struktur verleiht. Es kann sich dabei um sortenreine Weine handeln, häufiger sind aber Verschnitte *(Assemblages)* aus beiden Sorten oder aber mit den auf Korsika inzwischen auch verbreiteten hochwertigen französischen Sorten wie z. B. Cabernet franc, Cinsault, Grenache, Merlot und Syrah.

Die korsischen Roten sind körperreiche Weine mit z. T. ausgeprägtem Charakter. Die besten unter ihnen erreichen eine erhebliche Finesse und brauchen den Vergleich mit anderen großen Weinen nicht zu scheuen. Zu ihnen gehören sicherlich die Roten von ›Clos Reginu‹ in der Balagne, von der

Weingut Fiumicicoli bei Sartène

›Domaine Leccia‹ im Patrimonio, der ›Domaine de Torraccia‹ bei Porto-Vecchio und der ›Domaine Fiumicicoli‹ bei Sartène.

Der korsische Rosé ist vollmundig, geschmeidig und körperreich. Er ist ein eigenständiger Wein und kein Zwitter. Bei einer Weinprobe beim Winzer, die fast alle auch einen Rosé produzieren, soll schon so mancher Connaisseur überrascht worden sein.

Korsischer Weißwein ist zumeist sortenreiner Vermentino, eine hervorragende italienische Rebe, die die Genuesen auch auf den Nachbarinseln Elba und Sardinien heimisch machten. Aus ihr wird ein trocken ausgebauter, gehaltvoller und bisweilen rassiger Wein gekeltert. Die Erzeuger ›Domaine de Gioielli‹ und ›Clos Nicrosi‹ vom Cap Corse gehören seit langem zu den ersten Adressen. Auch im Patrimonio, der ältesten und renommiertesten AOC-Region der Insel, werden fruchtig-trockene, aromareiche Weißweine produziert; und alle anderen Regionen haben inzwischen nachgezogen.

Auch für Freunde von natursüßen Weinen bleiben das Cap Corse und das Patrimonio bevorzugte Regionen. Der hier erzeugte Muscat ist hellgelb bis bernsteinfarben, recht süß, aber in erster Linie von enormer Fruchtigkeit und mit einem eindrucksvollen Bukett. Er wird auf Korsika vor allem als Aperitif getrunken, ist aber ein ebenso guter Begleiter zum Dessert oder Käse, besonders zum Roquefort und zu den kräftigen korsischen Sorten.

Sehr hilfreich ist der von der AOC-Winzervereinigung herausgegebene Prospekt mit Adressen und Lageskizzen. Zusätzlich sind mit den Symbolen Mohrenkopf und Traube die Weinanbaugebiete und einzelne Winzer an den Straßen ausgeschildert.

Eine andere Spezialität aus Trauben ist der klare Tresterschnaps, *Eau de Vie* (vergleichbar mit der italienischen Grappa). Er wird spätestens nach dem Essen zum Kaffee gereicht – mitunter auch in großzügigen Portionen, wenn man das Essen allzu überschwenglich gelobt hat. Hat man Glück, bildet er einen angenehmen Abschluß der Mahlzeit, oft ist er aber auch ein ziemlicher ›Rachenputzer‹.

Der berühmteste Aperitif der Insel ist der Cap Corse, ein süßes Getränk auf Weinbasis, das mit Eis serviert wird und ein wenig an Hustensaft erinnert. Beliebt sind außerdem die zahlreichen korsischen Liköre, die aus den verschiedensten Kräutern, Früchten und Blüten hergestellt werden, etwa aus Baumerdbeeren *(Arbouses)*, Limone *(Citron vert)*, Zedrat (das ist die Zitronenart, aus deren dicker Schale das Zitronat gemacht wird), Haselnuß *(Noisette)* oder Myrte. Jede Bar hat zudem eine Galerie von grellfarbenem Fruchtsirup von Waldmeistergrün bis Himbeerrot vorrätig, die mit Wasser verdünnt getrunken werden.

Auf der Insel wird auch Bier gebraut, für das allerdings als Grundstoff nicht etwa Getreide, sondern Kastanien genutzt werden. *Pietra* heißt das Getränk. Der Geschmack erinnert an Bockbier, mit 6 Vol.-% Alkohol ist es aber nur leicht stärker als normales Bier. Die Gerbsäure der Kastanien schmeckt etwas durch, was nicht jeder als angenehm empfindet. Deutsche Bierexperten werden nicht in Begeisterung ausbrechen, aber einen Test ist die *Pietra* allemal wert.

Womit Sie auch immer anstoßen wollen, auf Korsika trinkt man auf die Gesundheit: *›A a Saluta!‹* Bei ganz feierlichen Anläßen darf es auch ein *›Pace e Saluta‹* sein, mit dem man sich Frieden und Gesundheit wünscht.

Richtig Reisen *Tip*

Die wichtigsten Sehenswürdigkeiten im Überblick

Ajaccio ist die Hauptstadt Korsikas und der Erinnerungen an Napoleon. Sie wirkt auf Touristen von heute noch genauso wie auf die englischen Aristokraten, die hier im 19. Jh. den Fremdenverkehr begründeten: ein Stück Frankreich auf Korsika (s. S. 240 ff.).

Bastia hat sich das italienische Flair und Temperament bewahrt, das diese Hafenstadt im Norden der Insel deutlich von der Rivalin Ajaccio unterscheidet (s. S. 108 ff.).

Bonifacio ist die südlichste Stadt Korsikas und Frankreichs. Von seinen Kreidefelsen herab bietet es umwerfende Ausblicke auf das Meer bis nach Sardinien (s. S. 204 ff.).

Das **Cap Corse** mit seinen schönen Buchten, Bergen, pittoresken Dörfern und Hafenorten gilt seinen zahlreichen Freunden als ausreichender Grund einer Korsika-Reise (s. S. 131 ff.).

Corte bewahrt das Erbe Pasquale Paolis, des ›Vaters des Vaterlandes‹, und gilt als heimliche Hauptstadt der Insel. Die einzige korsische Stadt in den Bergen wird von einer malerischen Festung überragt (s. S. 148).

Filitosa bietet die beeindruckendsten Einblicke in die korsische Vorgeschichte (s. S. 227 ff.).

Die **Calanche** im korsischen Nordwesten gehört zu den aufregendsten Küsten des Mittelmeeres (s. S. 264 ff.).

Sartène, die Bergstadt im Süden der Insel, lockt mit ihrem geheimnisvollen Charme nicht nur in der Karwoche die Touristen an (s. S. 218 ff.).

Scala di Santa Regina: Über 21 km durchschlängelt die Straße die bizarrste Schlucht Korsikas und überwindet, begleitet vom längstem Fluß der Insel, dem Golo, 555 m Höhenunterschied (s. S. 158).

San-Michele-di-Murato ist die schönste und originellste romanische Kirche auf Korsika (s. S. 126).

Reisen auf Korsika

Calvi und die Balagne

Calvi – Einstieg ins Paradies

■ (S. 282 f.) Es gibt gute Gründe, Korsika von Calvi aus zu entdecken – oder gleich in dieser familienfreundlichen Küstenstadt mit den kurzen Wegen zu bleiben: Die mächtige, alles überragende Zitadelle, die Unterstadt mit ihrer quirligen Hafenpromenade sowie die zahlreichen, aber nicht aufdringlich wirkenden touristischen Einrichtungen machen Calvi zu einem idealen Urlaubsort.

Der reizvolle Golf von Calvi wird von weißen Stränden umgeben, der Blick reicht bis zum höchsten Berg Korsikas, dem 2706 m hohen Monte Cinto, der oft noch im Juni eine Schneekappe trägt. Die sogenannte **Balagne Fertile** bildet das fruchtbare Hinterland der alten Festungsstadt. Calvi eignet sich gleichermaßen als Ausgangspunkt zum Wandern und Bergsteigen, Segeln, Surfen, Tauchen, Schwimmen, Radfahren, Reiten und Sightseeing. Die legendäre Eisenbahn ›Micheline‹ (s. S. 98 f.) bietet außerdem eine originelle Möglichkeit, die Umgebung zu erkunden oder gar die Insel zu durchqueren.

Die geschützte Lage am Golf wußten schon die Römer zu schätzen, die auf dem Granitfelsen der Landzunge im 1. Jh. eine Festung errichteten. Der Name Calvi läßt sich aus dem lateinischen *calvus* (kahler Platz) ableiten, könnte sich aber auch auf das urkorsische *kal* für einen erhöhten Ort beziehen. Vandalen und Ostgoten zerstörten später die ursprüngliche Anlage.

Unter pisanischer Herrschaft entstand der Ort im 11. und 12. Jh. neu. Die Bevölkerung Calvis wurde bald darauf in die internen Auseinandersetzungen der korsischen Adeligen verwickelt, die sich entweder auf die Seite Pisas oder Genuas schlugen. Gegen die tyrannische Herrschaft der Adeligen ersuchten die Bewohner Calvis Genua erfolgreich um Schutz. Dies ermöglichte Genua die weitere Ausdehnung seiner Herrschaftsinteressen auf Korsika. Über dem Eingangstor zur Zitadelle, in deren erweiterten Mauern im 15. Jh. die Oberstadt auf dem Granitfelsen entstand, erinnert die Inschrift ›*Civitas Calvi semper fidelis*‹ (›Calvi, die immer getreue Stadt‹) an die engen Bande zur ligurischen Republik. Bereits 1278 gewährte Genua seinem neuen Stützpunkt neben anderen Privilegien sogar die Steuerfreiheit.

Als ein korsischer Vorposten Genuas trotzte Calvi in den folgenden Jahrhunderten den Angriffen von Pisanern, Sarazenen, Spaniern, Türken und Franzosen. Erst den mit Paoli verbündeten britischen Truppen mußte sich die Stadt im Herbst 1794 ergeben. Ein erbitterter Kampf über viele Wochen war vorausgegangen, in dessen Verlauf Admiral Nelson sein rechtes Auge verlor. Der Einsatz war das Ergebnis nicht wert – zwei Jahre später verließen die Briten Korsika wieder.

Die Oberstadt, **Citadelle** 1, dominiert noch heute das Stadtbild Calvis; die wuchtigen Festungswälle blieben vollständig erhalten. In der Rue Colombo soll der Amerika-Entdecker Christoph Kolumbus angeblich das Licht der Welt erblickt haben. Ob der Genuese jedoch tatsächlich aus Calvi stammt, ist unbewiesen. In Ermangelung zuverlässiger Dokumente hat man in Calvi aber immerhin die Grundmauern einer Ruine als Geburtshaus vorzuweisen. Mit einer Gedenktafel an der **Maison natale de**

◁ *Blick auf Calvi und die Zitadelle*

Calvi *1 Citadelle 2 Maison natale de Christophe Colomb 3 Ancien Palais des Gouverneurs 4 Saint-Jean-Baptiste 5 Oratoire Saint-Antoine 6 Sainte-Marie-Majeure 7 Hôtel de Ville 8 Marché Couvert 9 Tour de Sel*

Christophe Colomb 2 verschafft sich Calvi kurzerhand auch einen zeitlichen Vorsprung: 1441 soll Kolumbus hier schon geboren sein, Genua und das Lexikon geben erst 1451 als Geburtsjahr an. Um der Sache Nachdruck zu verleihen, hat man am Eingang zur Zitadelle dem Seefahrer an der Place Christophe Colomb ein Denkmal gesetzt.

Der ehemalige **Gouverneurspalast** 3 aus dem 13. Jh. wurde erst in den 1980er Jahren renoviert, die Innenräume kann man allerdings nicht besichtigen. Als Sampiero-Kaserne beherbergt er die letzten Truppen der Fremdenlegion auf Korsika, die hier nach dem Rückzug der Franzosen aus Nordafrika, erstmals seit ihrer Gründung im Jahre 1831, wieder französischen Heimatboden betreten durften.

Die Legionäre, im Stadtbild von Calvi noch immer unübersehbar, hielten ursprünglich sogar die ganze Oberstadt besetzt. Bislang blieb sie vom Trubel der Unterstadt (korsisch *U Borgu* = Neu- oder Vorstadt) noch weitgehend unberührt, laden noch Plätze zum Träumen und Ausblicke zum Staunen ein. Beim Rundgang an und auf der Festungsmauer bietet sich, je nach Standort, freie Sicht auf den Golf von Revellata, den Golf von Calvi und den Hafen mit der Unterstadt.

Direkt gegenüber der Kaserne überragt die **Kirche Saint-Jean-Baptiste** 4 aus dem 13. Jh. mit ihrem Kuppeldach alle anderen Bauten der Zitadelle. Die Nähe zu militärischen Einrichtungen bestimmte schon früh ihr Schicksal: Bei der Explosion eines Pulverlagers wurde sie im Jahre 1567 stark zerstört und drei Jahre später wiederaufgebaut. Ihre Fassade ist äußerst schlicht gehalten, die Kirche selbst weist im Grundriß die Form eines griechischen Kreuzes auf. Das **Oratorium Saint-Antoine** 5 aus dem 15. Jh., mitten in einer Häuserreihe versteckt, fällt eigentlich nur durch seinen kleinen Glockenturm auf. Die dreischiffige Betkapelle der Antonius-Bruderschaft beherbergt ein Museum mit religiöser Kunst aus der Balagne sowie eine archäologische Sammlung.

Im Urlaubsalltag dient die Oberstadt häufig nur als Kulisse für das touristische Treiben in der Unterstadt mit ihren Fußgängerzonen, Einkaufsstraßen, Banken, Bars und Restaurants. Hier findet man in der 1774 erbauten **Kirche Sainte-Marie-Majeure** 6 mit ihrer hohen Kuppel zwei sehenswerte Gemälde des

Bummel durch die Altstadt von Calvi

Beschauliches Treiben am Hafen von Calvi

16. und 17. Jh. aus der Sammlung des Kardinals Fesch. Der Onkel Napoleons stiftete auch die Gemälde, die man sich im **Hôtel de Ville** 7 ansehen kann.

Wer schon morgens unterwegs ist, den wird sicher der winzige überdachte **Markt** 8 im Herzen der Unterstadt entzücken, auf dem man sich mit Obst und Gemüse eindecken kann. Am Quai Landry kann man vor einer Bar unter Palmen sitzend wunderbar am beliebten Gesellschaftsspiel ›sehen und gesehen werden‹ teilhaben und obendrein den vorzüglichen Blick über den Hafen und auf das Cinto-Massiv genießen.

Davor dümpeln im Hafen, Marina Sainte-Marie, Segel- und Motorjachten. Fischerboote liegen am Pier, der von der **Tour du Sel** 9 begrenzt wird. Der ehemalige Wachturm ist ein beliebtes Fotomotiv. Er ist ein besonders alter Teil der Befestigungsanlagen, in dem früher Salz gelagert wurde. Weiter nördlich liegt der Fährhafen. Die Promenade ist mit zahlreichen Cafés, Bars und Restaurants eine lebhafte Flaniermeile und Anziehungspunkt für Touristen.

Mit Charterflugzeugen aus ganz Europa und Fähren aus Nizza und Genua landen alljährlich so viele Urlauber in Calvi, daß allein die dort verweilenden Gäste die Zahl der 5100 Einwohner in der kurzen Saison fast verzehnfachen: Um so erstaunlicher ist es, daß Calvi städtebaulich weitgehend intakt geblieben ist. Trotzdem beansprucht auch hier die Expansion der ›weißen Industrie‹ immer mehr Flächen, gerade weil sie, wie auf Korsika überhaupt, nicht in Form von Bettenburgen, sondern von kleineren und mittleren Hotels, Campingplätzen, Feriendörfern und Clubanlagen erfolgt.

Richtig Reisen *Tip*

Wandern im Wald von Bonifato

Nur 22 km vom manchmal reichlich heißen Calvi entfernt wartet eine kühle Attraktion: der **Forêt de Bonifato** 1. Der Weg dorthin führt am Flughafen vorbei, parallel zum 23 km langen Fluß Figarella durch die Weinfelder, später dann durch große Brandwüsten, bis Fluß und Weg im dichten Wald verschwinden. Bis zur **›Maison forestière de Bonifato‹** kann man mit dem Auto fahren. Konditionsstarke Radler können die Strecke zum Forsthaus, bei der es 536 Höhenmeter zu überwinden gilt, auch mit dem Rad bewältigen. Am Figarella laden auf dem letzten Stück des Weges schöne Badeplätze zum Erfrischen und zum Picknick ein.

Wanderer benötigen von der ›Auberge de la forêt‹ bis zur Carrozzu-Hütte und zurück etwa fünf Stunden. Zunächst führt ein breiter Forstweg durch den Schwarzkiefern- und Laubwald immer am Figarella entlang, bis sich nach 2 km der Wald lichtet und den Blick auf den grandiosen Talkessel von Bonifato freigibt. Dort, wo der Forstweg in einer Furt nach links über den Bach führt, taucht rechts der Wanderweg GR 20 mit seiner kaum zu verfehlenden rot-weißen Markierung wieder in den Wald ein. Nur einige Bachüberquerungen erfordern im Verlauf des Weges ein wenig Kletterei. Die harmlos wirkenden Bergbäche können bei Regenfällen im Hochgebirge allerdings plötzlich anschwellen und zu einer unliebsamen Überraschung auf dem Rückweg werden, weshalb die Mitnahme eines Sicherungsseils ratsam ist.

Wenn der Weg den Wald verläßt und man wieder freien Blick auf die Felsspitzen der Zweitausender hat, ist man fast am Ziel. Zunächst taucht die **›Bergerie Spasimata‹** auf. Der **›Refuge de Carrozzu‹** (eine leere Schutzhütte für Selbstversorger) liegt einige Kehren weiter oben, doch sollte man dem GR 20 noch einige hundert Meter weiter bis zu einer Hängebrücke über das Tal folgen. Hier wartet nicht nur eine besonders schöne Aussicht, sondern auch das Abenteuer einer schaukeligen Talüberquerung, wobei sicherheitshalber höchstens zwei Personen gleichzeitig die Brücke benutzen sollten.

Die Carrozzu-Hütte ist idealer Ausgangspunkt für Klettertouren im **Cirque de Bonifato**. Der Weg zurück ins Tal dauert knapp zwei Stunden. Die mehrtägigen Etappenwanderungen über den 173 km langen GR 20, der Korsika diagonal durchquert, und über den Wanderweg ›Tra Mare e Monti‹ (s. S. 317) sind hier erst je eine Tagesetappe alt. Letzteren kann man von hier aus in einer Kurzfassung von zwei oder drei Etappen nehmen: Über **Tuarelli** (S. 300) (Unterkunft und Verpflegung) geht es durch das Fango-Tal nach Galéria (Hotels), von dort aus fährt ein Bus nach Calvi zurück, oder man wandert gar in einer weiteren Etappe bis Girolata und nimmt dann das Boot zurück nach Calvi.

Die Balagne Déserte, das Filosorma und Galéria

Ausgangsort Calvi, ca. 100 km (ohne Wanderung durch den Wald von Bonifato), Karte S. 92

In Richtung Galéria nimmt man von Calvi aus die Straße zum Flughafen Sainte-Cathérine. Bei der kleinen Ortschaft Suare biegt die D 81 in die Region der **Balagne Déserte** ab, die sich zwischen Calvi und Galéria erstreckt. Das Vorgebirge ist von Macchia bewachsen und keineswegs so reizlos und wüst, wie der Name vermuten läßt. Er bezeichnet denn auch eher eine von Menschen verlassene als eine unfruchtbare Gegend.

Den vereinzelt hier grasenden Kühen machen Ziegen und Schafe nur wäh-

Kapelle Notre-Dame-de-la-Serra: Die Madonna hat den schönsten Blick auf Calvi

Die Umgebung von Calvi und der Wald von Bonifato

rend der Wintermonate das Futter streitig, ansonsten weiden letztere im Hochgebirge. Die Tiere werden im Frühjahr auf uralten Wegen durch das **Fango-Tal** 2 über die Pässe Capronale und Guagnerola auf die Hochweiden des Niolo getrieben. Obwohl die traditionelle Transhumanz hier überall deutlich sichtbare Spuren in Form von Waldbränden hinterlassen hat (s. S. 21), sind das Fango-Tal und seine Nebentäler noch recht bewaldet.

Diese Region, das **Filosorma,** unterscheidet sich grundlegend von der Balagne Déserte: Am Ende des Tals wähnt man sich gar in der Schweiz, wozu sicher der Blick auf den für viele Bergsteiger schönsten Berg Korsikas, den **Paglia Orba** (2525 m), beiträgt, auch das ›Matterhorn Korsikas‹ genannt. Rund um die wenigen kleinen Weiler des Tals werden Wein, Oliven und Obst angebaut. Das Gebiet ist ein schönes Wanderrevier, auch der ›Tra Mare e Monti‹ führt ein ganzes Stück am Fango-Bach entlang; seine orangefarbenen Markierungen kann man nicht verfehlen. Eine weitere Attraktion des stillen Tals sind die zahlreichen Felsbecken, die der Fango überall bildet und die mit ihrem kühlen, glasklaren Wasser zum Baden einladen.

Wer lieber im Meer badet, der hat dazu im nur wenige Kilometer enfernten **Galéria** 3 (S. 287) Gelegenheit. Der Ort bietet mit seinem großen Kieselstrand selbst in der Hochsaison ein beschauliches Bild. Für Ruhesuchende ist Galéria ein idealer Urlaubsort. Von hier aus läßt sich das Fango-Tal wunderbar erkunden.

Zurück nach Calvi schlängelt sich die D 81 schmal und kurvenreich durch einsame Landschaft. Verlockende, doch kaum erreichbare Buchten, liegen weit unterhalb der Fahrbahn, die Aussichten über Meer und Macchia sind spektakulär. Die Einsamkeit wird lediglich durch einige Häuser des Örtchens **Argentella** 4 unterbrochen, dessen Bewohner einst von der Ausbeutung einer Silbermine lebten. Heute sorgen ein Campingplatz und zwei Hotels am langen Kiesstrand in der Bucht von Crovani für ein wenig Leben.

Kurz vor Calvi, unmittelbar nachdem ein Schotterweg auf die Revellata-Halbinsel abzweigt, empfiehlt sich ein kleiner Abstecher zur **Kapelle Notre-Dame-de-la-Serra** 5. Überragt wird das Kirchlein von einer auf einem Felsen stehenden Marienstatue. Von hier aus bietet sich der schönste Ausblick auf Calvi und den Golf bis zum imposanten Bergland der Cinto-Gruppe. Der Hügel rund um die Kapelle lädt zu einem Spaziergang ein (es führt auch ein Wanderweg von Calvi herauf). Die Macchia wird stellenweise von einem grandiosen Felsenmeer unterbrochen, in dem sich mächtige Granitblöcke mit den typischen, bizarrphantastischen Merkmalen der Tafoni-Bildungen entdecken lassen.

Westküste bei der Pointe de la Revellata

Richtig Reisen *Tip*

Bootsausflug nach Girolata

Eine Insel muß man vom Meer her gesehen und erlebt haben. Ein besonders spektakuläres Stück korsischer Küste läßt sich von Calvi aus per Ausflugsboot aus dieser Perspektive bestaunen. Die Fahrt führt nach **Girolata** 6 (S. 287) im gleichnamigen Golf.

Vom Boot aus ergibt sich ein überaus reizvoller Blick auf die ins Meer vorgeschobene Festung Calvi, bis man sie nach der Umrundung des Leuchtturms von Revellata aus den Augen verliert. Dafür wird jetzt die Küstenlandschaft zusehends wilder und die Porphyrfelsen schimmern im Sonnenlicht in einem satten Rot. Diese nur karg bewachsene Felslandschaft gehört zum **Naturschutzgebiet La Scandola**. In dem Vogelparadies kann man neben zahlreichen Wasservogelarten, darunter Kormorane und Sturmmöwen, die bunten Eisvögel und mit etwas Glück sogar einige Fischadler beobachten. Obwohl das Schutzgebiet unweit der Küste von Macchia überwuchert ist, sind, seit der Zutritt für Menschen stark eingeschränkt wurde, keine Brände mehr vorgekommen. Sogar Fischen und Tauchen vor der Küste sind untersagt.

Als nächstes erreicht das Boot die genuesische Festung von 1546 im herrlich blauen Golf von Girolata. Hier können die Passagiere bis zur Rückfahrt zweieinhalb Stunden später die örtliche Gastronomie in Restaurants und Bars fördern, die, symbiotisch mit den Schiffern, nur stundenweise zum Leben erwachen. Kostenlos läßt sich die Pause am Strand verbringen, schwimmend und schnorchelnd. Wer das Strandleben nicht schätzt, kann nach der langen Bootsfahrt auch seine Beine ein wenig vertreten und auf dem Wanderweg ›Tra Mare e Monti‹ ein paar Schritte tun. Girolata ist Etappenziel dieser Wanderung (s. S. 317).

Mündung des Fangos am Strand von Galéria

Balagne – Verbrannte Schönheit

Die fruchtbaren Böden, die der Balagne Fertile ihren Namen gaben, erstrecken sich von den weiten Talbecken in Küstennähe bis in das hügelige Bergland, das von ausgedehnten Waldgebieten gesäumt und vom Hochgebirge überragt wird. Schon die Griechen sollen hier Weinreben gepflanzt haben, die Römer kultivierten das Land systematisch. Die Balagne galt bereits im Mittelalter als der Garten Korsikas und blieb bis in die jüngste Vergangenheit ein Bauernland. Der Wohlstand der Bevölkerung erwuchs aus dem Anbau von Getreide, Feigen, Mandeln, Orangen, Zitronatzitronen und vor allem Wein und Oliven. Die Dörfer mit ihren zahlreichen Kirchen und Klöstern künden noch heute vom einstigen Wohlstand.

Seit Beginn des 20. Jh. nahm indes auch hier die Bevölkerung stark ab. Die Macchia überwucherte die Äcker und Terrassenkulturen, somit wuchs auch die Brandgefahr. Feuer vernichtete 1957 fast die gesamten Ölbaumbestände in der Balagne, und Jahr für Jahr frißt es

Balagne

neue Flächen. Heute wirken weite Teile der Balagne Fertile so wüst, wie man es eher von der Balagne Déserte erwartet, doch unversehens stößt man immer wieder auf intakte Flächen, auf Olivenhaine und von Kastanien umgebene Ortschaften, auf Straßen, die von Mandelbäumen und Steineichen gesäumt sind.

Trotz der Brandschäden hat sich die Balagne ihre mediterranen Reize bewahrt; Agaven, Palmen und Feigenkakteen tragen dazu bei. Besonders die Nähe zur Küste und zum bergigen Hinterland macht sie für Urlauber reizvoll. Für Ausflüge ins Hinterland kann man dort wohnen oder seinen Stützpunkt an der Küste beibehalten.

Die Dörfer der hohen Balagne

Ausgangsort Calvi, ca. 150 km, Karte S. 95

Für die folgende Reise durch die Balagne sollte man sich Zeit lassen und möglichst mehr als einen Tag einplanen,

Montemaggiore in der hohen Balagne

um all die Schönheiten und Reize der Landschaft genießen zu können.

Die D 151 führt durch ein Weinanbaugebiet zunächst auf den Monte Grosso (1938 m) zu. Inmitten von Olivenhainen und Mandelbäumen liegt **Calenzana** 1 (S. 282) in 250 m Höhe. Ortsmittelpunkt ist die **Barockkirche Saint-Blaise** (17./18. Jh.). Der mächtige Campanile wurde im 19. Jh. auf dem **Campu Santu di Tedeschi** errichtet, dem ›Friedhof der Deutschen‹.

Im Jahre 1732 tobte in Calenzana der Kampf um ein unabhängiges Korsika. Genua setzte hierbei auch deutsche Söldnerheere ein, deren Verkaufspreis die Kasse Karls VI. aufbesserte. Die schlecht bewaffneten Einwohner Calenzanas bedienten sich einer besonderen Taktik, um den Angriff von 800 deutschen Söldnern abzuwehren: Sie ließen ihre gesamten Bienenvölker auf sie los. Die Bienen zerstachen, so die Überlieferung, die Angreifer bis zur Kampfunfähigkeit, so daß die Korsen sie überwältigen konnten. 500 deutsche Söldner fanden bei dem anschließenden Gemetzel den Tod. Eine Gedenktafel am Glockenturm erinnert an die Gefallenen, die auf dem ›Friedhof der Deutschen‹ beigesetzt wurden.

Der aromatische Honig bildet noch heute eine Erwerbsquelle für den Ort, in dem neben Bienenzucht und Weinbau in den letzten Jahren der Tourismus an Bedeutung gewonnen hat. Calenzana profitiert von seiner günstigen Lage: Zum Meer sind es nur 8 km, und zugleich beginnen hier die beiden beliebtesten Wanderrouten der Insel: die Wanderwege GR 20 und ›Tra Mare e Monti‹ (s. S. 316 ff.).

Ein Besuch in Calenzana lohnt sich besonders am Ostermontag. Das ganze Dorf ist auf den Beinen, begleitet von vielen Schaulustigen, wenn in einer Prozession die Reliquien und die Statue der korsischen Märtyrerin Sainte-Restitute von der ihr geweihten Kirche zur Eglise Saint-Blaise getragen werden. Jeweils am Sonntag nach dem 21. Mai werden sie in einer zweiten Prozession wieder nach Hause gebracht. Die Heilige wird auf Korsika als Märtyrerin hoch verehrt, obwohl recht unterschiedliche Versionen von ihrer Legende existieren. Nicht einmal über Zeit und Ort ihres gewaltsa-

Tramway und Micheline

Die ›Tramway de la Balagne‹ verkehrt mehrmals täglich, im Sommer stündlich, auf der Strecke Calvi–Algajola–L'Ile-Rousse. Die schaukeligen alten Triebwagen der Kleinbahn halten zwar nicht an jeder Milchkanne, jedoch an jedem Strand und fast jeder Bucht: 22 Haltepunkte machen die gesamte Balagne-Küste auch für nicht motorisierte Urlauber gut erreichbar. Die Strecke ist nur ein kleines Teilstück der *Chemins de Fer de la Corse* (CFC). Calvi ist über den Knotenpunkt von Ponte Leccia mit Bastia und Ajaccio verbunden. Die Fernzüge, die diese Strecken einspurig befahren, sind mittlerweile recht moderne Triebwagen, die von den Korsen liebevoll ›Micheline‹ genannt werden: eine einspurige Legende von 258 km Länge.

Trotz 240 PS starker Turbo-Dieselmotoren schlängelt sich der Schienenbus hinter L'Ile-Rousse mühsam durch das korsische Bergland. Auf dem Weg nach Ajaccio über das Rückgrat der Insel werden dem Zug Höchstleistungen abverlangt. Zahlreiche Tunnel und Viadukte bügeln die Berge nicht weg. Hinter Ponte Leccia (mit Abzweigung nach Bastia) wird der Blick aus dem Fenster spektakulärer, und ab Corte durchquert die Bahn eine wahrlich grandiose Landschaft. Faszinierende Ausblicke auf Wälder, Schluchten und Berge belohnen den durchgerüttelten Reisenden.

Korsika versetzt mit seinen Gegensätzen Fremde immer wieder in Staunen: Solarzellen liefern die Energie für die automatischen Schranken an den Bahnübergängen, doch Ziegenherden zwingen den Zug unvermittelt zum Bremsen. Touristen besetzen die meisten Plätze im Zug, aber auch Bauersfrauen fahren mit, sitzen auf ihren Schachteln und Körben und leisten vornehmlich Alten und Jugendlichen Gesellschaft. Doch ohne die Fremden gäbe es die Bahn vermutlich nicht mehr.

Die Geschichte der Inselbahn ist so kurvenreich wie ihre Streckenführung. 1888 fuhr der erste Zug von Bastia nach Corte. Die Korsen waren begeistert, die Franzosen wunderten sich: Was gab es auf dieser Strecke schon zu transportieren? Zwingend notwendig erschien auch der zweite Bauabschnitt nicht, die Verbindung von Ajaccio nach Vizzavona. Für die Verlängerung der Bahn nach Vivario brauchten die Korsen gut drei Jahre, zwei weitere bis Corte. 1894 war Calvi ans Streckennetz angeschlossen. Den Rekord an Langsamkeit brachen korsische Arbeiter und französische Ingenieure beim Bau der Ostküstentrasse: 42 Jahre benötigten sie, um 17 km Schienen zu verlegen. Ein Weltkrieg und 300 Streiks gingen ins Land, bis 1935 der erste Zug von Bastia nach Porto-Vecchio rollte.

Ausgerechnet diese Strecke zerstörten die Deutschen bei ihrem Rückzug aus Korsika im Zweiten Weltkrieg, die Franzosen demontierten den Rest. 1953 verschwand das letzte Teilstück zwischen Casamozza und Folelli. Nur

Mit dem Bummelzug durch Korsika

noch Bahnhöfe und hin und wieder ein Gleisstück blieben an der Ostküste von der Eisenbahn übrig. Was in Frankreich weitgehend gelang, die Stillegung unrentabler Schienenwege, ließ sich auf Korsika nicht durchsetzen. Zwar sind die Pläne, die Castagniccia durch die Bahn zu erschließen, nie verwirklicht worden, doch wehrte sich die Bevölkerung u. a. mit einem Generalstreik erfolgreich gegen weitere Streckenstillegungen.

Heute ist die Inselbahn Teil der französischen Staatsbahn SNCF. Wegen der Touristen wurden bisher keine neuen Stillegungspläne geschmiedet. Trotz moderner Triebwagen ist das Tempo korsisch geblieben, ebenso die Lässigkeit im Umgang mit Fahrplänen. Wer den entspannten Lebensrhythmus der Korsen genießen will, sollte daher ihre Eisenbahn benutzen. Die Fahrt von Calvi nach Ajaccio dauert vier Stunden und 40 Minuten – mindestens!

men Todes herrscht Klarheit: War es Bonifacio im Jahre 303 oder Karthago im Jahre 304? Als sicher gilt nur, daß ihre Reliquien im 5. Jh. von Christen auf der Flucht vor den Vandalen nach Korsika gebracht wurden.

Die **Kirche Sainte-Restitute,** ein ursprünglich romanisches Bauwerk aus dem 11. Jh., entstand an der Stelle einer ehemaligen römischen Siedlung. Sie wurde im 14. Jh. zerstört und wiedererrichtet und später mehrfach umgebaut. Von außen ist sie eher unscheinbar. Sehenswert sind jedoch der Altar und ein in der Krypta aufgestellter Marmorsarkophag, beide aus dem 4. Jh. Besondere Aufmerksamkeit verdienen die Fresken aus dem 13. Jh., die das Grabdenkmal der Ortsheiligen schmücken und ihr Martyrium darstellen.

Hinter Calenzana schwenkt die D 151 wieder nach Norden und wird zu einer wahren Panoramastraße, zunächst mit Blick auf die malerisch gelegenen Weiler **Cassano** und Montemaggiore, beides Ortsteile der Kommune Montegrosso. Obwohl alle der über 30 Dörfer in der Balagne eine nähere Erkundung wert sind, muß man eine gewisse Auswahl treffen. **Montemaggiore** 2 bietet sich zu einem kurzen Halt an, hat man doch vom Platz vor der imposanten Barockkirche aus eine hervorragende Aussicht auf Calvi.

Die Straße windet sich nun durch eine felsige, mit Macchia nur karg bedeckte Berglandschaft und ermöglicht immer wieder atemberaubende Ausblicke auf das Meer. Den herrlichsten Rundumblick hat man von der 509 m hohen Paßhöhe **Col de Salvi.** Kurz hinter dem malerischen Bergdorf **Cateri,** wo man die D 71 kreuzt, führt eine Sackgasse den Weg nach **Sant'Antonino** 3 hinauf. Das eher abweisend wirkende Dorf scheint in 500 m Höhe regelrecht aus dem Fels herauszuwachsen. Guido Savelli ließ im 9. Jh. auf dem Gebirgskamm zum Schutz vor Sarazenen-Einfallen ein Kastell errichten, von dem nur noch einige Mauerreste zeugen. Der italienische Rebell gegen die päpstliche Autorität wurde von Karl dem Großen mit dem Auftrag ›gezähmt‹, die Sarazenen zu bekämpfen, wofür er dann als Graf über die Balagne herrschen durfte.

Zahlreiche Ruinen stehen in dem nur noch 60 Einwohner zählenden Ort, andere Häuser dieser korsischen Fliehburg mit großartiger Aussicht wurden hingegen liebevoll renoviert (manche von ihnen sind als Ferienhaus zu mieten). Wer den Ort besichtigen will, muß zu Fuß gehen, denn die Gassen, oft eher Schlupflöchern gleich, sind schmal und verwinkelt. Zum Transport von Waren werden Esel und Maultiere eingesetzt.

Weiter auf der D 151 liegt kurz vor der Abzweigung nach **Aregno** 4 der Friedhof mit der romanischen Dreifaltigkeitskirche. Das einschiffige Gebäude der **Trinità** mit Apsis wurde im 12. Jh. im pisanischen Stil aus hellen und dunklen Granitquadern errichtet und mit Blendarkaden verziert. Ungewöhnlich und in seiner Symbolik z. T. bis heute nicht geklärt ist der eigenwillige Skulpturenschmuck. Die Figur des Mannes, der im Giebel hockt und seinen Fuß festhält, wirkt wie ein früher ›Dornauszieher‹, wird aber auch als eine Allegorie auf den Monat März gedeutet.

Im nahen **Pigna** 5 (S. 292) leben und arbeiten viele Künstler und Kunsthandwerker. In dem hübschen Dorf mit seinen verwinkelten Gassen wurde in den 60er Jahren die Idee der CORSICADA (s. S. 260) geboren. In der **Casa di l'Artigiani** werden die Produkte der kunsthandwerklichen Vereinigung zum Kauf angeboten. Eine schöne Aussicht auf Algajola und Umgebung hat man von der

Terrasse der **Casa Musicale,** wo man essen, übernachten und vor allem Musik hören kann. Traditionelle korsische und mediterrane Musik, z. T. auf Nachbauten von Originalinstrumenten vorgetragen, werden hier genauso geboten wie korsische Polyphonien.

2 km vor **Corbara** 6 (S. 285) lädt das heutige Dominikaner-Kloster, **Couvent de Corbara**, zu einem Zwischenstopp ein. Das Gebäude wurde im 19. Jh. auf den Trümmern eines Franziskaner-Klosters erbaut, das während der Revolution zerstört wurde. Unterhalb der Abtei steht direkt an der Straße die schlichte und untypischerweise weiß verputzte kleine **Kirche Saint-Lazio,** deren Eingang zwei schön gewachsene Palmen flankieren. Das Gotteshaus strahlt eine mediterrane Heiterkeit aus, die man auch in der Balagne nicht überall findet.

Nur wenige Meter weiter in Richtung Corbara hebt sich der große **Friedhof** mit seinen schneeweiß gekalkten Grabmalen vor einem azurblauen Himmel so strahlend ab, daß der Tod eine gelassene, fast heitere Seite zu zeigen scheint. Kurz hinter dem Ort vermittelt die ebenfalls weiß getünchte **Kapelle San Pietro e San Paolo** gar einen Hauch von Andalusien, gekrönt von dem herrlichen Ausblick auf das Meer und den weißen Strand von Algajola. Kunsthistoriker machen maurische Einflüsse für diesen Eindruck verantwortlich. Bei einem Bummel durch das schöne Dorf mit seinem mediterranen Flair lohnt ein Besuch der barocken Verkündigungskirche, **Eglise de l'Annonciation,** aus dem 18. Jh. Die Burgruine der Familie Savelli, das **Castel de Corbara,** lädt ebenso zu einem Rundgang ein.

Um Corbara rankt sich eine Geschichte, die vielleicht das maurische Element des Ortes erklären könnte: Gegen Ende des 18. Jh. avancierte eine gewisse Davia Franceschini zur Favoritin des Sultans von Marokko, nachdem

Der Friedhof von Corbara

sie ein typisch korsisches Schicksal als Sklavin in seinem Barbaresken-Staat geführt hatte. Sie stammte aus Corbara und nutzte ihre Stellung, um ihre Familie zu protegieren. Die Geschichte ist nicht eindeutig geklärt, hat jedoch einen gewichtigen Fürsprecher: Der 1999 verstorbene König Hassan von Marokko aus der Dynastie der Alawiten hielt sich für einen Nachfahren der Korsin. Darauf verwies der damalige Thronfolger, als er während des Algerien-Krieges in L'Ile-Rousse interniert war (1953/54).

Wen es jetzt nicht mit aller Macht an den Strand zieht, der sollte über Santa Reparata auf der D 13 in Richtung Feliceto fahren, zurück in die hohe Balagne. Rotweinfreunde können einen Besuch in der Weinkellerei ›Clos Reginu‹ einplanen, die auf der Strecke liegt. Der rote ›E Prove‹ wird von Kennern geschätzt. In **Feliceto** 7 (S. 287) kann man in der ›Osteria U Molinu‹ nicht nur essen, sondern zudem eine traditionelle Ölmühle in Betrieb erleben.

Etwas oberhalb der Hauptstraße liegt kurz darauf **Nessa,** und nur wenige Kilometer weiter zweigt die D 663 rechts ab, die sich in engen Kehren zum 553 m hoch gelegenen **Speloncato** 8 (S. 299) hinaufwindet. Der Ort duckt sich im Halbkreis um einen ihn überragenden Felsen. Speloncato gilt als das schönste Dorf der Balagne. Bei einem Rundgang durch die engen Treppengassen mit vielen Aussichtsplätzen über die Macchia-Landschaft wird man dem wohl zustimmen.

Das größte Gebäude im Ort gehörte einst Kardinal Savelli, dem Sekretär von Papst Pius IV. (1846–78). Heute beherbergt das Gebäude das einzige Hotel in Speloncato. Etwas außerhalb ist auf einem Felskamm ein einzigartiger Tafoni-Felsen zu sehen. In die **Pietra Tafonata** hat die Erosion einen regelrechten

Pfarrkirche von Feliceto

Speloncato, das schönste Dorf der Balagne

Tunnel von 8 m Länge hineingefressen. Diesem Felsen und den zahlreichen Grotten und Höhlungen der Umgebung verdankt der Ort wohl auch seinen Namen (korsisch *spiluncatu* = durchlöchert).

In Richtung Pioggiola schlängelt sich die D 63 steil bergauf zum **Bocca di a Barraglia** 9 (1099 m) und einer wahrlich großartigen Aussicht: Von der Paßhöhe reicht der Blick über große Teile der Balagne und ihre Küste. Wer möglichst lange in den Genuß des unvergleichlichen Panoramas kommen will, kann dieses optische Erlebnis noch steigern. Direkt vom Aussichtspunkt führt ein bequemer, gut sichtbarer und mit Steinhaufen *(Cairns)* kenntlich gemachter Wanderweg auf dem Gratrücken entlang fast bis zum Gipfel des **Monte Tolo** (1332 m). Auf der etwa einstündigen Wanderung eröffnet sich der Blick nach Süden über das grüne Tal des Tartagine auf den mächtigen **Monte Padro** (2393 m). Man befindet sich hier in der historischen Landschaft des Giussani, der siebten, erst jüngst erschlossenen Wanderregion ›Da Paese a Paese‹ (s. S. 316). Allein acht Rundwanderungen von zwei- bis sechsstündiger Dauer sind im Giussani markiert.

Wer Lust auf noch mehr Steigerungen hat, sollte kurz hinter **Pioggiola** 10 (S. 293) rechts auf die schmale D 963 abbiegen, die 17 km durch die Macchia bis zum Forsthaus am schattigen Ufer des Tartagine führt. Im Frühjahr sind hier Wildwasserspezialisten mit ihren Kajaks unterwegs. Durch den 2600 ha großen **Forêt de Tartagine-Melaja** 11 führt nun ein markierter Wanderweg (gelb-rot-gelb). Sprudelnde Bäche und eine dichte Vegetation aus Seestrand- und Schwarzkiefern machen den Wald im Sommer zu einer erfrischenden Oase. Mit festen Schuhen läßt sich vom Forsthaus aus eine reizvolle Wanderung zum **Col de Tartagine** (1852 m) unternehmen (Kenn-

Algajola mit seinem schönen, weißen Strand

zeichnung durch *Cairns*). Für die Wanderung, bei der es 1100 Höhenmeter zu überwinden gilt, sollte man etwa sieben Stunden einplanen.

Weiße Strände

Zurück über Speloncato geht es nach **Belgodère** 12 (S. 280). *Belgudé* ist der korsische Name dieses freundlichen Balagne-Dorfes und bedeutet ›schöner Aufenthalt‹. Von Belgodère aus erreicht man über die N 197 nach 8 km **Lozari** 13 mit einem genuesischen Wachturm. Der herrliche Strand ist trotz des dortigen Feriendorfes nicht überlaufen.

Vorbei an einigen weiteren Wachtürmen führt die Straße nach **L'Ile-Rousse** 14 (S. 288) mit dem angeblich mildesten Klima der Insel, schönen Stränden und einer guten touristischen Infrastruktur. Das von Pasquale Paoli 1758 gegründete ›Paolivilla‹ sollte den von Genua kontrollierten Häfen Calvi und Algajola Konkurrenz machen. Der geometrisch angelegten Stadt sieht man an, daß sie nicht natürlich gewachsen ist. *Isola Rossa* (korsisch), nach den roten Granitfelsen der vorgelagerten Felsinseln, heißt der Ort erst seit der Französischen Revolution.

Die von Platanen gesäumte **Place Paoli** bildet das Zentrum des Städtchens. Hier steht, umrahmt von vier hohen Palmen, Paolis Büste. Der rechteckige Platz ist bei Flaneuren und Boulespielern beliebt. An seiner Westseite wird er von der Pfarrkirche begrenzt, auf deren Vorplatz ebenfalls mächtige Palmen wachsen. Der überdachte Markt an der Nordseite des Platzes gehört schon zur vergleichsweise jungen Altstadt, deren breite Gassen Luft und Licht einlassen.

Urlaubern bietet L'Ile-Rousse gute Möglichkeiten, auch ohne Auto die Balagne zu erkunden. Nicht nur die Eisenbahn (s. S. 98 f.) als ideales Nahverkehrsmittel läßt den Gast das eigene Auto nicht vermissen. L'Ile-Rousse ist auch idealer Ausgangspunkt für Wanderungen in die nahen Dörfer der hohen Balagne. Orte wie Corbara, Pigna oder Sant'Antonino sind wunderbar zu Fuß zu erreichen. Ein Netz von alten Maultierpfaden und Hohlwegen verbindet viele Orte untereinander. Da so mancher Pfad zugewachsen ist, bleibt bisweilen nur das Ausweichen auf die mittlerweile ausgebauten Straßen.

Auch wer sein Lager in **Algajola** 15 (S. 278) aufschlägt und nach den Wanderungen ins Landesinnere hierher zurückkehrt, hat eine gute Wahl getroffen. Den ehemals bedeutenden Hafen sollen bereits die Phönizier genutzt haben, sicher überliefert ist allerdings nur seine römische Vergangenheit. Unterhalb der genuesischen **Zitadelle** liegt der alte Kern Algajolas. Er wird von der noch in Teilen erhaltenen Stadtmauer umgeben, die 1664 nach einem Sarazenen-Überfall errichtet wurde.

Auf der Fahrt zurück nach Calvi lassen Urlauber das hübsche **Lumio** 16 (S. 290) unverdienterweise oft links liegen. Wie eine Aussichtsterrasse mit Blick auf den Golf von Calvi liegt der Ort 238 m hoch am Hang, dominiert von seiner mächtigen Barockkirche. Nach 20 Minuten Fußweg erreicht man die Ruinen von **Occi**, nordöstlich von Lumio. Das Dorf wurde 1852 nach einem Erdrutsch aufgegeben. Auch die beiden anderen Hauptattraktionen Lumios liegen außerhalb des Ortes. 1 km südwestlich steht auf dem Friedhof das romanisch-pisanische **Kirchlein San Pietro e San Paolo** (11. Jh.), auf dem Weg dorthin findet sich der Sitz der ›Domaine U Colombu‹.

Pastis unter Platanen: auf der Place Paoli in L'Ile-Rousse

JOSEPHINE

Bastia, das Nebbio und Cap Corse

Bastia – Hauptstadt des Nordens

■ (S. 279 f.) Die jahrhundertealte Spaltung Korsikas in zwei Interessensphären (s. S. 28) ist noch immer in der Rivalität zwischen den beiden größten Städten der Insel spürbar. Ajaccio hat als Hauptstadt der Insel die Nase politisch vorn. »Noch heute kann Bastia es nicht verschmerzen, daß es einst das Haupt der Insel war und jetzt zu einer Souspräfektur herabgesunken ist, aber ohne Zweifel ist es durch Industrie, Handel und Intelligenz noch immer das Haupt Korsikas.« Die Bürger Bastias würden diese von Gregorovius 1852 getroffene Feststellung sicher bestätigen, und tatsächlich macht Bastia, Hauptstadt des Départements Haute-Corse, Ajaccio nicht ohne Erfolg Konkurrenz. Sportlich ist Bastia bereits führend. So spielen die Fußballer vom ›Sporting Club Bastia‹ nach ihrem Aufstieg 1994 als einzige korsische Mannschaft in der französi-

schen A-Liga. Mit dem Schlachtruf ›*Forza Bastia!*‹ feiern die Fußballfans die Kampfstärke ihrer Helden, und die ganze Insel stimmt längst in diesen Ruf ein. Doch auch wirtschaftlich zeigt Bastia Stärke: Über seinen Hafen werden 60 % des gesamten Umschlags und Personenverkehrs der Insel abgewickelt.

Bastia verdankt seine Gründung im 14. Jh. dem Widerstand der Korsen gegen die genuesische Kolonialmacht. Biguglia, der damalige Sitz des Inselgouverneurs, konnte gegen die korsischen Aufständischen dauerhaft nicht gehalten werden. Genua benötigte eine Hauptstadt auf der Insel, die besser zu befestigen war. Ab 1378 ließ der genuesische Gouverneur Leonello Lomellino eine Festung am Naturhafen des Fischerdorfes Cardo errichten. Diese *Bastiglia* gab dem Ort, der sich alsbald in ihrem Schutz bildete, seinen neuen Namen.

Trotz des Anspruchs, die Hauptstadt des französischen Korsika zu sein, ist Bastia italienischer als andere Orte der Insel geblieben. Das zeigt bereits der Blick von der Zitadelle über den Alten Hafen: Die teils versetzte Häuserfront, überragt von der Kirche Saint-Jean-Baptiste, könnte auch jenseits des Thyrrhenischen Meeres stehen. Italienisch hoch und eng ist die Stadt gebaut, in der annähernd 40 000 Menschen wohnen, über 2000 pro km². Selbst den ligurischen Dialekt der Genuesen haben die Bastianer bewahrt. Er ist in ihrer Umgangssprache, dem Korsischen, allgegenwärtig, sie streiten jedoch jede Ähnlichkeit mit dem Italienischen ab.

Nur ein knappes Drittel der Bürger stammt aus Bastia, der Rest sind Zuwanderer, vor allem aus dem ländlichen Korsika, aus Frankreich, Nordafrika oder Italien. Bastia, schon immer ein Magnet für Fremde, wurde nach dem Zweiten Weltkrieg, seit hier Handel und Gewerbe florieren, besonders attraktiv. Noch 1954 hatte die Kommune Bastia nur 29 000 Einwohner. Wie man bei der Anreise vom 20 km weiter südlich gelegenen Flughafen, vorbei an Wohnsiedlungen, Industrie- und Gewerbebetrieben, leicht

Bastia 1 *Place Saint-Nicolas* 2 *Place du Marché* 3 *Saint-Jean-Baptiste* 4 *Opéra* 5 *Chapelle Saint-Roch* 6 *Chapelle de l'Immaculée Conception* 7 *Parc Romieu* 8 *Sainte-Marie* 9 *Chapelle Sainte-Croix* 10 *Palais des Gouverneurs/Musée d'Ethnographie Corse*

RESTAURANT LAVEZZI
BI 235 366

erkennen kann, besitzt Bastia ein umfangreiches suburbanes Agglomerat. Groß-Bastia umfaßt heute mehrere Kommunen, in denen etwa die Hälfte der 132 000 Einwohner des Départements Haute-Corse lebt.

Wer mit der Autofähre im **Neuen Hafen** (Nouveau Port) von Bastia einläuft, nähert sich direkt dem Herzen der Stadt. Die **Place Saint-Nicolas** 1 öffnet sich zum Meer hin und lädt alle Neuankömmlinge zum Verbleib ein. Auf ihr spielt sich ein großer Teil des öffentlichen Lebens ab: Hier flaniert die Jugend, ruhen sich die Älteren auf den Bänken aus, wird Boule gespielt und sonntags Flohmarkt abgehalten. Zahlreiche Bars servieren unter den Platanen Kaffee oder Pastis, während Napoleon auf seinem Denkmalsockel als römischer Kaiser aufs Meer Richtung Elba blickt: Bei klarem Wetter ist der Verbannungsort des berühmtesten Korsen deutlich zu sehen.

Besucher finden rund um den Platz neben den Bars auch Banken, Büros der Fährgesellschaften und die Touristeninformation. Die meisten Geschäfte sind am Boulevard Paoli, der einen Häuserblock landeinwärts parallel zur Place Saint-Nicolas verläuft. *A Traversa* wird diese meist verstopfte Schlagader und Einkaufstraße Bastias genannt.

Die belebte Altstadt am Rande des Hafens, **Terra Vecchia** (Altes Land), beginnt nur wenige Schritte südlich der Place Saint-Nicolas. Hohe Häuser säumen die engen Gassen des Viertels, das wie die Bastion im 14. Jh. gleichsam in ihrem Schatten und Schutz entstand. Hier liegt, mittlerweile von einer Tiefgarage unterkellert, die gemütlichere **Place du Marché** 2 mit dem alten Rathaus. Sie wird von Lebensmittel- und Fischgeschäften, Bars und Tabakläden umgeben und vom morgendlichen Lebensmittelmarkt belebt.

Der Platz wird direkt von der Fassade des größten aller korsischen Gotteshäuser, der **Barockkirche Saint-Jean-Baptiste** 3 aus dem 17. Jh., begrenzt. Ihre mächtige Kulisse überragt unübersehbar das Altstadtviertel und den **Alten Hafen** (Vieux Port) mit seinen Fischer- und Sportbooten. Ihre beiden Türme sind das Wahrzeichen der Stadt. Die kunsthistorisch wenig bemerkenswerte Innendekoration der Kirche wird durch einige Gemälde, u. a. aus der Sammlung Fesch, aufgewertet.

Ihre **Oper** 4 verdankt die Stadt dem französischen Gouverneur Marbeuf, der in Bastia residierte, im fernen Ajaccio seine schöne Freundin Letizia Bonaparte besuchte und ihren Sohn Napoleon förderte. Italienischen Einflüssen ist es zu

Saint-Jean-Baptiste

Alter Hafen mit Kirche Saint-Jean-Baptiste

Einkaufen bei Mattei

An der Westseite der Place Saint-Nicolas (15, Boulevard Général de Gaulle) öffnete 1900 das Ladengeschäft von Louis-Napoléon Mattei seine Tore, das Denkmal des großen Napoleon in Sichtweite. Fassade und Interieur sind seither liebevoll gepflegt und nie verändert worden, weshalb **Mattei** sicher Bastias, vielleicht gar Korsikas schönstes Geschäft genannt werden kann. Noch beliebter als der Laden ist der Würzwein ›Cap Corse Mattei‹, das bekannteste Produkt der Firma Mattei, ein typisch korsischer Aperitif. Doch selbst wer dem ein wenig nach Hustensaft schmeckenden Getränk nicht viel abgewinnen kann, sollte sich einen Besuch bei Mattei nicht entgehen lassen, handelt man hier doch mit korsischen Delikatessen aller Art, mit Wein und diversen anderen alkoholischen Spezialitäten – nicht nur aus eigener Produktion.

Weniger auffällig eingerichtet, dafür aber mit einem größeren Sortiment an Inselweinen zu recht günstigen Preisen, ist der Weinhandel **Grands Vins de Corse.** Hier finden Weinliebhaber ganz in der Nähe (24, Rue César Campinchi) anderswo vergeblich gesuchte Tropfen und eine fachkundige Beratung.

Bunte Vielfalt im Kaufhaus Mattei

Überhaupt ist Bastia für korsische Verhältnisse ein Einkaufsparadies: Ohne mit wirklichen Großstädten konkurrieren zu können, bietet die nördliche Inselmetropole mit ihrer Vielzahl kleiner sympathischer Läden für Urlauber eine ideale Abwechslung vom Naturerlebnis Korsika. Wer nicht selber suchen will, dem seien folgende Einkaufsmöglichkeiten empfohlen:

Würzige Würste und köstliche Schinken, Honig und Konfitüren, Kastanienprodukte und andere korsische Delikatessen findet man im Feinkostgeschäft **U Muntagnolu** in der Rue Cèsar Campinichi 15. In der Rue des Terrasses, nahe dem alten Hafen, bietet die **Casa di l'Artigiani** (Mitglied im Verband CORSICADA, s. S. 260) ausgewähltes Kunsthandwerk von besonderer Qualität. Bücher und Landkarten über Korsika sowie internationale Presse hält die **Librairie SoBaDi** (19, Boulevard Paoli) vorrätig.

Lebensmittel lassen sich nicht nur auf dem Markt an der Place du Marché, sondern auch in den umliegenden Lebensmittel- und Fischgeschäften frisch einkaufen. Am Samstag ist die Zahl der Marktstände besonders groß, dann sind viele Landwirte aus der weiteren Umgebung, besonders aus der Castagniccia, präsent. Neben Gemüse und Obst der Saison, Fisch und Fleisch, bieten sie vor allem die köstlichen korsischen Schinken und Würste *(Charcuterie)* an, verschiedene Schafs- und Ziegenkäse sowie hausgemachte Konfitüren und den würzigen Honig.

Wer standardisiertes Einkaufsvergnügen schätzt, ist im hervorragend sortierten Supermarkt des neuen Einkaufszentrums am nördlichen Stadtrand gut bedient: Es liegt direkt gegenüber der Einfahrt zum Fährhafen und bietet Stellplätze in einer Tiefgarage.

Der Gouverneurspalast

verdanken, daß Bastia zur Wiege der korsischen Barockkunst wurde. Dabei fallen manche architektonischen und künstlerischen Schätze auf den ersten Blick kaum auf. Die **Kapelle Saint-Roch** 5 aus dem Jahre 1604, an der Rue Napoléon gelegen, ist schon wegen ihrer florentinischen Innendekoration einen Besuch wert. Ein besonderes Erlebnis ist es, einem Gottesdienst beizuwohnen und dem Spiel der Orgel von 1750 zu lauschen. Die benachbarte **Kapelle der Unbefleckten Empfängnis** (Chapelle de l'Immaculée Conception) 6 wurde 1611 errichtet und im 18. Jh. überreich mit Gold und Marmor ausgestattet, ihre Wände mit rotem Damast und Samt bespannt. Die in Genua gefertigte Marienstatue aus dem 18. Jh. wird am 8. Dezember in einer Prozession zur Kirche Saint-Jean-Baptiste getragen.

Wo es eine Terra Vecchia gibt, da kann eine **Terra Nova** (Neues Land) nicht feh-

Altstadtimpressionen

len. Die Neustadt aus dem 16. Jh. hat nichts von ihrem malerischen Reiz verloren. Die lange Zeit vernachlässigten Häuser der schmalen Gassen wurden – und werden – größtenteils aufwendig renoviert. Viele der alten Bewohner sind ihrem Viertel treu geblieben, aber vor allem auch Familien aus dem Maghreb wohnen in diesem Teil der Stadt. Zwischen den ockerfarben leuchtenden Häusern flattert die Wäsche im Wind, nur der **Zitadelle,** an die sich das Viertel anlehnt, gönnt man ein wenig Glanz: Sie wirkt fast ein wenig aufgedonnert mit ihrer frischen Farbschicht.

Vom Alten Hafen führt eine imposante Freitreppe entlang dem terrassenartigen **Parc Romieu** 7 hinauf zur Terra Nova. Im Schatten der Parkbäume wird fast immer Boule gespielt, auf den Alten Hafen bietet sich eine schöne Aussicht. Bei einem Bummel durch die Gassen innerhalb der Mauern der Zitadelle ist die dreischiffige **Kirche Sainte-Marie** 8 nicht zu verfehlen. Das Gotteshaus besaß von 1570–1801 den Rang einer Kathedrale, dann wurde der Bischofssitz ausgerechnet nach Ajaccio verlegt. Der von außen schlichte Bau ist im Innern mit allen Attributen barocker Pracht ausgestattet, an Gold und Marmor wurde nicht gespart. Das Tafelbild über dem Hauptaltar stammt aus dem Jahre 1512 und hing ursprünglich in der alten Kathedrale La Canonica (s. S. 116 ff.). Die im rechten Seitenschiff aufbewahrte silberne Figurengruppe ›Himmelfahrt Mariens‹ schuf im 18. Jh. der Sieneser Gaetano Machi. Am 15. August wird sie in einer Prozession durch die Straßen von Terra Nova getragen.

Seitlich hinter der ehemaligen Kathedrale liegt etwas versteckt und unscheinbar die **Kapelle Sainte-Croix** 9. Die Fassade wirkt wie ein einfacher Hauseingang, doch der Innenraum überrascht mit verschwenderischer Pracht in Gold- und Blautönen und reicher Dekoration. Schlicht ist dagegen das Kreuz aus schwarzem Ebenholz mit dem Christus der Wunder *(Christ des Miracles)*, nach dem die Kapelle benannt wurde. Fischer sollen es inmitten eines Lichterkranzes auf dem Meer treibend gefunden haben; sie gedenken noch heute ihres wunderlichen Fanges mit einer Prozession am 3. Mai.

Innerhalb der Festungsmauern erreicht man über eine Zugbrücke den vortrefflich renovierten **Gouverneurspalast** 10, in dem das **Musée d'Ethnographie Corse** seine sehenswerte Sammlung zeigt. Sie reicht von steinzeitlichen Funden bis zu Alltagsgegenständen aus dem letzten Jahrhundert. Auch wenn die Fülle der Exponate ein wenig zu Lasten der Übersicht geht, bietet das Museum dennoch eine gute Einführung in die korsische Geschichte. Im Hof des Museums ist der Kommandoturm des U-Boots ›Casabianca‹ zu besichtigen (s. S. 46). Bastia hat besonders schwer unter dem Zweiten Weltkrieg gelitten und wurde als einzige Stadt auf Korsika von den Deutschen und den Alliierten bombardiert.

Bereits am 9. September 1943, gleich nach der Kapitulation der Italiener, hatte ein *Maquisard* im Namen der Résistance vom Balkon des Rathauses herab den Anschluß Korsikas an de Gaulles freies Frankreich verkündet, nicht ohne einen stolzen Zusatz zu vergessen: »Es lebe das freie Korsika!« An der Südseite des Alten Hafens erinnert die Place-du-Neuf-Septembre an dieses historische Datum.

Italienisches Mittelmeerflair am Hafen von Bastia

Die Umgebung von Bastia

Ausgangsort Bastia, ca. 60 km, mit Rückfahrt über die Corniche ca. 80 km, Karte S. 116/117

Im Süden Bastias laufen die Vororte der Stadt mit Industrie- und Gewerbeflächen recht unansehnlich aus. Gleichzeitig beginnt hier der Teil der ostkorsischen Tiefebene, den der Golo angeschwemmt hat.

Biegt man von der N 193 an der Kreuzung nach **Furiani** links ab, gelangt man zum **Etang de Biguglia** **1**. Die mit 1500 ha Fläche größte der korsischen Lagunen ist durch einen sehr schmalen Landstreifen vom Meer getrennt. Ein kaum erkennbarer Durchlaß im Norden sorgt für den Austausch zwischen den beiden Gewässern. Zugvögel überwintern hier und locken regelmäßig Jäger an. Das Brackwasser der Lagune ist äußerst fischreich und bietet Fischern und Fischzüchtern ganzjährig Beschäftigung. Umweltschützer haben dafür gesorgt, daß das Biotop Etang de Biguglia unter Naturschutz gestellt wurde, und verlangen die Bewahrung auch der übrigen Etangs als ökologische Nischen. Gerade hier bei Bastia zeigt sich, angesichts der Nähe zum Industriegebiet und zum Flughafen, die Berechtigung ihrer Sorgen. Tatsächlich war die Wasserfläche früher sehr viel größer: Die flachen Etangs lassen sich leicht trockenlegen, und ebene Flächen, z. B. für Gemüsekulturen, wie sie hier entstanden, sind rar auf Korsika.

Auf der anderen Seite der Zufahrtsstraße zum Etang de Biguglia liegt der Strand, stellenweise sind sowohl Haff als auch Meer zu sehen. Die Kette der Feriendörfer, Campingplätze und Hotels nimmt hier ihren Anfang und begleitet den Sandstrand über 80 km weit nach Süden.

Am Ende des Etangs führt die Straße zurück ins Landesinnere und direkt an der alten Kathedrale der Santa Maria Assunta vorbei. **La Canonica** **2** wird nach

ihrem einstigen Kanonikerkollegium die 1119 geweihte dreischiffige Basilika genannt, deren schlichte Eleganz nicht nur Mérimée beeindruckte. Die Kirche liegt so unmittelbar an der Straße, zudem in einer Kurve, daß sie ihre Unversehrtheit allenfalls der Vorsicht von LKW-Fahrern verdankt. Bereits zu Mérimées Zeit waren der dazugehörige Bischofspalast verschwunden und der Campanile auf den Stumpf geschrumpft, den man an der Südflanke heute noch erkennen kann.

Die Kathedrale gilt als Inbegriff frühpisanischer Romanik und als Vorbild aller anderen pisanischen Kirchen und Kapellen auf Korsika. Die Canonica ist mit 35 m Länge, 12 m Breite und 13 m Höhe zwar bescheiden im Vergleich zu den festländischen Originalen, im innerkorsischen Vergleich ist sie jedoch das größte romanische Bauwerk. Als typisch pisanisch fallen die geschickt verarbeiteten, verschiedenfarbigen Steinplatten auf. Sie variieren in der Größe und bestehen aus hell- bis dunkelgrauem Marmor mit Schattierungen von Grün bis Ocker und unterstreichen damit die Eleganz des Bauwerks.

Zahlreiche nur schießschartengroße Fenster gliedern die sonst schmucklosen Seitenfassaden, während Blendarkaden über hohen Pilastern die halbrunde Apsis vor dem flachen Chorhaupt zieren. Auch die Westfassade zeigt sparsamen Dekor. Ein halbkreisförmiger Fries mit Tierdarstellungen über zwei zierlichen Pilastern bildet den oberen Abschluß des Portals, das zudem noch stilisiertes Blattwerk schmückt.

Inmitten von Wiesen und Orangenpflanzungen erhebt sich nur 300 m weiter südwestlich ein noch etwa 100 Jahre älteres Beispiel pisanischer Baukunst: die **Kirche San Parteo** 3. Selbst die Restaurierungsversuche französischer Architekten konnten die Kirche nicht um ihren Charme bringen. Besonders sehenswert ist der Reliefschmuck an Portal und südlicher Seitenfassade.

Beide Kirchen stehen auf dem Gelände der römischen Siedlung **Mariana,** die hier im ersten vorchristlichen Jahrhundert gegründet wurde und noch den Genuesen zeitweise als korsischer Hauptstützpunkt diente. Schon im 4. Jh. entstand als Vorläufer der Canonica eine

Etang de Biguglia

frühchristliche Basilika, die jedoch Langobarden und Vandalen im 5. Jh. zerstörten. Archäologen haben unter den Fundamenten des Bischofspalastes an der Südseite der Canonica auch gut erhaltene Mosaiken des Baptisteriums dieser frühen Basilika freigelegt. Leider sind diese Zeugnisse spätrömischen Reichtums in einem bedauernswerten Zustand und verdienten es, besser präsentiert zu werden.

Einen guten Überblick über die Gegend kann man sich verschaffen, wenn man zurück zur Nationalstraße und in Richtung Bastia fährt, dann jedoch links nach **Borgo** 4 abbiegt. Dieser 320 m ü. d. M. liegende Ort ist korsischen Patrioten stets einen historischen Rückblick wert: Im Dezember 1738 wurden hier französische Truppen, die auf Ersuchen Genuas gekommen waren, von der korsischen Nationalgarde vernichtend geschlagen. Die Schlacht ist unter dem Namen ›Korsische Vesper‹ bekannt. 1768 zögerte Paoli die Abhängigkeit Korsikas von Frankreich mit einem Sieg an gleicher Stelle noch einmal um ein Jahr hinaus. Obwohl die Stellung der Franzosen – sie hatten sich in Borgo verschanzt – strategisch günstig war, konnten sie den Ort gegen die Truppen Paolis und der auf seiner Seite kämpfenden Ortsbevölkerung nicht halten.

Ähnlich erging es später den Deutschen am Col de Teghime (s. S. 46); ein deutscher Soldatenfriedhof in **Montesoro** 5 erinnert an die verlustreiche Schlacht. Kurz vor Bastia, im Vorort Montesoro, zweigt die D 254 nach links ab und trifft auf die Paßstraße D 81. Auf dem 536 m hohen **Col de Teghime** 6 erinnert noch eine der Panzerabwehrkanonen an diese letzte Schlacht des Zweiten Weltkrieges auf Korsika. Gedenktafeln erinnern an die gefallenen Alliierten und korsischen Widerstandskämpfer. Was den Punkt einst strategisch auszeichnete, macht jetzt seine touristische Attraktivität aus: Man hat von hier einen herrlichen Rundblick zur einen Seite auf Bastia, den Etang de Biguglia und – bei gutem Wetter – auf die Casinca sowie die Inseln Elba und Capraia, zur anderen Seite auf den Golf von Saint-Florent, Patrimonio und die westliche Cap-Küste.

Hier stand, glaubt man Ferdinand Gregorovius, einst ein junger französi-

Richtig Reisen
Thema

Der Reeder Lota
Ein korsischer Unternehmer

Für seine umtriebigen Unternehmer ist Korsika nicht gerade bekannt – ganz im Gegenteil: Man sagt den Korsen nach, daß sie eher in der staatlichen Verwaltung, beim Militär oder in der Justiz Karriere machen. Nun bietet eine Insel auch nur eingeschränkte Möglichkeiten für die Entfaltung unternehmerischer Qualitäten, so daß korsischer Unternehmergeist vor allem auf dem Festland oder im Ausland blüht.

Aus der Insellage das Beste gemacht hat eine der herausragenden Unternehmerpersönlichkeiten Korsikas: der Reeder Pascal Lota aus Bastia. 1968 nahm sein erstes Schiff, die ›Corsica Express‹, den Liniendienst zwischen Genua und Bastia auf, seither ist das Unternehmen in stetem Wachstum begriffen. Lange schon ist es die größte korsische Privatreederei, nur die staatliche französische SNCM befördert mehr Passagiere. Die Reederei ging aus dem Stauerbetrieb hervor, der bis heute für den gesamten Hafenumschlag in Bastia sorgt.

Subventionen machen den staatlich gelenkten Fährbetrieb »behäbig und ideenlos«, meint Pascal Lota. Als er 1968 begann, zwang die damalige Monopolstellung der staatlichen Fährlinie den Jungreeder, seine Heimatinsel mit dem italienischen Festland zu verbinden, denn ›Corsica-Ferries‹ durfte französische Häfen nicht anlaufen. Dieser Umstand erwies sich als besonders glücklich, begannen doch zur gleichen Zeit Deutsche und Italiener Korsika als Urlaubsinsel zu entdecken. Genua bot sich als Fährhafen eher an als französische Häfen, heute nimmt ›Corsica-Ferries‹ von Livorno und Savona aus Kurs auf die Insel.

Bereits ab Mitte der 70er Jahre wurde der Fährbetrieb nach Sardinien aufgenommen, 1992 auch nach Elba. Die ›Tourship Group‹, wie sich die Reederei heute nennt, hat inzwischen zehn Schiffe, die den Anspruch erheben, mehr als nur schlichte Transportmittel zu sein. »Die Leute wollen erstens nied-

scher Korporal namens Jean-Baptiste Bernadotte (1763–1844), als er den Ausbau der strategisch wichtigen Straße überwachte. Er sollte der Ahnherr des noch heute regierenden schwedischen Königshauses werden. Fast wäre sogar eine korsische Bauerstochter aus Cardo an seiner Seite schwedische Königin geworden, doch ihrem Vater war der französische Soldat als Schwiegersohn damals nicht fein genug. So heiratete Bernadotte statt dessen Desirée Clary, die Ex-Verlobte von Napoleon Bonaparte und Schwester Joseph Bonapartes, deren Leben Romanliebhabern bestens bekannt sein dürfte.

Einen noch besseren Überblick gewinnt man, wenn man die schmale Stichstraße D 338 zur 960 m hohen **Serra di Pigno** 7 hinauffährt. Allerdings sind auch die Brandschäden der letzten Jahre unübersehbar: Das Feuer hat den

rige Preise, zweitens wollen sie Komfort und Sicherheit«, weiß Pascal Lota. Die Flaggschiffe der Flotte, ›Corsica Victoria‹ und ›Sardinia Regina‹, erreichen sogar Kreuzfahrtniveau und werden neben dem Liniendienst in Exklusiv- und Teilcharter auch entsprechend genutzt.

Doch auch bei dem letzten Trend in der Fährschiffahrt hat die Reederei die Nase vorn: Allein vier der zehn Schiffe sind modernste Hochgeschwindigkeitsfähren, mit denen sich die Fahrtzeit zu den Inseln halbiert. Zwar startet man mit diesen Schiffen jetzt auch vom französischen Nizza, doch bei der Finanzierung der korsischen Flotte üben französische Banken und der Staat weiterhin Zurückhaltung. Reeder Lota setzt daher auf allmähliches und nicht-subventioniertes Wachstum nach dem Motto: »Jedes Schiff muß das Geld für das nächste verdienen.« Zwei weitere Hochgeschwindigkeitsfähren werden gerade gebaut und 2001 in Dienst gestellt.

ganzen Berghang bis nach Bastia kahlgebrannt. Wie die Gegend vorher ausgesehen haben mag, läßt sich bei einer Rundfahrt auf der Höhenstraße (D 64 und D 31) um Bastia herum feststellen. Die äußerst schmale Corniche zweigt auf halber Strecke nach Bastia hinter **Suerta** links von der D 81 ab. Sie führt durch eine tiefgrüne, fast verwunschen wirkende Berglandschaft, deren üppige Vegetation die Nähe zu Bastia fast vergessen läßt, über Cardo in das traumhaft gelegene **San-Martino-di-Lota** 8 (S. 297). Der Blick reicht vom stillen Ort mit seinen verwinkelten Dorfgassen über grüne Macchia- und Waldlandschaft bis hinunter zum Meer. Wer hier Quartier nimmt, macht Urlaub in einem typisch korsischen Dorf und ist in wenigen Minuten im quirligen Bastia. Dorthin geht es zunächst steil und kurvig bergab nach **Miomo** 9 (S. 290). Der Ort

Der genuesische Wachturm in Miomo

verfügt über einen Kieselstrand und einen für das Cap Corse so typischen genuesischen Wachturm. Bis nach Bastia säumen nun recht exklusive Wohnanlagen und Villen die Küste. Erst kurz vor dem Neuen Hafen von Bastia stößt man wieder auf Gewerbebauten und Mietskasernen.

Durch das Nebbio und in die Agriates

Ausgangsort Saint-Florent, Rundfahrt ca. 70 km; mit Abstecher in die Agriates bis zum Peraiola-Strand, nach Lama und zurück nach Saint-Florent, nochmals ca. 70 km, Karte S. 116/117

Das 1350 Einwohner zählende Städtchen **Saint-Florent** 10 (S. 297) liegt am gleichnamigen Golf und ist eine der touristischen Hochburgen Korsikas und die Hauptstadt des Nebbio (korsisch *Nebbiu*). Das lateinische *Nebula* schwingt in dem Namen dieser Region mit und verweist auf ein mildes und feuchtes Klima. Das Nebbio ist ein altes fruchtbares Kulturland, das wie ein Amphitheater den Golf von Saint-Florent umschließt. Das Schwemmland des Aliso umzieht ein ansteigender Halbkreis von ebenso fruchtbaren wie alten Terrassenflächen, auf denen bis heute Wein, Oliven und Obst angebaut werden. Die muschelartig geformten Talbecken und Terrassen trugen so reiche Ernten, daß die Korsen das Nebbio auch *Conca d'Oru* (Goldmuschel) nannten. Im Zeichen des Fremdenverkehrs hat sich das Nebbio, zumindest jedoch Saint-Florent und seine engere Umgebung, diesen Namen erneut verdient.

Der Aufstieg zum Ferienzentrum begann so recht erst in den 60er Jahren, bis dahin war Saint-Florent ein verschlafener Küstenort mit Vergangenheit. Die Zitadelle aus dem 15. Jh., nicht so mächtig und gut erhalten wie die Befestigungen anderer genuesischer Stadtgründungen auf der Insel, verleiht dem Ort

Saint-Florent: quirliges Ferienzentrum und beschaulicher Küstenort zugleich

Pfarrkirche in Patrimonio

dennoch seinen besonderen Charakter. Schon für das Neolithikum sind Spuren menschlicher Behausungen nachgewiesen. Aus dem römischen Handelsplatz Nebium entwickelte sich ab dem 4. Jh. v. Chr. der Bischofssitz Nebbio als Hauptstadt der gleichnamigen Region. Sarazenen machten sie im 13. Jh. dem Erdboden gleich. Die 1440 gegründete genuesische Siedlung blieb bis ins 18. Jh. Bischofssitz und Sitz des genuesischen Gouverneurs.

Von der Zerstörung durch die Sarazenen blieb nur die **Kirche Santa Maria Assunta** verschont. Die ehemalige Kathedrale der Diözese Nebbio *(Ancienne Cathédrale de Nebbio)* gehört neben der etwas älteren Canonica (s. S. 116 ff.) zu den eindrucksvollsten Beispielen pisanischer Romanik auf der Insel und wurde vermutlich im Jahre 1140 fertiggestellt. Die schlichte dreischiffige Basilika aus exakt behauenem Mauerwerk strahlt Harmonie und Ruhe aus. Der feinkörnige Kalkmarmor ist mit einigem Skulpturenschmuck versehen. Vor allem der Westgiebel mit seinen zwei übereinandergestellten Reihen von Pilastern, die über skulptierte Kapitelle mit Blendarkaden verbunden sind, verdient Beachtung. Im Innern der Kirche steht in der Apsis eine Holzfigur des hl. Florus; dieser römische Märtyrer aus dem 3. Jh. ist der Schutzpatron von Saint-Florent.

Die D 81 führt östlich von Saint-Florent nach **Patrimonio** 11 (S. 291). Die Häuser des Weindorfes liegen verstreut an einem Hügel und werden von der mächtigen, alleinstehenden Pfarrkirche überragt. Auf dem Weg zur Kirche, neben einer schönen alten *Auberge*, findet sich in einem kleinen Park neben dem örtlichen Kriegerdenkmal auch eine große Menhirstatue. Erst 1964 fand man diesen Krieger aus einem 2,29 m hohen Stück Kalkstein. Er stammt aus dem 1. Jt. v. Chr. und zeigt ausgeprägte Gesichtszüge und Ohren, auch Brustbein und Taille sind andeutungsweise vorhanden.

Hinter Patrimonio führt die D 81 steil bergauf in Richtung Bastia zum Col de Teghime. Kurz vor der Paßhöhe zweigt rechts die D 38 zum Dorf **Oletta** 12 (S. 291) mit seinem Ortsteil Poggio-d'Oletta (Anhöhe von Oletta) ab. Die Straße entpuppt sich als eine 9 km lange Panoramastrecke mit Ausblicken über das gesamte Nebbio und die Agriates. Weinreben sind allgegenwärtig, denn die ganze Region gehört noch zum Anbaugebiet Patrimonio. Yves Leccia in Poggio-d'Oletta zählt zu den hervorragendsten Winzern auf ganz Korsika. Beide Ortsteile wachsen einen Hügel hinauf und wirken durch die sehr hohen und gepflegten Häuser in warmen Farbtönen besonders beeindruckend.

Südlich von Oletta ist die Landschaft immer noch recht grün und stellenweise auch bewaldet, doch oft ragen auch ver-

Richtig Reisen *Tip*

Weinprobe im Patrimonio

Bereits am östlichen Stadtrand von Saint-Florent machen an der D 81 nach Patrimonio einige Winzer auf sich aufmerksam, darunter etwa die ›Domaine Gentile‹, deren Weine seit Jahren zu den gefragtesten der Insel zählen. Die Weingärten dieser Winzer sind schon Teil des Patrimonio, des renommiertesten Weinanbaugebiets Korsikas. Es schließt noch die Gemeinden Farinole im Norden (dort hat die ›Domaine de Catarelli‹ einen ausgezeichneten Ruf), Barbaggio im Osten, Oletta im Süden, ja sogar die Rebflächen in den Agriates ein. Zentrum des Weinbaus ist der Ort Patrimonio, der der gesamten Region seinen Namen gab und ganz im Zeichen des Rebsaftes steht.

Zahlreiche Winzer laden im Ort zur Weinprobe und zum Kauf der Qualitätsweine ein. Zu den anerkannt besten korsischen Produzenten gehören ›Domaine Arena‹, ›Clos Bernhardi‹, ›Clos Marfisi‹ und ›Cave Orenga de Gaffory‹. Entdeckernaturen können selbstverständlich auch bei einem der anderen Winzer ihren Lieblingstropfen finden.

Oletta im Nebbio

brannte Baumstümpfe aus dem niedrigen Bewuchs. In großen Teilen des Nebbio sind Brandspuren sichtbar. Der Verlust, den die Brände immer wieder verursachen, wird im Gegensatz zu den unversehrten Flächen besonders deutlich. Auch in der näheren Umgebung von **Murato** 13 (S. 290) zeichnen Brandschäden die Landschaft. Die **Kirche San-Michele-di-Murato,** 2 km südwestlich von Murato, steht auf einer weiten Grasweide und blieb vielleicht aus diesem Grunde von den Bränden der Umgebung verschont.

San-Michele-di-Murato ist die originellste und schönste Kirche Korsikas. Sie wurde 1280 vollendet und ist das besterhaltene Beispiel der späten pisanischen Romanik. Durch seine Lage auf der grünen, aber kargen Hochfläche kommt das kleine Gotteshaus besonders gut zur Geltung. Es besitzt einen auf zwei kräftigen Säulen ruhenden, der Westfassade vorgebauten Glockenturm, der gleichzeitig eine kleine Vorhalle vor dem Eingang bildet. Unterschiedliche Grautöne und abwechselnd blaugrüne und gelbweiße Steine (Serpentin und Kalkstein), teilweise in parallel geführten Bändern, rufen eine überwältigend polychrome Wirkung hervor. Die Ornamente, mit denen die wenigen schießschartenähnlichen Fenster umrahmt werden, sowie die Figuren, auf denen die Blendarkaden ruhen, sind ungewöhnlich vielfältig und phantasievoll gestaltet. Ihre Symbolik kann nur in Einzelfällen, z. B. bei der Versuchung Evas durch die Schlange über dem östlichen Fenster der Nordfassade, zweifelsfrei entschlüsselt werden. Der Gesamteindruck der Kirche, hervorgerufen durch Architektur, Farbgebung und Lage, ist überwältigend: San-Michele-di-Murato ist völlig anders als die übrigen Kirchen Korsikas.

In Sichtweite der Kirche zweigt die Straße nach San-Pietro-di-Tenda ab. Sie

San-Michele-di-Murato

führt über das 7 km entfernte **Pieve** 14, wo direkt neben der Kirche mit ihrem auffälligen Turm aus grünem Schiefer zwei Menhirstatuen auf die frühe Besiedlung der Region hinweisen. Hinter dem Ort wird die Landschaft üppiger; Oliven- und Korkeichenhaine, Acker- und Rebflächen sowie Weiden bestimmen das Bild. Man versteht, warum das Nebbio auch der ›Vorgarten Bastias‹ genannt wird. Die mächtige barocke Doppelkirche von **San-Pietro-di-Tenda** 15 zeugt vom einstigen Wohlstand der Region. Kunsthistorisch interessanter ist jedoch die romanische **Kirche San Pietro,** obwohl der Bau aus dem 13. Jh. zunächst unter dem Verfall und später unter der Renovierung gelitten hat. Dennoch ist die Kirche einen Besuch wert, wobei die dekorativen Elemente an ihrer Außenseite beachtenswert sind.

Der schmale Fahrweg (D 62) schlängelt sich durch die Einsamkeit, bis er die D 81 erreicht. Nur 5 km weiter östlich liegt Saint-Florent, im Westen erstreckt sich die fast menschenleere Landschaft des **Désert des Agriates.** Wie in der Balagne Déserte täuscht auch hier der Name: Er bezeichnet keine Wüste, sondern ein von Menschen weitgehend verlassenes Agrarland, in dem sich eine zähe Macchia- und Garrigue-Flora hält. Sie duftet hier durch den hohen Anteil von Kräutern wie Rosmarin, Thymian, Lavendel, Salbei und Bergminze geradezu betäubend. Stellenweise wird in der Region, die jüngst unter Landschaftsschutz gestellt wurde, sogar wieder Weinanbau betrieben.

Völlig unbesiedelt ist der Désert des Agriates nicht, der auch touristisch genutzt wird. Von **Casta** 16 (S. 284) aus, das zur Kommune San-Pietro-di-Tenda gehört, führt ein leidlich befahrbarer Weg zu einem Campingplatz am **Strand von Saleccia.** Viele der Stichwege zum Meer

Blühende Macchia

eignen sich für lange Wanderungen oder Mountainbike-Touren durch die Agriates. Sogar Etappenquartiere sollen in den kleinen Hütten der Schäfer entstehen, deren Herden im Winter hier immer noch weiden. Die Agriates kann man auch über den Seeweg ansteuern; ihn wählten einst auch die Bewohner des Cap Corse, die hier ihre Getreideäcker hatten. Im Sommer starten von Saint-Florent Ausflugsboote zu einigen Stränden.

Durch die Agriates führt nur eine einzige Straße, eben jene D 81. Sie stellt für Saint-Florent die nächste Verbindung mit der Balagne dar und erreicht das Meer an der Mündung des Flüßchens **Ostriconi,** das die Agriates im Westen begrenzt. Der lange Zeit wenig frequentierte **Peraiola-Strand** 17 markiert die Grenze zwischen Agriates und Balagne. Meer und Fluß spülen hier den Sand für den wildromantischen Strand an. Das schilfreiche Flußdelta reicht fast bis an die Küste.

Die Bucht von Peraiola ▷

Ferien im ›ausgezeichneten‹ Lama

Schon seit gut 100 Jahren leidet das Bergdorf **Lama** 18 (S. 289), wie eine Festung 450 m hoch über dem Tal des Ostriconi gelegen, unter der Landflucht. Ein Brand, der 1970 die Olivenplantagen heimsuchte, gab dem Dorf den Rest. Nicht einmal mehr 100 Menschen leben heute in Lama, darunter viele Rentner und etliche Pendler, die ihr Geld in der Stadt, z. B. in L'Ile-Rousse, Calvi oder Bastia, verdienen. Immerhin, einen Schäfer hat man vorzuweisen, eine Gaststätte und einen Lebensmittelladen sowie das Office de Tourisme d'Alti Ostriconi. Hier befindet sich auch die Buchungszentrale für mehr als 50 komfortabel eingerichtete Ferienwohnungen in Neubauten oder renovierten alten Dorfhäusern.

Initiator des Projekts war vor Jahren Bürgermeister Simon Baccelli. Unter dem Stichwort ›*Revitalisation*‹ warb er um Unterstützung, um eine weitere Entvölkerung des Ortes mit Hilfe des Fremdenverkehrs zu stoppen und neues Leben in den Ort zu bringen. ›Integrierter Tourismus‹ und ›Symbiose statt Nepp‹ waren das Motto. Überzeugt zeigte sich auch die Jury des ›Grand Prix National de l'Innovation Touristique‹, die dem Projekt bereits 1989 den ersten Preis verlieh.

Einige der Hoffnungen in Lama sind nicht erfüllt worden. Vor allem die Teilhabe der Urlauber an der Dorfkultur, erklärtes Ziel des ›integrierten Tourismus‹ (s. S. 55 f.), scheiterte nicht zuletzt an der Konsumhaltung der Besucher, die auch durch einen großen deutschen Reiseveranstalter hierher vermittelt werden. Doch konnte der Verfall der Gemeinde aufgehalten werden, und zahlreiche Bewohner haben sich zumindest ein Nebeneinkommen gesichert. Urlauber, die nicht nur den eigens für sie gebauten Tennisplatz oder das Schwimmbad des Ortes nutzen, sondern auch ihre korsischen Gastgeber kennenlernen wollen, haben dazu reichlich Gelegenheit. Wer gar hinter meterdicken Mauern eines der renovierten Dorfhäuser wohnt und den Kontakt zu seinen Nachbarn nicht scheut, wird zumindest zum Dorfbewohner auf Zeit und kommt bestimmt wieder.

Cap Corse – Verlassenes Land

Wie ein ausgestreckter Zeigefinger aus der korsischen Faust ragt das Cap Corse ins Meer und ist für viele Urlauber, die mit der Fähre anreisen, der erste Blickkontakt mit Korsika. Für die meisten bleibt es bei dieser flüchtigen Begegnung, der Hauptteil der Urlauber verbringt seine Ferien in touristisch erschlosseneren Regionen der Insel. Dabei ist das Cap fast noch ein Geheimtip und einen längeren Aufenthalt, mindestens aber einen Ausflug wert. Vor allem unter Radfahrern scheint es sich herumgesprochen zu haben, wie reizvoll eine Tour um das ›Cap der Türme‹ sein kann, die auf der Küstenstraße zwei bis drei Tage beansprucht. Die Strecke ist zwar, besonders entlang der Westküste, nicht flach, verlangt aber Radlern lange nicht soviel Kondition ab wie andere Routen im gebirgigen Korsika.

Das Cap Corse gehört heute zu den Regionen Korsikas, in denen eine massive Entvölkerung zu verzeichnen ist. Ganze Dörfer, die einladend an Hängen oder auf Hügeln liegen, erweisen sich beim Näherkommen als weitgehend verlassen, mitunter als reine Geisterorte. Die Reblaus befiel im 19. Jh. – wie im übrigen Europa – auch die hiesigen Weinreben, von deren Ertrag ihre Bewohner zuvor nicht schlecht gelebt hatten. Die Fischerei allein konnte den Absturz dieser Wirtschaftsregion nicht aufhalten. Der Weinbau am Cap Corse reicht nun qualitativ wieder an die vergangene Größe heran, als Wirtschaftsfaktor, der Arbeitsplätze schafft, spielt er indes immer noch eine geringe Rolle.

Da es an Industrie und sogar an Touristen mangelt, ist auch die Infrastruktur nur dürftig ausgebaut: Es gibt so wenige

Einer der typischen genuesischen Wachtürme am Cap Corse

N
0
5 km
Capo Grosso
Punta di Agnello
10
Barcaggio
Granaggiolo
Acqua Tignese
Santa-Maria-
della-Chiapella
13
Iles Finocchiarola
(Réserve Naturelle)
14
D135
9
Belvédère du Moulin Mattei
Ersa
Centuri-Port
7
Macinaggio
12
Centuri
Camera
Château de
Bellavista
8
Rogliano
11
Tomino
Pruno
Meria
D35
6
D80
Golfe d'Aliso
Ancien Couvent
Saint-François
Col de
Sainte-Lucie
381 m
Alessandro
D180
Pino
Tour de Sénèque
5
4
D532
Luri
D180
Santa Severa
Marine de Luri
Cagnano
Marine de Porticciolo
Tour de Losse
15
Marine de Giottani
Cap Corse
D33
Pietracorbara
Canari
3
Marine de Pietracorbara
Cima di e Folicce
1305 m
Saint-Michel
16
Sisco
Marine de Sisco
Guado Grande
Marine d'Albo
D80
Monte Stello
1307 m
2
Nonza
Pierrago
Erbalunga
17
Brando
Lavasina
18
D80
Miomo
San-Martino-
di-Lota
Marine de Farinole
Farinole
1
Pietranera
Marseille, Nice
Toulon
Genova, Livorno
La Spezia, Piombino
Golfe de
Saint-Florent
Ville-di-
Pietrabugno
Fiume Albine
Col de
San Bernadino
Patrimonio
Serra di Pigno
960 m
Monserrato
Bastia
Saint-Florent
536 m
Col de Teghime
Bonifacio,

Tankstellen, daß Auto- und Motorradfahrer vor einer Cap-Tour auf einen vollen Tank achten sollten. Vor allem aber sollte man genügend Geld mitführen, denn Banken fehlen gänzlich.

Die steile Westküste

Ausgangsort Saint-Florent, Rundfahrt 133 km; Strecke Saint-Florent bis Bastia 110 km, Karte S. 132

Wer von Saint-Florent im Uhrzeigersinn fährt, hat immer einige Meter Platz zwischen sich und der vor allem im buchtenreichen Westen steil abfallenden Küste. Bereits hinter **Marine de Farinole** 1, dem Hafen des landeinwärts gelegenen Farinole (beides Ortsteile von Patrimonio), zeigt sich die Westküste von ihrer schroffsten Seite und eröffnet erstmals einen der atemberaubenden Ausblicke auf den Golf von Saint-Florent und die Küstenlinie des Désert des Agriates.

Auch den ersten der zahlreichen Türme aus den verschiedensten Epochen findet man hier, die, rund oder eckig, ein auffälliges architektonisches Merkmal der Halbinsel darstellen. Einige geräumige Wehr- oder Schutztürme vornehmer Cap-Korsen wurden in der jüngsten Vergangenheit renoviert und als Wohnhäuser eingerichtet. Der **Turm bei Farinole** gehört zu den mehr oder weniger zerstörten Wachtürmen aus der Zeit der genuesischen Herrschaft, die das Cap ungewöhnlich dicht säumen. Sie verraten schon durch ihre bescheidenen Dimensionen, daß sie nur als Ausguck aufs Meer gebraucht wurden, um Seeräuber frühzeitig ausmachen und melden zu können.

Zwingburgen gegen aufsässige Korsen wurden am Cap kaum benötigt, denn die Bewohner galten stets als genuafreundlich und ganz ›unkorsisch‹ friedlich. Sie waren Bauern und gleichzeitig Seeleute, weil ihre Felder in den Agriates nur per Schiff erreichbar waren und sie ihre im ganzen Mittelmeerraum begehrten Produkte – neben Wein auch Olivenöl, Holz, Holzkohle und Fisch – ohne Zwischenhändler eigenhändig verschiffen und vermarkten wollten.

Kurz hinter dem nächsten Turm und einer überwachsenen Klosterruine, die tief unterhalb der Straße direkt über dem Meer liegt, erwartet **Nonza** 2 (S. 291) die Rundreisenden. Dieser erste Höhepunkt der Cap-Rundfahrt fasziniert durch seine spektakuläre Lage auf einer 200 m steil zum Meer abfallenden Felsformation. Helle schiefergedeckte Häuser drängen sich um die **Kirche Sainte-Julie** aus dem 17. Jh. und den kleinen gemütlichen Dorfplatz.

An der höchsten Stelle des Ortes, direkt über dem Meer, thront ein eckiger **Wach- und Wehrturm**. Mit ihm verbindet sich eine den Korsen besonders liebe Anekdote: Ein gewisser Hauptmann Casella aus der paolinischen Miliz habe ihn, heißt es, 1768 allein gegen 1200 angreifende Franzosen verteidigt – ununterbrochen aus den Gewehren schießend, die seine zuvor getürmten Mitstreiter zurückgelassen hatten. Er ergab sich erst, als ihm freier Abzug der gesamten Besatzung zugesichert wurde. Als der alte Hauptmann daraufhin den Turm verließ und den Franzosen klar wurde, daß sie es mit nur einem Verteidiger zu tun hatten, lief Casella Gefahr, von den gedemütigten Angreifern gelyncht zu werden. General Grandmaison jedoch, auch er ein Mann von Ehre, wußte dies schließlich zu verhindern.

Architektur am Fels: Nonza, überragt von seinem pisanischen Turm

Eine andere Legende rankt sich um die Person der hl. Julia (Sainte-Julie), die angeblich in Nonza geboren ist und auf Korsika besonders verehrt wird. Ihre Geschichte, wenn auch unterschiedlich erzählt, beleuchtet in jeder Version den Schrecken, den die Vandalen im 5. Jh. verbreitet haben müssen. Die hl. Julia soll mit Glaubensbrüdern nach Karthago geflüchtet sein. 439 nahmen die Vandalen die Stadt ein und verkauften ihre Einwohnerschaft in die Sklaverei. Die Heilige fiel unduldsamen Heiden in die Hände und mußte sterben, weil sie ihrem Glauben nicht abschwören wollte. Die Legende will, daß Nonza auch Schauplatz ihres Martyriums war.

Legenden haben auf Korsika ein zähes Leben – besonders dann, wenn sie mit Leiden und Tod verbunden sind. Eine naiv-volkstümliche Darstellung der gekreuzigten Heiligen hängt über dem gewaltigen barocken Altaraufsatz aus weißem Marmor in der Kirche Sainte-Julie. Und eine wundertätige, nie versiegende Quelle sprudelt zweistrahlig am Kletterpfad zum Strand hervor – dort, wo man die Brüste der Märtyrerin hingeworfen haben soll. Alljährlich am 22. Mai gedenken Gläubige der Heiligen in großer Zahl bei einer Prozession in Nonza.

Einige Touristen meiden den 1 km langen, dunklen Kieselstrand von Nonza und den des nächsten Ortes **Marine d'Albo**. Beide Strände sind zu einem guten Teil mit Abraum aus dem Asbesttagebau angefüllt, der bis in die 60er Jahre für Arbeitsplätze in dieser Gegend sorgte. Heute signalisieren die Ruinen der Bergwerksgebäude den Niedergang dieses Wirtschaftszweiges, der wegen Unwirtschaftlichkeit eingestellt wurde. Da lediglich Asbeststaub die Gesundheit beeinträchtigen soll, gilt das an den Stränden lagernde Asbestgestein als unbedenklich für die Gesundheit der Badegäste. Wer dennoch mißtrauisch ist, findet nur wenig weiter nördlich in der Bucht von **Marine de Giottani** adäquaten Strandersatz.

Als Alternative zur Küstenstraße empfiehlt sich die Corniche (Höhenstraße D 33), die eine schmale Spur durch das satte Grün des Berglandes zieht und prächtige Ausblicke zuläßt. Sie führt zunächst nach **Canari** 3 (S. 284), das zwischen Olivenhainen in den Bergen liegt und unverdienterweise oft übersehen wird. Vor dem Hotel ›Au Bon Clocher‹ sitzen die freundlichen Fischer und flicken hoch über dem Meer ihre Netze. Sie schauen dabei auf den Dorfplatz mit dem ehemaligen Leuchtturm, der heute nur noch die Stunden schlägt. Diese Aufgabe erfüllt er jedoch mit besonderem Nachdruck: Die Glocke ertönt immer gleich zweimal hintereinander.

Gleich hinter dem Hotel glänzt die pisanisch-romanische **Kirche Santa Maria Assunta** (12. Jh.) schiefergrün wie das Gestein der Umgebung in der Sonne. Ein Fries kleiner Bögen, die jeweils in geometrischen Ornamenten münden, säumt den Giebel der Kirche. In der

Ein Leuchtturm, der die Stunden schlägt

Mitte einiger Bögen finden sich eigentümliche Tier- und Menschenköpfe. Prächtiger, aber nicht unbedingt bedeutender, ist die barocke **Klosterkirche Saint-François**. Sie beherbergt ein Bildnis des hl. Michael aus dem 15. Jh. und eine Grabplatte (16. Jh.) aus weißem Marmor, auf der Vittoria de Gentile und ihr Kind dargestellt sind. Die genuatreuen Familien De Gentile und Da Mare beherrschten über Jahrhunderte hinweg die Halbinsel. Sie spielten hier eine ähnliche Rolle, wie ihre Standesgenossen ›jenseits der Berge‹ (s. S. 28).

Die Höhenstraße verläuft weiter parallel zur eigentlichen Küstenroute bis nach Pino, von wo aus eine Straße über Luri an die Ostküste führt (16 km). Auf dieser Route ist ein Abstecher zum **Seneca-Turm** (Tour de Sénèque) 4 beliebt, der malerisch auf einem 564 m hohen Berggipfel thront und nur über einen steilen Fußweg in einer dreiviertel

Stunde zu erreichen ist. Die Mühe wird mit einer glänzenden Aussicht belohnt. Von 43–49 n. Chr. verbrachte der römische Philosoph Seneca auf Korsika einige kummervolle Jahre in der Verbannung fern des zivilisierten Rom, vermutlich in Aléria oder Mariana. Die Legende verbannt ihn hingegen auf diesen Turm. Der spätere Lehrer Kaiser Neros war zwar ein bedeutender Stoiker und als solcher zur Gleichmut verpflichtet, aber an und auf Korsika hat er so gelitten, daß er nur wenig über die Insel und ihre Bewohner schrieb.

Wenig südlich unterhalb des freundlichen Ortes **Pino** 5 lohnt ein Besuch der kleinen Marina des Dorfes mit einem Kieselstrand, dem obligaten Turm und dem ehemaligen **Kloster Saint-François.** Heller Sandstrand verlockt Badegäste gleich in der nächsten Bucht, am **Golfe d'Aliso** 6, zu einem Aufenthalt.

Ganz in der Nähe gibt es auch Quartiere für Urlauber, denn im 15 km weiter nördlich gelegenen **Centuri-Port** 7 (S. 284) hat der Tourismus mit Campingplatz und Hotels wirklich Fuß gefaßt. Wo sich bereits eine römische Siedlung befand, unterhielten die Genuesen im 13. Jh. einen Stützpunkt und richtete Paoli einen Kriegshafen ein. Heute ist der Ort im Kern ein idyllischer kleiner Fischereihafen, denn die Gewässer der Umgebung weisen einen ungewöhnlichen Reichtum an Fischen und Krustentieren auf. Urlauber schätzen an Centuri-Port vor allem, daß man hier Wassersport in allen Varianten betreiben kann. Jedes zweite Haus am Hafen, so scheint es, beherbergt ein Restaurant, und der Ortskern wird von modernen Reihenhäusern und Bungalows gesäumt.

Centuri-Port ist einer von mehreren Weilern *(hameaux)* der Gemeinde Centuri. Die anderen Ortsteile liegen stufenweise oberhalb des Hafens am Berg. Von alters her unterhalten betuchte Korsen ihre Sommerresidenzen in dieser

Centuri-Port

Die Windmühlen an der Spitze des Cap Corse

Gegend. In **Ortinola** steht das zinnenreiche und etwas kitschige **Château de Bellavista** 8. Der florentinische General Graf Leonetto Cipriani ließ sich das Schloß im 19. Jh. im mittelalterlichen Stil errichten. Die Aussicht hält, was der Name verspricht.

Auch die Familie Mattei unterhält hier eine Villa: Ihr berühmter Aperitif heißt schließlich ›Cap Corse‹! Dort, wo das Cap bald endet und die Straße nach Osten abbiegt, stehen auf zwei rosmarinbewachsenen Hügeln die Überreste dreier **Windmühlen** 9. Eine von ihnen diente einst der Firma Mattei als Werbefläche und wurde deshalb renoviert. Zwar bröckelt der Verputz längst wieder, aber immer noch hebt sich die Mühle von ihren grauen Schwestern auf dem Nachbarhügel ab, die nur noch für Hirten attraktiv sind, die dort ihr Vieh unterstellen.

An der Nordspitze der Halbinsel, nur auf einer Nebenstrecke von Ersa aus zu erreichen, liegt das Fischerdörfchen **Barcaggio** 10 (S. 278). Der einsame Strand ist nur im Hochsommer ein wenig belebt. Hier gibt es sogar ein kleines Hotel, das von Ende April bis Ende September geöffnet hat. Die Landschaft ist karg und felsig, nur von niedriger Macchia bewachsen. Überall stößt man auf Ruinen von Häusern, die schon im 19. Jh. oder früher verlassen wurden. Unübersehbar sind auch die Spuren alter Brände, die diese Gegend immer wieder heimsuchen.

Im Osten grüne Täler

Erst kurz vor **Rogliano** 11 (S. 296) wird die Landschaft wieder grüner. An den Hängen wachsen Kastanien und Steineichen, werden Olivenhaine und Rebflächen kultiviert. Rogliano besteht aus sieben Weilern, die alle terrassenförmig verteilt und übereinandergeschichtet

Historische Bergstadt: Rogliano

am Hang des Monte Poggio liegen. Auf dem Boden der ehemaligen römischen Siedlung Aurelianus lag die Burg, die der genuesische Admiral Ansaldo Da Mare 1198 erwarb und damit die Macht seiner Familie sowie die Freundschaft mit Genua begründete. Die Familie Da Mare beherrschte von Rogliano aus zwischen dem 12. und 16. Jh. weite Teile der Halbinsel. Die Ruine ihrer **Burg San Colombano** thront über der Gemeinde.

Auf gleicher Höhe erhebt sich das alte **Kloster Saint-François,** daneben ein zinnengesäumter **Viereckstturm.** Während das Kloster weiter zerfällt, ist der sehr gut erhaltene Turm sogar bewohnt, was man nicht von allen Häusern in Rogliano behaupten kann. Zwar zeugen Türme, Kirchen, mächtige Grabstätten der bedeutenden Familien, große Villen und Landhäuser noch von der einstigen Bedeutung dieser Gemeinde, doch stehen heute ganze Ortsteile nahezu leer. Neues Leben regt sich zumindest in der Feriensaison. Immer mehr Gebäude, so auch die schmucke **Tour Franceschi** im Ortsteil Bettolacce, sind renoviert und werden als Sommerhäuser genutzt.

Ein kleines Hotel steht nahe der **Kirche Saint-Agnel.** Bemerkenswert ist der Altar aus weißem Carrara-Marmor, den Auswanderer der Gemeinde stifteten. Die ›Wiedergeburt‹ Roglianos erstaunt nicht, gehören der Ort und seine grüne Umgebung doch zum Schönsten, was das Cap zu bieten hat. Weinliebhaber werden sich über die alte Winzertradition freuen, die die Erzeuger Gioielli und Nicrosi weiter pflegen. Ein begehrtes Produkt sind die vorzüglichen trockenen Weißweine aus der Vermentino-Traube, die im Handel rasch ausverkauft sind.

Mit **Macinaggio** 12 (S. 290) erreicht man wieder das Meer, diesmal die Ostküste der Halbinsel. *Chemin de l'Impératrice* heißt der 3 km lange Weg zwischen

Pfarrkirche Saint-Martin in Sisco

Rogliano und seinem Hafen, den die auf Korsika sehr beliebte Kaiserin Eugénie pflastern ließ, nachdem sie seine Beschwerlichkeit eigenfüßig kennengelernt hatte. Auf der Rückreise von der Einweihung des Suez-Kanals hatte sie hier mit ihrer Jacht im Dezember 1869 Zuflucht vor einem Wintersturm gesucht. Pasquale Paoli belagerte 1757–61 den Hafen und baute ihn als eigenen Flottenstützpunkt aus. Er eroberte 1767 von hier aus die Insel Capraia, womit die genuesische Herrschaft über Korsika definitiv zu Ende ging. Als Paoli 1790 aus dem englischen Exil ein letztes Mal nach Korsika zurückkam, landete er ebenfalls in Macinaggio – was freilich auch von anderen Orten behauptet wird, die sich um diese ›Ehre‹ streiten.

Noch heute ist Macinaggio der größte Hafen am Cap Corse, nur machen hier nunmehr keine Kriegsschiffe, sondern Segel- und Motorboote fest. Sie bringen so viel Leben in den Ort, daß einige Hotels ganzjährig ein Auskommen haben. Auch Badegäste kommen auf ihre Kosten, finden sie doch gleich neben dem Jachthafen einen ausgedehnten, sachte ins Meer abfallenden Sandstrand, der besonders für Kinder geeignet ist. Weitere einladende und einsamere Strände und Badebuchten sind in nördlicher Richtung zu Fuß erreichbar. Nach einer Stunde Fußweg stößt man gen Norden auf die romanische **Kapelle Santa-Maria-della-Chiappella** 13. Besondere Beachtung verdient die seltene Bauform der Doppelapsis dieser im 18. Jh. umgebauten Wallfahrtskapelle.

Ihr gegenüber liegt die Inselgruppe **Finocchiarola** 14, deren Wachturm seit 1569 vor Piraten warnen sollte und heute Fährschiffpassagiere und Segler auf dem Weg nach Bastia begrüßt. Seit 1987 stehen die fast nackten Inseln, ein Reptilienparadies mit einer endemischen Eidechsenart, unter Naturschutz und dürfen zwischen März und August überhaupt nicht betreten werden. Selbst die Schäfer, die die Inseln früher als Isolierstation für Böcke benutzten, haben ›Hausverbot‹ bekommen.

Die Ostküste fällt nicht mehr so steil und schroff ins Meer ab wie ihr Gegenüber im Westen. Auf der nun weniger kurvenreichen Küstenstraße brauchen Radfahrer große Höhenunterschiede nicht mehr zu fürchten. Richtige Ortschaften liegen kaum an der Strecke, nur deren Marinas (Häfen) säumen die Küste: Die Orte, zu denen sie gehören, liegen zumeist zurückgezogen und versteckt in den weitläufigen Seitentälern und waren so vor Überfällen durch Seeräuber geschützt. Bei Santa Severa erreicht die Querstraße von Pino über Luri die Ostküste, und kurz hinter der verträumten **Marine de Porticciolo,** dem Hafen der Kommune Cagnano, liegt der sehr gut erhaltene genuesische Wachturm, die **Tour de Losse** 15, direkt am Weg.

Für einen Abstecher ins Landesinnere empfiehlt sich die einstmals reiche Gemeinde **Cisco** 16 (S. 298). Sie besteht heute aus zehn z. T. verfallenen Weilern. Schon allein landschaftlich lohnt sich der Weg durch das dichte Grün der Macchia, die Waldreste überwuchert. Bis ins Mittelalter reicht die Tradition der Erzverarbeitung mit Waffen- und Kunstschmieden. Das Eisenerz bezog man vom nahen Elba, Holzkohle produzierte man selbst. Nur wenige Spuren zeugen von dieser wirtschaftlichen Blütezeit. Dazu gehört eine vergoldete Maske und ein Helm, Kopfreliquiar des hl. Johannes Chrysostomus (12./13. Jh.), das neben weiteren sakralen Gegenständen in der **Pfarrkirche Saint-Martin** aufbewahrt wird. Ein schönes Beispiel pisanisch-romanischer Baukunst stellt die **Kapelle Saint-Michel** aus dem Jahre 1030 dar. Sie liegt nördlich oberhalb der schlichten Kirche Saint-Martin auf einem Felsblock etwas versteckt in der Macchia und ist nur über einen Fußweg erreichbar.

Unter Künstlern und Touristen bekannter ist **Erbalunga** 17 (S. 286), einer der kleinsten Fischereihäfen Frankreichs. Schon von der Straße aus hat man einen herrlichen Blick auf den malerischen Ort mit seinem genuesischen Wachturm. Da der Ort an der dem Meer zugewandten Seite keinen Autoverkehr erlaubt, läßt es sich in Erbalunga um so trefflicher flanieren. Direkt am Hafen laden einige Bars und Restaurants zum Verweilen ein. Nicht selten bietet sich dabei die Gelegenheit, einen Maler bei der Arbeit zu beobachten.

Wer schon zu Ostern hier Urlaub macht, sollte sich die Prozessionen nicht entgehen lassen, die dem Zuschauer einen lebendigen Einblick in die leidenschaftliche Religiosität der Korsen erlauben. Die Feierlichkeiten beginnen bereits am Gründonnerstag, wenn Männer und Frauen, die Köpfe unter Tüchern und Kapuzen verhüllt, schwere Kreuze zum Kloster der Benediktinerinnen hoch über dem Ort schleppen. Am Karfreitag finden zwei weitere Prozessionen statt.

Ein weiteres Beispiel korsischer Frömmigkeit kann man am 8. September im nächsten Küstenort anläßlich der Wallfahrt zur Madonna von **Lavasina** 18 (S. 289) erleben, die auf einem Altargemälde des 16. Jh. in der **Wallfahrtskirche Notre-Dame-des-Grâces** dargestellt ist. Eine große, etwas kitschige Marienstatue überragt die Betonkuppel des Kirchturms. Da die Statue im Ruf der Wundertätigkeit steht, wallfahren alljährlich Gläubige aus ganz Korsika hierher.

Die Tour ums ›Cap der Türme‹ neigt sich nun ihrem Ende entgegen. Der direkte Weg nach Bastia führt an der Küste entlang über Miomo und Pietranera. Weitaus reizvoller ist der Umweg über **San-Martino-di-Lota** (s. S. 121), gewissermaßen ›durch die Hintertür‹ nach Bastia.

Künstler- und Fischerort Erbalunga

Korsen und Korsaren

Die Korsen waren zumeist Hirten und Bauern, keine Seeleute. Im Gegenteil: Sie haben in ihrer Geschichte die See zu fürchten gelernt, denn von dort kamen ihre Feinde. Wie Fluchtburgen wirken die korsischen Bergdörfer noch immer. Die Bewohner Bonifacios und die Menschen vom Cap Corse bilden die große Ausnahme unter den eingefleischten Landratten. Das Cap hat sich einst den Ruf erworben, der ›Basar des Mittelmeeres‹ zu sein, das Zentrum eines ausgedehnten Seehandels. Unter den Kapitänen vom Cap Corse befanden sich sicher auch Piraten, waren Handel und Seeräuberei doch über Jahrhunderte hinweg eng miteinander verbunden.

Mit den Korsen hat der Begriff ›Korsar‹, ›Corsar‹ oder ›Corsaire‹ dennoch nichts zu tun. Er bezeichnete vielmehr ein schnelles Segelschiff, mit dem die Araber den Islam an die Küsten des Mittelmeeres trugen. Der Begriff ›Korsar‹ ging schon früh auf die Besatzung der Schiffe über und bezeichnete fortan keine ›gewöhnlichen‹ Seeräuber, sondern Inhaber von Kaperbriefen kriegsführender Mächte, wobei die Grenzen zu reinen Raubfahrten stets fließend waren. Bei ihren *Razzias* (arabisch) ins Landesinnere machten die Korsaren vor allem Jagd nach Sklaven. Ihre Hauptgegner, die Byzantiner, verpaßten den Arabern den Sammelbegriff ›Sarazenen‹, der eigentlich nur einen ihrer Stämme bezeichnete. Als Beduinen im 7. Jh. begannen, ihr islamisches Weltreich aufzubauen, bedienten sie sich zum Aufbau einer Flotte der Kompetenz von Überläufern. Vor allem griechische Renegaten taten sich in der Folge als muslimische Korsaren hervor. Zu ihnen gesellten sich seit dem 11. Jh., als die christliche Reconquista in Spanien einsetzte, vertriebene spanische Muslime, *Mauros*. Als ›Mauren‹, ein undifferenzierter Sammelbegriff für alle levantinischen Invasoren, bezeichneten fortan nicht nur die Korsen alle Piraten, die im Namen Allahs auf der Insel einfielen und Sklaven fortschleppten.

Zu den Mauren gehören auch die ›Barbaresken‹. Unter dieser Bezeichnung sind Korsaren in die Geschichte eingegangen, die im ausgehenden 15. Jh. von nordafrikanischen Stützpunkten aus die Mittelmeermächte zu beunruhigen begannen. Die Barbaresken suchten auch Korsika heim und vertrieben die Inselbewohner in die Berge. Ihren größten Führer fanden sie im Pascha von Algier, dem griechischen Renegaten Cheireddin, genannt Barbarossa (1467–1546). Sein Nachfolger, Torghud Ali Pascha (1485–1556), unter dem Namen Dragut bekannt geworden, ging vor der Ostküste der Insel seinem Gegner Andrea Doria ins Netz und verbrachte anschließend zwei Jahre als Galeerensträfling. Als Verbündeter von Sampiero Corso übte er anschließend Rache an den Genuesen. Die algerischen Korsaren unter Dragut gingen als grausame ›Türken‹ in die Lokalgeschichte vieler Orte ein; 1553 eroberten sie sogar Bonifacio.

Ausgerechnet aus jener Zeit weiß man, daß die Bewohner der Barbaresken-Stadt Algier mehrheitlich aus korsischen Renegaten bestand. Einer von ihnen, ein gewisser Arsano aus Bastia, soll sich schließlich sogar zu ihrem Anführer aufgeschwungen haben. Die Seemacht der Muslime hatte zu dieser Zeit jedoch ihren Zenit bereits überschritten, wenn es auch noch lange Zeit später zu einzelnen spektakulären Aktionen und Erfolgen der osmanischen Flotte kam. So ist es auch verständlich, daß noch der schottische Reiseschriftsteller James Boswell 1765 zu seiner Überfahrt von Livorno nach Centuri am Cap Corse notierte: »Die einzige Gefahr, die ich dabei sah, war diese, daß mich vielleicht einige barbarische Seeräuber wegnehmen könnten, und daß ich hernach eine Probe der Sklaverei unter den Türken zu Algier ablegen müßte.«

Corte und das Dach der Insel

Corte – Die heimliche Hauptstadt

■ (S. 285 f.) Zum zweiten Frühstück ist man in Corte, wenn man die Inselbahn von Bastia nimmt. Bisweilen mit Verspätungen und Wartezeiten, wenn Schafherden die Gleise blockieren oder der Anschlußzug aus Calvi auf sich warten läßt, bringt sie ihre Fahrgäste langsam, aber sicher zum Treffpunkt der Flüsse Tavignano und Restonica. Die Stadt mit fast 6000 Einwohnern und einer langen und bewegten Geschichte ist bezogen auf den Altersdurchschnitt ihrer Bewohner gleichsam die jüngste Stadt der Insel. Studenten, mehr als ein Drittel der Bevölkerung, prägen das Stadtbild: Straßen, Plätze und Kneipen sind mit studentischem Leben erfüllt. Wer will, kann einen Stadtrundgang in zwei bis drei Stunden absolvieren – oder sich von der lebhaften Atmosphäre zu einer Erkundung in korsischem Tempo verleiten lassen.

Corte (korsisch *Corti*) war 14 Jahre lang, 1755–69, die Hauptstadt eines unabhängigen Korsika unter Pasquale Paoli, dem ›General der Nation‹. Dessen Freund James Boswell kommentierte eher zurückhaltend: »Mitten auf der Insel liegt Corte, welches eigentlich die Hauptstadt ist und ohne Zweifel mit der Zeit ansehnlicher werden kann.« Corte, das 400 m ü. d. M. liegt, ist zwar die einzige korsische Stadt ohne Zugang zum Meer und nach kontinentalen Maßstäben alles andere als eine Großstadt. Dennoch hat es sich zu einem urbanen und wirtschaftlichen Zentrum für die angrenzenden Kantone Niolo, Bustanico, Vezzani und Venaco entwickelt.

Dank der **Universität Pasquale Paoli** 1 stellt Corte überdies das kulturelle Zentrum der ganzen Insel dar. Die Hochschule wurde 1981 nach fast zehnjährigen Bemühungen gegründet. Zahlreiche

Universitätsstadt Corte

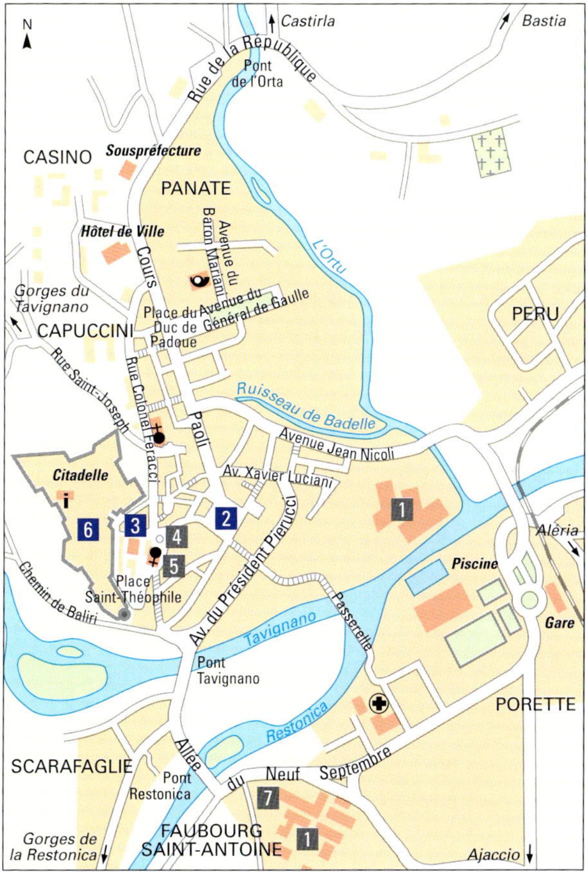

Corte
1 Université Pasquale Paoli
2 Place Paoli
3 Palais National
4 Place Gaffori
5 Eglise de l'Annonciation
6 Citadelle mit Musée d'Art et d'Histoire und Musée d'Anthropologie de la Corse
7 Campanile

Institute und mehr als 2000 Studierende, die in Corte Jura, Agrar-, Geistes-, Wirtschafts- und Naturwissenschaften sowie Korsisch belegen können, erweisen sich als vielfach belebender Faktor in Stadt und Land. Der Standort war zwar nicht unumstritten, denn auch Bastia und Ajaccio wären gerne Universitätsstädte geworden. Doch historische Gründe waren für den Zuschlag letztlich maßgeblich.

Bereits 1765 hatte Pasquale Paoli in seiner Hauptstadt eine Universität mit zwölf Fakultäten für 300 Studierende gegründet. Sie kostenlos zu unterrichten, galt ihm als Zukunftsinvestition. Bildungsmangel, so fand der kluge Mann, sei eine wesentliche Ursache für die zivilisatorische Rückständigkeit seiner Landsleute, die besser schießen als schreiben konnten. Die Art der eingerichteten Lehrstühle zeigt, wo Paoli Bildungsdefizite sah: Rechtswissenschaft, besonders Zivil- und Menschenrechte, und Theologie, hier vor allem Moraltheologie, lagen ihm am Herzen. Aber auch Wirtschafts- und Naturwissenschaftler wurden in Corte ausgebildet – und selbstverständlich konnte man auch damals Korsisch studieren.

Pasquale Paoli
Der Vater des Vaterlandes

Paoli-Statue auf der Place Paoli

Als ›Babbu di a Patria‹, Vater des Vaterlandes, ging Paoli in die Geschichte ein. Er wurde am 6. April 1725 in Morosaglia in der Castagniccia geboren und starb am 5. Februar 1807 in London. 47 Jahre seines Lebens verbrachte er in der Emigration. Seine Herkunft und sein Werdegang gelten als beispielhaft für viele *Principali* seiner Zeit.

Paoli stammte aus einer hochangesehenen Familie von *Caporali*, die auch auf nationaler Ebene Einfluß besaßen. 1738 war er 14jährig seinem Vater, einem Führer der antifranzösischen Partei, ins Exil nach Neapel gefolgt. Dort wurde der Vater Hauptmann eines korsischen Regiments, in das auch sein Sohn mit 16 Jahren eintrat. Er brachte es im Regiment des Königs von Neapel zum Offizier.

Wichtiger als der Militärdienst wurde für den jungen Paoli jedoch, daß Neapel damals ein Zentrum der europäischen Aufklärung war. Der Begründer der Geschichtsphilosophie, Giovanni Battista Vico (1668–1744), wirkte an der berühmten Universität der Stadt. Er war Lehrer Antonio Genovesis, der hier 1754 der erste Inhaber eines Lehrstuhls für politische Ökonomie wurde. Als sein Schüler und Mitglied einer Freimaurerloge hat Pasquale Paoli nicht nur bedeutende Gelehrte kennengelernt, sondern offenbar eine profunde Bildung erhalten.

Mit der Lektüre der Werke Montesquieus, Machiavellis und Plutarchs in ihren Originalsprachen bildete er sich überdies autodidaktisch weiter. Seinen Biographen James Boswell, der ihn 1765 kennengelernt hatte, beeindruckte er später mit beachtlichen Kenntnissen der englischen Sprache und Literatur. In einer regen Korrespondenz ließ er die Freunde in der Heimat an seinen Erkenntnissen über militärische, politische und ökonomische Fragen teilhaben.

Corte ist *La Capitale Sentimentale*, die Hauptstadt der Erinnerungen, geblieben, und Pasquale Paoli ist allgegenwärtig. Ungezählte Betriebe tragen seinen Namen, ebenso die zentrale Einkaufsstraße der Stadt. Auf der **Place Paoli** 2 steht die Statue des ›Babbu di a Patria‹, des ›Vaters des Vaterlandes‹, die patriotisch gesinnte Landsleute 1864 stifteten. Heute kann Paoli über die Restaurants, den Markttrubel und die Reisebusse hinwegsehen, die sich um seinen Sockel drängen.

Corte ist zwar auch ein Zentrum des Wandertourismus, der Rummel hält sich jedoch in wohltuenden Grenzen. Die meisten Geschäfte am Cours Paoli sind eher auf die Dauerkundschaft aus dem Ort und seiner Umgebung eingestellt als auf die Touristen, die hier im Sommer flanieren und die kühlere Bergluft genießen. Wenn es auch an Nippes mangelt, so brauchen die Gäste gerade in Corte nicht ohne Souvenir nach Hause zu fahren. In den Geschäften an der Place Paoli haben sie reichlich Gelegenheit, Kunsthandwerk, Honig, Gewürze und Wein zu erstehen.

Die Töpfer in der **Oberstadt** blicken von ihrer Arbeit gar nicht auf, wenn Fremde ihnen auf die flinken Finger schauen. Der Besucher befindet sich hier in der fotogenen oberen Altstadt mit malerisch verwinkelten Gassen, mit Treppen und Torbögen, wo sich viele namenlose und einige namhafte Gebäude auf engem Raum drängen. Zu den berühmten Bauten gehört das Haus, in dem die Familie Bonaparte vor ihrem Umzug nach Ajaccio wohnte, als Vater Charles noch ein Mitarbeiter Paolis war. Napoleons älterer Bruder Joseph kam hier zur Welt.

Der **Palais National** 3 ist das einzige auf Korsika erhaltene Beispiel ziviler Architektur aus der genuesischen Zeit. Der eher klotzige Bau war 1755–69 Sitz der Nationalversammlung und Universität. Heute beherbergt er ein Hochschulinstitut für korsische Sprache.

Nur wenige Schritte entfernt liegt die kleine **Place Gaffori** 4 mit dem Haus und der Statue des namengebenden Generals und Arztes Gianpietro Gaffori. Er ist nach Paoli die bekannteste Figur der korsischen Freiheitskriege. 1751 wählte man ihn in Orezza zum Präsidenten der Nationalversammlung. »Gafforis Name ist die schönste Zierde von Corte, und sein kleines, von Kugeln noch heute durchlöchertes Haus in der Stadt ihr glänzendstes Monument.« Was Gregorovius vor na-

Café in der Altstadt von Corte

Die Statue Gianpietro Gafforis auf der kleinen Place Gaffori

hezu 150 Jahren bemerkenswert fand, wurde bis heute bewahrt. Die Schußspuren aus der Zeit des Freiheitskampfes ›zieren‹ noch immer das Haus der tapferen Familie Gaffori. Es erinnert vor allem an die Heldentaten von Faustina Gaffori, der Gattin des Generals: Beider Sohn wurde von den Genuesen als Geisel genommen und als lebender Schutzschild an die Mauer der besetzten Festung gebunden. Die korsischen Angreifer zögerten zu schießen, bis Faustina sie zum Sturm drängte. Der Sohn blieb unverletzt, sein Vater wurde ein Held und der Mutter wurde ein Relief im Sockel des Gaffori-Denkmals gewidmet.

Einige Jahre nach dem Sturm belagerten die Genuesen bei ihrem Versuch, die Zitadelle zurückzuerobern, das Gaffori-Haus samt Bewohnern, aber ohne den fernab weilenden Hausherrn. Als die Besatzung nach tagelanger Belagerung kapitulieren wollte, drohte Faustina – mit der Fackel in der Hand neben einem Pulverfaß stehend – mit einer selbstmörderischen Explosion, die vermutlich das ganze Viertel gesprengt hätte. Derart überredet, hielten die Belagerten durch, bis der General sie mit seinen Truppen entsetzte. Heute geht es rund um den Platz mit einigen gemütlichen Bars und Restaurants weitaus entspannter zu. Besucher haben die Muße, darüber nachzusinnen, warum Faustina eigentlich nicht neben ihrem Gatten auf dem Denkmalsockel steht.

Die Südseite des Platzes begrenzt die **Verkündigungskirche** 5 aus dem 15. Jh. (Fassade aus dem 17. Jh.), deren schlanker Glockenturm die roten Dächer der Umgebung überragt. Der Taufschein eines gewissen Blaise de Signori aus dem Jahre 1676 ist in dieser Kirche ausgestellt. Als Saint-Théophil wurde er später zum Schutzpatron Cortes – und präsentiert sich gruselig lebensecht in Wachs nachmodelliert in einer Vitrine. Eine grottenartige Seitenkapelle, ein Anbau hinter der Kirche, ist diesem heiligen Sohn der Stadt geweiht.

Wer der Grotte den Rücken kehrt, hat freie Aussicht auf macchiabedeckte Berghänge: Corte liegt im Zentrum des ›Gebirges im Meer‹, und seine Zitadelle, von Gregorovius die ›Akropolis‹ von Korsika genannt, ist die einzige Festung im Landesinnern. Die **Zitadelle** 6 beherbergt das **Musée d'Art et d'Histoire.** Es informiert über die Stadtgeschichte und zeigt einige Bilder aus der Sammlung Fesch (s. S. 242). Seit 1997 ist die Festung aber auch Sitz des **Musée**

d'Anthropologie de la Corse (meistens kurz ›Musée de la Corse‹ genannt), dem korsischen Nationalmuseum. Das Gebäude, gebaut nach dem Entwurf des italienischen Architekten Andrea Bruno, überzeugt durch seine Modernität, die sich dennoch in das historische Ensemble der umgebenden Wehrbauten einpaßt. Dem Gebäude angemessen, werden die Exponate großzügig und übersichtlich präsentiert. Und obwohl sich das Museum noch im Aufbau befindet, gibt die Sammlung jetzt schon einen guten Einblick in den korsischen Alltag vergangener Tage. Eine Phonothek und wechselnde Ausstellungen zu verschiedenen Themen des Insellebens ergänzen den Einblick in die Inselgeschichte.

Die Eintrittskarte zum Museum ermöglich auch den Zugang zum Kern der Festung, den auf einem Felsen gelegenen **Tour du nid d´aigle.** Vom Adlerhorstturm bietet sich der schönste Blick über die Stadt, dabei springt ein dreieckiger freistehender **Campanile** 7 am Rande des südlichen Universitätsgeländes ins Auge, der im 15. Jh. gebaut wurde. Er ist das einzige Überbleibsel eines Franziskaner-Klosters, das als Versammlungsort korsischer Patrioten von Bedeutung war.

Über die Dächer der Altstadt und der neueren Vorstädte hinweg schweift der Blick auf den Kranz der nahen Berge, der das Hochtal von Corte umschließt. Das Bergpanorama genossen im 9. Jh. bereits die Sarazenen, die dem Chronisten Grossa zufolge sogar einen König stellten. Unweit eines Truppenübungsplatzes an der N 200 nach Aléria kann man die Ruine einer Kirche mit Baptisterium ausmachen. Sie wurde vermutlich in vorromanischer Zeit von Kreuzrittern gebaut, die gegen die ›ungläubigen‹ Sarazenen zu Felde zogen.

Die heutige Festung ließ Vincentello d'Istria 1419 errichten, als er Vizekönig der Aragonesen war. 1459 ging sie an die genuesische ›Bank des hl. Georg‹ über. Knapp 100 Jahre später, 1553, ergab sich die Festung Sampiero Corso, der hier als französischer Offizier und heimlicher König von Korsika Hof hielt. In den darauffolgenden Jahrhunderten wechselten Zitadelle und Stadt mehrfach ihre Herren, bis sie 1745 letztmals mit Waffengewalt eingenommen wurde: von Gafforis Leuten und, wie beschrieben, von dessen Frau.

Seit 1769, als der korsische Freiheitstraum mit der Niederlage gegen die Franzosen in der Schlacht bei Ponte Nuovo endete, wurde es stiller um die Zitadelle. Die Wohngebäude und eine Kapelle hinter den Mauern rissen die neuen Herren in den folgenden Jahrzehnten ab. Kasernenbauten, ein Amphitheater und Exerzierplätze nahmen im 19. Jh. ihren Platz ein. Während der italienischen Besatzungszeit im Zweiten Weltkrieg diente die Festung als Gefängnis für korsische Patrioten. 1962 schließlich quartierten die Franzosen Fremdenlegionäre ein, die die Zitadelle bei ihrem Abzug 1983 in einem erbarmungswürdigen Zustand hinterließen.

Das Dach der Insel

In Corte, dem Verkehrsknotenpunkt im Zentrum der Insel, schneiden sich zwei der wichtigsten Überlandverbindungen Korsikas: die N 193, die Bastia mit Ajaccio verbindet, und die N 200, die zur Ostküste bei Aléria führt. Diese Verbindungsstraße folgt dem Lauf des mit 80 km zweitlängsten Flusses Korsikas, des Tavignano. Er bildet die südliche Grenze der Castagniccia und wird von Wildwasserkanuten sehr geschätzt.

Invasoren haben das Tavignano-Tal von alters her für Streifzüge ins Landesinnere genutzt. Corte und seine Zitadelle stehen mithin an strategisch exponierter Stelle, gewissermaßen am Eingang zum gebirgigen Dach der Insel. Cortes exponierte Lage nutzt heute die Verwaltung des ›Parc Naturel Régional de la Corse‹. Drei der sieben Wandergebiete, mit denen man den Binnenlandtourismus fördern will, erschließen sich von Corte

Dach der Insel

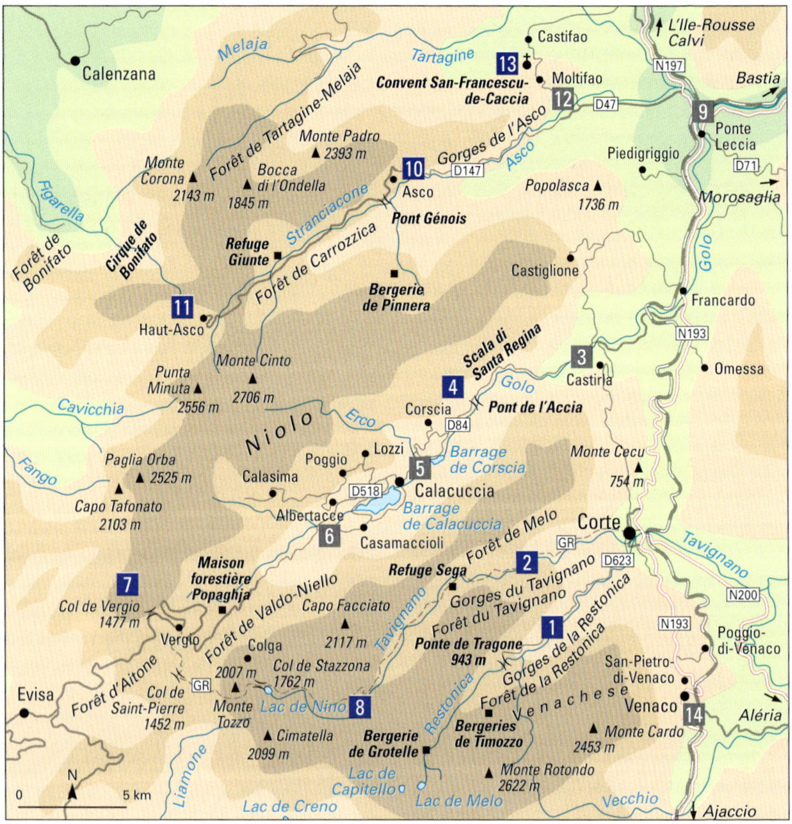

aus: die *Randonnées* (s. S. 312 ff.) im Niolo, Venachese und Bozio. Nicht viel weiter entfernt liegt das Asco-Tal, und quasi direkt vor der Haustür das Restonica- und das Tavignano-Tal.

Die Täler von Restonica und Tavignano

Von Corte aus erreicht man bequem die Flußtäler von Restonica und Tavignano, die das Herzstück des korsischen Naturparks mit dem ›Hausberg‹ der Stadt, dem **Monte Rotondo** (2622 m), bilden. An den Hängen des Rotondo und in den Tälern von Tavignano und Restonica (dieser Fluß ist nur 17 km lang und mündet bei Corte in den Tavignano) grasen traditionell Schafherden, deren Eigentümer in Corte und Umgebung leben. Die Transhumanz, einst typisch für den Mittelmeerraum, ist hier noch nicht ganz verschwunden. Schäfer und Schafe haben jedoch inzwischen Konkurrenz bekommen: Viele Touristen kommen häufig für eine Tagestour von der Küste hierher, um im Rotondo-Gebiet zu wandern.

Der zweithöchste Gipfel Korsikas galt lange als der höchste Berg der Insel überhaupt. Vielleicht hegten aus diesem Grunde Alpinisten schon immer den Ehrgeiz, ihn zu besteigen. Weniger ambitionierte Wanderer begnügen sich mit dem Anblick der Hänge und Gipfel der Rotondo-Gruppe und genießen bereits den Weg durch das **Restonica-Tal** 1 das man heute über die D 623 auch mit dem Auto durchqueren kann. Die gleichen Eindrücke, die Gregorovius 1852 notierte, kann man noch heute gewinnen: »In der Nähe Cortes öffnet sich das Tal zu ziemlicher Breite, und da gedeihen Kastanien- und Walnußbäume am Wasser. Weiter hinauf wird es enger und

Wanderparadies Restonica-Tal

enger, die Uferwände türmen sich schwarz und gigantisch zu beiden Seiten und tiefgrüne Urwälder von alten Pinien und Lärchenbäumen umschatten sie.« In einem Punkt irrte sich der frühe Reisende Gregorovius jedoch: Nicht Pinien, sondern korsische Schwarzkiefern, die Lariciokiefern, beherrschen das aromatisch duftende Tal mit seiner üppigen Vegetation. Auch die Fauna, vor allem die Vogelwelt, zeigt sich hier besonders zahl- und artenreich.

Wandern durch das Restonica-Tal

Hinter der Brücke über den Timozzo-Bach (zuvor hat man schon den Restonica auf dem größeren Ponte de Tragone überquert) beginnt ein mit *Cairns* gekennzeichneter Weg zur ›**Bergerie de Timozzo**‹, die auch untrainierte Bergwanderer in eineinhalb Stunden errei-

Die Bergerie de Grotelle im Restonica-Tal

chen können. Die meisten Touristen beginnen den Einstieg in die Bergwelt oberhalb der Baumgrenze jedoch erst bei der ›**Bergerie de Grotelle**‹, wo sich am Ende der Straße, in 1374 m Höhe, ein Parkplatz befindet.

Von hier geht und klettert man mindestens eine Stunde lang auf einem ausgeschilderten Pfad bergauf, der zwar ausgetreten, aber nicht immer gut in Schuß ist, über kahle Flächen, an einladenden natürlichen Badebecken im Felsbett des Flusses vorbei, durch Macchia-Gestrüpp und über steile Steinhalden. Stellenweise müssen die Hände helfen, das gilt selbst für den weniger beschwerlichen Weg, der an einer Gabelung abzweigt und ebenfalls zum **Lac de Melo** führt. Der Lohn der Mühe ist die Ankunft an der Quelle des Restonica am Melo-See in 1711 m Höhe. Der Lac de Melo und der benachbarte **Lac de Capitello** (1930 m), den man nach einer weiteren Stunde Marschzeit erreicht, sind Relikte aus der Eiszeit und erweisen sich ihres Rufs würdig: tiefblaues Wasser, sattgrüne Hänge, graue Felsen und schneebedeckte Gipfel.

Das Restonica-Tal, ohne Zweifel eine der größten Naturschönheiten Korsikas und sogar Frankreichs, ist durch die wachsenden Touristenzahlen ökologisch in besonderem Maße gefährdet. Seit 1966 steht es unter Naturschutz, wildes Zelten ist verboten und jährlich werden neue Zufahrtsbeschränkungen diskutiert. Dennoch ist man bislang der Flut von Besuchern – im Sommer werden täglich 1500 Autos gezählt – noch nicht Herr geworden. Die vielen Touristen, die besonders in den Monaten Juli und August in Scharen anreisen, hinterlassen nicht nur deutlich sichtbar ihren Müll,

Auf den Spuren der Transhumanz

Überall auf Korsika kann man auf die niedrigen Steinhäuschen der Schäfer, die *Bergeries*, treffen. Die kleinen Almhütten lassen Tageslicht oft nur durch die geöffnete Tür ein, Fenster sind selten. Heute verfallen diese Zeugen des einst wichtigsten Wirtschaftszweiges der Insel oder werden als Schuppen oder Unterstände für Vieh genutzt. In den Bergen dienen sie z. T. dem Wandertourismus. Im Sommer nutzen die Hirten sie mitunter zu ihrem ursprünglichen Zweck: Wenn die Schafe im Gebirge auf ihre Sommerweiden gezogen sind, wohnen die Hirten in den traditionellen Hütten und stellen vor Ort den Käse her. Ihre Unterkunft teilen sie bisweilen mit den Wanderern, die ihnen einen kleinen Nebenerwerb und etwas Gesellschaft bieten.

Diese uralte Form der saisonalen Weidewirtschaft war einst im gesamten Mittelmeerraum heimisch. Sie erübrigte es, Futtervorräte für den Winter anzulegen, zwang die Hirten jedoch zu einem fast nomadischen Leben: Das Wandern von Weide zu Weide dient noch heute dazu, die kargen Futtergründe auf den verschiedenen Höhenstufen gleichmäßig abzugrasen. In ununterbrochenem Wechsel pendeln die Hirten mit ihren Herden zwischen den Sommerweiden des alpinen Hochlandes und den küstennahen Winterweiden.

Diese halbnomadische Weidewirtschaft war auf ganz Korsika üblich. Während die Hirten ›diesseits der Berge‹ – das heutige Départemente

Haute-Corse – traditionell die eigenen Herden hüteten, waren ihre Kollegen ›jenseits der Berge‹ meist nur Knechte ihrer adeligen Herren, die sich unermüdlich Kleinkriege um Weidegrund lieferten (s. S. 28). Probleme bereiteten immer wieder staatliche Ansätze, den Ackerbau zu fördern. Man kennt es aus Wildwest-Filmen: Jeder Acker verringert die Weidefläche oder behindert den Zugang zur Weide. Jahrhundertelang hielt sich dieses Problem auf Korsika in Grenzen, wahrten Ackerbau und Viehzucht einigermaßen die Balance.

Das änderte sich gegen Ende des 19. Jh., als die französische ›Société Roquefort‹ begann, den Korsen ihre Schafsmilch abzukaufen. Die Hirten konnten nun vermehrt Weideland pachten, und die Bauern freuten sich: Endlich konnten sie ernten, ohne zu arbeiten. Seither wachsen die Schafherden, die Terrassenäcker verfallen und die Zahl der Waldbrände nimmt zu (s. S. 21).

sondern provozieren nicht sofort erkennbare Folgeschäden. Naturschützer verhindern seit langem einen weiteren Ausbau der touristischen Einrichtungen im Tal und fordern sogar eine starke Einschränkung der Besucherströme. Sie scheiterten jedoch bislang mit dieser Forderung an der Bedeutung des Tals für die regionale Tourismuswirtschaft.

Wandern durch das Tavignano-Tal

Das **Tavignano-Tal** 2 oberhalb von Corte ist vielleicht nicht ganz so spektakulär wie das Restonica-Tal, dafür aber auch um so ruhiger. Wer in den Felsenbecken des Flusses baden will, hat zunächst einen Fußmarsch von über einer Stunde vor sich, denn das Tavignano-Tal, Teil der Mehretappenwanderung vom Bozio bis nach Cargèse an der Westküste (s. S. 316 ff.), läßt sich lediglich zu Fuß erschließen. Das Niolo erreicht man von Corte aus auf diesem Weg in neun Stunden, indes kann man bereits nach vier Stunden Wanderung in der Schutzhütte ›**Refuge Sega**‹ einkehren und übernachten – oder umkehren. Schon ein kurzer Spaziergang am Ufer des Tavignano-Oberlaufs ist ein Erlebnis.

Das Niolo

Erst seit Ende des 19. Jh. führt eine Straße in das Quellgebiet des **Golo**: die D 84. Sie zweigt nördlich von Corte bei Francardo von der Inseltraversale N 193 ab und erreicht 79 km später bei Porto die Westküste. Landschaftlich überaus reizvoll ist schon die Fahrt von Corte über die kleine D 18 nach **Castirla** 3 (S. 284). Kurz hinter dieser vorerst letzten Ortschaft bekommt man eindrucksvoll demonstriert, warum das Niolo so lange weltabgeschlossen und nur über Maultierpfade zu erreichen war: Korsikas Hauptstrom, der mächtige Golo, schießt hier durch die atemberaubend wilde Schlucht **Scala di Santa Regina** 4. Wer das bizarre und urtümliche rotbraune Granitchaos nicht nur von der äußerst schmalen und kurvigen Straße aus erleben will, sollte ein Stück auf dem alten Maultierpfad wandern. Ein günstiger Zugang bietet sich am **Pont de l'Accia,** der über einen Nebenfluß des Golo führt. Der Weg wirkt wie eine in den Fels gehauene Treppe *(Scala)*, was auch den Namen der Schlucht erklärt.

Einige Kilometer weiter öffnet sich die Landschaft, und man befindet sich im **Niolo,** dem Hochtal des Golo mit dem

Alte und neue Brücke an der Scala di Santa Regina

Barrage de Calacuccia. Der Stausee wurde 1968 eingeweiht, kann 25 Mio. m³ Wasser fassen, treibt das wichtigste Kraftwerk Korsikas an und bewässert die Küstenebene südlich von Bastia. An seinem Ufer liegt, kühle 830 m hoch, **Calacuccia** 5 (S. 281), der Hauptort der Region und günstiger Ausgangspunkt für Wanderungen im ›ethnischen Herz‹ Korsikas.

Vier weitere Bergdörfer – **Albertacce** (867 m), **Casamaccioli** (868 m), **Corscia** (837 m) und **Lozzi** (1044 m) – gehören zum lange Zeit recht isolierten Niolo, wo sich alte Sitten und Gebräuche besser erhalten haben als anderswo auf der Insel. So wird das alljährlich vom 7.–10. September stattfindende Fest der ›La Santa‹ von Casamaccioli mit Jahrmarkt und Sängerwettstreit trotz zahlreicher ›fremder‹ Besucher als besonders ursprünglich gerühmt. Es läutete einst den Abtrieb der Viehherden von den Sommerweiden in den Bergen zu den Winterweiden an der Küste ein.

Die uralte Siedlungsgeschichte der Region, die bis 6000 v. Chr. zurückreicht, wird im kleinen **Musée Archéologique** von **Albertacce** 6 (S. 277) dokumentiert. Wer Höchstleistungen vollbringen will, sollte einen Abstecher in den Ortsteil **Calasima** unternehmen. Das höchste Dorf Korsikas liegt 1095 m ü. d. M.

Wegen seiner isolierten Lage war das Niolo auch stets eine Hochburg des Banditenwesens (s. S. 41 f.). An seiner Ostseite, nur über die Saumpfade durch die Scala di Santa Regina zugänglich, wird das Gebiet im Westen vom **Forêt de Valdo-Niello** begrenzt. Dieses größte Waldgebiet lichtet sich erst kurz vor dem **Col de Vergio** 7 (1477 m), um nach diesem Paß, der Wasserscheide und Département-Grenze zugleich markiert, als Forêt d'Aitone weiterzuwuchern. Im klassischen Land der Transhumanz fehlt es natürlich nicht an alten Pfaden und Schäferhütten *(Bergeries)*, die den heutigen Wandertourismus begünstigen. Im Winter ist der Col de Vergio ein beliebtes Skigebiet.

Mit den höchsten Bergen der Insel in greifbarer Nähe läßt sich das Niolo ideal als Basislager für zahllose Bergwandertouren nutzen. Den schönsten Berg Korsikas, **Paglia Orba** (2525 m), kann man vom Col de Vergio aus erreichen. Der höchste Gipfel, der **Monte Cinto** (2706 m), läßt sich besonders gut von Lozzi aus bezwingen. Beide Touren sollten nicht von unerfahrenen Bergwanderern begangen werden. Erprobte Schwindelfreiheit, Trittsicherheit und einige Kletterkenntnisse sind unabdingbare Voraussetzung. Wer sich in dieser Hinsicht unsicher fühlt, sollte sich einer geführten Wanderung anschließen.

Wandern durch den Forêt de Valdo-Niello

Eine leichte Wanderung ohne Schwindelgefahr führt durch den Forêt de Valdo-Niello zum **Lac de Nino** 8. Vom Forsthaus, der **›Maison forestière Popaghja‹**, 10 km westlich von Albertacce, führt südlich ein gelb markierter Weg in zweieinhalb Stunden am Colga-Bach entlang über den Stazzona-Paß zu dem Gletschersee. Wer nicht denselben Weg zurückgehen will, folgt in westlicher Richtung den rot-weißen Spuren des GR 20. Dieser führt zum **Castellu di Vergio** kurz unterhalb des Col de Vergio. Es lassen sich jedoch unterwegs auch unmarkierte, aber gut sichtbare Pfade (kurz hinter dem Col de Saint-Pierre) ausfindig machen, die in etwa viereinhalb Stunden direkt zum Ausgangspunkt zurückführen.

Das Asco-Tal

Ponte Leccia 9 (S. 293), das zur Kommune Morosaglia gehört, ist zwar im Vergleich zu anderen korsischen Orten wenig attraktiv. Als Verkehrsknotenpunkt im Golo-Tal ist es indes das Einkaufszentrum der gesamten Region. Es gibt hier einen Supermarkt und eine Fleischerei, zwei Hotels, einen Campingplatz, Restaurants und einige Bars. In den 24 km nördlich von Corte gelegenen Ort kann man auch per Bahn anreisen. Hier verzweigt sich die Bahnstrecke aus Ajaccio und führt weiter nach Calvi und Bastia.

Die Straße (D 47, D 147) begleitet den Asco – ein 29 km langer Nebenfluß des Golo, der an seinem Oberlauf Strianciacone heißt – fast bis zu seiner Quelle. Im weiten und leicht zugänglichen unteren Asco-Tal, nur 200 m ü. d. M., wurde der Wald schon früh abgeholzt. Die Straße säumt ein Felsenmeer mit Macchia-Vegetation, in der Kühe weiden, die bisweilen auch die Straße queren: Mit ihnen ist während der gesamten Fahrt in das Tal als unverhoffte Verkehrsteilnehmer zu rechnen. Auf den ersten Kilometern steigt die Straße nur ganz allmählich an.

Die Landschaft verändert sich kaum, bis die Berghänge unvermittelt zu kahlen Felswänden werden und näher zusammenrücken: Hier beginnen die **Gorges de l'Asco,** eine wilde und enge Schlucht. Die sich drastisch verengende Straße wurde in die Felswände von fast 1000 m Höhe gesprengt und bietet wahrhaft atemberaubende Ausblicke auf den sich tief im Tal dahinwindenden Fluß.

Der einzige Ort des Tals, das Dorf **Asco** 10 (S. 278), schmiegt sich an einen von Terrassengärten umgebenen Hang. Die Gärten werden kaum noch genutzt, denn das Dorf zählt keine 100 Einwohner mehr. Zahlreiche Bienenkästen, die zuvor schon die Straße säumten, fallen ins Auge. Den aromatischen Honig, in mehreren wohlschmeckenden Sorten produziert (Brombeere, Distel, Wacholder, Macchia oder Gebirgsblüte), kann man denn auch in der kleinen Verkaufsstelle am Ortseingang kosten. In erster Linie leben die Menschen jedoch von ihren Schafen und Ziegen. Die Herden werden im Sommer auf die Hochweiden der umgebenden Berge getrieben, im Winter – zwischen Oktober und Mai – weiden die Tiere in der Balagne und in den Agriates.

Kurz hinter Asco führt eine schmale Straße zum Fluß und zum architektonischen Höhepunkt des Tals, dem **Pont Génois**. Die genuesische Brücke spannt sich in einem Bogen über den Fluß und bildet zusammen mit der wilden Tallandschaft einen unbedingt sehenswer-

Wildwasserkanuten im Asco-Tal

ten Anblick. Hinter dem eleganten Bauwerk führt ein ebenso gangbarer wie empfehlenswerter Fußweg am Pinnera-Bach entlang zur ›**Bergerie de Pinnera**‹, wo man mit entsprechender Ausrüstung (Schlafsack, Verpflegung etc.) auch übernachten kann. Der Hin- und Rückweg dauert etwa sechs Stunden.

Die D 147 folgt nunmehr dem Stranciacone durch eine zunehmend bewaldete Landschaft. Vor allem Stern- und Schwarzkiefern bilden ein großes zusammenhängendes Waldgebiet. 7 km hinter Asco mündet der Tassineta-Bach in den Stranciacone. Bei der Schutzhütte ›**Refuge Giunte**‹ führt ein Wanderweg zur ›**Bergerie Tassineta**‹ hinauf (ca. drei Stunden für Hin- und Rückweg). Ein alter Hirtenweg führt über den **Col d'Ondella** in den **Forêt de Tartagine-Melaja** in der Balagne. In einem Tagesmarsch können erfahrene Bergwanderer mit guter Kondition diesem Pfad folgen.

Auf dem Weg zum 1450 m ü. d. M. gelegenen **Haut-Asco** 11 geht es jetzt wesentlich steiler bergauf. Einige weitere Kehren hinter dem Campingplatz Monte Cinto endet das Asco-Tal in einem imposanten Talkessel, gebildet von zahlreichen Zweitausendern, die der **Monte**

Richtig Reisen *Tip*

Lana Corsa

Im Atelier ›Lana Corsa‹ in Ponte Leccia kann man die wohl authentischsten Andenken einer Korsika-Reise erwerben. Die Pullover und Strickjacken, Schals und Strümpfe sind aus korsischer Wolle *(Lana Corsa)* und tragen Muster korsischen Ursprungs: Als Vorlage dienten in erster Linie Ornamente der romanischen Kirchen der Insel.

Mit dieser Idee gilt die Inhaberin des Ateliers, Madame Vescovali, als eine der geschäftlich erfolgreichsten Protagonisten der kunsthandwerklichen Vereinigung CORSICADA (s. S. 260). Die Wolle, die sie selbst spinnt und verarbeitet, wird weder gebleicht noch chemisch behandelt.

Das Motto ihrer Manufaktur müßte viele Nachahmer finden, meint Madame Vescovali, wenn sie sagt: »Der Sinn unserer Handarbeit ist es, aus einem einheimischen Rohstoff ein ursprüngliches Produkt herzustellen.«

Cinto (2706 m) überragt. Die Berge sind ein Reservat für Mufflons und Heimat der letzten Steinadler und Bartgeier. Haut-Asco besteht lediglich aus einer Skistation an einem kahlen Abfahrtshang, einigen Ferienhäusern und einem Hotel mit Restaurant. Die etwas trostlosen Bauten und die Skipiste vermögen den Reiz der Umgebung nicht nachhaltig zu stören, und nach nur wenigen Schritten verliert man sie ohnehin aus den Augen. Die meisten der zahlreichen Wanderrouten sind allerdings nur erfahrenen Bergwanderern zu empfehlen. Auch hier bilden Schwindelfreiheit, Trittsicherheit und eine gute Ausrüstung neben gutem Wetter die Grundbedingungen für eine Tour.

Auf der Rückfahrt sollte man kurz vor Ende des Asco-Tals einen Abstecher nach **Moltifao** 12 (S. 290) und **Castifao** an der D 247 einplanen. Zwischen den beiden Dörfern zeugen die Überreste des **Klosters San-Francescu-de-Caccia** 13 von vergangener Größe und Bedeutung. 1510 fertiggestellt, fiel es bereits 1553 den Soldaten Sampieros zum Opfer. In dem 1569 entstandenen Neubau suchte Pasquale Paoli 1755 auf einer *Consulta* Verbündete unter den zögernden *Caporali* der Gegend. Ein Jahr darauf traf er hier seinen schottischen Freund und Biographen James Boswell.

Während der Französischen Revolution wurde das Kloster erneut zerstört; seit 1824 dient es nun als Friedhof. Selbst in der Ruine der Klosterkirche liegen die reich geschmückten Gräber und erzeugen eine eigentümliche, leicht unheimliche Stimmung. Auf einsamen Nebenstrecken durch fast unbewohnte Landschaft führt von hier aus eine reizvolle Route über die D 547 in das Wandergebiet Giussani in der Balagne.

Monte Cinto

Das Venachese

Nur 10 km südlich von Corte liegt in 600 m Höhe **Venaco** 14 (S. 300) zwischen Kastanienhainen in einer wald- und wasserreichen Landschaft. Die Gemeinde ist die Heimat des mächtigen Clanchefs des nördlichen Départements, François Giacobbi. Sie besteht aus mehreren Ortschaften, die eines der wenigen aufstrebenden urbanen Zentren des Berglandes bilden. Venaco, Namengeber und Hauptort der Region Venachese, und seine Nachbargemeinden gelten als heilklimatisch besonders günstig. Der Fremdenverkehr befindet sich im Aufwind, was nicht zuletzt den Aktivitäten der Verwaltung des ›Parc Naturel Régional de la Corse‹ zu verdanken ist – der Präsident der Trägergesellschaft hieß lange Zeit François Giacobbi.

Das Venachese verfügt mittlerweile über ein Netz gekennzeichneter Wanderwege, das sich besonders gut von Venaco oder **San-Pietro-di-Venaco** erkunden läßt. Über Wanderwege, Teil der südlichen Variante der Inselüberquerung von Sermano nach Cargèse, erreicht man von hier aus in vier Stunden die Nachbarregion Bozio (s. S. 315 ff.).

Das Venachese kann man indes ebensogut im Sattel erschließen, liegt doch hier eines der Zentren des Reitsports auf Korsika. Die gut ausgebaute N 193 führt über das malerische Bergdorf **Vivario** zum **Col de Vizzavona,** wo die Département-Grenze verläuft.

Poggio-di-Venaco

Parc Naturel Régional de la Corse

Im Gegensatz zu Nationalparks sind die Natur- und Regionalparks in Frankreich keine reinen Naturschutzgebiete, können aber solche beinhalten. Der ›Parc Naturel Régional de la Corse‹ besteht schon seit 1972 und wird von einem Unternehmen in der Trägerschaft der Region Korsika, den Départements und den Kommunen betrieben. Er umfaßt mit über 350 000 ha mehr als ein Drittel der Fläche Korsikas. Die Grenzen des Parks umschließen vornehmlich gebirgiges Binnenland. Im Nordwesten gehören 80 km Küste mit der grandiosen Bucht von Porto und dem Naturschutzgebiet der Halbinsel Scandola dazu. Dieses streng geschützte Gebiet mit einer Landfläche von 919 ha und 1000 ha Meeresschutzpark, soll auf 14 500 ha Land- und 103 000 ha Meeresfläche erweitert werden und zukünftig die gesamte Küste von der Revellata-Halbinsel bei Calvi im Norden bis zum Capo Rosso im südlichen Golf von Porto umfassen. Die Iles Finocchiarola vor der Nordwestspitze des Cap Corse ist schon seit langem geschützt, wie auch die Iles Cerbicale bei Porto-Vecchio und die Iles Lavezzi bei Bonifacio. Beide Inselguppen werden nach einer 1999 getroffenen Vereinbarung bald Teil des 80 000 ha großen Schutzgebietes ›Parc Marin International des Bouches de Bonifacio‹ zwischen Korsika und Sardinien sein.

Die Schaffung der Natur- und Regionalparks in Frankreich hat sowohl ökologische als auch ökonomische Beweggründe. Nicht nur die Lebensbedingungen von Fauna und Flora sollen gefördert, auch die Ökonomie wirtschaftsschwacher Gebiete soll belebt werden. Auf Korsika bedeutet dies vor allem: Schutz der Wälder vor Feuer und Zersiedlung, Erhalt der dörflichen Bausubstanz und gleichzeitige Revitalisierung des verödenden Binnenlandes z. B. durch subventionierte Neuansiedlung.

Das Waldland und die Plaine Orientale

Casinca, Castagniccia und Bozio

›Balkons‹ werden die Dörfer und Städtchen genannt, die oberhalb des östlichen Küstenvorlandes förmlich an den Berghängen kleben. Ihre Bewohner blicken auf die Ebene hinab, in der zumindest im Sommer das Leben brodelt. Entlang der N 198 haben Landwirtschaft und Tourismus eine neue Urbanität geschaffen. Nach Westen hin zeigt sich die Landschaft von weitaus eindringlicherem Reiz. Die meisten Dörfer veröden jedoch, die Bewohner wanderten in die Küstenorte ab, nach Bastia, Ajaccio, auf das Festland oder gar ins Ausland. Ihre Häuser verfallen, soweit sie nicht als Feriendomizile dienen; Schulen, Postämter, Banken, Tankstellen und Geschäfte sind längst geschlossen. Rollende Läden versorgen die Bevölkerung, die überwiegend nur noch aus alten Menschen im Ruhestand besteht.

In einigen größeren Orten können Urlauber in Hotels oder in Privatquartieren strandferne, aber mit etwas Glück originellere und billigere Unterkünfte als an der Küste finden. Hier wird der Fremde in wenigen Tagen zum Freund, den man kennt, grüßt und in den Plausch unter Nachbarn einbezieht, selbst wenn die Sprachkenntnisse dürftig sind. Das neugierige Flanieren lohnt sich in einem solchen Ort besonders: Korsischer Alltag wird sichtbar, korsische Geschichte spürbar.

Die Castagniccia ist die Kernlandschaft des Schiefergebirges zwischen den Flüssen Golo und Tavignano. Zusammen mit den eigenständigen, aber historisch und landschaftlich sehr ähnlichen Regionen der Casinca im Nordosten und dem Bozio im Südwesten gehört die Castagniccia zu dem Teil der Insel, den der tektonische Grabenbruch geologisch vom Granitgebirge des Westens trennt: das Gebiet ›diesseits der Berge‹. Hier, wo die Fruchtbarkeit der Böden und die klimatisch günstigen Bedingungen dafür sorgten, daß die Bevölkerung durch ihren Wohlstand eine entsprechende Bildung und ein gewisses Selbstbewußtsein erlangten, lag die klassische *Terra di Comune* (s. S. 28 ff.).

Die Dichte des Straßennetzes mit vielen Windungen und Steigungen weist auf die relative Zugänglichkeit der Täler hin. Die Vielzahl der Dörfer kündet vom einstigen Reichtum der Gegend, die noch im 19. Jh. die größte Bevölkerungsdichte Korsikas aufwies. *Castagniccia* ist das korsische Wort für ›Kastanienwald‹, der die Landschaft noch immer fast lückenlos bedeckt.

In den Dörfern wohnten keine Hirten, sondern vor allem Bauern, die eine intensive Garten- und Landwirtschaft betrieben. Auch viele Handwerker waren dort ansässig. Sie verarbeiteten das Kastanienholz, ein begehrtes Bauholz, zu Möbeln, Haushaltsgeräten oder Fässern. Dser korsische ›Brotbaum‹ lieferte ebenso die Holzkohle für die Schlossereien und Schmieden wie das Kastanienmehl, lange Zeit das Grundnahrungsmittel für die Menschen und Futter für die Schweinemast. Andere Dienstleistungsbetriebe, wie Schuster, Barbiere etc., waren fester Bestandteil der Gemeinden. Die ursprünglich gewählten Anführer dieser fast städtischen Landgemeinden, die *Caporali*, haben es im Laufe der Jahrhunderte nicht selten zu Großgrundbesitzern gebracht, zu einem gebildeten Bauernadel. Immer wieder trifft man auf ihre Häuser, mitunter fast kleine Schlösser von beachtlicher Größe. Etliche ihrer Bewohner haben sich in den Freiheitskriegen der Korsen als Feldherren oder Politiker hervorgetan, eine Tradition, die deren Nachfahren im französischen Widerstand gegen die deutschen Besatzer fortsetzten.

Aus Morosaglia im Kernland der Castagniccia stammt Pasquale Paoli. Napoleons Freund und Förderer, der Deputierte der Französischen Nationalversammlung Antoine Christophe Saliceti, wurde im nahen Saliceto geboren. Nur wenig weiter südlich lebte im Bozio Jahrhunderte vorher Sambucuccio d'Alando, der als Begründer der kommunalen Selbstverwaltung auf Korsika gilt (s. S. 32). Aus Vescovato in der Casinca kamen zwei historische Inselgrößen, beide reiche Grundbesitzer: Andrea Antoine Ceccaldi, der zu den Männern der ersten Stunde im Aufstand gegen Genua gehörte, und Matteo Buttafuoco, der Jean-Jacques Rousseau nach Korsika holen wollte.

Die Casinca

Ausgangsort Casamozza, Rundfahrt durch die schönsten Casinca-Dörfer, ca. 30–50 km, Karte S. 172/173

Die Nähe zu Bastia hat die Dörfer der Casinca vor Entvölkerung und Zerfall bewahrt. Die Casinca gehört nach wie vor zu den dichtbesiedelsten Regionen Korsikas. Wer nicht von der Landwirtschaft lebt, arbeitet in Bastia. Die Urlauber kommen in Tagestouren von der nahen Küste herauf, die z. T. zu den Casinca-Gemeinden gehört. In der Casinca gibt es keine Hotels.

2 km südlich von Casamozza führt die D 237, die von der Küstenschnellstraße N 198 abzweigt, einer engen Schlucht

Vescovato in der Casinca

folgend hinauf nach **Vescovato** 1, der ›Hauptstadt‹ der Casinca. Der Ort war von 1269–1570 Bischofssitz. Die ehemalige **Kathedrale San Martino,** im 15. Jh. errichtet, besitzt ein prachtvolles Chorgestühl und einen Marmoraltar von 1441. Die Kirche steht mitten im romantischen Gassen- und Treppengewirr der Altstadt, die auf einem Bergkamm über der Schlucht entstand. Hier kann man besonders gut die hohen Häuser bewundern, die festungsgleich am Rande des Felsens direkt über dem Fluß gebaut sind. Wer aus einem der Fenster schaut, sollte schwindelfrei sein. Beliebter Treffpunkt des lebhaften Ortes ist der schattige Dorfplatz.

Vescovato hat sich viel von dem Charakter bewahrt, den Ferdinand Gregorovius vor fast 150 Jahren als ›originell korsisch‹ und idealen Ausgangspunkt für Spaziergänge beschrieb, »auf denen man ungestört träumen kann, bald im

Gesteine am wilden Bergbach, bald unter einem blütenvollen Erikabusch an einem efeugrünen Kloster, bald auf einem Berghange, von dem das Auge in die paradiesische Ebene des Golo und ins Meer hinabsieht.« Diese einfühlsame Landschaftsbeschreibung trifft noch heute auf die Casinca zu, deren wohlhabend wirkende Ortschaften – etwa **Venzolasca** 2, **Loreto-di-Casinca** 3, **Penta-di-Casinca** 4 und **Castellare-di-Casinca** 5 – allesamt auf Bergkämmen ›reiten‹ oder an Bergterrassen liegen. Keines dieser Dörfer hat herausragende Sehenswürdigkeiten zu bieten. Die Dörfer selbst und ihre architektonische Geschlossenheit sind die Attraktion. Von Castellare-di-Casinca hat man einen sehr schönen Blick auf das nahe Meer und etliche der anderen Casinca-Dörfer.

Castagniccia – Waldland mit Geschichte

Ausgangsort Moriani-Plage, ca. 80 km bis Ponte Leccia (über die D 71 ca. drei Stunden Fahrtzeit); zurück bis Moriani-Plage ca. 40 km (über die N 193 und N 198), Karte S. 172/173

Zitrusplantagen und Rebflächen begleiten die N 198 in Richtung Süden. Reklametafeln der Feriendörfer und Hotels säumen die Straße. Die Ortschaften **Folelli** 6 (S. 287) und **Moriani-Plage** 7 (S. 290) gehören zu den modernen Ferienorten am langen Sandstrand der Ostküste. An der einst für Piraten leicht zugänglichen Küste sucht man alte, gewachsene Ortschaften vergebens. Nur vereinzelt findet man noch zwischen den modernen Wohn- und Ferienhäu-

sern, zwischen Hotels und Supermärkten die schlichten, rechteckigen Kastenhäuser aus Steinquadern. Mit ihrem großen Eingang für Erntewagen und einer Treppe zu den Wohnräumen waren sie früher für die Plaine Orientale typisch, wenngleich nie sehr zahlreich.

Zentrum des Tourismus an diesem Küstenabschnitt ist Moriani-Plage. Die kleine freundliche Strandpromenade versöhnt die Urlauber mit dem sonst wenig attraktiven Straßendorf, einem Versorgungszentrum für die tief im Hinterland liegenden Castagniccia-Gemeinden. Von Moriani-Plage aus läßt sich das Hinterland trefflich erkunden und bietet dabei so vielfältige Möglichkeiten, daß ein einziger Urlaub nicht ausreicht, sie alle wahrzunehmen.

Moriani-Plage gehört zur Kommune **San Nicolao** 8. Die D 34 führt steil hinauf

Fresken aus dem 15. Jh. in der Kapelle Sainte-Christine bei Cervione

in den hübschen Ort, der hoch über der Küstenebene thront und schon von weitem von der hochaufragenden **Barockkirche** angekündigt wird. Die Straße von San Nicolao nach Cervione, wegen ihrer herrlichen Panoramen auch *Corniche de la Castagniccia* genannt, bietet mehr als nur schöne Ausblicke: Kurz hinter dem Ortsausgang rauscht vor einem Straßentunnel ein Wasserfall zu Tal, der oberhalb der Straße gut erreichbare Felsenbecken wie riesige Badewannen mit seinem klaren Wasser füllt.

Nachdem sich die Straße durch **Santa-Maria-Poggio** gezwängt hat und kurz bevor sie auf die D 71 mündet, ist der Weg zur pisanisch-romanischen **Kapelle Sainte-Christine** 9 ausgeschildert. Die fast fensterlosen Schieferwände lassen jeden Dekor vermissen. Im Innern überrascht die Kapelle mit einer seltenen Doppelapsis, die 1473 mit spektakulären Fresken bemalt wurde. Die Farben haben über die Jahrhunderte ihre Leuchtkraft bewahrt.

Die Kapelle gehört zur Gemeinde **Cervione** 10 (S. 285), einem kleinen urbanen Zentrum, das mit 1400 Einwohnern schon einen etwas städtischen Charakter hat. Über 300 Kinder aus der gesamten Region gehen hier zur Schule und verleihen Cervione besondere Lebendigkeit. Von der guten Infrastruktur – mit Post, Apotheke, Tankstelle und verschiedenen Geschäften – profitieren auch die Urlauber. An der Hauptstraße und am Kirchplatz laden einige Bars und Cafés zur Einkehr ein. Die mittelalterlichen, verwinkelten Gassen oberhalb des Kirchplatzes haben einen besonderen mediterranen Charme. Auch das **Heimatmuseum** hinter der ehemaligen Kathedrale sollte man sich nicht entgehen lassen. Es wird von einem privaten Verein unterhalten, ist jedoch reichhaltiger bestückt und übersichtlicher geordnet als manch ein staatliches Museum und verschafft einen guten Einblick in den korsischen Alltag der jüngeren Neuzeit.

Die von einer mächtigen Kuppel überragte **Kathedrale** ist schon allein wegen der unzähligen Schwalbennester über dem Portal sehenswert. Die Kirche entstand, als Cervione 1578 Bischofssitz in Nachfolge von Aléria wurde (bis 1780). Der bescheidene **Bischofspalast** im Kirchenschatten war für kurze Zeit Residenz des korsischen Königs Theodor I. (s. S. 37), der Cervione zu seiner zeitweiligen Hauptstadt machte. Am 15. April 1736 war der deutsche Abenteurer im nahen Kloster von Alesani auf einer *Consulta* zum König gewählt worden. Ein Bild im Heimatmuseum und die dreigliedrige Kette aus dem Wappen derer von Neuhoffs im Ortssiegel der Gemeinde Cervione erinnern an den einzigen korsischen König.

Durch die Täler von Alesani, Orezza und Golo

Die D 71 verläuft von Cervione hoch über dem Alesani-Tal und an seinem Stausee vorbei weiter in die Castagniccia. Die üppige Macchiavegetation geht schon bald in den ›Parc Naturel Régional de la Corse‹ über. Hinter Ortale wird das Tal vom Kastanienwald dominiert. Im Ort **Valle d'Alesani** 11 (S. 300) rückt der Wald schon bis an die Straße. Die gedrängten Bergdörfer, die für die Castagniccia so typisch sind, sehen sich alle ähnlich: Umgeben von verwilderten Terrassenäckern liegen auf den Anhöhen und über tiefen Tälern verwunschene Häusergruppen aus dem Schiefergestein der Umgebung. Erst auf den zweiten Blick erkennt man die Anzeichen des Verfalls. Manche Häuser sind regelrecht vom Grün überwuchert. Außerhalb der Ortschaften weisen große Waldlücken auf Brandflächen hin, auf denen heute wieder Macchia wächst.

Das **Kloster Alesani** 12 und der Kastanienort **Felce** 13 (S. 287) werden passiert (s. S. 176 f. und S. 178 f.). Hinter dem **Col d'Arcarotta** (819 m), mit Wanderherberge und glänzender Aussicht zurück bis zum Meer, schlängelt sich die D 71 durch die Kastanienwälder nach **Piedicroce** 14 (S. 292) mit seiner ansehnlichen Barockkirche und einem der wenigen Hotels der Gegend. Von Piedicroce führt die D 506 zunächst in steilen Kehren zum Talgrund, von wo aus sich ein Abstecher zur **Source d'Orezza** empfiehlt. Das eisenhaltige Mineralwasser dieser Quelle war, auf Flaschen gezogen, auf der Insel sehr beliebt. Die 1999 vollständig restaurierte Anlage soll bald wieder die Produktion aufnehmen.

Weiter hinauf an der östlichen Talflanke lohnt sich ein Ausflug in die einstigen Holzverarbeitungszentren **Rapaggio** und **Valle d'Orezza.** Kleinmöbel wurden in Rapaggio hergestellt, Haus-

Couvent d'Orezza

Richtig Reisen *Thema*

Wie das Kloster Alesani zu neuem Leben erwachte

Bereits in Dokumenten des 13. Jh. findet das Franziskaner-Kloster Alesani Erwähnung. Es war geistliches, kulturelles und politisches Zentrum der neun Talgemeinden – Ortale, Valle d'Alesani, Felce, Tarrano, Piobetta, Pietricaggio, Perelli, Piazzali und Novale –, in deren Zentrum es im üppig grünen Talgrund liegt.

Das historisch bedeutsamste Ereignis war ohne Zweifel die Krönung des deutschen Barons Neuhoff zum König von Korsika am 15. April 1736, die hier vom korsischen Parlament und einer Volksversammlung beschlossen und durchgeführt wurde. Mit diesem naiv anmutenden Akt lieferten sich die Korsen jedoch keinesfalls dem westfälischen Baron aus, wie Gregorovius klarstellt: »Der König hat neben sich einen Rat von 24 vom Volke gewählten Männern, ohne deren und des Parlamentes Zustimmung er keinen Entschluß fassen, noch irgendwelche Auflage erheben darf. Alle Ämter gebühren allein den Korsen; die Gesetzgebung bleibt beim Volke und bei seinem Parlamente.« Dennoch blieb der konstitutionelle Monarch Theodor I. nur für kurze Zeit im Amt und Hoffnungsträger für die Korsen; denn es stellte sich bald heraus, daß er nicht über die versprochenen Mittel und Möglichkeiten verfügte, Waffen und Unterstützung für den Freiheitskampf zu beschaffen.

Als sich die Dörfer im 20. Jh. zunehmend entvölkerten, verlor das Kloster an Bedeutung. Mit dem Einsturz des Glokkenturms im Jahre 1943 schien der endgültige Zerfall besiegelt. Schon lange gab es keine Mönche mehr im Kloster und schließlich auch keinen für alle Ge-

haltsgeräte, Werkzeuge und Pfeifen in Valle d'Orezza, wo heute nur noch wenige Handwerker für Touristen Kochlöffel aus Kastanienholz oder Bruyère-Pfeifen aus dem Wurzelholz der Baumheide schnitzen. Die Einwohnerzahl Rapaggios wird offiziell mit 14 angegeben, eine Zahl, die sich wie in allen Inseldörfern im Sommer vervielfacht, wenn die ›Ehemaligen‹ hier Urlaub machen. Das restliche Jahr über wird sie eher noch unterschritten. Zurück im Tal kann man am **Fium Alto** entlang über die D 506 bis Folelli (33 km) zur Küstenstraße fahren und so die Rundfahrt abkürzen.

Hoch auf der westlichen Flanke des Orezza-Tals liegt direkt an der D 71 talbeherrschend die Ruine des **Klosters von Orezza** 15. Das einstige Franziskaner-Kloster wurde bereits während der Französischen Revolution verlassen. Im Zweiten Weltkrieg nutzten es italienische Truppen als Munitionslager, bis es später von deutschen Soldaten weitgehend zerstört wurde. Während des Unabhängigkeitskrieges der Korsen im 18. Jh. war es wahrscheinlich der wichtigste Treffpunkt der Revolutionäre. Ein geistliches Konvent entband die Korsen hier bereits 1731 von ihrer Treuever-

meinden zuständigen Pfarrer. Den neun Gemeinden ist es zu verdanken, daß sich die Situation grundlegend geändert hat: In einem finanziellen Kraftakt ließen sie nicht nur den Kirchturm wiederaufbauen, sondern auch den säkularisierten Klostertrakt renovieren, der ihnen gemeinsam gehört. Diesem unübersehbaren Wunsch nach einem erneuerten geistlichen und kulturellen Zentrum, Ausdruck eines neu entfachten Überlebenswillens der Menschen in der Region, konnte sich dann auch die Kirche nicht mehr entziehen: 1993 schickte sie wieder einen hauptamtlichen Seelsorger ins Kloster.

Ein Franziskaner aus der Bretagne, Père Michel, übernahm die seit über zwölf Jahren verwaiste Gemeinde der neun Kommunen und damit die Verantwortung für die Klosterkirche, die Dorfkirchen sowie zahlreiche, diversen Heiligen geweihte Kapellen. Mit den Korsen verbindet den Bretonen die unnachgiebige Hartnäckigkeit sowie das Verständnis für die Forderung nach mehr regionaler Autonomie.

Seit Mai 1994 ist im Alesani-Tal wieder das Geläut der beiden Glocken zu hören. Der rege Priester veranstaltet seither in Zusammenarbeit mit den Gemeinden im Kloster Konzerte und ist voller Pläne, die der zähe Bretone sicher umsetzen wird. Das Kloster soll reaktiviert, wieder zur Wohnstatt von Mönchen werden. Ein funktionierendes Kulturzentrum soll sich entwickeln und ein kleines Museum nicht nur an Theodor I. erinnern. Ein Ausbildungszentrum für Kunsthandwerker könnte sogar Arbeitsplätze schaffen, denn nicht nur die Klosterkirche selbst, sondern unzählige andere Kirchen Korsikas sind stark renovierungsbedürftig.

Mit dem Louvre kämpft der streitbare Franziskaner um die Rückführung eines frühgotischen Tafelbildes aus dem 15. Jh., das die Jungfrau mit dem Kind zeigt, dem die Mutter eine Kirsche reicht. Noch muß sich die Gemeinde mit einer Kopie der ›Jungfrau mit der Kirsche‹ begnügen. Alle glauben jedoch fest daran, daß ihr Père Michel den Kampf gewinnen wird, und unterstützen ihn nach Kräften. Das Kloster Alesani ist zu einem Symbol der Hoffnung geworden – der Hoffnung, *dennoch* auf der Insel zu leben und zu arbeiten und mit der unseligen Tradition der Abwanderung zu brechen.

pflichtung gegen Genua. Danach trafen sich die korsischen Honoratioren im Kloster regelmäßig zu ihren *Consultas* und wählten hier am 13. Juli 1755 Pasquale Paoli zum ›General der Nation‹.

Bevor die D 71 mit Morosaglia den Geburtsort Paolis erreicht, liegt abseits der Straße **La Porta** 16 (S. 289). Der Abstecher ist die mühsame Kurverei allemal wert, denn das wohlhabend und belebt wirkende Dorf glänzt wie frisch renoviert. Im Zentrum der Castagniccia gelegen, lebt La Porta traditionell vom Wald, d. h. vom Holz und seiner Verarbeitung. Die barocke **Kirche Saint-Jean-Baptiste** und ihr freistehender Campanile von 1720, der vielleicht schönste Korsikas, gehören zu den Prunkstücken korsischer Sakralarchitektur. Anfang des 18. Jh. erbaut, entfaltet der ansonsten eher schwerfällige Inselbarock eine ungeahnte Leichtigkeit. Die Innengestaltung paßt sich dem Bau harmonisch an, obwohl sie zumindest z. T. aus dem späten 19. Jh. stammt. Wer Glück hat, bekommt – etwa bei einem der alljährlich stattfindenden Sommerkonzerte – die italienische Orgel aus dem 18. Jh. zu hören.

Bereits der nächste Ort an der D 71 ist **Morosaglia** 17 (S. 290). Gleich am Orts-

Richtig Reisen *Thema*

Felce
Oder die Renaissance der Kastanien

Der Kastanienwald der Castagniccia gehört zu den beeindruckendsten Naturräumen auf Korsika. Die bizarr verwachsenen Bäume, mit einem Umfang bis zu 12 m, wirken mitunter wie verzaubert. Die märchenhaften Bäume prägen eine Landschaft, die seit dem 13. Jh. von Menschen geschaffen wurde. Die Genuesen führten die Anpflanzung der Kastanien ein, die jahrhundertelang der Inselbevölkerung als Grundnahrungsmittel dienen sollten. Zu Recht wurde die Kastanie auch korsischer ›Brotbaum‹ genannt, eine Bezeichnung, die vielleicht auch auf den Geruch der Blüten zurückzuführen ist: Ihr Duft erinnert leicht an frisch gebackenes Brot.

Eßkastanien grünen erst im Mai und blühen im Juni/Juli. Der Baum gehört zu den Buchengewächsen; er ist nicht mit der Roßkastanie, sondern vielmehr mit Rotbuche und Eiche verwandt. Da die Kulturlandschaft Kastanienwald auf

Pflege angewiesen ist, diese aber seit Anfang des 20. Jh kaum noch erfolgte, verwilderte der Wald und ist seither vielfältigen Schädigungen ausgesetzt. Eine aus Amerika eingeschleppte Rindenerkrankung verbreitet sich ungehemmt und läßt die Bäume absterben. Zahllose Schweine, die den Wald unkontrolliert durchwühlen, schaden den Bäumen zusätzlich. Ein Brand im zum dichten Dickicht gewucherten Unterholz kann in der kaum noch bewohnten Region großflächig Schaden anrichten, bevor es gelingt, ihn zu stoppen.

Mit Unterstützung durch die Naturparkverwaltung und den Staat nehmen vor allem jüngere Leute die Kultivierung der Kastanien wieder auf und tragen dadurch zum Erhalt der Landschaft bei – so auch das Ehepaar Berini. Lange Zeit haben die Eheleute in Marseille gelebt und gearbeitet, nun sind sie seit etlichen Jahren wieder zu Hause in Felce, im Kastanienwald der Castagniccia. 4 ha eigenen und gepachteten Wald bearbeiten die Berinis seither wieder, d. h. sie pflegen und ernten die Kastanien. Ihre Pacht zahlen sie nicht pro Hektar, sondern pro Baum, was deutlich macht, welchen Wert man dem ›Brotbaum‹ Korsikas immer noch beimißt.

Etwa 3 t frische Kastanien ernten die Berinis jährlich (die korsische Gesamtproduktion liegt bei 2500 t/Jahr). Nach dem Trocknen bleibt davon 1 t Früchte bzw. Mehl, die beiden Hauptprodukte aus Kastanien, übrig. Während das Mehl vielfältig verbacken werden kann, eignen sich die Früchte als Gemüsebeilage zum Kochen. Sie können aber auch wie ein Bonbon gegessen werden und sind so idealer Reiseproviant, früher für Hirten, heute für Wanderer. In ihrem Laden in Felce verkaufen die Berinis außerdem Konfitüre aus Kasta-

nien, Kastanienpüree, aber auch Kastanienhonig aus eigener Imkerei. In Felce lebt außerdem der Imker Filippi vorwiegend von seinem Kastanienhonig, zwei weitere Familien in dem 33-Seelen-Ort bauen ebenfalls Kastanien an.

Die Berinis und ihre Kollegen planen seit geraumer Zeit eine Kooperative der Kastanienproduzenten für die ganze Castagniccia, da eine Vermarktung auf dem nationalen und internationalen Markt ökonomisch nur im großen Maßstab rentabel ist. Doch die eigenbrötlerischen Korsen tun sich von jeher schwer, ökonomische Zweckbündnisse einzugehen. Jeder ist eher darauf bedacht, seine Unabhängigkeit zu wahren. Dennoch sind die Berinis zuversichtlich und arbeiten derweil besonders eng mit ihren Kollegen in Felce zusammen. Um aber den Erfordernissen von Großkunden, wie der Kastanienbierbrauerei in Furiani, gerecht zu werden, führt ihrer Meinung nach kein Weg an einer gemeinsamen Vermarktung der Kastanien vorbei. Die Berinis werden nicht aufgeben, für sie ist eine Zukunft der Region ohne die Kastanien undenkbar.

eingang steht das Haus, in dem Paoli am 5. April 1725 zur Welt kam und wo seit 1889 auch seine sterblichen Überreste ruhen. Das Gebäude, heute gleichzeitig Gedenkstätte und Museum, ist erstaunlich klein für den Wohnsitz einer alten *Caporali*-Familie. Am anderen Dorfende erinnert ein Denkmal an den korsischen Freiheitshelden (s. S. 150).

Nach 15 km ist **Ponte Leccia** (s. S. 162) erreicht. Nach weiteren 8 km Fahrt über die N 193 am Golo entlang trifft man in **Ponte Nuovo** 18 auf ein zweites Paoli-Denkmal. Dort markiert ein Kreuz auf einem Stein die Stelle, wo die Korsen am 8. Mai 1769 die letzte Schlacht um ihre Unabhängigkeit gegen französische Truppen verloren. Die umkämpfte genuesische Brücke ist noch zur Hälfte erhalten. Das Postamt gegenüber wird immer wieder mit Graffiti der verschiedenen ›Unabhängigkeitsbewegungen‹ besprüht, die sich als Erben des ›Babbu di a Patria‹ sehen. Bis zur Küstenstraße sind es noch 18 km, weitere 20 km bis Moriani-Plage.

Das Bozio

Ausgangsort Corte, ca. 25 km, Karte S. 172/173

Eine ähnliche Landschaft mit ähnlichen Dörfern wie die Castagniccia bietet das südlich gelegene Bozio, von den Korsen *Boziu* genannt. In dem schwer zugänglichen *Pieve* haben sich viele alte Bräuche lange gehalten. So wurde die romanische Bauweise bis ins 16. Jh. beibehalten. Die Region wird auch heute noch von keiner größeren Straße erschlossen und stellt gerade wegen dieser Abgeschiedenheit eine Art Geheimtip dar, denn es gilt viel zu entdecken.

Sowohl Wanderfreunde als auch Hobby-Historiker kommen auf ihre Kosten. Radfahrer haben allerdings schwer mit Steigungen zu kämpfen, und Autofahrer sollten ihre Campinganhänger besser nicht mitnehmen. Öffentliche Verkehrsmittel existieren nicht. Das Bozio ist eine von sieben Wanderregionen, in denen gut markierte ehemalige Maultierpfade das Wandern von Dorf zu Dorf (›Da Paese a Paese‹, s. S. 312 ff.) ermöglichen. Darüber hinaus besitzt das Bozio eine Anbindung an das benachbarte Venachese und ist Teil des Etappenweges von Moriani-Plage über Corte nach Cargèse an der Westküste.

Am einfachsten gelangt man von Corte aus über die D 39 am linken Tavignano-Ufer ins Bozio. Sie führt direkt ins Zentrum der abgeschiedenen Region, erreicht aber vorher mit **Favalello** 19 die erste Ortschaft an der Strecke. In der romanischen **Kapelle Santa Maria Assunta** lohnen die farbenfrohen Fresken aus dem 15. Jh. einen Stopp, bevor die Fahrt bis zum winzigen **Alando** 20 fortgesetzt wird. Neben einigen malerischen Ruinen kann der Heimatort des berühmten Sambucuccio (s. S. 32) vor allem mit einem Kloster aufwarten: Im 17. Jh. wurde der schlichte, festungsartige Bau aus Feldsteinen etwas außerhalb des Ortes wahrscheinlich von Franziskanern errichtet.

Nur 2 km weiter nördlich liegt **Bustanico** 21 (S. 281), der Hauptort des Bozio. Während ein Ortsteil im Tal liegt, thront der andere am Hang des Supranu (803 m). In der Pfarrkirche wird ein holzgeschnitztes, bemaltes Kruzifix aus dem 18. Jh. aufbewahrt. Die eindringlich realistische Christusfigur stellt eines der eher seltenen Beispiele korsischer Volkskunst dar.

Das ganzjährig geöffnete Hotel mit Restaurant macht Bustanico zu einem

Volkskunst: Brunnen im Bozio

guten Ausgangspunkt für eine Erkundung des Bozio. Auch im nahen **Sermano** 22 (S. 298) bietet eine recht komfortable Wanderunterkunft *(Gîte d'étape)* Bett und Verpflegung. In Sermano wird an kirchlichen Feiertagen während der Messe noch die Tradition der polyphonen Kirchenmusik gepflegt (s. S. 70), im Sommer finden Konzerte mit Gastsängern statt. Auf dem Friedhof unterhalb des idyllischen Dorfes kann die schlichte romanische **Kapelle San Nicolao** (7.–9. Jh.) besichtigt werden, deren pastellfarbene Fresken aus dem 15. Jh. besondere Beachtung verdienen.

Zurück über Bustanico gelangt man in nördlicher Richtung wieder in die Castagniccia. Zwölf kurvenreiche Kilometer sind es bis **San Lorenzo**. Von dem hübschen Ort schlängelt sich die D 639 in engen Windungen bergauf und bergab nordwärts durch eine Reihe ungewöhnlich idyllischer Dörfer bis nach Morosaglia. Bereits im Rostino, wie die engere Heimat Paolis heißt, liegt **Saliceto** 23. Selbst der Reisende, der schon etwas abgestumpft ist und nicht mehr bei jedem ›typischen‹ Dorf in Begeisterungsstürme ausbricht, wird von Saliceto noch einmal hingerissen sein. Im übrigen steht hier der womöglich größte jener aus Feld- und Kieselsteinen gemauerten Brunnen, die zu den auffälligsten Erzeugnissen korsischer Volkskunst gehören.

Die Plaine Orientale

Südlich von Prunete rücken die Berge immer weiter weg vom langen Sandstrand der Ostküste, weitet sich die Landschaft zu Korsikas einziger großer Ebene, der Plaine Orientale. Die Küstenebene überwältigt Naturliebhaber nicht auf den ersten Blick. Manch einer empfindet sie gar als langweilig. Wer jedoch nicht nur mit dem Auto auf der ›Inselrennstrecke‹ N 198 die Ebene durchrast, der findet durchaus auch jenseits der Strände eine freundliche und sehenswerte Landschaft. Sie wird vom Bergland gesäumt, das nur wenige Kilometer von der Küste entfernt die Ebene begrenzt.

Bis an die leicht zugänglichen Strände wächst vornehmlich der Eukalyptuswald, der einst gepflanzt wurde, um das sumpfige Küstenland zu entwässern. Die Etangs mit ihren Schilfgürteln bringen Abwechslung in die Landschaft. Inmitten saftig grüner Wiesen und Weiden sind sie ein wichtiger Lebensraum für zahlreiche Vogelarten. Die flachen **Etang de Diane** und **Etang d'Urbino** werden zwar für die Muschel- und Fischzucht genutzt, sind aber dennoch Biotope von großem ökologischen Wert. Zwischen Tavignano-Mündung und Etang d'Urbino liegt das **Naturschutzgebiet von Casabianda**. Auch der große Kiefernwald südlich des Etangs steht unter Naturschutz.

Das Schwemmland der Plaine Orientale wurde bereits in der Antike landwirtschaftlich genutzt, doch schon zu Beginn des Mittelalters verödete es

Eukalyptusallee

weitgehend. Bereits während der Herrschaft der Genuesen waren nur wenige befestigte Gutshöfe übriggeblieben. In den sich ausdehnenden und zunehmend versumpfenden Mündungsgebieten der Flüsse verbreitete sich die Anopheles-Mücke – und mit ihr die Malaria. Außerdem boten Strand und Ebene kaum Schutz vor Überfällen von See, so daß das Land sich fast völlig entvölkerte.

Erst seit 1943 wurde die Anopheles-Mücke mit Hilfe der Amerikaner, die ihre dort stationierten Soldaten vor der Malaria schützen wollten, und der Chemie (DDT) erfolgreich bekämpft. Damit wurden gleichzeitig die relativ fruchtbaren Böden wieder landwirtschaftlich nutzbar, die einzigen überdies, die im ansonsten gebirgigen Korsika genügend große Flächen boten, um den Maschineneinsatz auf Monokulturen zu ermöglichen.

Zugleich wurden zahlreiche Rückkehrerfamilien aus den ehemals französischen Gebieten Nordafrikas in der Ebene angesiedelt (s. S. 54). Die Neusiedler begannen sogleich mit der Kultivierung der Küstenebene. Zunächst bauten sie vor allem Wein an, später kamen Zitrusfrüchte, Kiwis und Getreide hinzu. Die Plaine Orientale ist seitdem Agrarland: Plantagen, Lagerhäuser und Silos prägen die Landschaft, in der mittlerweile neben reinem Konsumwein in großen Mengen auch einige Weine von guter Qualität erzeugt werden.

Ghisonaccia 1 (S. 288) ist mit über 3000 Einwohnern eine der größten Gemeinden der Insel und Zentrum von Handel und Gewerbe für die Plaine und ihr Hinterland. Gleichzeitig ist der moderne und wenig attraktive Ort Versorgungszentrum für Urlauber, denn neben der industriell betriebenen Landwirtschaft ist der Tourismus der zweite wichtige Wirtschaftszweig der Region.

Attisches Trinkgefäß aus Alalia

Aléria – Wo die Römer wohnten

Das moderne **Aléria** 2 (S. 277) liegt am nördlichen Ufer des Tavignano. Die nüchtern-funktionale Gemeinde profitiert von ihrer Lage im Zentrum der Agrarwirtschaft und des touristischen Küstenstreifens. Der Hausstrand, die **Plage de Padulone,** liegt 3 km entfernt am Ende einer Eukalyptusallee, zwischen der Mündung des Tavignano und dem Etang de Diane.

Bereits den alten Griechen hatte es die Lagune angetan, als sie 565 v. Chr. auf einem nahegelegenen Hügel eine Stadt namens **Alalia** 3 gründeten und mit der Muschelzucht begannen. Als die Römer nach einem etruskischen und einem karthagischen Zwischenspiel 259 v. Chr. die Stadt übernahmen, bauten sie die Lagune zum Kriegshafen aus und betrieben in großem Stil die Austernzucht weiter. Die ›Fischerinsel‹ im Etang ist aus den Schalen entstanden, die antike Muschelfischer fortwarfen. In Salz konserviert und in Amphoren verpackt, wurden die Muscheln ins Rom der reichen Schlemmer exportiert. Den Anbau von Wein, Weizen und Ölbäumen betrieben die Römer in der Küstenebene nunmehr systematisch. Die Insel lieferte ihnen ferner Holz, Kork, Erze, Honig, Wein, Wachs, Milch, Fleisch – und Sklaven (s. S. 25 f.).

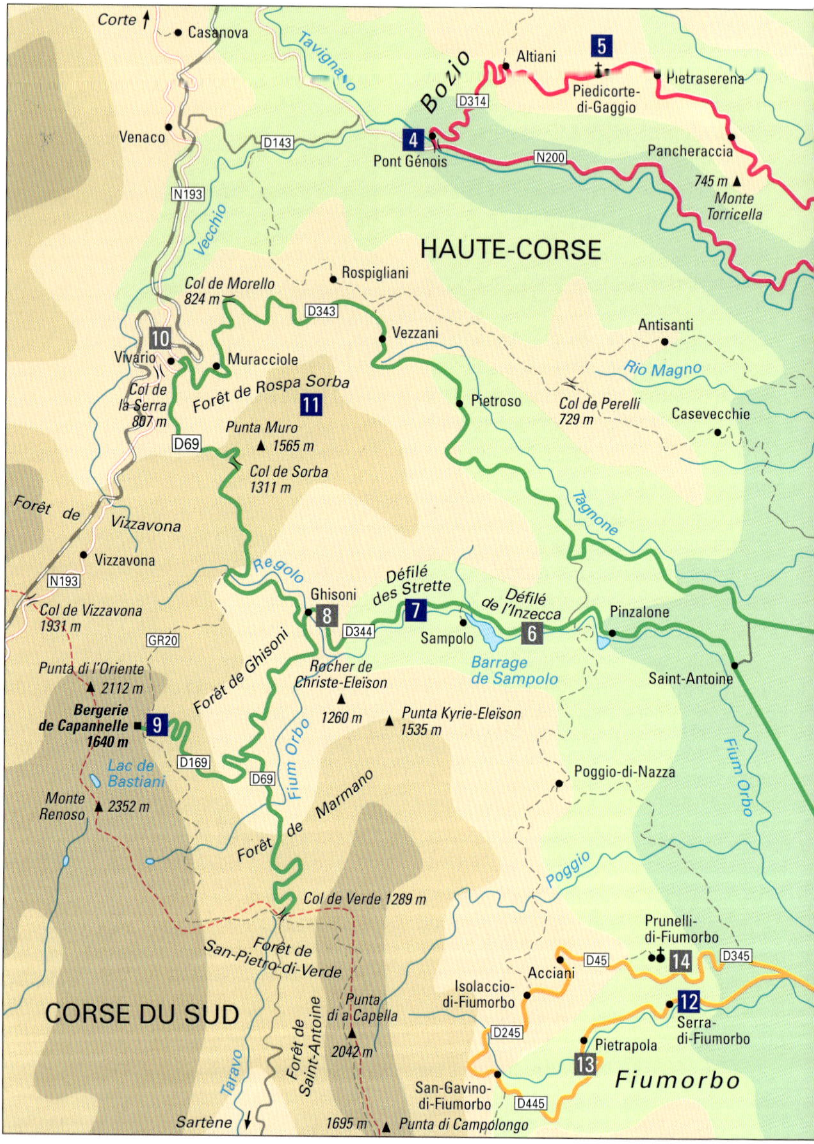

Die Grundmauern des antiken Alalia sind die wichtigsten Zeugen des römischen Korsika. Zusammen mit den Funden aus seiner Nekropole machen sie die Attraktion der Gegend aus. 50 000 Besucher werden alljährlich auf dem Hügel am rechten Tavignano-Ufer gezählt, wo ein großer Parkplatz auf PKW und Busse wartet. Er liegt unterhalb des weithin sichtbaren Wahrzeichens dieser kulturhistorisch bedeutenden Anlage, des **Fort Matra** aus dem Jahre 1572, an

dem der Weg zum Grabungsgelände beginnt. In den Räumen des Forts wurde 1969 das **Museum Jérôme Carcopino** eingerichtet, benannt nach einem Historiker, der sich um Aléria verdient gemacht hat.

Hier wird in kühlen Räumen eine umfangreiche Sammlung der griechischen, etruskischen und römischen Geschichte Korsikas präsentiert: Münzen und Gebrauchsgegenstände, Metallarbeiten aus Bronze, Eisen, Blei, Gold und Silber, bemalte und verzierte Keramik, Grabbeigaben sowie ganze Kammergräber. Zu den wertvollsten Stücken des Museums gehören die attischen Keramiken aus dem 5. Jh. v. Chr., originelle Trinkgefäße in Form von Tierköpfen und Schalen mit z. T. erotischen Szenen. Sie stammen größtenteils aus einem Gräberfeld, das in Strandnähe gefunden wurde. Heute liegt es, wie die Reste eines Amphitheaters, auf dem Gelände eines Gefängnisses und ist daher nicht zu besichtigen.

Die Reste der antiken Stadt Alalia betritt man an der Nordseite des trapezförmigen Forums, das von West nach Ost 92 m mißt und Marktplatz und Versammlungsort war. Man kann sich gut vorstellen, daß die Säulenstümpfe, die das Forum flankieren, arkadenähnlich die Vordächer einer Zeile von Läden- und Gewerbebetrieben trugen. Die östliche Schmalseite wird von den Ruinen eines Tempels begrenzt. Im Westen lag das Prätorium, ein großer Bau mit Wasserbecken, einem Tempel und Säulengängen, der Amtssitz des Statthalters (Prätor) war. Seine Wohnräume sollen sich im benachbarten Balneum (Badeanlage) befunden haben.

Ausflüge ins Hinterland

Urlauber können von den Küstenorten der Plaine Orientale aus auf kurzen Wegen ein interessantes Hinterland erkunden. Dabei sind sie allerdings auf ein eigenes Fortbewegungsmittel angewiesen, denn die Busverbindungen sind denkbar dürftig.

Ins südliche Bozio

Ausgangsort Aléria, ca. 75 km, Karte S. 184/185

Von Aléria sind es auf der N 200 nur knapp 50 km bis nach Corte, der ehemaligen Hauptstadt Korsikas. Die gut ausgebaute und vergleichsweise kurvenarme Straße folgt dem Lauf des Tavignano, der die südliche Grenze der Castagniccia bildet. Der Fluß ist Revier für Wildwasserkanuten und Angler. Er durchfließt ein stellenweise ungewöhnlich breites, z. T. bewaldetes und weitgehend unbewohntes Tal. Nur unterhalb des **Monte Torricella** (745 m) bildet es eine engere, grandiose Schlucht. Die Straße an seiner Seite erfreut sich bei Radfahrern großer Beliebtheit, ist sie doch selten so steil, daß sie besondere Anforderungen an die Kondition stellt.

Schon die Sarazenen nutzten das Tavignano-Tal als relativ unproblematischen Zugang zum Binnenland. In Corte errichteten sie an der Stelle eine Befestigung, wo später die genuesische Zitadelle entstand. Unterhalb von Altiani erbauten die Genuesen direkt neben einer pisanischen Kapelle eine Brücke über den Tavignano. Die Stabilität des **Pont Génois** 4 wird selbst dem heutigen Autoverkehr der N 200 noch gerecht. Da die schmale Brücke allerdings ein Nadelöhr auf der vielbefahrenen Strecke bildet, wird sie in absehbarer Zeit wohl durch ein modernes Bauwerk ersetzt und zum Denkmal degradiert.

Hinter der Brücke führt die D 314 in das südliche Bozio. Die Landschaft wird zunächst von Macchia dominiert, die der kahle Fels häufig durchbricht, bis der grüne Kastanienwald wieder die Oberhand gewinnt. Die Dörfer **Altiani, Piedicorte-di-Gaggio, Pietraserena** und **Pancheraccia** sind wohl wegen ihrer Nähe zur Ostküste mit ihren Arbeitsplätzen

Genuesische Brücke (N 200) über dem Tavignano

etwas belebter als die Ortschaften tiefer im Bozio. Dennoch leben auch hier überwiegend alte Menschen, und Touristen verirren sich eher selten hierher. Vor allem das schön gelegene **Piedicorte-di-Gaggio** 5 lohnt einen Besuch – nicht allein der guten Aussicht wegen. Die romanische **Kapelle Santa Maria** aus dem 12. Jh. wartet mit bemerkenswerten modernen Fresken auf, mit denen drei junge lokale Maler die besonders im Bozio verbreitete Tradition der Freskenmalerei mit der Moderne verknüpften.

Nach Ghisoni und zum Col de Verde

Ausgangsort Ghisonaccia, ca. 145 km, Karte S. 184/185

Bei der Fahrt über die D 344, die Ghisonaccia in der Tiefebene mit Ghisoni am Fuße des Monte Renoso verbindet, ist das Ergebnis der Binnenwanderung der Bewohner des gebirgigen Hinterlandes in die Ebene zu den Arbeitsplätzen in Landwirtschaft, Industrie und Fremdenverkehr deutlich zu erkennen. Ruinen werden vom Wald überwuchert, Terrassenkulturen verschwinden im Brombeergestrüpp, und kaum bewohnte Dörfchen verstecken sich in der Landschaft. Ghisoni ist das Mutterdorf von Ghisonaccia, dem ›falschen‹ oder ›schlechten Ghisoni‹, wie man den Namen zu übersetzen hat: Die Küstenableger ihrer heimatlichen Gebirgsorte erschienen den Korsen als ›falsch‹ oder ›schlecht‹. Während jedoch der Küstenort wächst – bzw. wuchert, wenn man die einfallslose Architektur der Bauten bewerten will –, veröden die Dörfer des Hinterlandes.

Die D 344, die in den Naturpark mit seinen Wander- und Skigebieten führt, folgt ab **Saint-Antoine** dem Fium Orbo, mit 45 km Länge einer der größeren Flüsse der Insel. Bei **Pinzalone** gerät man unvermittelt in eine der wildesten Landschaften Korsikas: die Schluchten des **Défilé de l'Inzecca** 6. Die grünlich und rötlich schimmernden Felsen, nur spärlich mit Macchia bewachsen, ragen steil zu beiden Seiten des Flusses auf. Die Straße ist schmal und schlängelt sich stellenweise in großer Höhe am Fium Orbo entlang, der hier besonders im Frühjahr seine wilde Kraft zeigt. Unterhalb der Ortschaft **Sampolo** verbreitert sich die Straße unverhofft zur ausgebauten Neubaustrecke, führt höher am Hang entlang und durchbricht gar per Tunnel eine Felsnase. Der Grund für diesen großzügigen Ausbau ist ein Stausee, der 2 Mio. m^3 Wasser speichern kann und ein Kraftwerk antreibt.

Das Tal dehnt sich nun ohnehin etwas weiter aus, die Hänge sind jetzt bewaldet. Doch auch hier, im **Défilé des Strette** 7, gibt es kahle Wände, die bis zu 300 m hoch aufragend das Bett des Fium Orbo flankieren. Durch diese spektakuläre Landschaft wird man zum ruhigen und gemütlichen **Ghisoni** 8 (S. 288) geleitet, das ganz unkorsisch in einem tiefen Talkessel liegt. Die Sohle dieses Talkessels befindet sich immerhin noch 658 m ü. d. M. zwischen den beiden Paßhöhen Col de Sorba und Col de Verde.

Von kahlen Bergkuppen überragt, prägen Wälder das Landschaftsbild. Kastanien mischen sich mit Buchen, die allmählich mit ihrem grünen Dach die Straße zu überwölben beginnen. Im Südosten ragen die beiden schroffen Felsgipfel **Christe-Eleïson** und **Kyrie-Eleïson** auf, im Westen wird das Hochtal von der **Punta di l'Oriente** (2112 m) begrenzt. Das Hotel in Ghisoni bietet sich vor allem als Unterkunftsmöglichkeit für Wanderer an, die frühmorgens, etwa

Richtig Reisen *Tip*

Wandern zum Gipfel des Monte Renoso

Im Winter werden im Skigebiet bei Ghisoni die Lifte in Betrieb genommen, allerdings einstweilen weniger für ausländische Touristen als für wintersportbegeisterte Korsen. Am Skilift gegenüber vom Berghotel beginnt auch der Weg zum Monte Renoso. Er ist mit kleinen Steinhaufen *(Cairns)* markiert und für die ganze Familie geeignet, da er keinerlei Schwierigkeiten aufweist. Nur sollte man sich vor dem Abmarsch über das Wetter informieren: Wie überall im Hochgebirge kann es sich rasch ändern.

Nach zwei Stunden Wanderung erreicht man ein Plateau mit dem dunkelgrün schimmernden Lac de Bastiani, nach einer weiteren Stunde den Gipfel des Monte Renoso. Wer früh genug aufgebrochen ist, hat die besten Chancen, eine von Dunst und Nebel ungetrübte Aussicht genießen zu können. Das gesamte südliche Gebirgsmassiv Korsikas liegt dem Gipfelstürmer zu Füßen, bei sehr guter Sicht soll der Blick gar bis nach Sardinien reichen. Im Norden sieht man die Gipfel des Monte d'Oro, Monte Rotondo, Paglia Orba und auch den Monte Cinto, wenn er sich nicht gerade in Wolken hüllt.

Ab der ›Bergerie de Capannelle‹ bieten sich weitere Wandermöglichkeiten auch über den GR 20 an. Sowohl nach Vizzavona als auch zum Col de Verde kann man in jeweils einer Tagestour wandern. Der sonst oftmals so anspruchsvolle GR 20 ist auf beiden Etappen leicht zu nehmen und wie üblich hervorragend rot-weiß markiert.

Am Col de Verde

zum Gipfel des **Monte Renoso** (2352 m) (s. S. 188), aufbrechen wollen.

Von Ghisoni sind es nur noch 20 km zum Parkplatz bei der ›**Bergerie de Capannelle**‹ 9 in 1640 m Höhe. ›Ghisoni 2000‹ steht auf den Wegweisern. Hier verbringen immer noch Hirten mit ihren Herden den Sommer. Übernachtung und Essen gibt es in einer *Auberge*, Lebensmittel kann man zwar kaufen, doch ist das Feuermachen verboten. Etwas oberhalb bietet außerdem eine Schutzhütte ganzjährig Unterkunft.

Der D 69 weiter südlich folgend, erreicht man schon bald den **Col de Verde** (1289 m) an der Grenze zum Département Corse du Sud, wo die Straße weiter ins Alta Rocca führt (im Winter ist der Paß oft unpassierbar). Die mit Buchen und Birken bewachsene Paßhöhe ist beliebter Ausgangspunkt für Wanderer, im Sommer sorgt ein Kiosk und ein *Refuge* für die Versorgung.

Wer von Ghisoni nicht auf direktem Weg zurück in die Ebene will, sollte in Richtung **Vivario** 10 weiterfahren. Die D 69 führt zunächst durch einen mächtigen Kastanienwald, der von Strandkiefern und später von gewaltigen Schwarzkiefern abgelöst wird. Vom **Col de Sorba** (1311 m) aus bietet sich ein zweistündiger Waldspaziergang auf die **Punta Muro** (1565 m) an. Der gut sichtbare Weg führt immer am Grat entlang zu einer lohnenden Aussicht.

Kurz vor Vivario zweigt die D 343 ab, eine der einsamsten Routen der Insel. Die Straße führt durch den **Forêt de Rospa Sorba** 11 mit vielen Spazier- und

Wandermöglichkeiten über **Vezzani** und **Pietroso** zurück in die Ebene zum ›falschen‹ Ghisoni.

Das Fiumorbo

Ausgangsort Ghisonaccia, ca. 50 km, Karte S. 184/185

Nur wenige Kilometer westlich von Ghisonaccia beginnt das Fiumorbo. Diese faszinierende, kaum bewohnte und abgeschiedene Wald- und Berglandschaft müßte eigentlich nach dem 20 km langen Fluß, der sie durchfließt, Abatesco heißen; der Fium Orbo fließt etliche Kilometer weiter nördlich. Das Fiumorbo ist eines der sieben regionalen Wanderreviere, die die Parkverwaltung ausgebaut und gekennzeichnet hat. Die mittlere der drei die Insel querenden Wanderrouten, ›Da Mare a Mare‹, verläuft überdies von Ghisonaccia durch das Fiumorbo nach Ajaccio (s. S. 312 ff.).

Bei einer Rundfahrt durch das Fiumorbo wird man von dichten Korkeichen- und Kastanienwäldern und undurchdringlicher Macchia-Vegetation begleitet. Die wenigen Dörfer sind in ihrer abgelegenen Ursprünglichkeit allesamt sehenswert. **Serra-di-Fiumorbo** 12, 450 m ü. d. M. gelegen, bietet eine herrliche Aussicht auf die Küstenebene. In diesem Teil Korsikas, wo längst rollende Läden die Versorgung übernommen haben, besitzt nicht einmal jedes Dorf eine Bar. Häufiger finden sich kommunale Einrichtungen wie Backöfen und Waschhäuser.

Um so mehr überrascht die Existenz eines Hotels in **Pietrapola** 13 (S. 292). In dem kleinen Kurort tritt heißes, schwefelhaltiges Wasser zutage, dessen Heilkraft schon die Römer zu schätzen wußten. Auch heute noch lohnt sich ein bescheidener Kurbetrieb. Eine Wanderung von diesem Quartier nach Serra-di-Fiumorbo dauert zweieinhalb Stunden. Auch die anderen Orte des Fiumorbo lassen sich in Tageswanderungen von Pietrapola aus entdecken.

Mit dem Auto führt die Rundfahrt weiter über die Ortschaften **San-Gavino-di-Fiumorbo** und **Isolaccio-di-Fiumorbo** nach **Prunelli-di-Fiumorbo** 14, mit über 2000 Einwohnern dem Hauptort der Region. Bei Prunelli sind die Spuren der regionalen Siedlungsgeschichte zu besichtigen. Die Ruine der vorromanischen Kirche **San Giovanni Battista,** erbaut Ende des 6. bis ins 7. Jh., ist über einen Fußweg unterhalb des Ortes von der D 345 aus zu erreichen. Die äußerst schlichte Kirche, vielleicht das älteste Gotteshaus der Insel, besaß außer der Türöffnung im Süden nur ein einziges schmales Fenster an der Ostseite. Der dachförmige Türsturz ist mit archaisch wirkenden, rätselhaften Symbolen verziert. Von hier aus ist es nicht weit zur Küstenebene und zur Hauptstraße N 198, auf der man schnell jeden beliebigen Ort an der Ostküste erreichen kann.

Im Süden – Von Porto-Vecchio ins Alta Rocca

Porto-Vecchio – Korsika im kleinen

»Die Region Porto-Vecchio ist Korsika im kleinen, weil sie zu ihrem ausgedehnten Territorium prosperierende Küstenzonen zählt, die dank Tourismus, Handel, Handwerk und Hafenverkehr entwickelt sind, und darüber hinaus Binnenzonen bis in 1300 m Höhe, mit Dörfern oder kleinen dörflichen Siedlungen mit insgesamt 3000 Einwohnern, die das echte innere Korsika sind, das landwirtschaftliche und ländliche Korsika.« So beschrieb Jean-Paul Rocca-Serra, bis zu seinem Tod 1997 der führende Konservative auf der Insel, Chef des mächtigsten Inselclans und Präsident der Regionalversammlung, die Situation der Kommune Porto-Vecchio, der er seit 1950 als Bürgermeister vorstand.

Porto-Vecchio liegt 41 km südlich von Solenzara an der N 198, die 122 km lang, als eine Art Schnellstraße Bastia mit Bonifacio verbindet. Immer geradeaus führt sie vorwiegend durch die Monokulturen der Plaine Orientale, bis sie Solenzara erreicht. Schlagartig wird nun die Landschaft attraktiver: Vom Schwemmland der Tiefebene führt die Straße abrupt in das Bergland, dessen Ausläufer sich bis an die Küste schieben. Die Stufe kennzeichnet gleichzeitig den Übergang zum Département Corse du Sud. Korkeichen beginnen die Macchia zu durchsetzen. Sie bilden, in der Region um Porto-Vecchio einen 8000 ha großen Wald, den größten seiner Art auf Korsika. Die roten Stämme zeigen an, daß die Korkeichen noch immer geschält werden. Der regionalen Hauptstadt haben sie schon einen bescheidenen Wohlstand beschert, bevor die ›weiße Industrie‹ der Salzgewinnung ihn vermehrte.

Die N 198 umkurvt nun eine weißsandige und von roten Felsen gesäumte Badebucht nach der anderen. Auf dem Wasser gleiten Surfer dahin, die ihrem Sport hier vor einer reizvolleren Kulisse als im Norden und gefahrloser als weiter im Süden nachgehen, denn tückische Winde sind an der Ostküste seltener. Die Zahl und Exklusivität der Ferienanlagen nimmt zu, jedoch ohne eine Dichte zu erreichen, wie sie auf der anderen Seite des Tyrrhenischen Meeres die italienische Küste stellenweise prägt. Solenzara, Favone (S. 287) und das fast schon mondäne Porto-Vecchio bieten Unterkünfte aller Art, Restaurants und Läden: Hier beginnt die **Côte des Nacres,** die ›Perlmutterküste‹.

Porto-Vecchio und der Golf

Die Stadt **Porto-Vecchio** **1** (S. 294) liegt, geschützt vor stürmischer See, am Ende des gleichnamigen Golfs, der fjordartig ins Binnenland hineinragt. Die genuesische ›Bank des hl. Georg‹ errichtete hier eine **Zitadelle:** 1539 wurde der Grundstein gelegt, 70 m über dem *Purti Vecchiu*, dem Alten Hafen. Kolonisten aus Genua wurden im Schutze ihrer Mauern angesiedelt, als Bollwerk gegen die unzuverlässigen Korsen und die Angreifer von See. Wesentliche Teile der genuesischen Zitadelle, drei Bastionen und Reste der Umfassungsmauer mit dem Osttor, der **Porte Génoise,** die bei

◁ *Ansicht von Propriano mit Jachthafen*

Umgebung von Porto-Vecchio, Col de Bavella

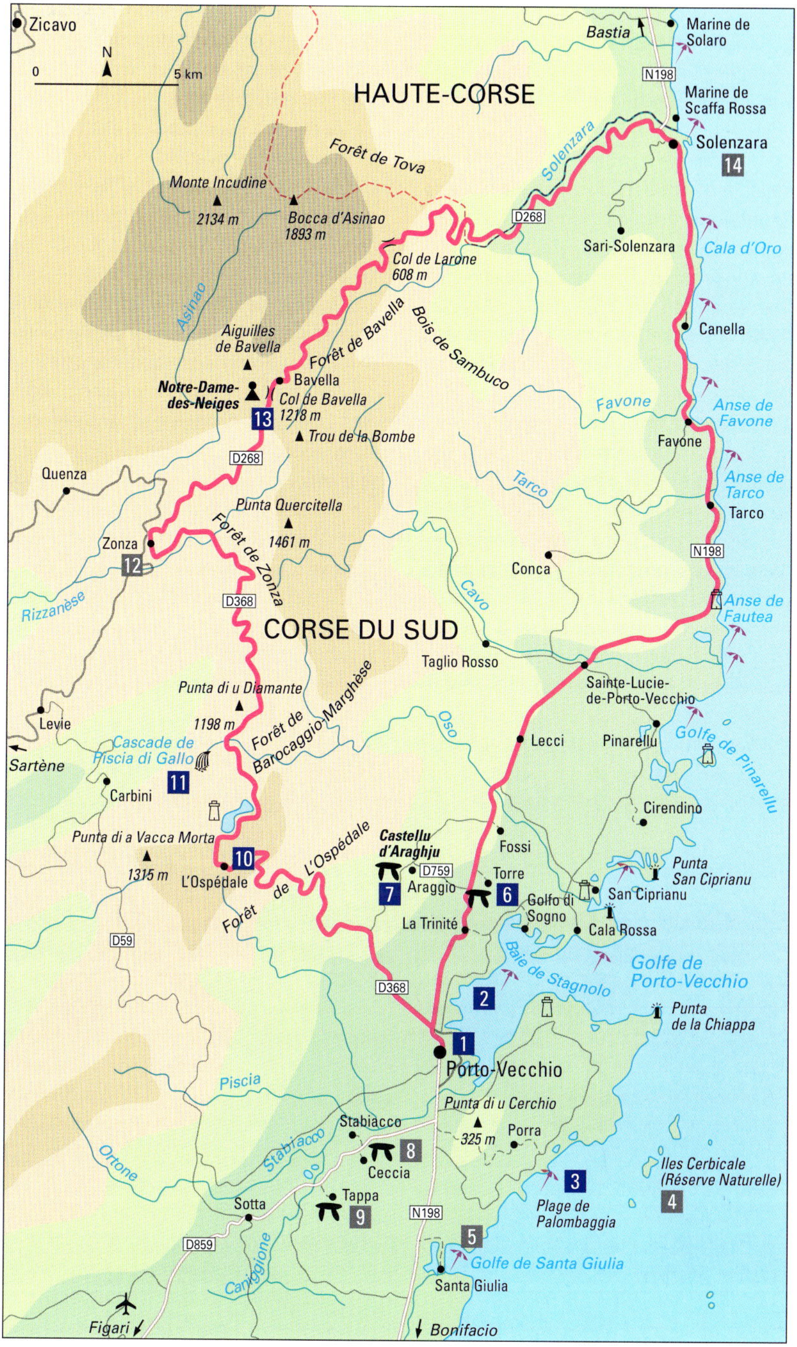
Zicavo
N
0
5 km
HAUTE-CORSE
Bastia
Marine de Solaro
N198
Marine de Scaffa Rossa
Solenzara
14
Forêt de Tova
Solenzara
Monte Incudine
2134 m
Bocca d'Asinao
1893 m
D268
Sari-Solenzara
Cala d'Oro
Col de Larone
608 m
Asinao
Aiguilles de Bavella
Forêt de Bavella
Bois de Sambuco
Canella
Notre-Dame-des-Neiges
Bavella
Col de Bavella
1218 m
13
Trou de la Bombe
Favone
Anse de Favone
Favone
D268
Quenza
Tarco
Anse de Tarco
Tarco
Punta Quercitella
1461 m
Forêt de Zonza
Zonza
12
N198
Conca
Rizzanèse
D368
Cavo
Anse de Fautea
CORSE DU SUD
Taglio Rosso
Sainte-Lucie-de-Porto-Vecchio
Punta di u Diamante
1198 m
Forêt de Barocaggio-Marghèse
Oso
Levie
Lecci
Pinarellu
Golfe de Pinarellu
Sartène
Cascade de Piscia di Gallo
11
Carbini
Cirendino
Punta di a Vacca Morta
1315 m
10
L'Ospédale
Forêt de L'Ospédale
Castellu d'Araghju
Fossi
D759
Araggio
7
Torre
6
Punta San Ciprianu
San Ciprianu
Golfo di Sogno
Cala Rossa
La Trinité
D59
Baie de Stagnolo
Golfe de Porto-Vecchio
2
Punta de la Chiappa
D368
1
Porto-Vecchio
Piscia
Punta di u Cerchio
325 m
Stabiacco
Porra
Stabiacco
8
Ceccia
Ortone
Iles Cerbicale (Réserve Naturelle)
3
4
Plage de Palombaggia
Tappa
9
Sotta
N198
D859
5
Golfe de Santa Giulia
Canaggione
Santa Giulia
Figari
Bonifacio

Dunkelheit effektvoll von der Seeseite her angestrahlt wird, sind erhalten.

Hinter dem Tor, in den schmalen und von Autos überfüllten Straßen der Alt- oder Oberstadt, mischt sich im Sommer rund um die Uhr urbanes Leben mit touristischem Treiben. Auf der **Place de la République** erholen sich Nachtschwärmer und Bergwanderer, die vom nahen Bavella-Massiv kommen, gleichermaßen von den Strapazen des Aktivurlaubs. Sie sitzen einträchtig zusammen mit Einheimischen auf den Plastikstühlen der Straßencafés und sehen den Tauben und Flaneuren zu.

Im neuen **Jachthafen** unterhalb der Stadtmauern dümpelt so manches Luxusschiff neben den zahllosen Booten aus Serienproduktion. Die Hafenpromenade ist gesäumt von Bars, Restaurants und Boutiquen. Wie in allen Restaurants der Stadt werden vorwiegend Langusten, Fisch und besonders Muscheln aus dem Golf schmackhaft zubereitet. Porto-Vecchio erinnert ein wenig an die mondänen Ferienorte der französischen Riviera und ist im Sommer auch entsprechend überlaufen.

Neben dem Tourismusgeschäft gibt es für die Bewohner der Stadt auch Arbeitsplätze in Gewerbebetrieben. Die auffälligste Produktionsstätte liegt direkt hinter dem Fähranleger: In der einzigen **Saline** Korsikas wird nach einem uralten Verfahren Salz aus dem Meerwasser gewonnen, das in einem System flacher Becken unter der heißen Sommersonne verdunstet.

In den letzten Jahrzehnten ist die Stadt weit über die rechteckigen Grenzen der alten Stadtmauern hinausgewachsen und ›wuchert‹ immer weiter ins Umland. Ein zäher Kampf um den freien Zugang zum Meer ist entbrannt, den auch das französische Küstenschutzgesetz von 1986 nicht immer garantieren kann. Wald und Macchia brennen zu häufig, als daß nicht der Verdacht aufkäme, hier werde Bauland vorbereitet (s. S. 21).

Traditionelle Salzgewinnung: die Salinen bei Porto-Vecchio

Golf von Porto-Vecchio an der Mündung des Stabiacco

Der herrliche **Golfe de Porto-Vecchio** 2 drängt sich fjordartig ins Mündungsgebiet des Flusses Stabiacco (24 km). Vom Hafen der Stadt aus wirkt er wie ein Binnensee. Das Segel- und Surferparadies bietet auch Tauchern gute Möglichkeiten – wäre es nicht verboten, könnten sie hier Korallen brechen.

Im Norden von Porto-Vecchio locken die **Bucht von Stagnolo,** die **Bucht von San Cipriano** und der **Golfe de Pinarellu.** Im Süden der Stadt bildet die **Palombaggia-Halbinsel** 3 einen der beliebtesten Höhepunkte des Strandtourismus auf ganz Korsika: Wohl nirgendwo sonst auf der Insel sind die Strände so weich und weiß, und die abwechslungsreiche Gliederung der Küste sowie die Aussichten über den Golf von Porto-Vecchio tun ihr übriges. Die vor der Küste liegenden **Iles Cerbicale** 4 stehen unter Naturschutz. Das Vogelparadies darf zwischen April und August nicht besucht werden.

Zum Strand von Palombaggia

Auf dem Pferderücken läßt sich die Palombaggia-Halbinsel wunderbar entdecken – oder per Fahrrad auf einem etwa 20 km langen Rundkurs durch eine

Nasses Vergnügen am Strand von Palombaggia

abwechslungsreiche Landschaft ohne übermäßige Steigungen.

Die Ausfahrt aus Porto-Vecchio nach Süden beginnt zunächst über die N 198. Kurz hinter der Brücke über den Fluß Stabiacco zweigt die schmale Straße nach links ab. Vor allem im Abendlicht herrscht im Flußdelta eine schwermütige Stimmung, verwischen die Grenzen von Land und Wasser im Zwielicht und Schilf. Die Anopheles-Mücken, gefährliche Malariaüberträger, haben das Leben in dieser Gegend früher fast unmöglich gemacht. Um der Mückenplage Herr zu werden, legte man hier u. a. große Eukalyptuspflanzungen an.

Die Straße umrundet nunmehr den 325 m hohen Felsen **Punta di u Cherchio.** Pinien, einzeln in der Macchia stehend oder ausgedehnte Haine bildend, beherrschen die Vegetation der Halbinsel, obwohl die verheerenden Brände von 1973 die Bestände dezimierten. In ihrem Schatten entstanden Clubhotels und Bungalowsiedlungen. Zur See hin prägen – ungewöhnlich für Korsika – Dünen die Landschaft, die in beliebte und belebte Strände auslaufen.

Am südlichen Ende der Rundfahrt sollte man, auf sanft abschüssigem Hang, einen Abstecher zum **Golfe de Santa Giulia** 5 einplanen, der ungewöhnlich reizvoll inmitten einer grünen Landschaft liegt. Exklusive Ferienanlagen und makellose Strände ziehen treue Stammgäste an.

Wo die Torreaner wohnten

Schon die Torreaner schätzten den Golf von Porto-Vecchio als Wasserstraße und besiedelten von hier aus die Insel. Gut erhalten und leicht zu erreichen ist eines ihrer Steinhäuser, 7 km nördlich von Porto-Vecchio und einige hundert Meter von der N 198 entfernt (rechts abbiegen). Der halbkreisförmige Bau gab vermutlich dem kleinen Weiler **Torre** 6 (Turm) seinen Namen, den wiederum der Archäologe Roger Grosjean für die gesamte Kultur benutzte (s. S. 24 f.). Dabei fehlt gerade bei diesem Bauwerk die Cella, der Hauptraum also, der für diese Bauten eigentlich typisch ist. Der Fußweg zu diesem prähistorischen Gebäude führt an einem neueren, aber nicht minder inseltypischen Gemäuer vorbei: Ein Tafoni bildet das natürliche Dach eines Geräteschuppens.

Ein gut erhaltenes Beispiel für eine torreanische Festungsanlage bildet das **Castello d'Araggio** (korsisch *Castellu d'Araghju*) 7 in 245 m Höhe. Man erreicht es in einem halbstündigen Fußmarsch vom Dorf **Araggio** aus. Die Straße zweigt 500 m südlich von Torre von der N 198 nach Westen ab. Die Festung hat einen Umfang von 120 m und ihre Mauern ragen bis zu 5 m hoch auf. Im Mauerwerk erkennt man die Räume für die Wächter. Die technische Leistung der Baumeister, etwa die Zyklopensteine mörtellos zu Mauern zu schichten, ist beachtlich. Wie aber haben es die Torreaner geschafft, Türstürze von bis zu 2 t Gewicht anzubringen?

Sehenswert sind auch die Anlagen von **Ceccia** 8 und **Tappa** 9, südwestlich von Porto-Vecchio in Richtung Sotta gelegen. Über die D 859 folgt man dem Wegweiser nach Ceccia. Hinter dem Dorf liegt, 100 m höher und nur zu Fuß zu erreichen, das gleichnamige ungeschützte Monument. Von hier bot sich schon den torreanischen Wachposten eine umfassende Übersicht über das breite und grüne Stabiacco-Tal bis hin zum Golf.

Die Ruinen von Tappa auf ihrem ebenfalls strategisch günstigen Hügel kann man von hier bereits erkennen. Hinter Ceccia (etwa bei der Überlandleitung) zweigt ein Feldweg nach links von der D 859 zu diesem megalithischen Bau ab. Teile der befestigten Kult- und Wohnanlage gehen bis 2200 v. Chr. zurück, also bis in vortorreanische Zeit.

Leuchtturm an der Pointe de la Chiappa, Golf von Porto-Vecchio

Rundreise zu den Bavella-Türmen

Ausgangsort Solenzara bzw. Porto-Vecchio, ca. 120 km, Karte S. 195

Zu einem Kultobjekt der Neuzeit, der Statue Notre-Dame-des-Neiges, führt eine Tagestour über recht enge und steile Bergstraßen durch eine abwechslungsreiche Landschaft. Radfahrer sollten viel Kondition mitbringen, Autofahrer ihre Anhänger auf dem Campingplatz stehenlassen. Start und Ziel sind Solenzara bzw. Porto-Vecchio, die durch die N 198 direkt verbunden sind.

Beginnt man die Fahrt in Porto-Vecchio, so durchquert man über die D 368 zunächst eine typische Macchia-Landschaft mit Korkeichen. Sie geht in den zu Recht vielgerühmten **Forêt de L'Ospédale** über, in dem Strandkiefern dominieren. Das außerordentlich reizvolle Bergdorf **L'Ospédale** 10 verdankt seinen Namen einem Hospital, das die Römer hier unterhielten. Faszinierende Ausblicke ergeben sich auf die bizarre Kulisse der Bavella-Gipfel und des weiter nördlich aufragenden Incudine-Massivs sowie auf den Golf von Porto-Vecchio.

Von L'Ospédale bietet sich eine zweistündige **Wanderung zum Gallo-Wasserfall** 11 an. Sie beginnt nördlich des Ortes an der Staumauer des idyllisch im Wald gelegenen **Barrage de L'Ospédale,** der Porto-Vecchio mit Trinkwasser versorgt. Etwa 1 km hinter der Staumauer zweigt ein Waldweg rechts von der Straße ab. Er führt direkt zum **Piscia di Gallo** (›Hahnenpiß‹), wie der Wasserfall genannt wird – ein unpassender Name für eine 50 m lange Wasserkaskade!

Auf der Weiterfahrt nach **Zonza** 12 (S. 301), dem Bavella-Massiv entgegen, passiert man ausgedehnte Brandflächen, aus denen graue Felsen und verkohlte Kiefernstämme ragen. Im 900 m hoch gelegenen Bergort Zonza ist es selbst im Sommer angenehm kühl. Der von Schwarzkiefernwäldern umgebene Ort hat diese Gunst der Sommerfrische genutzt und ist mit Hotels, Restaurants und Campingplätzen zum Zentrum für den Bergtourismus im südlichen Teil des ›Parc Naturel Régional de la Corse‹ gewachsen. Im örtlichen Verwaltungsbüro des Naturparks erhält man in der Sommersaison Informationen über Wanderrouten, Bergführer sowie Rast- und Übernachtungsplätze.

Zonza liegt am Schnittpunkt dreier Straßen: der D 368 von Porto-Vecchio, der D 420, die über Quenza und Aullène tief ins Inselinnere führt, und schließlich der D 268, die aus Sartène im Süden kommt und den 9 km entfernten **Col de Bavella** 13 (1218 m) erklimmt. Unterhalb der Baumgrenze recken mächtige Lariciokiefern, angeblich bis zu 1000 Jahre alt, ihre zerzausten Kronen in den Himmel. In gewaltigen Brocken und steilen Wänden tritt das Granitskelett der Insel zutage, die dünner werdende, von Gras bewachsene Erdschicht durchbrechend, bis die grauen Felsen das Feld allein beherrschen.

Den beachtlichen Höhepunkt der Region bilden die alles überragenden Felsnadeln der **Aiguilles de Bavella,** von den Korsen respektlos ›Eselsohren‹ *(Cornes d'Asinao)* genannt. Das höchste ›Eselsohr‹ ist die **Punta Alta** (auch ›Tour VI‹) mit 1855 m. Hier kommen Wanderer, Bergsteiger und vor allem Kletterer auf ihre Kosten, gilt doch das Bavella-Massiv vielen als die schönste Bergformation der ganzen Insel und Extremsportlern als Herausforderung in der Steilwand.

Col de Bavella: Wallfahrtsziel Notre-Dame-des-Neiges

Am Col de Bavella ragt seit 1954 die schneeweiße **Statue der Notre-Dame-des-Neiges** auf, zu deren Füßen sich jedes Jahr am 5. August Scharen frommer Pilgerinnen und Pilger versammeln. Von der Marienstatue kann man eine etwa sechsstündige Rundwanderung zu den Felsnadeln unternehmen. Direkt an der Marienstatue vorbei verläuft der rot-weiß markierte Wanderweg GR 20. Nach etwa fünf Minuten zweigt eine gelb markierte Route, eine Variante des GR 20, nach rechts ab und führt direkt an den ›Türmen‹ und Felsspitzen vorbei. Nach etwa drei Stunden erreicht man wieder die rot-weiß markierte Hauptroute des GR 20, der man nach links folgt, wobei man die Bavellas weitläufig umwandert und so zurück zum Ausgangspunkt gelangt.

Vorbei an Imbißbude und Restaurant führt auf der anderen Paßseite die Straße in Serpentinen abwärts. Die Ausblicke auf das Bergmassiv sind auch von dieser Seite aus atemberaubend. Die stellenweise beängstigend schmale Straße folgt bald schon dem wild sprudelnden Solenzara-Bach durch sein bewaldetes Tal. An zahlreichen Punkten hat der Fluß gewaltige ›Badewannen‹ in den felsigen Untergrund gewaschen und lädt mit seinem klaren, kalten Wasser zu einer willkommenen Abkühlung ein.

Wem das Wasser zu kalt ist, der erreicht nach wenigen Kilometern und vielen Kurven zusammen mit dem Fluß den gemütlichen Badeort **Solenzara** 14 (S. 299). Hier hat der im Frühjahr oft reißende Fluß vor einigen Jahren kurzerhand seine Mündung einige hundert Meter nach Norden verlegt und ein recht malerisches Delta geschaffen. Ein großer Strand bietet selbst in der Hochsaison reichlich Platz. Urlauber, die den Trubel von Porto-Vecchio scheuen, finden im beschaulichen und wenig spektakulären Solenzara leicht eine passende Unterkunft.

Bonifacio und die Südspitze

Bonifacio – Umbrandet, umkämpft und unvermeidbar

■ (S. 280 f.) Bonifacio ist nicht die typischste Stadt Korsikas – aber sicher die originellste. Auf einer Landzunge aus weißem Kalkfelsen thront die Oberstadt in schwindelnder Höhe über dem Meer. Eingeschlossen von Korsikas gewaltigster Festungsanlage, balancieren die hohen Stadthäuser mit Blick zum nahen Sardinien direkt am Südrand der vom Meer angenagten Felsen. Die Häuser der nördlichen Oberstadt sind Teil der Stadtmauer, zu deren Füßen die tiefe Bucht endet, die Bonifacios idealen Naturhafen bildet. Kaum ein Reisender kann sich dem Charme der südlichsten Stadt Frankreichs entziehen, die mehr als einen Tagesausflug wert ist.

Zu den frühesten Besuchern Bonifacios gehörten angeblich Odysseus und seine Gefährten. Homer läßt den Seefahrer erzählen: »Der Hafen, in den wir einfuhren, war vortrefflich, von allen Seiten durch schroffe Felsen geschirmt, so daß das Gewässer in der Bucht stets ruhig und wellenlos war.« Diese Beschreibung paßt so genau auf den Fjord, den die schmale Halbinsel mit der Altstadt Bonifacios gute 60 m hoch überragt, daß man annehmen kann, sie gelte ihm tatsächlich. ›Lästrygonen‹ nannte Homer die menschenfressenden Riesen, die seinen griechischen Landsleuten eine vernichtende Niederlage beibrachten. Nur ein Schiff entkam der Wucht der Steine, die sie in die Tiefe warfen. Waren es die kriegerischen Torreaner, deren aus Stein getürmte Bauten man im Süden Korsikas finden kann?

Beängstigend nah an den Klippen gebaut: die Häuser von Bonifacio

Bereits um 6750 v. Chr. müssen hier Menschen gelebt haben: Dieses Alter ergab jedenfalls ein Radiokarbontest für die ›Dame von Bonifacio‹, deren Skelett man hier 1972 fand und das nun im Museum von Levie (s. S. 234) zu sehen ist. Ihren Namen soll die Stadt Bonifacio von dem toskanischen Grafen Bonifacio erhalten haben, einem Helden im Kampf gegen die Mauren. Im 12. Jh. hatten Pisa und Genua mehrfach blutige Kämpfe um die Stadt geführt, bis Genua im Jahre 1196 die Oberhand behielt. Genuesische Familien wurden nun angesiedelt, denen die Stadtrepublik sogar das für derartige Pflanzstädte unübliche Privileg der Selbstverwaltung zugestand. Im Schutze von Stadtmauer und Zitadelle, dem *Castelleto*, bildeten sie bis zur Eroberung Korsikas durch Frankreich 1769 eine politische und kulturelle Enklave auf der Insel. Sprachlich unterscheiden sich die *Bunifazinchi* noch immer von den übrigen Korsen, mit denen sie über Jahrhunderte kaum eine Gemeinsamkeit hatten.

Nur zweimal geriet die Stadt direkt in den Strudel der gesamtkorsischen Geschichte: das erste Mal beim Versuch der Spanier, Korsika zu erobern. Damals, im Jahre 1420, haben die Bewohner Bonifacios schwer unter der Belagerung durch König Alfons V. von Aragón gelitten. Er zog angeblich erst ab, als man ihn mit Lebensmitteln bewarf. Diese Verzweiflungstat der fast verhungerten Verteidiger hielten die Spanier für einen Beweis ausreichender Vorräte und eines ungebrochenen Verteidigungswillens. Aus dieser Zeit stammt die steile Treppe des Königs von Aragón, die die Spanier in einer einzigen Nacht in den Kalkfelsen über dem Meer gehauen haben sollen. Schwindelfreie können ihre hohen Stufen zählen: Es sollen 187 sein.

Immerhin 18 Tage lang hielten die von einer Pestepidemie dezimierten Bewohner und Bewohnerinnen (auch Frauen und Mönche waren bewaffnet worden) bei ihrer zweiten Bewährungs-

Faszinierend: die Hausfassaden scheinen mit dem Fels eins zu sein

Klein wie ein Sandkorn sieht der Grain de sable nur von der Höhe der Kalkfelsen aus

probe im Jahre 1553 durch, bis sie dem Druck der Korsaren von See und Sampieros Partisanen von Land erlagen. Wie so oft in Korsikas Geschichte soll Verrat im Spiel gewesen sein. Bonifacio stellte, in strategischer Hinsicht als eine Art ›Gibraltar Korsikas‹ eine Verlockung für fremde Mächte dar. Zudem war es eine reiche Stadt, weshalb sich die Korsaren nur gegen ein hohes Lösegeld von der Plünderung abhalten ließen. Seefahrer und Kaufleute lebten hier, die ihren Reichtum jahrhundertelang nicht zuletzt auch als Seeräuber mehrten.

Von der See und der attraktiven Lage profitieren die etwa 3000 Einwohner noch heute: Bonifacio gilt als korsisches Musterbeispiel für einen wirtschaftlich bedeutenden Fremdenverkehr. Touristen, die mit ihrem eigenen Boot kommen, machen am Ende des Fjords fest, der die Halbinsel mit der Oberstadt vom Festland trennt. Am Nordufer des Jachthafens stehen Hotels, die zu den teuersten der Insel gehören und trotzdem meist ausgebucht sind. Das Südufer wird von Restaurants gesäumt, die vor allem Fischgerichte und Langusten servieren.

Dort legen auch die Ausflugsboote ab, mit denen Besucher die Halbinsel umrunden können: Vorbei am Fischereihafen und dem Anleger der Fähre nach Sardinien sowie den mächtigen Befestigungen der Zitadelle und dem Leuchtturm geht es nach 1600 m die schmale Ausfahrt auf das offene Meer hinaus. Zu Beginn der etwa einstündigen Rundfahrt werden Badebuchten und geheimnisvolle Grotten angesteuert. Das Meer hat sie aus den Kreidefelsen genagt, die eine bis zu 150 m hohe Steilküste bilden. Die Kreideküste ist Teil der insgesamt 77 km langen Wasserfront der Gemeinde von Bonifacio. Während der Fahrt wird deutlich, wie gefährlich dicht sich die Häuser der Oberstadt an die stellenweise überhängende Felskante drängen – manch ein Bau stürzte so ins Meer. Heute werden die Häuser mit Betonfundamenten gesichert.

Stadtrundgang

Der Aufstieg zur **Oberstadt** über eine breite Treppe beginnt bei der **Kirche Saint-Erasme** [1]. Der gedrungene romanische Bau aus dem 13. Jh. wurde im 19. Jh. grundlegend erneuert und mit einer neobyzantinischen Kuppel ›verschönert‹. Die Treppe endet oberhalb des engen Hausstrandes **Sotta Rocca** an der **Kapelle Saint-Roch** [2]. Das kleine Gotteshaus wurde an der Stelle errichtet, wo 1528 das letzte Opfer einer Pestepidemie verstarb. Es gibt wenige Punkte auf dem an Rundblicken wahrlich nicht armen Korsika, die sich mit diesem überwältigenden Panorama vergleichen können: Felsentürme im Meer, ganz dicht der ›Sandkorn‹ *(Grain de sable)* genannte Kalkfelsen, weiter entfernt das Naturschutzgebiet der **Iles Lavezzi** und am Horizont schließlich Sardinien. Viele Korsen suchten zu Vendetta-Zeiten, gejagt von Rächern und Häschern, im nur 12 km entfernten Sardinien Zuflucht; auch Schmuggler wußten die geringe Distanz zu schätzen.

Eine schmale Treppe und eine Zugbrücke führen zum Haupteingang der Oberstadt, der mächtigen **Porta Vecchia** [3]. Bis ins 19. Jh. bildete das genuesische Tor aus dem Jahre 1598, auch ›Porte de Gênes‹ genannt, den einzigen Zugang zur Stadt. Autofahrer können heute auch den später gebauten Hintereingang zur Oberstadt, die **Porte de France,** benutzen. Zu diesem Tor und einem bewachten Parkplatz führt die Avenue Charles de Gaulle, vorbei an einer Säule, die römische Sklaven gemeißelt haben. Heute dient sie dem Gedenken an gefallene Soldaten.

Die Porta Vecchia ist Teil einer Bastion, die sich als mächtiger Block über dem Hafen erhebt. Von ihren Mauern aus kann man den strategischen Wert der Festung erkennen: Sie beherrscht den Hafen und schützt die bewohnte Halbinsel. Einen Teil der Festung kann man besichtigen, der gemeinsame Zugang zur **Bastion de l'Etendard** [4] und zum **Jardin des Vestiges** [5] liegt gleich nördlich neben der Porta Vecchia. Ein Besuch der Bastion lohnt vor allem wegen der Einblicke in die mächtigen Gewölbe. Das Sammelsurium des Heimatmuseums dagegen ist eher bizarr zu nennen, und auch die spärlichen mittelalterlichen Ruinen des Jardin des Vestiges begeistern nicht gerade. Aber das Eintrittsgeld lohnt sich: Hat man doch auf dem Weg von der Bastion zum Jardin hier oben überwältigende Blicke auf den Hafen und die Kalkfelsen östlich der Stadt. Auch außerhalb der Bastion kann man noch ein ganzes Stück auf den Festungsmauern immer wieder neue und kostenlose Ausblicke genießen.

In den engen Gassen in der Oberstadt drängen sich im Sommer die Besucher

Einladend: die Gassen der Oberstadt

regelrecht. Verlaufen kann man sich hier nicht wirklich, dafür ist das alte Zentrum zu klein. Schmale, steile Treppengänge führen zu den turmartigen Häusern, in denen ganze Sippen wohnten und Schutz fanden. Früher ersetzten Strickleitern die Treppen, und noch heute transportieren einige Bewohner ihre Einkäufe per Flaschenzug in die oberen Geschosse. Die Reihe der einfachen Bürgerhäuser wird immer wieder von Repräsentativbauten reicher Familien mit eindrucksvollen Arkadenfronten unterbrochen. Die Arkaden werden z. T. als Ladenräume genutzt. Der verbliebene Teil des ehemaligen Gouverneurspalastes an der Place d'Armes, geschmückt mit zwei Arkaden, beherbergt das Bürgermeisteramt.

Von der Place d'Armes geht die **Rue des deux Empereurs** **6** ab , die ›Straße der zwei Kaiser‹. Der Habsburger Kaiser Karl V. verbrachte im Oktober 1541 einige Tage im **Stadtpalais des Grafen Filippo Cataccioli** (Haus Nr. 22), als ihn widrige Winde auf dem Rückweg von einem mißglückten Algerien-Feldzug auf Korsika Schutz suchen ließen. Das kaiserliche Wappen in dem marmornen Renaissancekapitell über der Tür des schlichten Hauses erinnert an das Ereignis. Der zweite Kaiser, damals noch der französi-

Bonifacio *1 Saint-Erasme 2 Chapelle Saint-Roch 3 Porta Vecchia 4 Bastion de l'Etendard 5 Jardin des Vestiges 6 Rue des deux Empereurs 7 Sainte-Marie-Majeure 8 Palazzu Pubblicu/Art et Histoire 9 Saint-Jean-Baptiste 10 Escalier du Roi d'Aragon 11 Monument de la Légion Etrangère 12 Saint-Dominique 13 Friedhof 14 Saint-François 15 Circuit pédestre des Falaises*

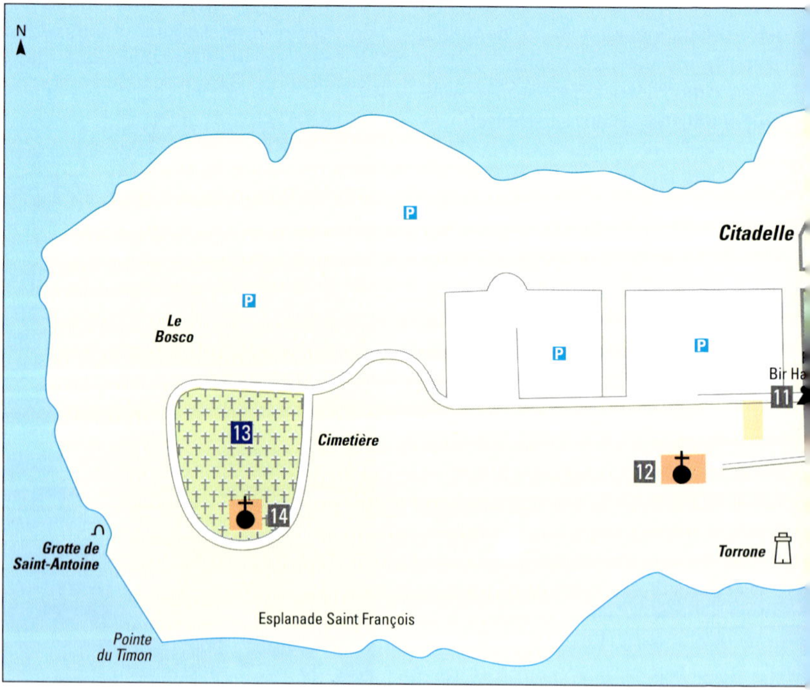

sche Leutnant Napolione Buonaparte, logierte zusammen mit anderen korsischen Freiwilligen vom 22. Januar bis 3. März 1793 im ebenfalls recht einfachen Haus Nr. 31, der **Maison Passano**. Auch sein Einsatz – von Bonifacio aus sollte das ehemals korsische Maddalena-Archipel von Sardinien zurückerobert werden – blieb erfolglos. Er schob die Schuld am Fehlschlag des Unternehmens auf sein vormaliges Idol Pasquale Paoli, der diesen fragwürdigen Feldzug befohlen hatte. Das Zerwürfnis zwischen den beiden blieb endgültig.

Den Mittelpunkt der Altstadt bildet die **Kathedrale Sainte-Marie-Majeure** 7 mit ihrem auffälligen eckigen Glockenturm (gut zur Orientierung). Die Kathedrale wurde seit ihrer Fertigstellung im 14. Jh. stetig renoviert und verändert – die klassizistischen Portale stammen z. B. von

Kathedrale Sainte-Marie-Majeure

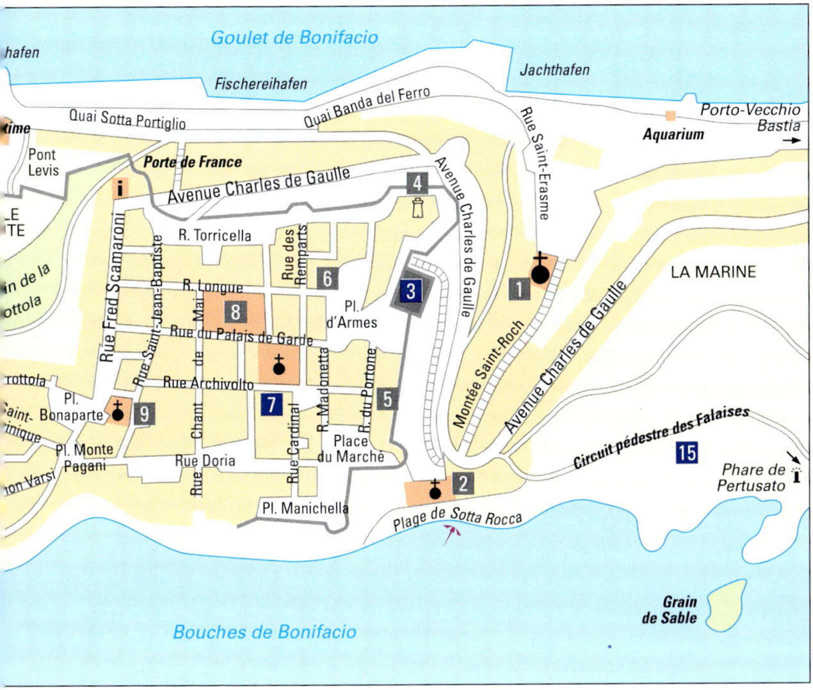

1879 –, so daß sie keinen einheitlichen Baustil mehr aufweist. Das gilt auch für das Kircheninnere, dessen prunkvolle Ausgestaltung vom Reichtum der Stadt zeugt. Bemerkenswert ist ein römischer Marmorsarkophag aus dem 3. Jh.

Die unregelmäßig am Außenbau verteilten Bögen, die, hoch über den Köpfen der Passanten wie kleine Brücken zu den Nachbarhäusern führen, waren Teil eines Leitungssystems, über das früher Regenwasser von den Dächern in eine Zisterne geleitet wurde. Unter der überdachten hölzernen Loggia vor dem Portal befindet sich das heute nicht mehr genutzte, 650 m^3 fassende Wasserreservoir. Hier tagte zu genuesischer Zeit der Rat der Stadt, und ihr Oberhaupt, der *Podestà*, hielt hier Gericht. Heute wird der Platz für kulturelle Veranstaltungen genutzt. Den Platz säumt das alte Hôtel de Ville, heute der **Palazzu Pubblicu – Art et Histoire** 8. Das Museum präsentiert die Kostüme und Ausstattung der religiösen Bruderschaften der Stadt.

Wer noch tiefer in die Altstadt eindringt, kommt zur 1528 errichteten **Kirche Saint-Jean-Baptiste** 9 in der gleichnamigen Straße. Alljährlich am 29. August, dem Tag, an dem Johannes der Täufer enthauptet worden sein soll, ist sie Startpunkt einer Prozession. Noch beeindruckender ist der Karfreitags-Umzug der fünf Bruderschaften Bonifacios: Bis zu 800 kg schwere Reliquienschreine *(Casci)* werden im Lichte von Papierlaternen *(Catatorci)* durch die Stadt zur Kathedrale getragen. In der Rue Saint-Jean-Baptiste bietet ein Bäcker jene Kuchen feil, die traditionell zu den Festtagen gegessen werden, vor allem die süßen *Fagasi*.

Rue Fred Scamaroni

Von der Kirche Saint-Jean-Baptiste aus geht es einen kurzen Weg leicht bergauf zur **Escalier du Roi d'Aragon** 10. Die steilen Stufen der Treppe zum Meer sollte nur hinuntergehen, wer über gute Kondition verfügt, der Rückweg ist nämlich sehr anstrengend. Hinter dem Zugang zu den Treppen endet die Altstadt – der Rest der Halbinsel wird zu großen Teilen militärisch genutzt und ist mit modernen Kasernen und alten Festungsanlagen bebaut. Die Fremdenlegion unterhielt hier bis 1983 einen Stützpunkt. Ein pathetisches Denkmal, das **Monument de la Légion Etrangère** 11 – die Legion hat es 1963 aus Algerien mitgebracht –, erinnert an ihre Rolle in den französischen Kolonialkriegen. In den Kasernen sind mittlerweile reguläre französische Truppen untergebracht.

Westlich oberhalb der Place Bir Hakeim steht die gotische **Kirche Saint-Dominique** 12 mit ihrem weißen, von Zinnen bekränzten und weithin sichtbaren Turm. Ursprünglich waren dort Tempelritter zu Hause. Dominikanermönche ließen die dreischiffige Kirche zwischen 1270 und 1343 als genuesischen Bau mit Arkaden, hohen Fenstern und Spitzbögen errichten. Das angeschlossene Kloster wurde im 17. und 19. Jh. erneuert. Im Innern beeindrucken das hohe und helle gotische Kirchenschiff und die barocke Orgel.

Auf dem Weg zum Ende der Landzunge sind die Ruinen einiger Windmühlen zu sehen. Das heute kahle Plateau, **Le Bosco,** war früher bewaldet. Auf dem angrenzenden **Friedhof** 13, einer wahren Totenstadt, drängen sich die Mausoleen wohlhabender Stadtbürger. Die benachbarte ehemalige **Klosterkirche Saint-François** 14 aus dem 14. Jh. ist ein weiterer Bau der auf Korsika seltenen Gotik. Sie erhebt sich neben den spärlichen Resten der einstigen Klostergebäude. Lohnend ist ein Rundgang durch die Festungsanlagen, die die Halbinsel säumen. Es bieten sich herrliche Ausblicke auf den Fjord mit der Caténa-Bucht und ihrem Badestrand, den Leuchtturm von Madonetta, die weiße Kreideküste und Sardinien.

Ein noch reizvollerer Spaziergang führt von Bonifacio nach Osten über den Klippenweg **Circuit pédestre des Falaises** 15 zum 5 km entfernten **Leuchtturm von Pertusato.** Der Blick zurück auf die Stadt gehört zu den beeindruckendsten Aussichten der ganzen Insel. Doch Vorsicht ist geboten: Überraschend heftige Böen können mitunter sehr gefährlich werden. Kein Baum bricht ihre Kraft, denn außer den kleinen Garrigue-Sträuchern wächst hier wenig. Dafür sorgen schon die Schafe, die man überall weiden sieht. Grundsätzlich sollte man nicht zu dicht an den Rand der Kreideklippen treten. 1990 stürzte eine deutsche Urlauberin 50 m tief mit bröckelndem Gestein die Klippen hinunter – und hat den Sturz fast unverletzt überlebt.

Der extreme Süden

Den **Leuchtturm von Pertusato** 1 kann man auch mit dem Auto über eine Abzweigung der D 260 erreichen, die an einer verfallenen Bastion vorbeiführt. Die Straße ist Teil eines Wegenetzes, das das **Capo Pertusato,** die südlichste Spitze Korsikas, überzieht. Macchia und weißer Kalkstein prägen die Landschaft. Die Bauern haben die Brocken mühsam aus ihren Feldern gesammelt und zu Mauern geschichtet. Zwischen diesen weißen, überwucherten Mauern sind die Straßen oft so eng, daß gerade Platz für einen Wagen bleibt. Aus Kalkstein bestehen auch die Häuser, auf die man hin und wieder stößt. Die originellen

Die Umgebung von Bonifacio und die Montagne de Cagna

Barraconi, winzige Hütten, die so schon in der Antike gebaut wurden, dienen den Bauern als Unterschlupf und Schuppen für Ackergeräte.

Im äußersten Südosten, am **Capo di Sperone** 2, werden die Greens eines Golfplatzes gepflegt. Zwischen weißen Sandbuchten und über steilen Klippen heben sie sich deutlich vom dunkleren Farbton der Macchia ab. Der Blick über das türkisfarbene Meer reicht bis nach Sardinien. Kennern gilt dieser Platz als einer der schönsten der Welt (s. S. 310).

In Sichtnähe bietet die **Ile Cavallo** 3 einen besonders heiklen Fall von Luxustourismus. Sie ist zwar exklusiver als am Capo di Sperone, aber gebombt wurde bereits hier wie dort. Doch auf der Insel verscherzten sich nicht Kapitalgesellschaften die Sympathie des korsischen Untergrunds. Die Drogen-Mafia tut sich schwer beim Teilen der Profite, die sich mit einem unbewachten Flugplatz erzielen lassen. Die Folge: Endlich zeigt Frankreich Flagge in einem zuvor fast exterritorialen Gebiet.

Harmlosere Vergnügungen bietet der Golfe de Santa Manza, der die Pertusato-Halbinsel im Norden begrenzt. Er ist über die nach Osten führende D 58 von Bonifacio aus erreichbar. Am Wege liegt das ehemalige **Kloster Saint-Ju-**

lien 4, das allerdings, wie die umliegenden Gebäude, heute privat genutzt wird und nicht besichtigt werden kann. An dieser Stelle soll Franz von Assisi 1214, unerkannt von den Mönchen des damaligen Klosters, einige unbequeme Nächte im Freien verbracht haben. Hinter dem Kloster führt rechts ein Weg zu einer Bucht mit herrlichem Sandstrand, zur **Plage de Calalonga** 5.

Der tief ins Land reichende Golfe de Santa Manza wurde mit seinen schönen Stränden und Klippen von Surfern und Schnorchlern lange als Geheimtip gehandelt. Der Ort **Gurgazu** 6 besteht vor allem aus Hotel und Restaurant, gewährt aber einen reizvollen Blick über den Golf.

Küste und Hinterland im Südwesten

Ausgangsort Bonifacio, 100 km, Karte S. 214

Parallel zur Küste westlich von Bonifacio bis hin zum **Cap de Roccapina** verläuft die N 196. Die zahlreichen Strände sind z. T. nur über mühsame Fußmärsche, manche nur von der Seeseite erreichbar. Etliche Wege führen zu privaten Ferienanlagen. Am **Capo di Feno,** 7 km nördlich von Bonifacio, lohnt ein Abstecher zur Wallfahrtskirche **Ermitage de la Trinité** 7. Vom Kirchplatz hat man einen schönen Blick auf Bonifacio.

Tief ins Land verzweigt sich wenige Kilometer weiter der **Golfe de Ventilegne** 8. An seinem Südufer erinnert eine gut erhaltene Geschützstellung an den Zweiten Weltkrieg. Von hier überblickt man einen typischen Teil der korsischen Südküste: dichte, kurze Macchia, von grauen Granitbrocken durchstoßen, das grüne Mündungsdelta des Ventilegne und im Hintergrund die **Montagne de Cagna,** das südlichste Gebirge Korsikas. Die menschenleere Landschaft wirkt auf weite Strecken eher eintönig, vor allem wenn im Herbst die Macchia unter der sengenden Sonne verdorrt.

Das Bild könnte sich schon bald ändern, denn die Strände des Golfe de Ventilegne und seine Nähe zu Bonifacio und zum Flughafen von Figari haben bereits das Interesse von Investoren geweckt. Wilde Camper und Schwimmer, die ihre Autos auf dem breiten Strand am Golf parken, scheinen die touristische Nutzbarkeit des Gebietes zu beweisen. Die Polizei mahnt potentielle Nach-

Café am Roccapina-Paß

ahmer zur Vorsicht, da gerade an solchen menschenleeren Stränden häufig Autos ausgeraubt werden.

Wer in Richtung Figari und Sotta ins Landesinnere fährt, dringt schon bald in eine freundliche Parklandschaft vor. Die relativ ebenen Straßen sind auch gut für Radler geeignet. Der Unterschied zur kargen Küstenregion ist augenfällig: Ein breites Tal mit Korkeichen und grünen Wiesen, auf denen Kühe weiden, öffnet sich. Sanfte Hänge sind teils mit dichter Macchia, teils mit den Weinreben des Anbaugebietes von Figari bewachsen, aus dem recht ansprechende rote AOC-Weine stammen.

Beim Weiler **Montilati** lädt die **Kapelle San Quilico** 9 zu einem Halt ein. Das gut erhaltene pisanische Kirchlein aus dem 12. Jh. mißt nur 7 m, und nur ein einziges kleines Fenster läßt ein wenig Licht in den Innenraum mit seinem Tonnengewölbe. Am Ende der Straße stößt man bei **Ceccia** auf die Spuren der Torreaner (s. S. 199).

Im reizvollen **Sotta** 10 (S. 299) sollte man sich vor allem den alten Dorfkern etwas abseits der Hauptstraße ansehen. Die Häuser dieses für den Süden typischen *Piaghia*-Dorfes sind verstreut um bizarre Felsblöcke ›angeordnet‹. Bis ins 19. Jh. hinein haben in ihrem Schutz Hirten aus der historischen Landschaft Alta Rocca ihr Winterquartier am Ende des Herdenweges unterhalten.

Dem Zug der Transhumanz (s. S. 157) folgt die D 59 nach **Levie.** Die kurvenreiche Straße über das Granitgebirge **Montagne de Cagna** eröffnet grandiose Ausblicke über das Flußtal des Stabiacco bis zum Golf von Porto-Vecchio. Ihren höchsten Punkt erreicht sie mit 809 m beim **Col de Bacinu** 11. Auf der nördlichen Seite ist das Cagna-Gebirge mit seinen bizarren Felsformationen wasserreich und bewaldet. In seinem Zentrum um die 1340 m hohe **Punta d'Ovace** sowie an der allmählich zur See auslaufenden Südflanke ist das Gebirge unwirtlicher, wenig besiedelt und kaum erschlossen.

Das Zusammenspiel von Temperaturschwankungen und mechanischen Kräften hat hier das Urgestein Granit zu phantastischen Steingebilden geformt. Die Felsburgen scheinen von Riesenhand aufgetürmt, die Block- und Felsenmeere, besonders am Südhang des Bergmassivs, wirken wie von unsichtbarer Macht in die Landschaft gestreut. In ihrer Nähe finden sich häufig sogenannte Wackelsteine: Auf kleinster Fläche ruhen mehr oder weniger mächtige Granitbrocken, die vermutlich unter einer Erdschicht durch den Einfluß von Sickerwasser entstanden sind. Sie wackeln keineswegs, sondern stehen fest und sicher. Der auffälligste und größte ist der **Uomo di Cagna,** auch ›Drachenkopf‹ genannt. Seine 400 t Gewicht ruhen auf einer Auflagefläche von nicht einmal 1 m^2.

Der Uomo di Cagna liegt in über 1000 m Höhe oberhalb des Bergdorfes **Gianuccio** 12, dem man seinen Ursprung als *Bergerie* ansieht. Das Dorf auf der Südseite des Gebirges erreicht man nur über eine Abzweigung von der Küstenstraße N 196. Wenn man nicht dieselbe Strecke über die D 859 und über Figari zurückfahren will, nimmt man die D 22 über die Dörfer **Pruno, Tarrabucceta** und **Poggiale** zurück zur Küste.

Die Nationalstraße N 196 durchquert eine der wenigen Siedlungen dieses Küstenabschnitts, den Doppelort **Pianotolli-Caldarello** 13 (S. 292). Die Badestrände am malerischen Golf von Figari bieten den Betreibern von einigen Restaurants, Hotels und Campingplätzen eine Lebensgrundlage. Bis zum Meer hin kennzeichnen bizarre Granitfelsen die Landschaft, die sich förmlich in den Ortsteil Caldarello zu drängen scheinen.

Cap de Roccapina mit Wachturm und Rocher du Lion

Die Römer haben hier, im früheren Ficaria, einen Hafen unterhalten, die Genuesen einen Wachturm gebaut, der noch immer steht. Die beiden kleinen Flüsse Rau de Canella und Rau de Suale Vecchio ließen die Gegend jedoch versumpfen und machten sie wegen der Malaria unwohnlich. Noch zu Beginn des 19. Jh. standen im nördlichen Pianotolli nur vier Häuser, in Caldarello nur ein paar Hütten für Hirten.

Vom Tourismus unberührter ist **Monacia d'Aullène** 14, eine Streusiedlung, wie sie im Süden häufig zu finden ist. Der Name kennzeichnet es als ehemaligen Winterstützpunkt der Hirten von Aullène im Alta Rocca. Heute wird hier ein guter Wein angebaut. Im nördlichen Ortsteil stößt man auf kaum noch wahrnehmbare Mauerreste eines Klosters aus dem 6. Jh., das der hl. Monika geweiht sein soll. *Munacia d'Auddè*, wie die Korsen es nennen, liegt am Anfang der Straße, die sich anschließend 5 km durch ein bewaldetes und immer enger werdendes Tal bis nach **Gianuccio** windet.

Eine Raststätte im weiteren Verlauf der N 196 weist auf die letzte Attraktion vor der Grenze zum Sartenais hin, die der Ortolo bildet: den **Rocher du Lion** 15 beim **Cap de Roccapina**. Der Felsen sieht in der Tat einem Löwen ähnlich – einem Löwen, der einen genuesischen Wachturm anbrüllt. Er ist, wie die Sage weiß, ein versteinerter Edelmann. Aus Verzweiflung über eine unerwiderte Liebe erstarrte er sinnigerweise zum Löwen – war er doch im Leben ein tapferer Held in den Sarazenen-Kriegen gewesen. Sein letzter Blick soll der kühlen Jungfrau gegolten haben. Der letzte Blick der heutigen Besucher gilt der Aussicht über das Meer und die Küste, an deren Ende sich die weiße Festung Bonifacio erhebt. Zum Strand unterhalb des Löwen führt nahe einer *Auberge* eine Schotterpiste.

Sartenais – Finstere Reize

Hinter einer reich gegliederten Küste, zwischen den Unterläufen der Flüsse Ortolo und Taravo, liegt das Hügelland der Region Sartenais, durchflossen vom Rizzanèse. Taravo und Rizzanèse, beide 53 km lang und damit die größten Flüsse des Départements Corse du Sud, bilden vergleichsweise breite Talebenen, in denen sich Rebflächen mit Olivenhainen abwechseln, Gemüse und Obst angebaut werden und Kühe weiden. Die Region, über Jahrhunderte eher die *Piaghia* von Dörfern im Landesinnern als Siedlungsgebiet, ist noch immer weitgehend menschenleer und wenig besiedelt.

Invasoren von See und die unaufhörlichen Kämpfe des Feudaladels haben die Gegend entvölkert, ganz ähnlich wie im westlich angrenzenden Ornano. Noch heute wird das gesamte Département Corse du Sud *Terra di Signori*, ›Land der Herren‹, genannt, dem der eigensüchtige Adel seinen Stempel nachhaltig aufdrückte. Die weitverzweigte Familie Rocca war eine besonders erfolgreiche Adelssippe. Der Golf von Valinco wird auf alten Karten ›Golf della Rocca‹ genannt. Die Landschaften Rocca (um Fozzano) und das Alta Rocca (Hohes Rocca) oberhalb von Sartène erinnern noch heute an sie. Die Ruine ihrer Burg Castelnovo findet sich in den Bergen bei Olmeto.

Sartène – ›Korsischste aller korsischen Städte‹

■ (S. 298) Sartène (korsisch *Sartè*) ist die Hauptstadt des Sartenais und mit 20 000 ha Fläche die größte Gemeinde der Insel. Über 3500 Einwohner leben in dieser ›korsischsten aller korsischen

Sartène, Hauptstadt des Sartenais

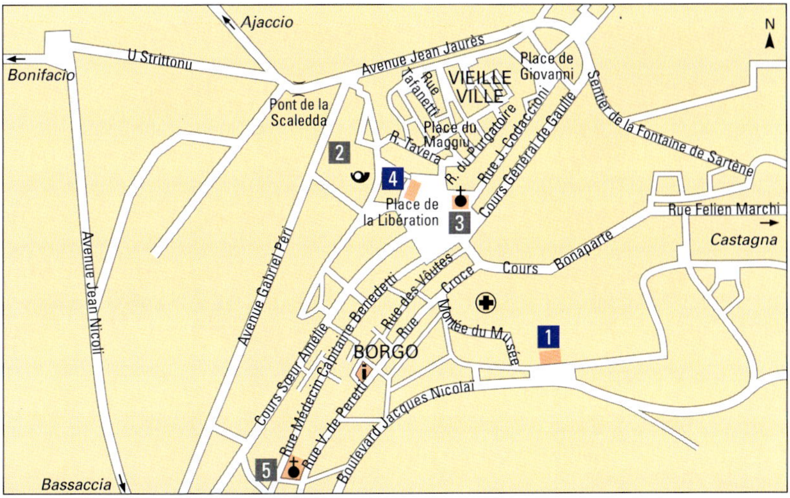

Sartène *1 Musée de la Préhistoire Corse 2 L'Echauguette 3 Sainte-Marie 4 Hôtel de Ville 5 Chapelle Saint-Sébastien*

Städte‹: Kein Reiseführer verzichtet auf dieses Mérimée-Zitat. Es bezieht sich neben der Lage der Stadt, die festungsartig das breite Rizzanèse-Tal beherrscht, auf die wehrhaften Gebäude der Altstadt und nicht zuletzt auf die blutige Geschichte von *Sartè*. Heute leben viele ›Gastarbeiter‹ in den turmartigen Granithäusern der finsteren Gassen. Manchem Korsen ist die abweisende Mittelalterlichkeit, die auf Touristen so anziehend wirkt, zu unwohnlich geworden.

Sartène und das Sartenais galten bis in die jüngste Vergangenheit als Hochburg der Vendetta. Eine Mischung sozialer und feudaler Fehden zwischen den Bewohnern der Oberstadt, dem *Borgo*, und der Altstadt hat noch im 19. Jh. zu einem regelrechten Bürgerkrieg geführt. In dieser noch frischen historischen Erfahrung mag ein Grund für die heutigen politischen Verhältnisse liegen: Ausgerechnet Sartène, wo die Mitglieder des *Sgio*, des Stadtadels, bis in die jüngste Vergangenheit das Sagen hatten, wird kommunistisch regiert – ein roter Stachel im Fleisch des konservativ dominierten Départements Corse du Sud.

Die Grundlage der sozialen Spannungen legten die Genuesen im 16. Jh., als sie auf einem Felsen hoch über dem Fluß Rizzanèse ihre Festung errichteten, den Kern des heutigen Sartène. Hinter ihren Mauern durften nur Ligurier leben. Diese ›Wehrbürger‹ sollten die unzuverlässigen kolonisierten Korsen kontrollieren und das im weiten Umkreis verödete Land wieder besiedeln. Sarazenen- und Barbaresken-Einfälle (an die das Capo di Muro erinnert) und die Feudalkriege hatten das Küstenland entvölkert: Barbaresken aus Algier plünderten noch 1583 die Stadt und führten mindestens 300 Menschen in die Sklaverei.

Erst nach diesem Zwischenfall durften sich Korsen aus den Bergdörfern des Alta Rocca in Sartène niederlassen, jedoch nur in der Vor- oder Neustadt, dem **Borgo**. Sie und ihre Nachkommen hatten es schwer, Anerkennung als gleich-

Büßer mit Kette und Kreuz

Selbstaufopferung gehört zu den Wesensmerkmalen, die man gemeinhin den Korsen zuschreibt. Die Prozession des *Catenacciu* (korsisch ›der Gekettete‹) am Karfreitag, dem wichtigsten Tag Sartènes, symbolisiert eine hingebungsvolle Bußfertigkeit. In ihrer düsteren Frömmigkeit erinnert die Prozession an die *Semana Santa* im spanischen Sevilla, die sie inspiriert haben soll. Sie kann aber getrost als Ausdruck der typisch korsischen Religiosität gewertet werden, die vom Argwohn gegen weltliche Freuden und von Selbstzweifeln geprägt ist.

»Perdono Mio Dio, Mio Dio perdono«: Mehr verzweifelt als hoffnungsvoll klingt der Singsang der Gläubigen bei der nächtlichen Büßerprozession. Das Gebet wird untermalt vom schaurigen Klirren und Scharren einer schweren Kette, die der *Catenacciu*, der dem Umzug seinen Namen gab, an bloßen Füßen über das Pflaster der Straßen von der **Kirche Sainte-Marie** bis zur **Kapelle Saint-Sébastien** 5 und zurück schleift. Auf dem Rücken schleppt er ein gewaltiges Kreuz, das man das ganze Jahr über in der Marienkirche bestaunen kann. Mit seinem Leiden und seiner Erniedrigung sühnt er eine besonders abscheuliche persönliche Freveltat und zugleich die Sünden der ganzen Stadt. Dieser ›große Büßer‹ bleibt in seinem roten Kapuzenmantel anonym. Er wird von den Priestern aus einer langen Warteliste auserwählt. Auch der weiß gewandete ›kleine Büßer‹, der ihm helfen darf, wahrt sein Inkognito.

Die beiden Büßer hätten Honorare verdient: Zu Tausenden strömen die Touristen in der Osterzeit nach Sartène. Diese haben nicht etwa die aktive Teilnahme an den vielen Gottesdiensten oder der Prozession im Sinn. In Massen säumen sie als Zuschauer des düsteren *Catenacciu* die Straßen.

berechtigte Bürger zu finden, was immer wieder Anlaß zu innerstädtischem Streit gab.

Eine feine Adresse ist das *Borgo* nie geworden, in das man von der Place de la Libération oder über die Treppen vom Straßenzug Rue Médecin Capitaine Benedetti gelangt. Es ist sicher kein Zufall, daß 1840 das Stadtgefängnis in diesem Armeleuteviertel errichtet wurde. Es beherbergt heute das bedeutende **Museum für korsische Vorgeschichte** 1. Die sehr umfangreiche archäologische Sammlung ist unverzichtbar zur Vor- oder Nachbereitung von Besichtigungen der frühgeschichtlichen Fundorte im Süden Korsikas.

Nur ein winziges Ecktürmchen, die **Echauguette** 2 aus dem 16. Jh. (Wegweisern folgen), ist aus den Anfängen Sartènes als korsische Stadt übrig. Die ältesten der hohen, düsteren Häuser wurden trotz ihres mittelalterlichen Aussehens ebenso erst im 16. Jh. gebaut.

Das vornehmste Viertel der Altstadt, **Sainte-Anna** an der Rue J. Codaccioni, prägen Gebäude aus dem 19. Jh.

Auch die **Kirche Sainte-Marie** 3, auf einer eingestürzten Vorgängerin des 16. Jh. erbaut, stammt aus dem 19. Jh. Das benachbarte **Hôtel de Ville** 4 ist der ehemalige Palast der genuesischen Gouverneure. Die überwölbte Passage des Rathauses verbindet die **Place de la Libération** mit der Place du Maggiu und bildet so den Zugang zur Altstadt.

Die Kirche Sainte-Marie überragt mit ihrem kuppelgekrönten Glockenturm die schattige Place de la Libération. Der belebte Platz ist Promenade und mit seinen einladenden Terrassenrestaurants beliebter Treffpunkt. Von hier aus schweift der Blick über das fruchtbare Rizzanèse-Tal. Ein gewaltiges Ehrenmal ist den im Zweiten Weltkrieg gefallenen *Sartinesi* gewidmet. Ein weiteres, jedoch bescheideneres auf der gegenüberliegenden Platzseite erinnert an den verlustreichen Kampf der Résistance im Süden der Insel. Im Alta Rocca haben *Maquisards* den deutschen Durchmarsch im September 1943 in mehrtägigen erbitterten Kämpfen aufgehalten und auf diese Weise erst den Einsatz alliierter Truppen beim Endkampf im Norden ermöglicht.

Die ›Route des Mégalithes‹

Ausgangsort Sartène, 70 km, Karte S. 224/225

Die strategisch günstige Lage der Festung Sartène auf der südlichsten Felsnase des Granitgebirges wird noch einmal sichtbar, wenn man die Stadt verläßt und auf der D 48 ins 20 km entfernte **Tizzano** 1 (S. 300) an die Küste fährt. Das Fischerdorf mit einer kleinen verfallenen genuesischen Festung ist ein liebenswerter Ferienort und wegen seiner Felsküste ein Paradies für Taucher und Schnorchler. Der einstige Hafen von

Vorgeschichtliche Fundstätte bei Tizzano: die Steinreihen von Palaggiu

Corte
Cauro
Bastelicaccia
N196
Ajaccio
Golfe d'Ajaccio
Porticcio
Plage d'Agosta
Pointe de Sette Nave
Pietrosella
Forêt de Chiavari
Forêt Pennenti
Anse d'Arena Rossa
Coti-Chiavari
14
Col de Grana
865 m
13
Sainte-Marie-Sicché
12
Grosseto
D2
Zigliara
Olivese
D102
Urbacalone
Cognocoli-Monticchi
Pila-Canale
D420
11
Petreto-Bicchisano
Col de Saint-Eustache 986 m
N196
Taravo
D757
D302
Site Préhistorique de Filitosa
10
9
Sollacaro
Col de Celaccia
582 m
Forêt de Valle Male
Favallelo
Serra-di-Ferro
Tour de Micalona
Porto-Pollo
Olmeto-Plage
6
Olmeto
8
Castello della Rocca
Santa-Maria-Figaniella
28
27
Fozzano
Couvent Saint-François
Tour de la Calanca
7
D157
Baracci
Anciennes Sources Thermales de Baracci
D19
Arbellara
D69
Marseille
Toulon
Porto Torres
5
Propriano
Golfe de Valinco
Rizzanèse
17
Spin'A Cavallu (Pont Génois)
Fiumicicoli
Portigliolo
Pointe de Campomoro
Belvédère
Belvédère-Campomoro
D221
Sartène
4
Grossa
Ortolo
Giuncheto
D48
Loreto
L'Uomo di
2
Alignements de Palaggiu
N196
Tizzano
1
Punta di Senetosa
D48a
3
Mégalithes de Cauria
Roccapina
Cap de Roccapina
Rocher du Lion
Cioccia
Route des Mégalithes
Taravo-Tal
Alta Rocca
N
0
5 km

Sartène war die Verbindung der Festungsstadt zum Meer. Der Weg nach Tizzano wird von Hügeln begleitet, die immer flacher werden, je weiter man nach Süden vordringt. Wiesen, Macchia, dann Staub und Steine prägen die Landschaft, unterbrochen von den Rebflächen des AOC-Anbaugebiets Sartène.

Vorgeschichtliche Fundstätten weisen auf eine frühe Besiedlung des Gebietes südlich von Sartène hin. Tizzano selbst ist womöglich einer der ältesten Häfen der Insel. Schon in der Steinzeit bestanden von hier aus Handelsverbindungen nach Sardinien (in den Namen ›Sardinien‹ und ›Sartène‹ wird das gleiche Ur-Wort *Sart* für Felsen vermutet).

Vor allem eine Fundstätte von Spuren frühester Besiedlung in dieser problemlos zugänglichen Ebene ist einen Besuch wert: die **Alignements de Palaggiu** **2**. Die 258 z. T. umgefallenen Monolithen der Steinreihen von Palaggiu bilden die größte Menhiransammlung auf Korsika. Sechs der sieben Gruppen sind nach Osten ausgerichtet, der aufgehenden Sonne zu. Unter den Menhiren (korsisch *Stantari*) befinden sich drei Stelen mit bemerkenswerten Gravierungen. Diese sogenannten *Paladini* (Ritter) tragen sogar Waffen – eine selten anzutreffende Weiterentwicklung megalithischer Steinmetzkunst.

Man erreicht die Anlage über einen Feldweg, der rechts von der D 48 abzweigt (von Sartène aus gesehen). Nach 20 Minuten Fußmarsch (ausgeschildert) gelangt man zum *Campu dei Turchi* (Türkenfriedhof), wie die Korsen die in ihrer ganzen Pracht erst 1968 ausgegrabene Anlage nennen. Ihre Entstehung wird auf die Zeit zwischen 1900 und 1000 v. Chr. geschätzt.

Der Wegweiser nach **Cauria** 3 zeigt von der D 48 ostwärts. Wenn man ihm folgt, muß man nach 6 km Fahrstrecke ein Stück zu Fuß durch die Macchia und über Wiesen laufen: Hier liegen gleich drei prähistorische Fundstätten in Sichtweite. Die Menhire der zwei Reihen des **Alignement de Stantari** stammen aus dem 2. Jt. v. Chr.; zwei von ihnen haben andeutungsweise Hände, und einer weist zwei Löcher im Kopf auf, die vermutlich der Befestigung von Hörnern dienten.

46 kleinere Menhire und unbehauene Steine stehen und liegen einige hundert Meter weiter unterhalb der Felswand und unter etlichen Ölbäumen. Sie bilden das **Alignement de Renaggiu.** Gewaltig und unheimlich wirkt der nahe **Dolmen von Fontanaccia** mit seiner über 3 t schweren Deckplatte. Fünf regelmäßig zugehauene, glatte und erstaunlich flache Steine bilden den bekanntesten und schönsten ›Steintisch‹ Korsikas. Er ist 2,60 m lang, 1,60 m breit und 1,80 m hoch. Zeitlos verloren steht er auf seinem Hügel in einer menschenleeren Einöde. Wohl deshalb gaben ihm die alten Korsen den Namen *Stazzona del Diavolo*, ›Teufelsschmiede‹.

Zu den wenigen winzigen Dörfern, die sich im extrem dünn besiedelten südlichen Sartenais trotz permanenter Kriegsgefahr gehalten haben, gehört **Grossa** 4. Der Abstecher über die D 21 lohnt allein wegen der Blockmeere, die man passiert. Die Straße führt im weiteren Verlauf an die Südseite des Golfe de Valinco, an dem Propriano liegt.

Grossa wurde vor allem als Geburtsort des korsischen Chronisten Giovanni della Grossa (1388–1464) bekannt. Der Jurist und Verwaltungsfachmann schrieb hier die Geschichte seines Volkes nieder, eine der wichtigsten historischen Quellen. Eine überraschend große pisanische Kirche aus dem 12. Jh. liegt malerisch im saftigen Wiesengrund unterhalb des Dorfes. Sie ist, wie viele Kirchen der Epoche, Johannes dem Täufer geweiht und eine der schönsten romanischen Kirchen Südkorsikas.

Ausflüge ins Taravo-Tal

Ausgangsort Propriano, ca. 90 km, Karte S. 224/225

Nur 13 km von Sartène entfernt liegt **Propriano** 5 (S. 295) an der N 196. Die touristische Hochburg hat längst Tizzano als Hafen von Sartène abgelöst, verfügt sogar über einen Flugplatz, ist Fährhafen und Ausgangspunkt für Küstenfahrten. In bester Lage am Golfe de Valinco wächst der 3200 Einwohner zählende Ort einer rosigen Zukunft entgegen. Bereits im 2. Jh. v. Chr. sollen Menschen an dieser Stelle gesiedelt haben, doch daran erinnert nichts mehr im modernen Propriano, dessen Hauptattraktionen heute die schönen Strände **Plage du Rinaddiu** und **Plage du Murzettu** sind.

Nördlich des Golfe de Valinco beginnt das historisch interessante und landschaftlich reizvolle Ornano. Hauptort des Kantons ist das 360 m hoch über dem Golf gelegene **Olmeto** 6 (S. 291), dem man seine einstige Bedeutung noch ansieht. Die rund 1000 Bewohner des besonders schönen Ortes können auf das moderne Propriano ›hinabschauen‹, das nachts als beeindruckendes Lichtermeer erscheint. Der Panoramablick bei Tage reicht über weite Teile des von genuesischen Türmen umstandenen Golfs, einem der beliebtesten Segelreviere der Insel.

Mit **Olmeto-Plage** 7 besitzt die Gemeinde einen kleinen Ferienort, der di-

Die Insel läßt sich wunderbar per Rad erkunden, Straße bei Olmeto-Plage

rekt vom Strandtourismus profitiert. Im Nordosten wird der Ort von bewaldeten Bergen umgeben. Auf einer Bergspitze erheben sich die spärlichen Reste des **Castello della Rocca** 8, des einstigen Stammsitzes der Grafenfamilie della Rocca.

Wenige Kilometer nördlich von Olmeto, am Col de Celaccia, zweigt die D 302 von der N 196 ab und führt in das grüne und sanft gewellte Taravo-Tal. In dem romantischen Dorf **Sollacaro** 9 traf im November 1765 der schottische Reisende James Boswell erstmals seinen späteren Freund Pasquale Paoli. Über dem Dorf steht die Ruine einer Burg aus dem Jahre 1571, mit der die Familie d'Istria ihre Herrschaft sicherte.

Der eigentliche Magnet dieser Gegend liegt jedoch auf dem Boden des Weilers **Filitosa** 10 (S. 287) mit den bedeutendsten Zeugnissen der korsischen Vorgeschichte (s. S. 228 f.). Kurz hinter Filitosa taucht wieder der Taravo auf, dem die Straße nach Süden folgt. Nach der Überquerung einer langen Brücke, die das breite Delta überspannt, kann man auf äußerst reizvollen, aber umständlichen Nebenwegen um das Ornano herum bis nach Ajaccio fahren.

Wer hinter der Brücke rechts über die D 757 wiederum dem Taravo aufwärts folgt, wählt eine landschaftlich ebenfalls faszinierende Strecke. Nach 20 km ist das freundliche Dorf **Petreto-Bicchisano** 11 erreicht. Vom Ortseingang bietet sich ein herrlicher Blick auf das Taravo-Tal.

Einige Kilometer weiter in Richtung Ajaccio führt die Straße nach in den Ort **Grosseto** 12, dessen Winterweiden bei Porticcio lagen. Hier sollte man unbedingt die Hauptstraße wieder verlassen, um zum Oberlauf des Taravo zu gelangen. Gleich am Dorfplatz zweigt eine Seitenstraße (D 2) nach rechts ab, die nach **Sainte-Marie-Sicché** 13 (S. 297) führt. Der malerisch im Tal gelegene Ort ist idealer Ausgangspunkt für eine aus-

Richtig Reisen *Tip*

Filitosa
Menhire und Wackelsteine

Auf einer Wiese unter Steineichen und Oliven weiden Kühe zwischen Felsen aus grauem Granit. Tafonis und Wackelsteine, gehäufte Brocken und merkwürdige Mauern prägen das Grasland dieses talbeherrschenden Hügels seit jeher. Seinem Besitzer fielen in den 1940er Jahren vier Steine auf, die Spuren von Bearbeitung aufwiesen. Die Engländerin Dorothy Carrington, eine Schriftstellerin, bekam als erste Fremde seinen Fund zu sehen: Damit war Filitosa ›entdeckt‹, das unbestrittene Zentrum der korsischen Vorgeschichte (s. S. 24). Was dort heute an behauenen Menhiren aufgereiht steht, wurde jedoch z. T. aus der weiteren Umgebung zusammengetragen und mußte sogar aus Häusern und Hütten wieder ausgebaut werden, denn die Menhire wurden gerne als Türsturz verwendet.

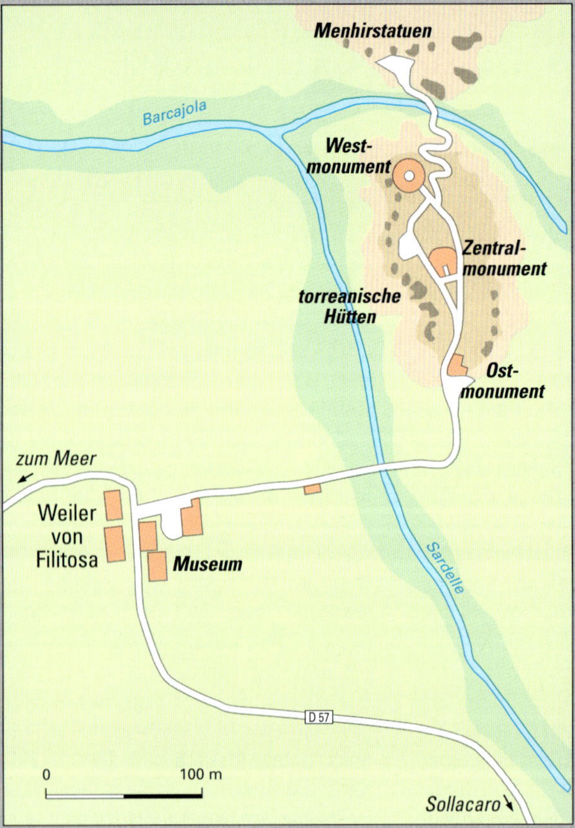

Die Besiedlung Filitosas begann ab 6000 v. Chr., ab 1800 v. Chr. bearbeiteten seine Bewohner – Hirten, Bauern und Fischer – die Menhire, die dann im 17. vorchristlichen Jahrhundert Waffen erhielten und zu steinernen Kriegern mit Dolch, Schwert und Harnisch wurden. *Paladini* nennen die Korsen diese unheimlichen Richter. Ihr Entdecker, der

Archäologe Roger Grosjean, glaubt, die Ureinwohner hätten in ihnen die überlegenen Invasoren abgebildet, um sich ihre Kraft auf magische Weise einzuverleiben oder den Schrecken zu bannen, den sie mit ihren Bronzewaffen verbreiteten.

Ab 1954 hat der damals 34jährige Archäologe (er verstarb 1975) den Schatz von Filitosa gehoben, der die Hälfte aller auf Korsika bislang gefundenen Paladini sowie die ausgedehnteste Siedlung der Torreaner umfaßt.

Der beeindruckendste Recke empfängt die Besucher bereits zu Beginn des zur Anlage führenden Fußwegs. Man betritt sie am Ostmonument, wo zyklopische Mauern natürliche Felsen wie Türpfosten ergänzen.

Dahinter wurden die Grundmauern einer Siedlung freigelegt. Bereits hier fällt das Zentralmonument auf, eine Tempelanlage auf dem höchsten Punkt der Gegend. Im Westmonument, einem der typischen Rundbauten der Torreaner, führt ein überdachter Gang in die Cella; Feuerspuren in ihr lassen auf kultische Handlungen schließen. Von hier sieht man ins Tal des Flüßchens Barcajola, wo fünf prächtige *Paladini* aufgerichtet wurden, bewaffnet mit Schwertern und Dolchen.

giebige Erkundung der Region. Die einstige Hauptstadt des alten *Pieve* Ornano war seit dem Mittelalter Sitz einer der mächtigsten Familien der südlichen Feudalherren, des Hauses Ornano.

Hier begegnen wir zum ersten Mal dem Freiheitshelden Sampiero d'Ornano, genannt ›Corso‹ (s. S. 35 und S. 256). Seine Frau Vannina, geborene Ornano, stammt aus dem Ortsteil Vico. Ihr Geburtshaus, die **Tour Vannina,** kann man als solche kaum mehr erkennen, da an den Turm zu Beginn des 20. Jh. ein Wohnblock angebaut wurde. Von dem Wohnhaus des Ehepaares, **Maison de Vannina** oder **Palazzo Sampiero,** steht nur noch eine Ruine, verziert mit der Büste Sampieros. Es ist das einzige Gebäude (1554), das der wilde Krieger Sampiero gebaut und nicht wieder zerstört hat. Hinter diesem Haus zeugt eine schloßartige Villa unter Palmen davon, daß die Familie Ornano, in die der Bauernsohn Sampiero eingeheiratet hat, noch immer großen Einfluß besitzt. Die Ornanos nahmen und nehmen in Frankreich hohe Stellungen im öffentlichen Dienst ein. Sampiero selbst machte dort als Offizier Karriere, sein Sohn und sein Enkel brachten es sogar zu Marschällen.

Sainte-Marie-Sicché liegt bereits in 452 m Höhe, doch nun windet sich die Straße durch Felsen und Macchia auf den nächsten 10 km noch 400 m höher bis zum **Col de Granaccia** (863 m). Danach geht es wieder abwärts durch einige kleine Dörfer bis nach **Bains-de-Guitera** 14. Direkt am Ufer des Taravo, den die D 83 nun wieder erreicht, verfallen die Gebäude eines Kurbades für Rheumakranke. Es wurde im Jahre 1875 erbaut und noch zwischen den Kriegen betrieben. Heute fließt das bis zu 50 °C heiße Schwefelwasser in eine Art große, steinerne Badewanne im Freien. **Guitera-les-Bains** liegt etwas weiter nördlich im Gebirge und war im Mittelalter Sitz der Familie Bozzi, einem illegitimen Zweig der Ornanos (Burgruine aus dem 13. Jh.).

Touristen der Gegenwart nehmen häufiger einige Kilometer weiter in **Zicavo** 15 (S. 301) Quartier. Der Ort liegt inmitten eines Dorados für Wanderer. Durch das Taravo-Tal führt einer der Wanderwege, die von Dorf zu Dorf (›Da Paese a Paese‹) und durch den Naturpark führen. Zicavo ist zudem Etappenort der Inselüberquerung von Ghisonaccia nach Ajaccio (s. S. 315 ff.). Gut ausgeschilderte Wanderwege führen durch die abwechslungsreiche Landschaft am Oberlauf des Taravo sowie in die alpine Landschaft des Monte Incudine.

Hängebrücke am Wanderweg GR 20

Für Könner unter Kanuten und Kajakfahrern beginnt hier auf dem Taravo im Frühjahr eines der großen Wildwasserabenteuer. Der Taravo ist Korsikas längstes Wildwasser. Sein Oberlauf wird allerdings von schwierig bis sehr schwierig eingestuft und ist für Anfänger und Gelegenheitsfahrer mitunter lebensgefährlich. Für weniger geübte Fahrer bietet auch der Unterlauf des Taravo – in der Regel von März bis Mai – sportliche Herausforderung und Fahrvergnügen.

Wanderung von Zicavo zum Monte Incudine

Der **Monte Incudine** ist der südlichste Zweitausender der Insel und von der Westseite her leicht zu erwandern. Von der D 69 zweigt südlich von Zicavo die kleine D 428 links ab und führt durch den **Buchenwald von Coscione** *(Bosco di u Coscione)* zu den **›Bergeries de Basseta‹** 16. Das Auto muß man erst 1 km weiter stehenlassen, dort, wo rechts der Weg zur **Kapelle Saint-Pierre** abzweigt. Die Straße ist nun nur noch für Geländewagen passierbar. Man folgt dem Weg etwa eine Stunde, bis man auf die rot-weißen Markierungen des GR 20 stößt, die den Wanderer zunächst über eine Hängebrücke und dann problemlos auf den Gipfel des Monte Incudine geleiten. Für Hin- und Rückweg und 750 m Höhenunterschied muß man allerdings acht bis neun Stunden reine Gehzeit einkalkulieren.

Wandern im Alta Rocca

In der Region Alta Rocca nordöstlich von Sartène hat die Verwaltung des Naturparks ein Wandergebiet mit markierten Wanderwegen angelegt. Es wird von der südlichsten der Wanderrouten durchkreuzt, auf denen man ›Da Mare a Mare‹ (s. S. 315 ff.) die Insel erkunden kann. Die vielfältige Landschaft reicht von dichtem Wald über üppige Macchia bis zu kargen Hochflächen oberhalb der Baumgrenze und eindrucksvollen Felsgipfeln. Der Name der Region erinnert an eine der mächtigsten Feudalfamilien im ›Land der Herren‹ und verweist zudem darauf, daß es sich um eine Berglandschaft handelt. An den Hängen des **Bavella-Massivs** (1596 m) und des **Monte Incudine** (2134 m) liegen malerische Dörfer, einst Zentren der Transhumanz, umgeben von Kastanien- und Oli-

venhainen. Ihre Häuser drängen sich nicht ganz so dicht und festungsartig zusammen, wie in den Ortschaften des Nordens, auch wenn sie ebenfalls als Zufluchtstätten vor Angriffen von See entstanden.

Bereits kurz hinter Sartène führt die D 69 durch die grüne Landschaft des **Rizzanèse-Tals**. Weidende Kühe und sprudelnde Bäche bestimmen das Bild. Nach wenigen Kilometern trifft man auf eine der schönsten genuesischen Brükken Korsikas. Der **Spin' A Cavallu** 17, ›Pferderücken‹, dient heute nur noch Fußgängern und Eseln zur Überquerung des Rizzanèse. Die erst vor kurzem gründlich restaurierte Brücke wirkt allerdings wie eine Rekonstruktion, und der Kahlschlag in der sie umgebenden Vegetation läßt sie ein wenig deplaziert wirken. Doch im Laufe der Jahre dürfte die Macchia sie wieder umrahmen, Wind und Wetter ihr den verlorenen Charme zurückgeben. Für eine Rundfahrt durchs Alta Rocca empfiehlt es sich, an der Straßenabzweigung geradeaus über die D 268 nach **Sainte-Lucie-de-Tallano** 18 weiterzufahren.

Die Gemeinde mit etwa 400 Einwohnern entstand 1964 aus dem Zusammenschluß mehrerer verstreuter Weiler. Mittelpunkt des Hauptortes, ein Zentrum des Olivenanbaus, ist die **Place du Monument aux Morts** mit einem Kriegerdenkmal. Im Sockel des Ehrenmals ist ein sogenannter Kugeldiodorit eingearbeitet, eine geologische Rarität aus einem stillgelegten Steinbruch der Umgebung. Er zeichnet sich durch graugrüne, kugelförmige Einlassungen aus, vulkanische Bestandteile des Urgesteins. Das seltene Gestein kommt sonst nur noch in Finnland vor.

Mit seinen hohen Granithäusern wirkt Sainte-Lucie-de-Tallano fast ein wenig städtisch – eine Art Miniaturausgabe von Sartène. Auf den Straßen geht es recht lebhaft zu, der Ort ist ein urbanes Zentrum des Südens. Das vielleicht vollkommenste Beispiel eines Turmhauses, der freistehende **Torre,** wird ›Sarazenen-Turm‹ genannt. Es handelt sich um einen Wehrbau, errichtet zum Schutz vor den Seeräubern, die ihre Sklavenjagden, die *Razzias*, bis in diese Gegend vortrugen.

Rinuccio della Rocca, einer der mächtigsten *Seigneurs* der Insel zu Beginn

Sainte-Lucie-de-Tallano im Alta Rocca

der Neuzeit, stiftete 1492 den Franziskanern ein Kloster, das **Couvent de Saint-François**, an dessen mächtigen Bauten man beim Verlassen des Dorfes vorbeikommt. Die Straße windet sich anschließend in Serpentinen durch Olivenhaine am Berghang hoch und erlaubt einen Blick auf die Dächer – rote Ziegel, von Feldsteinen beschwert – des im 16. Jh. erweiterten Klosters.

In 650 m Höhe liegt die Kantonshauptstadt **Levie** 19 (S. 289). Das knapp 800 Einwohner zählende Städtchen, das mit seinem besonderen Charme besticht, lädt zu einem längeren Aufenthalt ein. Im **Musée de L'Alta Rocca,** das seine archäologische Sammlung recht vorbildlich präsentiert, werden vor allem prähistorische Fundstücke aus Cucuruzzu und Capula gezeigt. Das kostbarste Stück der Sammlung ist der älteste Fund eines menschlichen Skelettes auf Korsika: Die ›Dame von Bonifacio‹ soll um 6750 v. Chr. gelebt haben.

Levie ist idealer Ausgangspunkt für zahlreiche Wanderungen. Eine rund 45minütige Wanderung zur Fundstätte **Cucuruzzu** 20 gleichsam ein Ausflug in die Vorgeschichte, ist besonders zu empfehlen. Der Weg zur beeindruckendsten vorgeschichtlichen Festung Korsikas ist ausgeschildert und optimal vorbereitet durch den Museumsbesuch in Levie. Für den ebenso spannenden wie idyllischen Rundweg durch die großflächige Anlage und das benachbarte **Capula** 21 sollte man sich einige Stunden Zeit nehmen. Man kann sich dieser torreanischen Trutzburg auch mit dem Auto nähern, der Fahrweg zweigt westlich von Levie von der D 268 ab und ist ausgeschildert.

Mit dem Bau der zyklopischen Anlage von Cucuruzzu wurde wahrscheinlich schon um 1500 v. Chr. begonnen, vorsichtigere Datierungen geben allerdings etwa 900 v. Chr. an. Menschen lebten hier bis etwa 200 v. Chr., danach wurden Festung und Siedlung aufgegeben. Die natürlichen Gegebenheiten des Geländes geschickt nutzend, verbanden die Torreaner vorhandene Felsformationen mit künstlichen Mauern. Der zentrale Bau besteht aus einer erhöhten Kultstätte mit dem typischen Innenraum, der Cella, und einer Festungsanlage, in der regelrechte Kasematten eingebaut wurden. Das eigentliche Dorf liegt im Tal, unterhalb der strategisch günstig auf einem Hügel erbauten Festung. Seine Bewohner waren bereits Bauern, die offenbar nicht nur Viehzucht betrieben, sondern sogar Getreide anbauten, wie Mahlsteinfunde belegen.

Die zweite Attraktion des Fußweges ist die benachbarte Festung von Capula. Es handelt sich im Kern um eine torreanische Festung, die jedoch bis ins 14. Jh. hinein bewohnt wurde. Die **Kapelle Saint-Laurent** auf dem gleichen Gelände entstand im 20. Jh. aus den Steinen einer mittelalterlichen Kirche, deren Grundmauern noch neben dem neuen Gebäude zu sehen sind.

Den hohen schlanken Kirchturm von **Carbini** 22 sieht man bereits von Levie aus (s. S. 30 f.). Er wird überragt vom Granitmassiv der **Punta di a Vacca Morta** (1315 m). Die schmale Straße schlängelt sich am Waldrand entlang und erreicht nach 8 km Carbini. Eine Wanderung durch diese Traumlandschaft des Alta Rocca führt, gut gekennzeichnet, in zweieinhalb Stunden von Levie in das stille Städtchen. Neben dem abseits stehenden Campanile wirkt die **Kirche San Giovanni Battista** aus dem 11. Jh. etwas verloren. Obwohl beide Bauwerke deutlich sichtbar pisanisch-romanischer Herkunft sind, scheinen sie nicht zusammenzugehören. Zwischen dem Glockenturm

Ruinen des mittelalterlichen Capula, errichtet auf einer torreanischen Festungsanlage

und der Kirche sind noch die Grundmauern der älteren **Kirche San Quilico** zu erkennen.

Von Levie führt die D 268 über Zonza ins weitläufige **Quenza** 23 (S. 296), fast 1000 m ü. d. M. zwischen Wiesen, Kastanien und Eichen gelegen. Das imposanteste Gebäude am Ort ist die schloßartige, eher neuzeitlich wirkende **Villa der Familie Colonna de Cesari:** Sie zeugt von dem noch immer beachtlichen Reichtum dieser Familie aus dem ältesten Inseladel. Quenza ist touristisch noch nicht so ausgebaut wie Zonza, bietet jedoch Bergwanderern und Skilangläufern fast noch bessere Bedingungen zum Einstieg in den Südhang des Monte Incudine.

Eine Wanderung zum **Monte Incudine** bietet sich vom Weiler **Scapa-di-Noce** 24 an, der von Quenza mit dem Auto über die D 520 zu erreichen ist. Gelbe Markierungen kennzeichnen den ›Zubringer‹ zum Fernwanderweg GR 20. ›Unser Tibet‹ sagen Korsen zu diesem Gebiet oberhalb der Baumgrenze. In den Ruinen der zahlreichen Hütten *(Bergeries)* verbrachten noch zwischen den beiden Weltkriegen bis zu 90 Familien die Sommer mit den ihnen anvertrauten Herden

Richtig Reisen *Thema*

Die Ghjuvannali

Im Jahre 1352 war die Kirche San Giovanni Battista in Carbini Ausgangspunkt einer religiösen Bewegung, die sich voraussichtlich nach ihrem Versammlungsort ›Giovannali‹, korsisch ›Ghjuvannali‹, nannte. Unter der Führung der Brüder Polo und Arrigho d'Attala soll sie auf ganz Korsika Verbreitung gefunden haben. Nachdem Papst Urban V. 1362 zum Kreuzzug gegen die der Häresie beschuldigten Mitglieder der Sekte aufgerufen hatte, wurden sie über die Insel gejagt und bald darauf in ihrem letzten Zufluchtsort, dem Kloster von Alesani, hingemetzelt. Die Geschichte ihrer Verfolgung wurde sprichwörtlich und erhielt sich in der Redensart: »Man hat ihn wie einen Giovannali behandelt.« Die beiden letzten Giovannali wurden, der Legende nach, in den Bergen oberhalb von Ghisoni verbrannt, wo sie sich in die Gipfel Kyrie-Eleïson und Christe-Eleïson verwandelt haben.

Wie so oft bei häretischen Bewegungen kennt man auch die Ansichten und Ziele der Giovannali nur aus den Schriften ihrer Gegner. Giovanni della Grossa notierte 1388: »Die Giovannali bildeten bei Carbini eine Sekte, in die Frauen genauso eintraten wie Männer. Zu ihrem Glauben gehörte, daß ihnen alles gemeinsam gehörte, die Frauen, die Kinder und aller Besitz.« Da derartige Aussagen wohl eher Sympathie als Abscheu weckten, warf man den Giovannali vorsorglich alle möglichen Schandtaten, unmoralische Handlungen und unchristliche Praktiken vor. So sollen sie bei mitternächtlichen schwarzen Messen Menschenopfer dargebracht und den Teufel angebetet haben.

Die Giovannali, wie auch der zeitgleich lebende korsische Freiheitsheld Sambucuccio d'Alando, werden heute als Teil der großen sozialen und religiösen Strömung gesehen, die sich im späten Mittelalter in ganz Europa gegen weltliches Unrecht und kirchliche Mißstände formierte. Die Katharer oder Albigenser gehörten ebenso dazu wie die Fraticelli Norditaliens und der Lombardei, von denen in Umberto Ecos ›Der Name der Rose‹ die Rede ist. Der Bettelorden der Franziskaner wurde nur deshalb geduldet, weil er die kommunistischen Ideen kanalisierte und kontrollierte. Angesichts der Verbreitung der Häresie auf Korsika ist die These wahrscheinlich, daß der Ordensgründer Franz von Assisi tatsächlich auf Korsika weilte (s. S. 215).

aus Sartène, Olmeto und Sollacaro. Nach etwa zweieinhalb Stunden Wanderung hat man den GR 20 mit seiner rotweißen Markierung erreicht. Zur **›Bergerie Asinao‹**, einer Schutzhütte für Selbstversorger mit Übernachtungsmöglichkeit, ist es eine weitere halbe Stunde. Der Weg von dort zum Gipfel des Monte Incudine dauert dann noch zwei Stunden.

Serra-di-Scopamène 25 (S. 298), der ehemalige Hauptort der Region, hat sich in den letzten Jahren zu einem beliebten Stützpunkt für Wanderer entwickelt. Es ist ebenfalls Etappenort auf dem südlichen Wanderweg quer über die Insel. Die Häuser des Dorfes liegen, typisch für die Bauweise im Süden, eher verstreut zwischen den Obst-, Oliven- und Kastanienbäumen. Ein Bach treibt eine liebevoll restaurierte Mühle an, neben der Kühe träge im Baumschatten dösen – ein idealer Ort zum Ausruhen nach einer anstrengenden Wandertour.

Auch das benachbarte **Aullène** 26 (S. 278) hat sich inzwischen auf den Wandertourismus eingerichtet: Es gibt ein Hotel und Restaurants. Bis Ende des 18. Jh. bewahrten sich seine Bewohner nach dem Muster der Gemeinden des Nordens ihre Unabhängigkeit von Grundherren. Noch an der Schwelle des 20. Jh. lebten hier annähernd 2000 Menschen – heute sind es nur noch 150. Ihr Reichtum waren die Herden, deren Winterweiden in Monacia d'Aullène lagen.

Von Aullène bieten sich zwei Möglichkeiten, die Rundfahrt mit dem Ziel Sartène zu beenden. Die erste führt, der D 420 folgend, nach **Petreto-Bicchisano**. Diese 20 km lange Strecke wird wenig benutzt, obwohl sie zu den abwechslungsreichsten der Insel gehört. Leider fiel ein Teil des Kiefernwaldes zu Beginn der Route dem Waldbrand zum Opfer. Im weiteren Verlauf schlängelt sich die Straße an einem Hang über einem Macchia-Meer entlang, aus dem mächtige Granitfelsen starren. Oberhalb der Straße ragen Kiefern und Kastanien in den Himmel, dazwischen sieht man immer wieder bizarre Porphyrformationen. Von Petreto-Bicchisano aus geht es auf der N 196 über Propriano zurück nach Sartène.

Nimmt man hingegen ab Aullène die D 69 nach Süden, so bewegt man sich auf einem berüchtigten Teilstück der alljährlichen Korsika-Rallye. Die enge, gewundene Straße folgt einem Nebenfluß des Rizzanèse und stößt kurz vor der Brücke Spin' A Cavallu wieder auf die D 268. An diesem Punkt besteht die Möglichkeit, über die D 19 einen Abstecher in den ehemaligen *Pieve* Rocca, zum Dorf **Fozzano** 27 zu einem kleinen Höhepunkt einer Korsika-Reise zu machen. Auf dem Weg dorthin ergeben sich märchenhafte Aussichten über das Baracci-Tal und auf den Golfe de Valinco, der zu Recht als einer der schönsten der Insel gilt.

Über dem Originalschauplatz der Fozzano-Fehde, die Prosper Mérimée zu seiner Novelle ›Colomba‹ inspiriert hat, scheint tatsächlich eine etwas düstere Stimmung zu liegen. Zwei wehrhafte Wohntürme legen beredtes Zeugnis von der Macht lokaler *Seigneurs* ab, die das Land ausbeuteten und sich untereinander bekämpften. Die **Torre Nova** im Oberdorf stammt aus dem 16. Jh., Teile der Tour Carabelli oder **Torre Vecchia** aus dem 14. Jh.

In der Torre Vecchia soll Colomba Bartoli 1775 geboren sein, ein Jahr, nachdem die Fehde zwischen den Familien Paoli und Bartoli ausgebrochen war. Als 64jährige verbitterte Greisin hat sie Mérimée von den Ereignissen erzählt, bei der sie ihren Sohn verloren hatte. Aber nicht sie, sondern ihre Tochter hat dem Dichter gewissermaßen für die Figur der Colomba Modell gestanden.

Nur 1 km außerhalb von Fozzano, schon am Rande des Weilers **Santa-Maria-Figaniella** 28, liegt eine der wenigen romanischen Kirchen des korsischen Südens. Die schlichte einschiffige Kirche Santa Maria Assunta aus dem 12. Jh. zieren maskenhafte Gesichter, Tiermotive und geometrische Muster.

Ajaccio und der wilde Westen

Ajaccio – Riviera mit Napoleon

Kaiser Napoleon auf der Place du Diamant

■ (S. 275 f.) Wenn sich eine korsische Stadt weltweiter Bekanntheit erfreut, dann ist es Ajaccio als Geburtsort Napoleons. Die meisten der knapp 50 000 *Aiaccini* werden diese Tatsache ganz in Ordnung finden; sie halten ihre Stadt zudem für die schönste überhaupt. Diese Ansicht teilen viele ihrer Gäste, am längsten die Engländer, die schon im 19. Jh. als erste Touristen Ajaccio – und damit Korsika überhaupt – entdeckten. Eine Mischung aus Gelassenheit und Temperament, die das Flair der Stadt ausmacht, Boulevards mit Straßencafés, Schaufensterfronten und klassizistische Prachtbauten sorgen für einen Hauch von Paris. Weiße Strände unter grünen Palmen und den weiten Golf von Ajaccio hat die korsische der französischen Hauptstadt indes voraus.

Ajaccio, die größte Stadt Korsikas, ist seit 1811 Hauptstadt und seit 1982 Sitz der Regionalversammlung, der *Assemblée Régionale de la Corse*. Zudem gibt es in Ajaccio den korsischen Gerichtshof, einen Bischof und wie in Bastia eine Industrie- und Handelskammer. Nur in bezug auf die Bedeutung als Hafenstadt muß Ajaccio Bastia den Vorrang lassen.

Diesen Nachteil macht Ajaccio als ›kaiserliche Stadt‹ locker wett. Napoleon ist überall präsent: als Namengeber von Straßen, Plätzen und gastronomischen Betrieben, in Stein und Marmor gehauen, als Puppe, auf Tüchern und Tellern in den Souvenirläden. Selbst die Lokalpolitik wird bis heute von den Bonapartisten beherrscht – obwohl Napoleon

◁ *Prozession mit Salutschüssen in Cargèse*

seiner Vaterstadt zu Lebzeiten wenig Beachtung geschenkt hat.

Ähnlich anderen Küstenorten kann auch Ajaccio auf eine prähistorische, griechische, römische und frühmittelalterliche Vergangenheit verweisen, von der jedoch kaum Spuren erhalten blieben. Der Ort war lange Zeit recht bedeutungslos und wurde wegen einer Malariaepidemie vollständig von seinen Bewohnern verlassen, die noch 1420 König Alfons V. von Aragón zugejubelt hatten. Die Gegend lag menschenleer, als die genuesische ›Bank des hl. Georg‹, damals Pächter der Insel, ihre Wiederbesiedlung beschloß. 1492, im Jahr als Kolumbus Amerika anlief, begann sie, auf dem Felsen Capo di Bollo ein Kastell und eine Stadt zu errichten. Das Kastell erhob sich an der Stelle, wo heute die Zitadelle den Golf beherrscht. Die Stadt erstreckte sich von dort aus nach Norden bis zur heutigen Place Maréchal Foch.

Als Kolonisten wurden zunächst nur Italiener, vorwiegend aus dem ligurischen Kleinadel, zugelassen: *Ajazzo* sollte einer der genuesischen Stützpunkte im unruhigen Korsika sein. Neben etlichen anderen Familien kamen auch die Buonaparti aus Sarzana, einem Ort in der Nähe von Pisa, auf die Insel. Erst 1539 durften sich Korsen ansiedeln, allerdings nur im *Borgo*, der Vorstadt. Heute verläuft dort die Rue du Cardinal Fesch, eine Einkaufsstraße mit zahlreichen Bars und Restaurants. Eine Reihe von Familien aus dem Feudaladel kam auf diese Weise nach Ajaccio. Die Chronik nennt die Namen Ornano, Bozzi, Colonna und Istria. Doch Einfluß auf die städtischen Belange durften sie bis ins 18. Jh. nicht nehmen. Die Nachfahren der ersten Kolonisten erhielten über einen gewählten Rat lediglich Mitspracherechte. Die Macht lag in der Hand eines Präsidenten, der in Genua ernannt wurde.

Zwischen 1553 und 1559 sorgte Sampiero d'Ornano dafür, daß Ajaccio erstmals französisch wurde. (Manche *Aiaccini* neigen dazu, die darauffolgenden 210 Jahre zu vernachlässigen und halten ihre Stadt für urfranzösisch.) Die Franzosen erweiterten die Festung, nicht ohne etliche Wohnhäuser einzureißen. Ihre heutige Form erhielt sie unter den Genuesen, nachdem diese wieder Herren der Insel geworden waren.

Stadtrundgang

(s. Plan in der hinteren Umschlagklappe)
Nur an einem Tag im Herbst, am nationalen ›Tag der offenen Tür‹, haben Zivilisten Zugang zur **Zitadelle** 1 mit ihren historischen Bauten und der schönen Aussicht über den Golf und die Stadt. Ansonsten bewacht das dort immer noch stationierte Militär die Anlage.

Unverkennbar italienische Züge trägt die Altstadt, die direkt neben den Zitadellenmauern beginnt. Hier mischt sich Alltagsleben mit touristischen Angeboten, gibt es schicke Restaurants neben der Hafenspelunke, Bars in Kellergewölben neben Musikkneipen. Zahllose Pizzerien bitten genauso zu Tisch wie Feinschmeckerlokale. Von der Galerie über Kunstgewerbeläden bis zum Souvenirshop ist hier alles vertreten, selbst einige alte Lebensmittelgeschäfte haben sich behauptet.

Das Haus, in dem am 15. August 1769 Napolione Buonaparte als zweites von acht Kindern geboren wurde, die **Maison Bonaparte** 2, steht in der Rue Saint-Charles. Wie viele Gebäude der Altstadt stammt auch dieser vielbesuchte ›Wallfahrtsort‹ aus dem 18. Jh. Es bewahrt ein eher kurioses Sammelsurium von Erinnerungsstücken an Napoleon und seine

Familie auf, etwa deren Stammbaum, von einer Verehrerin aus ihren eigenen Haaren gebastelt. Napoleon I. hat das Haus in seiner heutigen Form nur einmal, im Oktober 1799, kurz besichtigt, als er von seinem mißglückten Ägypten-Feldzug zurückkehrte. Es war gerade renoviert worden, nachdem es seine innerkorsischen Gegner am 25. Mai 1793 aus Zorn über die Flucht der Familie demoliert hatten.

Ein großer Teil der Exponate erinnert an Napoleon III., der mit seiner Familie häufiger und länger in diesem Haus weilte als sein Onkel. Dieser hat sich um Korsika und Ajaccio vor allem als Bauherr verdient gemacht, um die Legitimität seines Anspruchs auf den Thron aus den familiären Wurzeln zu stärken. Außerdem sorgte er dafür, daß dem frühverstorbenen Sohn Napoleons I. ein Denkmal vor dem Haus errichtet wurde, das diesen als kindlichen König von Rom darstellt.

Der erste Kaiser wurde in Ajaccio erst posthum beliebt, als man einigermaßen französisch geworden war und wie die kontinentalen Franzosen die napoleonische Epoche zu glorifizieren begann. Dabei fiel auch ein verklärendes Licht auf die übrige kaiserliche Familie. Im **Hôtel de Ville** 3 aus der ersten Hälfte des 19. Jh., an der Place Maréchal Foch gelegen, wurden z. B. zwei Räume des Obergeschosses als **Salon Napoléonien** mit den Portraits der Mitglieder des Bonaparte-Clans und diversen Devotionalien ausgestattet. In einer von der Rückseite des Rathauses zu erreichenden Halle wird Fisch verkauft. Gleich gegenüber findet auf dem **Square Campinchi** der Markt statt, der als der bunteste, fröhlichste und lauteste der ganzen Insel gilt.

Die **Place Maréchal Foch** vor dem Hôtel de Ville, die an einen Marschall des Ersten Weltkrieges erinnert, ähnelt den *Ramblas* in Barcelona. Platanen überschatten den Platz, an dessen Kopfende vier Löwen einen Brunnen flankieren. Ihre wasserspeienden Mäuler richten sie auf eine Statue von 1827, die Napoleon Bonaparte als Ersten Konsul darstellt. Er blickt über den Platz auf die Fährschiffe nach Marseille und Toulon und auf die Anlegestellen der Boote, die Ausflüge durch den Golf von Ajaccio, zu den Iles Sanguinaires und an die Westküste unternehmen.

Eine Mole schützt den Hafen mit seinen Sport- und Fischerbooten; er wurde nach Tino Rossi benannt, dem überaus beliebten Schnulzen- und Schlagersänger aus Ajaccio, der 1983 in seiner Heimatstadt verstarb. Vom Ende der Mole hat man einen schönen Überblick über die Stadt und die Restaurants an der Hafenpromenade.

Beim Löwenbrunnen beginnt die Rue du Cardinal Fesch. Sie führt ins **Borgo,** das stimmungsvolle alte Hafenviertel der Stadt. Die Straße ist eine sehr beliebte Flaniermeile und wird zudem von kulturellen Höhepunkten wie der **Chapelle Impériale** 4 und dem **Palais Fesch** 5 gesäumt. Napoleon III. ließ diese beiden Gebäude errichten. Die 1859 fertiggestellte Kaiserliche Kapelle wurde 1860 vom Bauherrn persönlich eingeweiht. Ihre Krypta birgt die Sarkophage vieler Mitglieder der kaiserlichen Familie. Der Palais Fesch wurde der Öffentlichkeit erstmals 1852 zugänglich gemacht. 1990 öffnete es nach jahrelanger Restaurierung ein zweites Mal seine Pforten für eine der bedeutendsten europäischen Sammlungen italienischer Malerei der Renaissance und des Barock. Der Kardinal hatte im Gefolge seines Neffen Napoleon während dessen Italien-Feldzug die Gemälde zu beschaffen gewußt. Geplünderte französische Klöster lieferten den Grundbestand der Bibliothek im Palast.

Die unheilige Familie

Die im Ursprung toskanische Familie Buonaparte wurde, wie künftige Mitglieder des Stadtadels von Ajaccio, im 16. Jh. von den Genuesen in dieser Region angesiedelt. In der Folge stellten sie mehrfach genuatreue Mitglieder des Ältestenrats von Ajaccio, dem Korsen gar nicht angehören durften. Napoleon verwies ausdrücklich auf seine italienische Herkunft, als er im Lande seiner Väter als siegreicher General Hof hielt. Wie seine Geschwister französierte er später dennoch seinen Namen: Napoléon Bonaparte statt Napolione Buonaparte.

Sein Kritiker Hippolyte Taine hält ihn überhaupt für einen Italiener. Der Historiker macht jedoch gleichzeitig seine Mutter Letizia, geboren 1750, für die Schwärze seines Charakters verantwortlich, die ihn zur Geißel Europas gemacht habe. Dabei war Letizia Ramolino nun wirklich eine echte Korsin. »Wenn das nur gut geht«, soll ›Madame Mère‹ noch zu Zeiten des höchsten Triumphes ihres Sohnes korsisch-ahnungsvoll gezweifelt haben: Ihre Sorgen waren bekanntlich nicht unberechtigt, was Napoleon betraf. Sie selbst starb 1836 als Millionärin in Rom.

Den italienischen Adel der Familie Bonaparte erkannten die Franzosen an, nachdem Genua 1768 Korsika an sie abgetreten hatte. Adelig zu sein war die

Voraussetzung dafür, daß Napoleon 1779 die Militärschule in Brienne besuchen durfte. Sein Vater Charles (Carlo), er starb 40jährig im Jahre 1785, war ein Jurist und ging 1778 sogar als Deputierter des korsischen Adels zur Ständeversammlung nach Versailles: ein ehemaliger Republikaner am Königshof. Noch bei der Schlacht von Ponte Nuovo hatte er als Sekretär an der Seite Pasquale Paolis gestanden.

1764 heiratete Charles 18jährig die vier Jahre jüngere Letizia, 1768 kam in Corte ihr ältester Sohn Joseph zur Welt. Er brachte es dank seinem Bruder Napoleon 1806 zum König von Neapel und 1808 zum König von Spanien. Er starb 1844 als reicher Privatier in Florenz. Insgesamt gebar Letizia elf Kinder, von denen acht überlebten. Sie haben ihren kaiserlichen Bruder, als dessen Stern sank, fast alle verraten. Eine Ausnahme bildet die lebenslustige, 1780 geborene und bereits 1825 verstorbene Pauline, die sogar sein Exil auf Elba teilte.

Der jüngste Bruder, der 1784 geborene Jérôme, blieb Napoleon zwar als König von Westfalen und Mitstreiter bei der Schlacht von Waterloo besonders lange treu, jedoch trug er durch Unfähigkeit zu seinem Untergang bei. Nicht zuletzt das parvenuhafte Gebaren des ›Königs Lustig‹ hatte nicht unerheblichen Anteil an der Diskreditierung des napoleonischen Regimes. Der Vorfahr aller noch heute lebenden Bonapartes starb erst 1860 im Zweiten Kaiserreich, hochgeehrt von Napoleon III.

Der 1775 geborene Lucien, das dritte Kind nach Joseph und Napoleon, machte als erstes der Geschwister politische Karriere in Frankreich: Dem Präsidenten des ›Rates der Fünfhundert‹ verdankt Napoleon sogar größtenteils das Gelingen des Staatsstreiches, mit dem er 1799 das Direktorium durch eine Konsularregierung ersetzte. Zum Innenminister und dann zum Botschafter in Madrid ließ er sich noch ernennen, setzte sich jedoch 1810 nach schweren Zerwürfnissen mit seinem Bruder nach England ab. Während der ›Hundert Tage‹ unterstützte er Napoleon noch einmal. Nach dem Zusammenbruch der napoleonischen Herrschaft lebte er als Literat in London, wo er 1840 starb.

Undankbarer zeigten sich zwei Schwestern. Die jüngste Schwester des Kaisers, Caroline (1782–1839), wurde an der Seite eines napoleonischen Generals, Joachim Murat, Königin von Neapel. Als solche schlug sie sich bereits 1813 aktiv auf die Seite der Allianz gegen den Kaiser. Die älteste Schwe-

Schräg gegenüber befindet sich die **Kapelle Saint-Roch** 6, auch Petit Saint-Roch genannt, die alte Hafenkirche. Die größere **Kirche Saint-Roch** 7 steht seit 1896 nicht weit entfernt am Cours Napoléon; die schönen Fenster stammen von 1963. Die nahe **Place Abbatucci** wird von der Statue des gleichnamigen Revolutionsgenerals überragt, der 1770 in Zicavo auf Korsika geboren wurde. Rentner schauen hier Pétanque-Spielern zu, Mütter dem Treiben ihrer Kinder. Niemanden scheint den Lärm zu stören, der vom Hafengelände und vom Durchgangsverkehr ausgeht.

Dichter Verkehr rollt ebenso über den **Cours Napoléon,** benannt nach dem zweiten Kaiser der Franzosen, der diesen Boulevard anlegen ließ. Er führt an Restaurants, Bars, Cafés, Kinos und dem

ster, Elisa (1777–1820), wurde im napoleonischen Clansystem zur Großherzogin der Toskana gemacht, was sie nicht daran hinderte, gegen den ›Clanchef‹ Napoleon zu intrigieren.

Eine deutlichere Spur hinterließ Bruder Louis (1778–1840). Der von Kindheit an kränkelnde Mann hatte 1810 als König von Holland abgedankt, weil er die für seine Untertanen existenzbedrohende Kontinentalsperre seines Bruders gegen England nicht mehr mittragen mochte. Als hoch dekorierter Vertreter des napoleonischen Neu-Adels lebte er mit dem Titel ›Graf de Saint-Leu‹ fortan für seine Krankheiten und von seinem Geld. Louis Bonaparte hat sich vor allem als (mutmaßlicher) Vater von Charles Louis Napoleon Bonaparte (1808–73) in die Geschichtsbücher eingeschrieben, jenes Mannes, der den Bonapartismus zur führenden Kraft in Frankreich machte und als Napoleon III. der zweite Kaiser der Franzosen wurde (1852 bis zur Gründung der Dritten Republik 1870). Die Mutter Napoleons III. war Hortense de Beauharnais, die Tochter, die Napoleons erste Frau Joséphine mit in die Ehe gebracht hatte.

Marie-Louise, die zweite Frau Napoleons I., gebar ihm 1811 einen Sohn: Napoleon II. Sie war die Tochter des österreichischen Kaisers und Großnichte der in Paris geköpften Marie-Antoinette. Dem Sohn des Kaisers wurde sogleich der Titel ›König von Rom‹ verliehen, den ihm sein Großvater Franz I. 1818 wieder abnahm. Bis zu seinem frühen Tod 1832 blieb er immerhin Herzog von Reichstadt. Seine Büste steht vor dem Haus der Bonapartes in Ajaccio.

Ajaccio verdankt seinem ›großen Sohn‹ selbst zwar wenig, seiner Familie hingegen viel, was die Anhänglichkeit der *Aiaccini* an die Bonapartisten erklären mag. Kardinal Joseph Fesch (1763–1839) war der erste aus dem Clan, der sich um Ajaccio verdient machte, vor allem als Minister für korsische Angelegenheiten während des Ersten Konsulats. Das städtebauliche Grundmuster mit den Boulevards sowie die erste Wasserleitung stammen von ihm. Er war der Stiefbruder von Letizia, deren Mutter in zweiter Ehe einen Schweizer namens Fesch geheiratet hatte, der als Marineoffizier in genuesischen Diensten stand. Bis zum ›Primas von Gallien und Germanien‹ hat Joseph Fesch es im Zeichen des Adlers gebracht, nachdem er seinen Neffen Napoleon bei dessen Italien-Feldzug (1794–97) begleitet und dabei unermeßliche Kunstschätze zusammengeraubt hatte. Einen Teil davon vermachte er der Stadt Ajaccio.

Hauptpostamt vorbei. Hier befindet sich auch der Amtssitz des aus Paris entsandten Präfekten der Region Korsika sowie die Département-Verwaltung im **Palais Lantivy** 8 aus dem 19. Jh.

Nirgendwo auf Korsika wird die Landesgeschichte so anschaulich dargestellt wie im **Musée A Bandera** 9 in der nahen Rue Général Levie. Nicht nur der Träger dieses informativen Privatmuseums, die ›Société militaire corse et méditerranéenne‹, ist für den militärgeschichtlichen Schwerpunkt der Sammlung verantwortlich, Kriege haben die korsische Geschichte tatsächlich dominiert. Ein Raum des Museums ist den Frauen gewidmet. Es wird u. a. über die Geschichte der Widerstandskämpferin Danielle Casanova informiert, die in Auschwitz starb.

Altstadt mit Fährhafen

Nur wenige Schritte weiter warten die Straßencafés an der **Place du Général de Gaulle** 10 auf Gäste. Niemand in Ajaccio nennt den Platz so. Er bleibt vielmehr auch nach 50 Jahren die **Place du Diamant**, so benannt nach einer ehemaligen Bastion. Der Platz wirkt nach seiner Neugestaltung in den 80er Jahren mit rotem Granit aus der Gegend von Porto ein wenig öde. Er wird von zwei modernen Hochhäusern überragt. Ein Napoleon-Denkmal, dem auch die kleinen Vegetationsgruppen, die in den letzten Jahren eifrig gewachsen sind, nichts entgegenzusetzen haben, beherrscht den Platz. Es zeigt den Kaiser hoch zu Roß, umrahmt von seinen vier Brüdern, die als römische Liktoren verkleidet sind.

Gegenüber säumen Cafés die **Avenue de Paris,** die mit ihrer Verlängerung, dem Cours Grandval und der Avenue du Général Leclerc, die zweite Hauptachse von Ajaccio bildet. Die Straße lädt mit einigen Überraschungen zu einem Bummel ein. Rechter Hand stößt man bald auf eine typisch englische Kirche. Eine gewisse Miss Thomasina Campbell ließ sie 1878 errichten, damit die zahlreichen Damen und Herren der Londoner Gesellschaft nicht auf anglikanische Seelsorge zu verzichten brauchten, wenn sie die Winter in Ajaccio verbrachten. Diese Entdecker der touristischen Qualitäten Korsikas pflegten an eben dieser Straße zu wohnen, etwa im Luxushotel Continental mit seinem parkähnlichen Vorgarten, heute Sitz der **Assemblée Régionale de la Corse** 11. Dieser Palast ist nur einer der Prachtbauten aus dem 19. Jh., die den Cours Grandval säumen.

Den Höhepunkt dieses Straßenzuges, auch in geographischer Hinsicht, bildet

◁ *Ajaccio, Stadt der Gegensätze*

die **Place d'Austerlitz** mit einer Replik der **Napoleon-Statue** 12 vom Invalidendom in Paris, die ihn als General und Eroberer darstellt, so wie man ihn aus den Schulbüchern kennt: den Zweispitz auf dem Kopf und die linke Hand in der Weste. Man muß eine Freitreppe zu ihm hinaufsteigen, vorbei an den Namen der Orte seiner ruhmvollen Schlachten in ganz Europa. Dabei passiert man ein Zeichen der Dankbarkeit geschichtsbewußter europäischer Zuckerproduzenten: Dem ›Förderer der Rübenkultur‹ haben die Profiteure der Kontinentalsperre, denen die EU noch heute zu Lasten tropischer Zuckerrohranbauer unter die Arme greift, 1969 eine Ehrentafel gestiftet.

Am Fuß der Pyramide, auf der die Statue steht, befindet sich eine steinzeitliche Wohnhöhle, in der Napoleon als Kind gespielt haben soll. In westlicher Richtung führt der Boulevard Madame Mère, benannt nach der Mutter Napoleons, an das Ufer des Golfs. Folgt man der Küstenstraße ein kurzes Stück stadtauswärts, liegt linker Hand eine kleine Kapelle, die 1619 von griechischen Flüchtlingen erbaut wurde. Noch heute wird in der **Chapelle des Grecs** 13 die Messe im orthodoxen Ritus gelesen. Der nahe Friedhof jenseits der Küstenstraße – sie heißt hier ganz griechisch Boulevard Nicéphore Stéphanopoli de Comnène – gleicht einer wahren Totenstadt.

Stadteinwärts führt die Küstenstraße zurück zur Zitadelle und zum Boulevard Danielle Casanova, wo ein Besuch im zwar liebevoll gestalteten, aber wenig informativen **Musée du Capitellu** 14 kein Pflichtprogramm ist. Hier verblüfft vor allem der Umstand, daß in der nachgestellten Bürgerwohnung des 19. Jh. fast ausschließlich importierte Gegenstände zu sehen sind. Aus Korsika stammt nur ein einziges Sofa – ein Hinweis auf die Abhängigkeit der Insel von Frankreich.

Ganz in der Nähe steht unübersehbar Ajaccios größte Kirche, die **Kathedrale Notre-Dame-de-la-Miséricorde** 15. Eine Marmortafel im Innern erinnert an Napoleons 1821 geäußerten Wunsch, in dieser Kirche beigesetzt zu werden, »sollte meine Leiche verbannt werden, wie man meine Person verbannt hat«. Bekanntlich haben die Pariser die Korsen um diesen Touristenmagneten gebracht und Napoleons sterbliche Überreste im Invalidendom beigesetzt.

Die Kathedrale wurde zwischen 1587 und 1593 im Stil der venezianischen Renaissance erbaut. Der Barmherzigen Maria, der Schutzheiligen Ajaccios, schreibt man die Beendigung einer Pestepidemie im Jahre 1657 zu. Am 18. März versichern sich die Stadtbewohner während einer Prozession auch weiterhin des Schutzes ihrer Heiligen. Das Datum geht auf eine Erscheinung zurück, die ein Bauer 1536 im Letimbro-Tal bei Savona hatte. So wie er ›A Madonuccia‹ gesehen hat, wurde sie im 18. Jh. in weißem Marmor von einem unbekannten Künstler dargestellt und in der barock ausgestatteten Kathedrale aufgestellt. In einer Seitenkapelle hängt ›Die Jungfrau vom heiligen Herzen‹, ein Gemälde von Eugène Delacroix.

An der Rue du Roi de Rome, der Mittelachse des Altstadtviertels, lohnt ein Blick auf die Renaissancefassade der **Kirche Saint-Jean-Baptiste** (1565), die Johannes dem Täufer geweiht ist. Nicht weit entfernt steht die barocke **Kirche Saint-Erasme** 16, 1602 als Ignatius-Kirche von den Jesuiten erbaut. Nach dem hl. Erasmus wurde sie 1815 benannt, als sie Sitz der Bruderschaft der Fischer wurde.

Am 2. Juni fahren Fischer in einer **Bootsprozession** mit einer Statue des hl. Erasmus auf den Golf hinaus. In anderen Küstenorten mit Kirchen, die ebenso dem Heiligen geweiht sind, finden ähnliche Bootsprozessionen statt. Dabei beruht die Inanspruchnahme des Bischofs von Antiochien als Schutzpatron der Fischer und Seefahrer auf einem Irrtum: Der Märtyrer wurde häufig mit einer Winde dargestellt, die man als Seilwinde interpretierte. In Wahrheit handelt es sich um das Folterinstrument, mit dem man dem Märtyrer die Gedärme aus dem Leib zog.

Der Jesuiten-Orden besaß lange Zeit großen Einfluß und reichen Landbesitz in und um Ajaccio. Als er 1773 in Frankreich verboten wurde, erwarb die Familie Bonaparte aus seinem Besitz ein Landgut in der nördlichen Peripherie der Stadt. **Les Milelli** 17 bietet ein schönes Beispiel eines korsischen Wehr- und Wohnhauses, umgeben von einem gepflegten Olivenhain (5,5 km nordwestlich). Es beherbergt ein kleines, aber sehenswertes Heimatmuseum. Hier verbrachte Napoleon einige Zeit seiner Kindheit. Das Haus war 1793 die erste Station der Flucht der Familie vor ihren innerkorsischen Gegnern. Nur Napoleon verschanzte sich zunächst mit einigen Getreuen in der **Tour de Capitello,** die im Schwemmland der Flüsse Prunelli und Gravona steht. Man findet den Turm am Strand in der Umgebung des Flugplatzes Campo dell'Oro.

Der Golf von Ajaccio

Verläßt man Ajaccio in nördlicher Richtung auf der D 61, so kommt man in eine hügelige Macchia-Landschaft. Die meisten Touristen zieht es zum Strand am **Golfe de Lava** 1, einer Bucht, die bereits zum nördlich gelegenen Golfe de Sagone gehört. Die Dörfer dieser Gegend haben viel von ihrem Reiz verloren, seit sie zu reinen Wohnvororten der Hauptstädter geworden sind und Neubausiedlungen ihre Ränder ausfransen lassen. Zumindest **Alata** 2, die Heimat der Familie Pozzo di Borgo, ist dennoch einen Besuch wert. Graf Charles-André Pozzo di Borgo (1764–1842) war der starke Mann hinter dem alternden Paoli. Er spielte, vor allem als Diplomat in russischen Diensten, eine bedeutende Rolle bei der Bildung der letztlich erfolgreichen Allianz gegen Napoleon I. – gewissermaßen eine Familienfehde auf Weltniveau.

Den Mittelpunkt der Halbinsel, die den Golfe de Sagone vom Golfe d'Ajaccio trennt, bildet die 779 m hohe **Pointe Pozzo di Borgo** 3. Einen Spaziergang über den Serpentinenweg auf den Gipfel darf man sich allein wegen der Aussicht auf Ajaccio und den Golf nicht entgehen lassen. Das **Château de la Punta** unterhalb des Gipfels wurde 1886–94 vom Grafen Jérôme Pozzo di Borgo und seinem Sohn als Zeichen ihrer ungebrochenen royalistischen Gesinnung errichtet: Seine Steine und der Bauplan stammen von einem Pavillon des Pariser Tuilerien-Palastes der französischen Könige, der 1871 der Wut der Kommunarden zum Opfer gefallen war. Rache währt lange auf Korsika: 1979 brannte das Schloß aus, das inzwischen für die Öffentlichkeit zugänglich gemacht worden war. Das nicht gerade geschmackvolle Mausoleum der Familie auf halber Höhe des Weges blieb unbeschädigt.

Der Überblick über den Golf von Ajaccio macht neugierig. Schon aus der Höhe fällt das touristische Zentrum **Porticcio** 4 (S. 293 f.) an der Südseite des Golfs auf. Man erreicht es von Ajaccio aus, indem man am Flugplatz Campo dell'Oro und an der **Tour de Capitello** vorbei die Küstenstraße D 55 ansteuert. In den 70er Jahren wurde Porticcio vom Tourismus entdeckt und hat sich seitdem stark verändert. Campingplätze, Fe-

Der Golf von Ajaccio

riendörfer und Hotels prägen den Ort heute, darunter zwei Häuser der auf Korsika sonst seltenen Luxusklasse.

Das nahe Bergdorf **Coti-Chiavari** 5 (S. 286) liegt noch immer viele Kurven vom Rummel an der Küste getrennt. Doch auch hier fast der Fremdenverkehr langsam Fuß, ist in der Saison eine Pizzeria geöffnet. Das Hotel am Ort empfiehlt sich schon seit Jahren den Touristen, auch wegen der schönen Aussicht von Coti-Chiavari aus: Nach Norden zu fällt der Blick über die genuesische **Tour de la Castagna** auf den Golf von Ajaccio, an dessen Ende die **Iles Sanguinaires** liegen. Abends versinkt die Sonne hinter ihnen blutrot im Meer, was ihnen den Namen eintrug.

Pointe de la Parata bei den Iles Sanguinaires ▷

Ajaccios Sommerfrische: Vizzavona und Bastelica

Ausgangsort Ajaccio, 167 km, Karte S. 254

Vizzavona

Als Standort für die Erkundung der Insel bietet Ajaccio seinen Gästen die besten Voraussetzungen. Sogar ohne den eigenen PKW können sie Korsikas Küste und Hinterland von der Hauptstadt aus erobern – zu Wasser und zu Lande, ist die Stadt doch Ausgangspunkt für Bootsfahrten an der Küste und für Busreisen. Zudem ist Ajaccio Endpunkt der Eisenbahnlinie, die nach Norden über Corte bis nach Bastia und Calvi führt.

Autofahrer nehmen die N 193 und können, ebenfalls über Corte, in etwa drei Stunden im 155 km entfernten Bastia sein. Das erste Drittel dieser Strecke bis zum Col de Vizzavona ist allemal einen Tagesausflug wert. Die gut ausgebaute Straße folgt dem Lauf des Gravona, der zu den größeren Flüssen der Insel gehört. Zahlreiche Ausblicke auf die **Monte d'Oro-Kette,** deren Gipfel sich bis auf 2389 m erhebt, eröffnen sich von hier aus.

Umgeben von Kastanienhainen liegt 34 km hinter Ajaccio der Ort **Bocognano** 1 (S. 280), berühmt-berüchtigt durch die mörderischen Brüder Antoine und Jacques Bellacoscia, die hier im ausgehenden 19. Jh. als ›ehrenvolle Banditen‹ lebten. Heute profitiert der Ort von der Nähe zum Wandergebiet Venachese und zum Forêt de Vizzavona. Auf den 1500 ha dieses Buchen- und Nadelwaldes wachsen die Lariciokiefern bis zu 40 m hoch.

Der **Col de Vizzavona** (1163 m) zwischen Monte d'Oro und Monte Renoso markiert die Grenze der Départements Corse du Sud und Haute-Corse. Den strategisch wichtigen Paß überwachten einst die Genuesen von einer Festung aus. An ihrer Stelle errichteten die Franzosen 1776 ein Fort, dessen Ruine auf einem Felsen den Wald überragt. Vom Parkplatz am Paß gehen mehrere Spazierwege aus.

Einen Fußweg von knapp zwei Stunden, der nur zuletzt zur Kletterpartie über Felstrümmer wird, führt zu den **Cascades des Anglais** 2, einem weithin hörbaren Wasserfall, der offenbar schon den frühen britischen Touristen einen Abstecher aus Ajaccio wert war. In Ajaccio wird es selbst den Einheimischen im Sommer oft zu heiß, sie fahren dann zur Sommerfrische in die kühlen, bewaldeten und wasserreichen Bergregionen oberhalb ihrer Stadt, nach Vizzavona oder Bastelica.

Bastelica

Natur und Geschichte, die Berge um den Monte Renoso und Sampiero Corso sind genügend Gründe für einen Besuch des Bergdorfes **Bastelica** 3 (S. 278). Die Gemeinde ist direkt über die D 3 zu erreichen, über **Bastelicaccia,** einen Wohnvorort von Ajaccio. Es empfiehlt sich jedoch, die N 196 nicht hier, sondern weiter östlich bei **Cauro** auf der D 27 zu verlassen. So spart man sich einige landschaftliche Höhepunkte für die Rückfahrt auf – und hält sich auf der Bergseite der stellenweise beängstigend schmalen Straßen mit ihren steilen Abhängen.

Bastelica, wo Sampiero 1498 geboren wurde, liegt 800 m hoch inmitten einer Wald- und Berglandschaft. Kaum ein Gebäude ist für sich sonderlich sehenswert, doch zusammen bilden sie ein reizvolles Ensemble. Bastelica war bereits zur Zeit der Genuesen ein zentraler

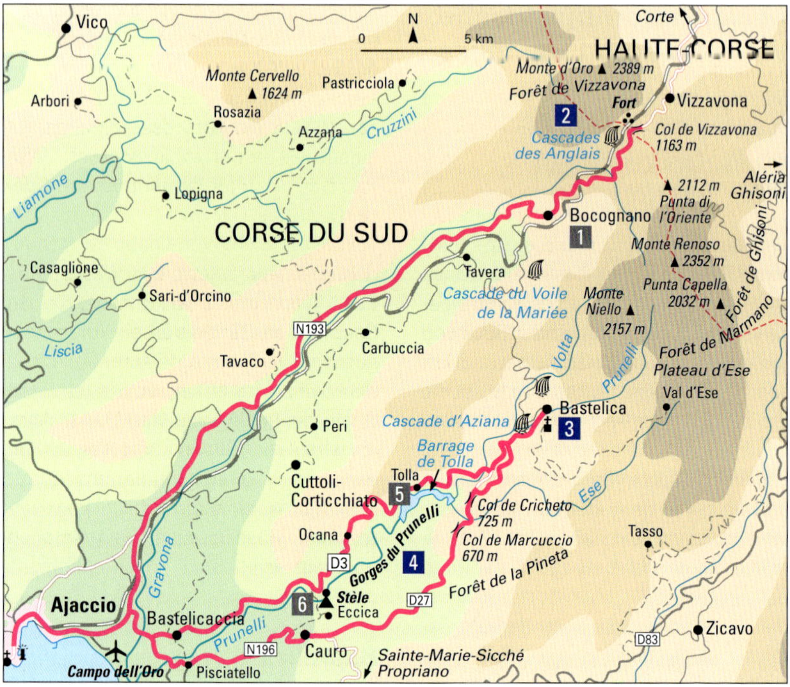

Ajaccios Sommerfrische: Vizzavona und Bastelica

Ort, bewohnt von Bauern und Handwerkern. Das **Franziskaner-Kloster** stammt aus dem 16. Jh. Heute leben die über 400 Einwohner nicht zuletzt vom Fremdenverkehr. Besucher finden Hotels und Restaurants, in denen man zwar nicht billig, meist aber gut und typisch korsisch bewirtet wird.

Bastelica ist nicht nur Sommerfrische, sondern auch ein Zentrum des jungen korsischen Wintersports. Die Station **Val d'Ese** oberhalb des Ortes bietet sportlich nicht zu anspruchsvollen Abfahrtsläufern Gelegenheit zu Schußfahrten. Langläufer finden ihre Loipen dort, wo im Sommer Wanderer unterwegs sind, etwa im Buchen- und Tannenwald von Niello. Das vornehmste Ziel der Wanderer bleibt freilich der **Monte Renoso** (2352 m) im Norden, vom Ortsteil **Domenicaccia** aus in sechs bis sieben Stunden zu erreichen. Von dort aus führt auch ein Wanderweg in das benachbarte Taravo-Tal.

Im Zentrum des Ortes reckt sich die **Kolossalstatue Sampieros** gen Himmel, dramatisch, drohend und heroisch: So sollte er 1890 wirken, als der korsische Irredentismus (s. S. 45) zur Gefahr für Frankreich zu werden drohte. Da kam der alte Kämpfer gegen Genua, der immerhin zeitweise in französischen Diensten gestanden hatte, der Pariser Propaganda gerade recht.

Um so erstaunlicher erscheint die Tatsache, daß sein Geburtshaus im Ortsteil Dominicaccia kaum Beachtung findet. Manchen Einwohner fragt man vergeblich nach dem Weg. Zu erkennen ist das (bewohnte) Reihenhaus an seinem frischen Verputz und an einer Gedenktafel. Ein englischer Dichter namens William Bonaparte Wyse hat sie 1855 anläßlich seines Korsika-Aufenthalts anbringen lassen. Der Name weist die Spur: Es handelte sich um einen Enkel von Lucien Bonaparte, dem Bruder des Kaisers.

Wirkt die Landschaft nördlich von Bastelica alpin, so vermittelt der Rückweg einen Hauch von Pyrenäen. Etwa 6 km nach Verlassen des Ortes zweigt rechts die D 3 ab, die direkt in die zerklüftete Felslandschaft der **Gorges du Prunelli** 4 führt. Tief unten in der Schlucht schießt der Fluß dahin. Das dicht bewaldete Prunelli-Tal, schmaler und weniger lieblich als die übrigen Täler des Südens, öffnet sich unverhofft zum 40 ha großen **Barrage de Tolla.** Der Stausee verdankt seinen Namen dem Ort **Tolla** 5, der jetzt an seinem Ufer liegt und sich zu einem kleinen Wander- und Wassersportzentrum gemausert hat. Das Seewasser treibt seit 1959 Turbinen an und versorgt die Großstadt Ajaccio mit Trinkwasser und Strom.

Über **Ocana** führt die Straße bergab durch Felsen und Macchia sowie an freundlichen Gärten vorbei. Kurz hinter dem Ort in Richtung Cauro überquert man den Prunelli. Dort, wo man am Fluß Quell- zu Tafelwasser der Marke ›Vannina‹ macht, führt ein Maultierpfad zu der Stelle, an der Sampiero am 17. Januar 1567 ermordet wurde. Im wild wuchernden Gestrüpp steht seit 1892 ein **Gedenkstein** 6.

Monte Niello bei Bastelica

Sampiero der Korse
Der Macho aus der Macchia

Sampiero, genannt ›Corso‹, wurde 1498 in Bastelica geboren. Er war einer jener Kondottieri, Glücksritter, die mit ihren Truppen (darunter auch viele Korsen) seit dem Mittelalter vom Kampf der italienischen Städte gegeneinander profitierten und das Land verheerten. Er hatte sich als Hauptmann der ›Schwarzen Bande‹ der Medici in Mailand bereits einen Namen gemacht, als er im Gefolge Katharinas von Medici, die den späteren König Heinrich II. geheiratet hatte, in französische Dienste trat. Dort verdiente er sich als Soldat in verschiedenen Schlachten gegen Kaiser Karl V. etliche Auszeichnungen und brachte es bis zum Generaloberst der korsischen Infanterie. Doch auch als Höfling in der Umgebung der Könige Franz' I. und dessen Sohnes Heinrichs II. konnte er überzeugen.

Diese Karriere darf für einen Mann geringer Herkunft als beachtlich gelten, auch wenn er vermutlich nicht gerade das ›Plebejerkind‹ war, zu dem die Legende ihn gemacht hat. Er stammte wahrscheinlich aus einer eher wohlhabenden bäuerlichen Familie. In den Adelsstand als ›Sampiero d'Ornano‹ erhob ihn jedoch erst die Heirat mit einer gewissen Vannina aus der Familie derer von Ornano. Diese Verbindung war jedoch keineswegs glücklich. Sie litt bereits unter der Tatsache, daß die Ornanos, die auch politisch als Gegner Sampieros auftraten, sie ungerne sahen. Auch der Altersunterschied war erheblich: Sie war bei der Eheschließung noch ein 15jähriger Teenager, er war ein 49jähriger Berufssoldat. Auch können sie sich nicht oft gesehen haben.

Die meiste Zeit von ihrem Mann getrennt, der auf der Suche nach Unterstützung für die korsische Sache durch ganz Europa reiste und sogar beim Sultan in Istanbul und bei den Korsaren Algiers vorsprach, lebte Vannina mit ihrem jüngsten Sohn allein in Marseille; der ältere war bei Hofe. In ihrer Einsamkeit ließ sie sich überreden, mit ihrem Kind nach Genua zu gehen, um dort für – oder auch gegen – ihren Mann zu wirken, niemand weiß es. Sampiero jedenfalls war überzeugt, seine eigene Frau habe ihn verraten wollen. Vor der Verfolgung flüchtete Vannina nach Aix, wo der rasende Korse sie stellte und ermordete. Das war im Jahre 1563.

Mit diesem Mord hatte Sampiero die Rache der Ornanos heraufbeschworen. Sie setzten einen Preis von 2000 Golddukaten auf seinen Kopf aus. Ihrer Vendetta erlag er schließlich am 17. Januar 1567 bei Eccica am Fluß Prunelli, wo genuesische Reiter unter der Führung dreier Verwandter Vanninas lauerten. Seine Begleiter, darunter seinen ältesten Sohn Alfonso, schickte Sampiero fort, als er die Falle bemerkte, in die man ihn gelockt hatte. Alleine erlag er der Übermacht. Sein 17jähriger Sohn Alfonso setzte den Kampf des Vaters noch zwei Jahre fort, bis er entmutigt die Insel verließ und nach Frankreich ins Exil ging.

Der schöne wilde Westen

Korsika ist reich an landschaftlichen Attraktionen, von denen manche ein Prädikat verdienen. Wer jedoch eine Sensation sucht, der sollte die Westküste bereisen. Auf der D 81 sind, von Ajaccio aus, Linien- und Reisebusse unterwegs, radeln ganze Rudel zäher Pedalritter gen Norden. Sie treffen sich mit Bootspassagieren aus Calvi, Wanderern aus der Balagne, Campern aus Bastia und von der Ostküste. Das Ziel der Touristenströme ist der Golfe de Porto mit seiner zerklüfteten Küstenlinie, aber auch das wald- und schluchtenreiche Hinterland. Die Landschaft des Kantons Deux-Sevi steht seit 1983 wegen ihrer überragenden landschaftlichen Bedeutung unter dem Schutz der UNESCO.

Ausgangsort Ajaccio, 240 km, Karte S. 258

Der Weg führt von Ajaccio über den Golfe de Sagone, der auch einen Aufenthalt lohnt. Die D 81 zweigt in **Mezzavia,** dem Industrieviertel Ajaccios, von der N 193 ab und erreicht bald mit dem **Col de San Bastiano** 1 einen ersten Höhepunkt. Neben der obligaten Kapelle erinnert auf der Paßhöhe (464 m) ein Gedenkstein an die ersten Mittelmeerüberflieger. Sie machten mit ihrem Ballon an dieser Stelle 1886 eine unfreiwillige Zwischenlandung. Etwa 400 m tiefer breitet sich der **Golfe de Liscia,** ein Abschnitt des Golfe de Sagone, vor staunenden Blicken aus. Man erkennt die Mündung des Liscia, umrahmt von weißen Stränden und genuesischen Wachtürmen, überragt von sanften, grünen Berghängen. Bis zum Monte Cinto-Massiv mit dem höchsten Gipfel Korsikas reicht das Panorama.

Gartenland Cinarca

Ein Rastplatz lädt zum Verweilen ein, eine Hinweistafel zeigt auf, was die Besucher an der Küste des Golfe de Liscia und im Hinterland erwartet: ein reiches Angebot an Ferienunterkünften sowie eine Landschaft von historischer Bedeutung, die Cinarca. Die Grafschaft war der Lohn des sagenumwobenen Schlagetots Ugo Colonna aus Rom, der im frühen Mittelalter den Grundstein zum christlich-feudalen Korsika gelegt haben soll. Sein Sohn Cinarco, für den Ugo eine Burg bauen ließ, gab der Grafschaft und den *Cinarchesi* den Namen, jener Schicht der vielfach versippten, verschwägerten und verfeindeten Feudalherren des Südens.

Den schönsten Blick auf Berge und Meer haben die Bewohner von **Calcatoggio** 2, dem Hauptort der Cinarca. Zum Gemeindegebiet gehört ein gutes Stück der Küste und mehrt den Wohlstand der Kommune. Die Ruine der Colonna-Burg, das **Castello Capraia** (von der Straße aus nicht sichtbar), liegt auf einem den Ferienort **Tiuccia** 3 (S. 300) überragenden Felsen. Tiuccia ist ein aufstrebendes Zentrum des Strandtourismus mit Ferienanlagen aller Art.

Im Vergleich zur wilden Westküste weiter nördlich läuft das Gebirge hier sanfter in weite Strände und Buchten aus. ›Gartenland‹ wird die Gegend treffenderweise genannt: Terrassenartig über dem Meer liegen kleine freundliche Dörfer wie **Sari d'Orcino** 4 oder **Casaglione** 5 mit Obst- und Gemüsegärten zwischen Rebhängen, Oliven- und Feigenbäumen. Sie sind mit einem dichten Netz von Straßen und Pfaden untereinander verbunden.

Der wilde Westen

Geheimtip Vico

Der aufstrebende Strandort **Sagone** 6 (S. 296), nur wenige Kilometer nördlich der Cinarca am **Golfe de Sagone** gelegen, war schon im Mittelalter ein Bischofssitz. Die Ruine der Kathedrale aus dem 12. Jh. wartet am nördlichen Ufer des Sagone darauf, ins rechte Licht gerückt zu werden. Sie wurde zerstört, als die Barbaresken zwischen dem 14. und 16. Jh. Sagone heimsuchten.

Als Baumaterial für eine dort 1728 errichtete Kapelle wurden nicht nur die Trümmer der Kathedrale genutzt, sondern auch Zeugen einer viel älteren Besiedlung der Region: Als Fundament einer Außenmauer fand auch ein deutlich sichtbarer Menhir Verwendung. Archäologen bemühen sich seit einigen Jahren darum, weitere Spuren dieser frühen Bewohner sicherzustellen. 1569 zog der Bischof nach Vico, ins sicherere Landesinnere um. Als die Diözese 1625 nach Calvi verlegt wurde, verschwand der Ort an der versumpften Flußmündung völlig. Heute blüht er dank dem Strandtourismus wieder auf.

Dem Sagone aufwärts folgt die D 70, eine anfangs von Eukalyptusbäumen gesäumte Allee, in Richtung Vico. Zunächst prägen Olivenhaine, dann üppige Macchia, die später in Steineichenwald übergeht, die Landschaft. Über den **Col de Saint-Antoine** (491 m) nähert man sich nach 13 km **Vico** 7 (S. 301), das von großen Kastanienwäldern umgeben ist.

Der Hauptort des Kantons Deux-Sorru beherrscht, 400 m hoch am Berghang thronend, das Quelltal des Liamone. Gleich nachdem man die Distriktstraße am Paß von Saint-Antoine verlassen hat, um in das Zentrum des Ortes zu fahren, lädt ein schattiger Platz zum Verweilen ein. Weniger einzelne herausragende Bauwerke, als vielmehr das gut erhaltene und behutsam renovierte Ensemble, machen den Ort zu einem ›Geheimtip‹ für Freunde des korsischen Alltagslebens. Der gewaltige **Brunnen** im Zentrum ehrt den großen Sohn der Stadt: Casanelli d'Istria (1794–1869) wurde sogar Bischof von Ajaccio.

Die Reste eines Donjons und Türme, die von der Stadtbefestigung erhalten blieben, erinnern an die Macht der Adelsfamilie De Leca. Im ausgehenden 15. Jh. revoltierte Gian Paolo de Leca als Agent des Königs von Aragón gegen Genua, gestützt auf eine große Verwandtschaft, die die *Caporali* der nahen *Terre di comune* stellte. Drei Kriege mußten die Italiener führen, bis sie den Unruhestifter endgültig ins Exil nach Sardinien vertreiben konnten.

Das **Kloster Saint-François** am gegenüberliegenden Hang wird heute vom Missionsorden ›Oblates de Marie‹ genutzt. Gian Paolo de Leca ließ es ursprünglich 1482 für die Franziskaner errichten. Nach vielen Umbauten und Zerstörungen während der Revolution im 18. Jh. erhielt es seine heutige Gestalt von Bischof Casanelli d'Istria im 19. Jh.

In der Klosterkirche verdienen das Tabernakel aus buntem Marmor (17. Jh.) und vor allem das ausdrucksvolle Kruzifix Beachtung – eine Schnitzarbeit aus dem 15. Jh., die älteste ihrer Art auf Korsika. Besonders ergreifend wirkt eine bemalte Holzfigur des zeitgenössischen korsischen Künstlers Tony Casalonga, auf den Betrachter. Sie stellt die Märtyrerin Sainte-Lucie dar. Der Maler, Bildhauer, Musiker und Regisseur Casalonga gründete 1964 in Pigna die CORSICADA, eine Selbsthilfeorganisation von korsischen Künstlern und Kunsthandwerkern (s. S. 260). Wie nötig auch Korsika diesen kulturellen Impuls hatte, zeigt sich ein paar Straßenkurven vom Kloster entfernt. Dort lehrt seit 1939 eine weiße Marienstatue in einer eigens aus Lourdes importierten Grotte Ästheten das Gruseln.

Golfe de Sagone

Richtig Reisen *Tip*

CORSICADA

Ein interessanter Versuch der kombinierten Kultur- und Wirtschaftsförderung war die Gründung der kunsthandwerklichen Vereinigung CORSICADA im Jahre 1964, deren Wirken sich auch in Läden niederzuschlagen beginnt, die ihr nicht angeschlossen sind. In den Verkaufsstellen der CORSICADA, erkennbar an ihrem Emblem, werden ausschließlich Waren angeboten, die von vertraglich angebundenen Produzenten gefertigt werden.

Holzschnitzer befinden sich darunter, die das einheimische Kastanien- und Bruyèreholz verarbeiten, Töpfer, Messerschmiede, Imker, Kräutersammler und Landwirte. Selbst wenn die Formensprache von CORSICADA-Produkten gelegentlich ›neukorsisch‹ ist und etwa der verarbeitete Ton aus Frankreich kommt, bleibt der Ansatz der Vereinigung dreifach verdienstvoll: Den Korsen und ihren Gästen wird die Lebendigkeit einer korsischen Kultur demonstriert. Die Touristen erhalten keinen Nepp, sondern kunsthandwerkliche Produkte von Wert für ihr Geld. Schließlich wird das Landesinnere wirtschaftlich gefördert: CORSICADA ist bemüht, Produktions- und Verkaufsstellen und damit Arbeitsplätze fern von der Küste zu schaffen, dort, wo sie am nötigsten sind. So erklärt sich auch, warum zum großen Teil kulinarische Genüsse zum CORSICADA-Sortiment gehören: Honig, Marmelade, Obstsäfte, Wein, Wurst, Schinken und jede Menge Macchia-Kräuter stammen vorwiegend aus den landwirtschaftlichen Kleinbetrieben im touristisch eher unergiebigen Inselzentrum.

Von Vico führt die D 23 durch die Macchia an die Westflanke des **Monte Rotondo** (2622 m). Die Straße kreuzt bei Murzo den Liamone, dessen kristallklares Gebirgswasser bei Forellenanglern beliebt ist und zum erfrischenden Bad einlädt. Ziel für Badelustige, die es wärmer lieben, ist das Thermalbad **Guagno-les-Bains** 8 (S. 288). Der Ort ist ein Zeugnis dafür, daß auch diese etwas weltabgeschieden wirkende Gegend auf den Fremdenverkehr setzt.

Wer die Gegend genauer erkunden will, sollte keinesfalls die Dörfer **Guagno** und **Orto** verpassen und unbedingt das belebte und wohlhabende **Soccia** 9 (S. 299) besuchen. Dieses 650 m ü. d. M. gelegene Dorf mit seinen gepflegten Kastanien-, Oliven- und Obstbaumbeständen auf intakten Terrassen empfiehlt sich als Quartier für Wanderlustige. Es ist Etappenort einer Variante der nördlichen Inselwanderung ›Da Mare a Mare‹ (s. S. 315 ff.) und guter Ausgangspunkt für zahlreiche Tagestouren. Vom Parkplatz oberhalb des Ortes erreicht man nach zwei Stunden Fußweg den **Lac de Creno**. Der Bergsee (keine Bademöglichkeit) in idyllischer Lage gehört zu den schönsten Seen Korsikas.

Heilendes Wasser

Der Name Guagno-les-Bains verrät die Hauptattraktion des Ortes: 40 °C heißes und schwefelhaltiges Wasser sprudelt hier aus der Erde. Seit Beginn der 1990er Jahre nutzt ein halbstaatliches Unternehmen die Chance, mit der Thermalquelle den Tourismus anzukurbeln. Drei Sterne zieren das neue ›Hôtel des Thermes‹, für das sich der Abstecher von der Westküste in die Macchia lohnt.

Dauergäste zieht es der benachbarten Badeanlagen wegen nach Guagno-les-Bains: Das heilende Wasser und Mediziner helfen ihnen, Gelenkerkrankungen und rheumatische Beschwerden zu kurieren. So neu das Hotel auch ist, die Quellen hatten schon seit langem einen guten Ruf. Sowohl Pasquale Paoli als auch die Familie Bonaparte sollen hier gekurt haben. Im 19. Jh. heilten in den Wassern vor allem Soldaten der französischen Kolonialtruppen ihre Blessuren aus, erst nach dem Zweiten Weltkrieg wurden wieder Zivilisten zugelassen.

Guagno-les-Bains ist keinesfalls das einzige Heilbad auf Korsika. Insgesamt sprudeln an den zahlreichen tektonischen Bruchkanten der bergigen Insel 22 warme, schwefelhaltige Quellen. Sie werden z. T. schon seit Römerzeiten vor allem zur Heilung von rheumatischen Leiden und Hautkrankheiten genutzt. Drei dieser Quellen bieten als anerkannte Kurbäder noch immer alle Einrichtungen und Annehmlichkeiten, die Kurlauber zur Entspannung suchen.

Neben Guagno-les-Bains gehören die Kurbäder von Pietrapola (s. S. 191) und Urbacalone zu den bekanntesten Thermalorten Korsikas. Im ›Etablissement Thermal de Pietrapola‹, im malerischen Fiumorbo gelegen, badeten schon die Römer. Das Thermalbad ist auf Rheumakranke und Rehabiliationspatienten spezialisiert. Die Thermalstation bei Zigliari, Bains d'Urbalacone, liegt an der RN 196 auf halbem Wege zwischen Ajaccio und Propriano. Hier werden vorwiegend Erkrankungen der Atemwege und Hautkrankheiten behandelt.

Nicht weit von Urbalacone entfernt verfällt ein mondänes Kurhotel aus der Belle Epoque am Ufer des Baracci. Es zeugt davon, daß der *Thermalisme* auf Korsika schon bessere Zeiten kannte. Die dazugehörige Badeanlage sowie einen Tennisplatz hat die Gemeinde Olmeto in den 1990er Jahren wieder eröffnet.

Etliche Fachleute sehen in diesem Schritt und im Hotelbau in Guagno-les-Bains ein Zeichen für die Wiederbelebung des Kurgeschäfts auf Korsika. Stehen nicht noch die Mauern der Thermalstation von Guitera-les-Bains (s. S. 230) im Süden der Insel, von deren Heilkraft alte Korsen nach wie vor schwärmen? Und sprudelt im Inselnorden nicht noch immer die Orezza-Quelle (s. S. 175) im Schatten der Kastanienbäume, unter denen einst die Kurgäste mit Bechern in der Hand lustwandelten?

Waldland um Evisa

Um die Fahrt mit dem Ziel Sagone fortzusetzen, bleibt nur der Weg zurück nach Vico. Von dort klettert die D 70 weiter ins Gebirge durch eine dicht bewaldete und dünn besiedelte Gegend, in der schon einmal Schweine die Straße kreuzen. Abseits der Straße verstecken sich in gut 900 m Höhe die Weiler der Gemeinde **Renno** 10 im Eichen- und Kastanienwald. Auch Obst, vor allem Äpfel, gedeihen in dieser Höhe, denn Renno ist die Heimat der Renetten. Die Straße passiert einen Platz, auf dem seit 1921 alljährlich vom 16.–18. August der Markt Saint-Roch mit Prozessionen und Viehauktionen stattfindet.

Kurz hinter dem nahen **Cristinacce** bieten sich erste Ausblicke auf den Golfe de Porto und **Evisa** 11 (S. 286), das nur 5 km entfernt in der kühlen Höhe von

850 m liegt. Der Ort ist Zentrum für Wanderungen im Bergland zwischen dem Monte Cinto und dem Monte Rotondo, eine Etappe auf dem Weg ›Tra Mare e Monti‹ von Calenzana nach Cargèse sowie des nördlichsten der drei Wanderwege ›Da Mare a Mare‹ (s. S. 315 ff.).

Mit tiefen Schluchten, Wasserfällen, Wald und kahlen Hochebenen bietet hier der ›Parc Naturel Régional de la Corse‹ eine außerordentlich vielfältige Landschaft: In Höhen zwischen 600 und 2000 m erstreckt sich der 2400 ha große **Forêt d'Aitone.** Im Reich des Banditen Theodor Poli, des ›Königs der Berge‹ (s. S. 42), liegt heute ein Feriendorf. Im Osten schließt sich der **Forêt de Valdo-Niello** an, mit 4638 ha der größte Wald auf Korsika. In beiden Forsten fallen vor allem die großen Bestände der hochgewachsenen Lariciokiefern auf. Sie liefern den staatlichen Förstern bestes Nutzholz, den Fremdenlegionären aus Calvi ein Übungsgelände – das Trainingscamp Ciattarino – und Naturfreunden traumhafte Landschaftserlebnisse.

Wintersportler zieht es zur alpinen Skistation 12 km östlich von Evisa beim **Col de Vergio** 12. Der 1477 m hoch gelegene Paß wird von einer Marienstatue aus rötlichem Granit überragt, um die sich in der Saison Verkaufsbuden gruppieren. Der Col de Vergio markiert nicht nur die Département-Grenze, sondern bildet auch die Wasserscheide. Hier entspringt der längste Fluß Korsikas, der Golo, der 84 km weiter östlich im Tyrrhenischen Meer mündet.

Wanderung durch die Spelunca-Schlucht

Von den zahlreichen markierten Wanderrouten in der Gegend um Evisa ist die knapp 7 km lange Wanderung von Evisa nach Westen durch die **Gorges de Spelunca** zum Bergdorf **Ota** besonders reizvoll. Der Weg beginnt in der Macchia, am Friedhof bei der Kapelle Saint-Cyprian (Parkplatz an der D 84, kurz hinter Evisa in Richtung Porto) und führt zunächst zwischen Felsen zum genuesischen **Pont de Zaglia.** Hier wird aus zwei Bächen der Fluß Porto, dem der Weg durch die Spelunca-Schlucht folgt. Über

Wasserfall im Wald von Aitone

Genuesischer Wachturm am Golfe de Porto

die restaurierte genuesische Brücke, den **Ponte Vecchiu,** kommt man wenig später nach Ota. Da es – in dieser Richtung abwärts – einen Höhenunterschied von 620 m zu überwinden gilt, ist eine gute Kondition mitzubringen. Die Mühen machen die Natur- und Landschaftserlebnisse allemal wett. Außerdem kann man in den Felsenpools baden, die der Porto gebildet hat.

Der Westen ist rot – Die Calanche

Steil und kurvenreich bergab führt die Reise von Evisa aus weiter westwärts am Porto entlang ihrem Höhepunkt entgegen. Aus dem Wald ragen hoch und steil die Felswände aus rötlichem Granit. Schon bevor der Fluß den Golfe de Porto erreicht, wird die Nähe zu einem Ferienzentrum spürbar: **Porto** 13 (S. 294) ist ein reiner Urlaubsort und besteht vorwiegend aus Restaurant- und Hotelneubauten. Der Ort im grünen Flußdelta weiß aber dennoch zu überzeugen. Der 1549 erbaute genuesische Wachturm, der an der Seeseite einen mächtigen Felsen krönt, ist vermutlich der meistfotografierte seiner Art auf Korsika.

Der 500 m lange **Strand von Porto** ist leicht zugänglich – im Gegensatz zu vielen anderen Stränden an der steilen Nordwestküste. Eine Bucht nach der anderen säumt den Golf von Porto und die Küste südlich wie nördlich davon. Von der hoch über dem Meeresspiegel durch die Macchia gebahnten Küstenstraße D 81 bieten sich wahrhaft überwältigende Ausblicke, die mitunter Schwindelfreiheit erfordern. Besonders in Richtung Norden ist die Straße sehr kurvenreich und so eng, daß sie Wohnmobilen oder Gespannen Schwierigkeiten bereiten könnte. Von ihrer besten Seite zeigt sich die grandiose und reich gegliederte rote Granitsteilküste von der Seeseite. Die Ausflugsfahrten mit dem Boot von Porto nach Cargèse im Süden oder Girolata im Norden bieten einzigartige Eindrücke und Aussichten.

Die Weiterfahrt über die D 81 in südlicher Richtung kann sich allerdings mit diesem Erlebnis messen. Sie führt zu den **Felsen der Calanche** 14 am Golf von Porto, einer Landschaft, die nochmal eine Steigerung des bisher Gesehenen bietet. Die enge und kurvenreiche Straße begleitet dichte Macchia, unterbrochen

von Kiefern- und Steineichenwäldern an der Landseite; auf der Seeseite zwingt die atemberaubende Steilküste zu vorsichtiger Fahrweise und häufigen Pausen, um die Aussicht zu genießen.

Mit ›pittoresk‹ oder ›bizarr‹ sind die phantastischen Figuren, Säulen, Gestalten, Gesichter, die die Erosion in den rötlichen Granit gefräst hat, nur unzureichend umschrieben. Tafoni-Bildungen sind häufig auf Korsika, doch selten haben klimatische und chemische Einflüsse für derart groteske Ergebnisse gesorgt. Das Licht der untergehenden Sonne läßt hier fast unwirklich scheinende Bilder entstehen, die man nicht so leicht vergißt. Das Porphyrgestein leuchtet dann rot flammend auf, das Blau des Meeres erreicht eine ungeahnte Intensität, und überragt wird dies alles von grünen Hängen und, je nach Jahreszeit, auch schneebedeckten Gipfeln.

Eines der schönsten Panoramen hat man vom **Capo d'Orto** (1294 m) aus. Von ihm überblickt man die großartige Landschaft der Calanche und den Golf von Porto und genießt dazu noch eine weite Sicht ins Landesinnere. Der Fußweg dorthin (vom Parkplatz der Bar ›Roches Bleues‹) ist zwar in drei Stunden zu bewältigen, aber recht mühsam und stellenweise mit einiger Kletterei ver-

bunden. Der leichtere, ausgeschilderte und um zwei Stunden kürzere Rundweg **Chemin de Muletiers** beginnt, schon dichter bei Piana, neben einer Marienstatue (Oratoire de la Vièrge), die man in eine Felsnische gestellt hat. Er endet weiter südlich wieder auf der D 81.

Sehr komfortabel genießen Gäste des Hotels Capo Rosso am Eingang von **Piana** 15 (S. 292) den Überblick über die Calanche von der Restaurantterrasse aus. Der 500-Seelen-Ort ist, kein Wunder bei seiner Lage, stark vom Tourismus geprägt, hat sich aber dennoch viel vom Charakter des einstigen Bauerndorfes bewahrt. Piana liegt 430 m hoch über dem Golf von Porto, zu dem es nur indirekten Zugang hat.

Der kürzeste Weg zum Golf über die Route Danielle Casanova ist immerhin 4 km lang. Er führt zur **Bucht von Ficajola** mit ihrem bezaubernden kleinen Strand. Der Weg zur **Tuselli-Halbinsel** ist schon etwas länger. Auf halber Strecke beginnt ein Fußweg zum **Capo Rosso** und zur **Tour de Turghio,** der von einer wunderschönen Aussicht über den Golf begleitet wird.

Hinter Piana verläßt die D 81 die Küste und quert 20 km lang ein eher karges Hochland, bis sie bei **Cargèse** 16 (S. 284) den **Golfe de Sagone** erreicht. Etwa auf halber Strecke, kurz vor der Chiuni-Brücke, erinnert ein Denkmal an die Résistance und den Zweiten Weltkrieg. Unterhalb dieses Punktes, in der **Bucht von Topiti,** war in der Nacht vom 13. auf den 14. Dezember 1942 das Unterseeboot ›Casabianca‹ gelandet. Es kam aus Algerien vom Hauptquartier de Gaulles. Seine Besatzung sollte den Kontakt zum bewaffneten Widerstand herstellen. Dort, wo jetzt das Denkmal steht, trafen der Kommandant und ein Begleiter auf eine alte Bäuerin. Die beiden hatten mehr Glück, als sie erwarten konnten: die Frau hatte tatsächlich Verbindung zum *Maquis*. Mit größerer Wahrscheinlichkeit hätten die beiden Franzosen auf italienische Soldaten stoßen müssen, denn eine Garnison von Mussolinis Truppen befand sich im nahen Cargèse.

Wunderschönste Lage: Piana

Cargèse vervielfacht die Zahl seiner knapp 1000 Einwohner in jedem Sommer: In den für korsische Verhältnisse breiten und geradlinigen Straßen und in den zahlreichen gastronomischen Betrieben drängen sich dann die Besucher. Dabei liegen die Strände und Feriendörfer mehr oder weniger weit außerhalb der Stadt, am **Golfe de Chiuni** und **Golfe de Pero**. Um zum Hafen und zum Friedhof zu kommen, muß man 100 m abwärts steigen. Cargèse, eine durchaus sehenswerte Stadt, wird noch heute von ihren griechischen Gründern geprägt. Die orthodoxe Kirche mit ihrer geheimnisvollen Pracht sieht man am besten vom Vorplatz der katholischen Kirche aus. Beide Bauten entstanden im 19. Jh. und flankieren ein Tal, das sich zum Golfe de Sagone öffnet. Hier breiten sich die bunten Kleingärten aus, die zu den ganz unkorsischen, weiß getünchten Häusern der Stadt gehören.

Die dramatische Geschichte der Stadt und ihrer Einwohner geht auf Ereignisse um die Mitte des 17. Jh. zurück. Unter dem Expansionsdruck des ottomanischen Türkenreiches beschlossen orthodoxe Christen aus Vitylo (heute Oitylos) auf dem Peleponnes, ins Exil zu gehen. Dank der Kontakte ihres Bischofs Calcandis zur Republik Genua landeten 1676 die 680 Überlebenden einer verlustreichen Überfahrt (120 Tote) auf Korsika. Genua, froh über Kolonisten für die entvölkerte Insel, siedelte sie in einem Ort namens Paomina an, der schnell wegen seiner florierenden Garten- und Landwirtschaft berühmt wurde. Korsische Nachbarn verwüsteten ihn 1729, gleich zu Beginn des Aufstandes gegen Genua: aus Neid auf den Erfolg der fleißigen Fremden oder als Präventivschlag gegen die Freunde ihrer Feinde. Oberhalb von Cargèse liegt an der D 181 noch die Ruine der orthodoxen Kirche. Von hier bietet sich ein traumhafter Blick auf den Ort und den Golf.

Nach 43 Jahren Exil in Ajaccio – wo ihre Kirche heute noch steht – wurden die Griechen von Graf Marbeuf, dem Gouverneur des mittlerweile französischen Korsika, in Cargèse unterhalb ihres alten Dorfes angesiedelt. Die 120 Häuser, die der Graf seinen Schützlingen in der planmäßig angelegten neuen Stadt bauen ließ, bilden den Kern der Siedlung. Vorbildlich hat sich inzwischen das im 19. Jh. noch lange belastete Zusammenleben der Griechen mit ihren korsischen Nachbarn entwickelt. Nur wenige Nachkommen der Einwanderer tragen noch einen griechischen Namen. Dafür sind nicht nur die Eheschließungen mit Korsen verantwortlich. Schon bei ihrer Landung wurden die Exilanten zur Namenänderung gezwungen und die Familiennamen gewissermaßen italienisiert – aus *Papadakis* wurde *Papadacci*.

Einen sehenswerten Niederschlag findet die Sonderrolle der Stadt während der Osterprozessionen, bei denen beide Gemeinden mitwirken. Die Flagge Genuas, Gewehre und Salutschüsse gehören zu den lokalen Besonderheiten. Auch die traditionell profranzösische Einstellung vieler Menschen ist wohl der historischen Sonderentwicklung zu verdanken.

Bis Sagone, dem Ziel dieser Fahrt, sind es jetzt nur noch 13 km entlang einer weniger aufregenden Küste, was nach all den landschaftlichen Höhepunkten einen geruhsamen Ausklang der Reise ermöglicht. Bereits in Porto hat man auch die Alternative, den Weg nach Norden einzuschlagen: Nur 73 km trennen Porto von Calvi, wo vielleicht schon das Flugzeug für die Heimreise wartet.

Golfe de Porto ▷

Information

Unterkunft

Restaurant

Sehenswert

Museen

Einkauf

Nachtleben

Feste

Aktivitäten

Strand

Verkehr

Tips & Adressen

Tips & Adressen

▼ Das erste Kapitel, **Tips und Adressen von Ort zu Ort**, listet die im Reiseteil beschriebenen Orte in alphabetischer Reihenfolge auf. Zu jedem Ort finden Sie hier Empfehlungen für Unterkünfte und Restaurants sowie Hinweise zu den Öffnungszeiten von Museen und anderen Sehenswürdigkeiten, zu Festen, Unterhaltungsangeboten etc. Piktogramme helfen Ihnen bei der raschen Orientierung.

▼ Die **Reiseinformationen von A bis Z** bieten von A wie ›Anreise‹ bis Z wie ›Zeitungen‹ eine Fülle an nützlichen Hinweisen – Antworten auf Fragen, die sich vor und während der Reise stellen.

Bitte schreiben Sie uns, wenn sich etwas geändert hat!
Alle in diesem Buch enthaltenen Angaben wurden von den Autoren nach bestem Wissen erstellt und von ihnen und dem Verlag mit größtmöglicher Sorgfalt überprüft. Gleichwohl sind – wie wir im Sinne des Produkthaftungsrechts betonen müssen – inhaltliche Fehler nicht vollständig auszuschließen. Daher erfolgen die Angaben ohne jegliche Verpflichtung oder Garantie des Verlages oder der Autoren. Beide übernehmen keinerlei Verantwortung und Haftung für etwaige inhaltliche Unstimmigkeiten. Wir bitten daher um Verständnis und werden Korrekturhinweise gerne aufgreifen:

DuMont Buchverlag, Postfach 10 10 45, 50450 Köln.
E-Mail: reise@dumontverlag.de

Inhalt

Reiseinformationen von A bis Z

Tips und Adressen von Ort zu Ort

Preiskategorien Hotels
sehr teuer: ab 130 €
teuer: bis 130 €
moderat: bis 100 €
günstig: bis 50 €
(für zwei Personen im Doppelzimmer ohne Frühstück)

Campingplatz-Preise
Der ADAC ermittelt in seinem Campingführer alljährlich einen Vergleichspreis für eine dreiköpfige Familie mit Auto und Caravan: Danach liegen die Preis fast aller korsischen Plätze zwischen 15 und 25 E. Wer nur mit dem Zelt anreist, zahlt entsprechend weniger. Davon abweichende, besonders günstige oder teure Plätze sind jeweils an Ort und Stelle gekennzeichnet.

Preiskategorien Restaurants
teuer: ab 25 €
moderat: bis 25 €
günstig: bis 15 €
Die Preise beziehen sich auf jeweils ein Menü ohne Getränke.
Die Eingruppierung erfolgt nach den gängigsten Speiseangeboten. Besondere Speisen, Edelfische oder Krustentiere etwa, treiben auch in günstigen Restaurants die Rechnungssumme in die Höhe.

Ajaccio

Einwohner: 53 000
Lage: C4
Stadtplan: Hintere Umschlagklappe

Office Municipal de Tourisme d´Ajaccio, 3, Blvd. Du Roi Jérôme, Tel. 04 95 51 53 03, Fax 04 95 51 03 01, ajaccio.tourisme@wanadoo.fr
Parc Natural Régional de la Corse, 2, Rue Sergent Casalonga, Tel. 04 95 51 79 00, Fax 04 95 21 88 17, infos@parc-natu, rel-corse.com, www.parc-naturel-corse.com

Hôtel Cala di Sole, Route des Sanguinaires, Tel. 04 95 52 01 36, Fax 04 95 52 00 20, moderat; April–Mitte Okt., stadtnah, alle Zimmer mit Meerblick, kleiner Privatstrand, mit gutem Restaurant
Hôtel Dolce Vita, Route des Sanguinaires, Tel. 04 95 52 42 42, Fax 04 95 52 07 15, moderat; mit Restaurant La Mer (s. u.)
Fesch, 7, Rue du Cardinal Fesch, Tel. 04 95 51 62 62, Fax 04 95 21 83 36, heberg.fesch@corsica-online.com, www.fesch.hotelscorse.com
15. Dez.–15. Jan. geschl., moderat; zentral gelegen, mit Dachterrasse
Du Golfe, Blvd. du Roi Jérôme, Tel. 04 95 21 47 64, Fax 04 95 21 71 05, Feb. geschl., moderat; Traditionshaus mit prunkvoller Fassade und Blick auf den Hafen
Marengo, 2, Rue de Marengo, Tel. 04 95 21 43 66, Fax 04 95 21 51 26, günstig; ruhig und einfach, strand- und stadtnah
Camping:
Les Mimosas, Route d`Alata, Tel. 04 95 20 99 85, Fax 04 95 10 01 77, April–Okt., schlicht aber ruhig, 3 km vom Stadtzentrum, 1 km zur Buslinie 4 (weitere Campingplätze s. a. unter Porticcio, S. 294)

La Mer im Hôtel Dolce Vita (s. o.), Tel. 04 95 52 42 42, teuer; eines der besten und beständigsten Restaurants der Insel, mit diversen ›Auszeichnungen‹, u. a. seit Jahren mit einem Michelin-Stern; korsische Gerichte wie Ravioli mit *Brocciu*, sonst spezialisiert auf Fisch und anderes Meeresgetier, ausgezeichnet etwa das Langustenfrikassee

Da Mamma,
Passage Ginchetta, zwischen Rue du Cardinal Fesch und Cours Napoléon, Tel. 04 95 21 39 44,
moderat; intimes Lokal mit kleiner Terrasse, gute Fischküche

Al la Funtana,
7, Rue Notre-Dame, Tel. 04 95 21 78 04, moderat/günstig; gute französische Küche mit korsischem Einschlag in gepflegtem Ambiente

Le Piano,
Blvd. du Roi Jérôme, Tel. 04 95 51 23 81, moderat/günstig; kleines Restaurant mit guter Küche

La Serre,
91, Cours Napoléon, Tel. 04 95 22 41 55, günstig; Self-Service-Restaurant, gut

Cathédrale Notre-Dame-de-la-Miséricorde, Rue Notre-Dame, So und während der Messe keine Besichtigung der Kathedrale

Chapelle Impériale, Mo–Sa (im Winter Di) 9.30–12, 15–19 Uhr, Eintrittskarten im Palais Fesch

Eglise Saint-Erasme, Blvd. Lantivy, wegen Besichtigung beim Vikar der Kathedrale anfragen

Maison Bonaparte, Rue Saint-Charles, tägl. außer So nachmittags und Mo vormittags 9–12 und 14–17 Uhr: Geburtshaus Napoleons

Musée A Bandera, Rue Général Levie, Di–So 9–12 und 14–18 Uhr: militärgeschichtliche Sammlung

Musée du Capitellu, Blvd. Danielle Casanova, April–Okt. tägl. außer So nachmittags und Mo vormittags 10–12 und 14–18 Uhr: Möbel und Alltagsgegenstände aus dem 19. Jh.

Palais Fesch, Rue du Cardinal Fesch, Mo–Sa (im Winter Di) 9.30–12 und 15–19 Uhr: bedeutende Sammlung italienischer Renaissance-Malerei

Salon Napoléonien, Place Maréchal Foch, Hôtel de Ville, 1. Stock, Mo–Sa 9.30–12 und 15–18.30 Uhr: Napoleon-Saal mit Portraits der Familie Bonaparte und der Totenmaske Napoleons

Les Milelli, 5,5 km nordwestlich von Ajaccio, Anfahrt über die D 61 über Alata, Mi–Mo 9–12 und 14.30–18 Uhr: Landhaus der Familie Bonaparte mit Heimatmuseum

Markt: Square Campinchi (hinter dem Rathaus) und Place Abbatucci (kurz vor dem Bahnhof) Di–So 8–12 Uhr

Flohmarkt: Am Boulevard Pascal Rossini jeden Sonntagvormittag

Librairie La Marge, 4, Rue E. Arène, Buchhandlung mit großer Auswahl korsischer Themen, auch korsische Musik

Musica, 26, Cours Napoléon, Plattenladen, beste Auswahl auch korsischer Musik

Das **Casino Municipal** liegt am Boulevard Pascal Rossini. Der Spielautomatenbereich sowie die Bar locken von 15 bis 3 Uhr ein vor allem junges Publikum. Die richtigen Zocker kommen erst ab 21.30 Uhr, dann öffnet der Spielsaal mit Blackjack und Roulette, Tel. 04 95 50 40 60. Auch die wichtigste Disco der Stadt, das **La Place**, findet man im gleichen Gebäudekomplex, Tel. 04 95 51 09 10

Von der **Segelyacht** bis zum **Schlauchboot** vermietet: Alemar Yacht Corse, Port de l`Amirauté (Sporthafen auf dem Weg zum Flughafen), Tel. 04 95 20 92 55, Fax 04 95 20 90 08.

Fahrräder und **Mountainbikes, Mopeds** und **Motorräder** vermietet BMS, Port de plaisance Tino Rossi, Tel 04 95 21 33 75, Fax 04 95 23 04 48

Tauchschule E Ragnole, 12, Cours Lucien Bonaparte, Tel. 04 95 21 53 55, Fax 04 95 21 53 55. 2 km von der Stadtmitte entfernt kann man hier in entspannter Atmosphäre auf Tauchfahrt gehen.

Organisierte Radtouren unternimmt Vivre la Corse en vélo, s. S. 314; geführte **Wanderungen** organisiert Muntagne Corse in Libertà, s. S. 318.

Fest der Notre-Dame-de-la-Miséricorde, der Schutzpatronin Ajaccios, 18. März; **Fest des hl. Erasmus** mit Bootsprozession, 2. Juni; **Fest Johan-**

nes des Täufers (Saint-Jean-Baptiste) mit Prozessionen und Feuerwerk, 24. Juni; **Theater- und Musikfestival** im ehemaligen Landhaus der Familie Bonaparte Les Milelli, Ende Mai–Anfang Juni; **Mariä Himmelfahrt und Geburtstag Napoleons,** 15. August

Flughafen: Ajaccio-Campo dell'Oro, internationaler Flugverkehr (Charter- und Linienflüge) und regionale Flugverbindungen nach Calvi und Bastia
Bahn: Bahnverbindungen gibt es über Corte nach Bastia und Calvi
Busse: Die Stadtbusse zum Flughafen (Linie 1) und zur Route des Sanguinaires (Linie 5) erschließen die ganze Stadt; Busverbindungen bestehen in alle wichtigen Orte der Insel und in die Ortschaften der näheren Umgebung
Bootsausflüge: Vom Jachthafen neben der Zitadelle legen die Boote der Gesellschaft ›Nave Va‹ im Sommer zu den Iles Sanguinaires, nach Girolata und nach Bonifacio ab

Albertacce

Einwohner: 200
Lage: D6

Castel de Vergio, am Vergio-Paß, 20 km westlich von Albertacce, Tel. 04 95 48 00 01, 15. Jan.–15. März, 15. April–31. Okt., günstig; reizlos, aber vielbesucht: im Winter Skifahrer, im Sommer Wanderer; mit Restaurant (das Hotel betreibt auch den Skilift, Auskünfte unter der Hotel-Nr.)
Camping:
U Monte Cintu, Tel. 04 95 48 04 45, Lozzi, einfacher Platz, ideal als Basislager für Wanderer, mit kleinem Laden

La Paglia Orba, Tel. 04 95 48 01 13, günstig; korsische Hausmannskost, ein besonderer Genuß ist die in der Bergluft gereifte *Charcuterie*

Musée Archéologique, Tel. 04 95 48 01 85, 1. Juli–1. Okt., tägl. 9–12 und 15–18 Uhr; 14. Juli, 15. Aug. und Rest des Jahres geschl.: Vorgeschichte und Geschichte des Niolo

Markierte **Wanderwege** erschließen auch von Albertacce aus die Hochgebirgsregion des Niolo.

Aléria

Einwohner: 2022
Lage: G5

Casa Luciani, Tel. 04 95 57 01 51, Fax 04 95 57 06 26

Les Orangers, Route de la Plage, Tel. 04 95 57 00 31, Fax 04 95 57 05 55, günstig; einfaches Haus, mit Restaurant
Camping:
Marina d'Aléria, Tel. 04 95 57 01 42, Fax 04 95 57 04 29, Ostern–31. Okt., komfortabel im Baumschatten, Dünen-Restaurant
Riva Bella, Tel. 04 95 38 81 10, Fax 04 95 38 91 29, www.corsenet.com/rivabella, riva.bella@wanadoo.fr
10. Mai–15. Okt., FKK-Platz in bester Lage, auch Bungalows, mit Restaurant

La Ferme d'Urbino, Etang d'Urbino, Tel. 04 95 57 30 89, moderat; Pfahlbau in der Lagune, Austern, Seewolf und andere Köstlichkeiten werden fangfrisch und köstlich zubereitet

Musée Jérôme Carcopino und römische Fundstätten, Alalia, Fort Matra, Mo–Sa 9–12 und 14–18 Uhr: Ausgrabungsgebiet mit Museum für griechische, etruskische und römische Geschichte

Fischereigenossenschaft Etang de Diane, am Nordende des Etangs, Tel. 04 95 57 02 53, frische Austern und Fisch zu sehr günstigen Preisen

Zwischen Etang de Diane und Meer liegt der kilometerlange Plage de Padulone. Strandbar und Restaurant sorgen für das Nötigste.

Busse der Verbindung Bastia–Porto-Vecchio halten tägl. zweimal (So einmal) an der Hauptstraße im Ortszentrum nördlich des Tavignano. Weitere Verbindungen: 3 x wöchentl. nach Corte.

Algajola

Einwohner: 211
Lage: D8

Beau Rivage, Tel. 04 95 60 73 99, Fax 04 95 60 79 51, www.hotel-beau-rivage.com, info@hotel-beau-rivage.com
15. April–15. Okt.,
moderat; sehr angenehmes Familienhotel direkt am Meer, mit Restaurant (moderat)
Camping:
De La Plage, Tel. 04 95 60 71 76, Fax 04 95 60 71 76, März–Okt., schattiger großer Platz, den nur die Bahnlinie vom Meer trennt (nachts kein Verkehr), Restaurant

Plage de Aregno heißt die große Sandbucht nördlich von Algajola. Der grobkörnige gelbe Sandstrand fällt recht steil ab, die Brandung kann enorm sein. Bei Surfern sehr beliebt.

Bahn: Bahnstation der Strecke Calvi–Bastia bzw. Calvi–Ajaccio, s. S. 283 unter Calvi.
In den Sommermonaten starten **Ausflugsboote** nach Girolata

Asco

Einwohner: 96
Lage: E7

Hôtel Le Chalet, Haut-Asco, Tel. 04 95 47 81 08,
günstig; das Haus ist, obwohl direkt an der Skistation gelegen, nur 1. Juni–30. Sept. geöffnet, mit Restaurant (günstig)
Chambre et Table d'hôtes d'Ambroise, am Ortseingang, Tel. 04 95 47 83 53, günstig; einfache Pensionszimmer und gute Küche, eigener Honig; unbedingt reservieren
Camping:
Monte Cinto, Haut-Asco,
Tel. 04 94 47 84 48, Juni–Sept., einfachste Ausstattung in überwältigender Umgebung

Den regionalen aromatischen **Honig** kann man am Ortseingang probieren und käuflich erwerben

Aullène

Einwohner: 149
Lage: E3

De la Poste, Tel. 04 95 78 61 21, Mai–Sept., günstig; einfach und gut, Restaurant (günstig) mit Gerichten der Region

Ferme Auberge Le Chalet, Tel. 04 95 78 63 12, günstig; deftige Küche, z. B. Wildschwein- und Hasenragout

Barcaggio

Einwohner: 125
Lage: F10

La Giraglia, Tel. 04 95 35 60 54, Fax 04 95 35 65 92, 1. April–30. Okt., moderat; ruhiges Haus mit Meerblick und Gartenrestaurant (moderat/günstig)

Bastelica

Einwohner: 436
Lage: E4

U Castagnetu, Tel. 04 95 28 70 71, Fax 04 95 28 74 02, günstig; gemütliches Hotel, gutes Restaurant mit traditioneller kors. Küche, besonders überzeugend sind die Lamm- und Schweinefleischgerichte (moderat/ günstig)

Chez Paul, Tel. 04 95 28 71 59, günstig; bodenständige Küche

Wo man im Sommer wandern kann, wird im Winter Ski gefahren. 15 km entfernt liegt das Skigebiet Val d'Ese mit seinen Skiliften.
Auskunft :Tel. 04 95 10 11 20

Bastia

Einwohner: 38 000
Lage: F8
Stadtplan: S. 108

Office de Tourisme, Place Saint-Nicolas, Tel. 04 95 55 96 96, Fax 04 95 55 96 00

L'Alivi, Pietranera, Vorort 2,5 km nördlich von Bastia, Tel. 04 95 31 61 85, Fax 04 95 31 03 95, www.hotel-alivi.com, info@hotel-alivi.com, teuer; Haus der Oberklasse am Meer gelegen (weitere Hotels s. San-Martino-di-Lota, S. 297f.)
Posta Vecchia, Quai des Martyrs de la Libération, Tel. 04 95 32 32 38, Fax 04 95 32 14 05, www.hotel-postavecchia. com, info@hotel-postavecchia.com, teuer; zentral an der Seepromenade gelegen
Bonaparte, 45, Blvd. Général Graziani, Tel. 04 95 34 07 10, Fax 04 95 32 35 62, moderat; einfaches Stadthotel
Camping:
San Damiano, Biguglia, 12 km zum Zentrum von Bastia, Cordon Lagunaire, Tel. 04 95 33 68 02, Fax 04 95 30 84 10, 1. April–30. Okt., in schöner Lage zwischen Etang de Biguglia und Meer, mit Restaurant
Camping Les Orangers, s. Miomo (S. 290)

La Citadelle, 5, Rue du Dragon, Tel. 04 95 31 44 70, teuer; geschmackvoll-rustikales Interieur, phantasievolle Küche mit frischesten Zutaten
A Casarelle, 6, Rue Ste-Croix, Tel. 04 95 32 02 32, moderat; korsische Küche in der Terra Nova
Bistro du Port, Rue Porta Vecchia, Tel. 04 95 32 19 83, moderat; Fischküche mit einiger Raffinesse
Lavezzi, Eingang Rue Saint-Jean, Tel. 04 95 31 05 73, moderat; Ausblick (Balkon) zum alten Hafen, raffinierte Fischküche, vorzüglich die Fischsuppe und Muscheln
Brasserie du Marché, Place du Marché, Tel. 04 95 34 27 11, moderat/günstig; guter Wein und guter Fisch

Chapelle de l'Immaculée Conception, Rue Napoléon, tägl. außer So nachmittags
Chapelle Sainte-Croix, Zitadelle, Di–So 9–12 und 14–17, Juni/Juli 15–18 Uhr
Chapelle Saint-Roch, Rue Saint-Roch, tägl. außer So nachmittags
Eglise Saint-Jean-Baptiste, Rue Saint-Jean, tägl. außer So nachmittags

Musée d'Ethnographie Corse, Place du Donjon, Gouverneurspalast, tägl. 9–12 und 14–17 Uhr: volkskundliche Sammlung
Maison de la Culture, Rue César Campinchi, Mo–Sa 10–12 und 14–18 Uhr: wechselnde Ausstellungen zeitgenössischer Kunst

Markt: Der Markt auf der Place du Marché findet Di–So 6–13 Uhr statt, So Flohmarkt auf der Place Saint-Nicolas
Magasin Louis-Napoléon Mattei, 15, Blvd. Général de Gaulle, Weine und Spirituosen in fast musealem Ambiente (s. Tip S. 112)
Grands Vins de Corse, 24, Rue César Campinchi, ein besonders gut sortierter Weinhandel
U Muntagnolu, 15, Rue César Campinchi, leckere korsische Delikatessen
Casa di l'Artigiani, 5, Rue des Terrasses, Kunsthandwerkliches mit Niveau
SoBaDi, 19, Blvd. Paoli und
Mazoccini, 2, Rue Salicetti: Diese beiden Buchhandlungen sind gut sortiert

Nachtleben findet in Bastia eher nicht statt. Wenn überhaupt, dann in den Kneipen rund um den alten Hafen und im neuen Yachthafen nördlich des Fährhafens.

Prozessionen in der Karwoche (s. S. 305); **Fest des hl. Joseph,** 19. März; **Fest des hl. Erasmus**, des Schutzheiligen der Fischer, 2. Juni; **Fest Johannes des Täufers** (Saint-Jean-Baptiste), des Schutzpatrons von Bastia, 24. Juni; **Festival d'Eté,** mit Musikfestival und Fest des Gouverneurs, Juli/Aug.; **Filmfestival** mit Beiträgen aus dem Mittelmeeraum, Okt.; **Musikfest** zwischen Jazz und Klassik, Dez.

Organisierte **Kanu-** und **Kajaktouren, Ausritte, Angeltouren, Tauchkurse** f. Anfänger u. Fortgeschrittene, aber auch **Fahrradverleih** bei Objetif Nature, 3, Rue Notre Dame de Lourdes, Tel./Fax 04 95 32 54 34

Flughafen: Bastia-Poretta, Linienflüge nach Frankreich, Italien und Deutschland, regionale Flugverbindungen nach Ajaccio und Calvi
Bahn: Bahnverbindungen bestehen nach Calvi und über Corte nach Ajaccio
Busse: Stadtbusse in die nördlichen Vororte und bis Erbalunga, nach Süden bis zum Flughafen und im Sommer zu den Stränden. Busverbindungen in alle wichtigen Orte der Insel und in die Castagniccia

Belgodère

Einwohner: 331
Lage: E7

Hôtel Niobel, Tel. 04 95 61 34 00, Fax 04 95 61 35 85, April–Okt., günstig; gemütliches Hotel und gutes Restaurant mit besonders köstlichen Lammgerichten (günstig)

Bocognano

Einwohner: 290
Lage: F5

Hôtel Beau Sejour, Tel./Fax 04 95 27 40 26, 15. Mai–15. Okt., günstig; einfaches Hotel mit Restaurant (günstig)

L'Ustaria, Tel. 04 95 27 41 10, moderat/günstig; sehr gut zubereitete ländliche französisch/korsische Küche in gepflegtem Ambiente

Bonifacio

Einwohner: 2683
Lage: E1
Stadtplan: S. 210/211

Office de Tourisme, 2, Rue Fred Scamaroni, Tel. 04 95 73 11 88, Fax 04 95 73 14 97, boniboom@planetepc.fr, www.bonif.com

Genovese, Zitadelle, Tel. 04 95 73 12 34, Fax 04 95 73 09 03, genovese@club-internet.fr, sehr teuer; Wohnen in der ehemaligen Gouverneursresidenz, entsprechend luxuriös
La Caravelle, Quai Comparetti, Tel. 04 95 73 00 03, Fax 04 95 73 00 41, Ostern–15. Okt., teuer; schick wohnen am Hafen
Le Royal, Rue Fred Scamaroni, Tel. 04 95 73 00 51, Fax 04 95 73 04 68, moderat; gemütliche Hoteletage mitten in der Altstadt, bezahlbar, mit Restaurant (moderat)
Bocca di Feno, Ermitage de la Trinité, westlich von Bonifacio, Tel. 04 95 73 08 09, Fax 04 95 73 01 50, April–Okt., günstig; sehr angenehme, familienfreundliche Ferienanlage
Hôtel du Golfe, Gurgazu, Golfe de Santa Manza, östlich von Bonifacio, Tel. 04 95 73 05 91, Fax 04 95 73 17 18, März–Okt.,

günstig; direkt am Meer, mit Restaurant (günstig)
Camping:
U Farniente, 5 km nördlich, an der N 198, Tel. 04 95 73 05 47, Fax 04 95 73 11 42, 15. Mai–15. Okt., sehr komfortabler Platz

Le Voilier, 81, Quai Comparetti, Tel. 04 95 73 07 06, moderat; Bouillabaisse und andere Fischgerichte
Stelle d'Oru, 7, Rue Doria, Tel. 04 95 73 03 63, moderat; *Cuisine bonifacienne* in der Oberstadt: gefüllte Auberginen, Muscheln und hausgemachte Pasta

Bastion de L'Etendard, 1. April–30. Sept., Mo–Sa 11–17.30 Uhr, Juli/Aug. tägl. 9–22.30 Uhr, sonst auf Anfrage im Office de Tourisme (s. o.): Besichtigung der Zitadelle und des Jardin des Vestiges
Cathédrale Sainte-Marie-Majeure, Rue Archivolto, i. d. R. geöffnet, sonst Besichtigung auf Anfrage im Pfarrhaus
Palazzu Pubblicu – Art et Histoire, Rue de Palais de Garde, 1. Juli–31. Aug. tägl. 10–13.30, 17-19.30 Uhr, sonst auf Anfrage im Office de Tourisme (s. o.)
Seewasseraquarium, Quai Comparetti, 1. April–31. Okt., tägl. 10–20 Uhr

Die berühmteste Discothek Korsikas, das **L`Amnesia** (Tel. 04 95 70 40 45), liegt an der N 198 etwa auf halber Strecke auf dem Weg nach Porto-Vecchio.

Höhepunkt der Karwoche ist am Karfreitag die **Prozession der fünf Bruderschaften** (ab 8 Uhr früh, ganztägig); **Festival de Bonifacio,** Musik und Theater, Ende Aug.; **Johannes-Prozession** von der Kirche Saint-Jean-Baptiste, 29. Aug.

Golf: Etwas außerhalb am Capo Sperone ist der 18-Loch-Golfplatz sportlich wie landschaftlich eine Attraktion ersten Ranges (s. S. 313f.).
Tauchen: Die Tauchschule Atoll gehört zu den renommiertesten der Insel. 26, Quai Banda del Ferro, Tel. 04 95 73 02 83, Fax 04 95 73 17 72.

Flughafen: Figari bei Bonifacio, internationale Flugverbindungen (Linien- und Charterflüge) nach Frankreich, Italien und in die Schweiz
Busse: Busverbindungen nach Ajaccio, über Porto-Vecchio nach Bastia, Corte und Zonza; Busverbindung zum Flughafen Figari.
Bootsausflüge: Grottes et Falaises, vom Hafen aus bieten verschiedene Gesellschaften mehrmals tägl. Fahrten zu den Grotten und den Lavezzi-Inseln an. Mit der Fähre sind Tagesfahrten nach Sardinien möglich

Bustanico

Einwohner: 66
Lage: F6

U Liccedu, Tel. 04 95 48 66 23, günstig; einfaches Haus, Restaurant mit bodenständiger Küche (günstig)

Pfarrkirche mit einem bemerkenswerten Holzkruzifix aus dem 18. Jh.

Bustanico liegt im Wandergebiet Bozio und bietet auch gut ausgeschilderte **Wanderwege.**

Calacuccia

Einwohner: 331
Lage: E6

Syndicat Intercommunal de Niolo, Route de Cuccia, Tel. 04 95 48 05 22, Fax 04 95 48 08 80

L'Acqua Viva, Tel. 04 95 48 06 90, Fax 04 95 48 08 82, günstig; modernes Haus
Couvent de Calacuccia, Tel. 04 95 48 05 53 und 04 95 48 00 11, günstig; übernachten im ehemaligen Kloster

Fest **La Santa di Casamaccioli** im nahen Bergdorf Casamaccioli, 7.–10. Sept.

Calacuccia ist günstiger Ausgangspunkt für viele **Wanderunen** in der Hochgebirgsregion Niolo. Die Wege sind gut gekennzeichnet. Geführte Wanderungen, Klettertouren, **Ausritte, Kanufahrten** und im Winter **Tourenski** bietet die Compagnie des Guides de Montagne Corse, erreichbar über das Syndicat Intercommunal, siehe oben, aber auch S. 317.

Calenzana

Einwohner: 1535
Lage: D7

Auberge de la Forêt, Forêt de Bonifato, Tel. 04 95 65 09 08, 1. April–1. Nov., günstig; schlichte Wanderherberge mitten im Wald, rustikales Restaurant, besonders gut: Wild- und Pilze (günstig)

Eglise Saint-Blaise, Ortszentrum, ehemalige Kollegiatskirche (17. Jh.)
Eglise Sainte-Restitute, 1 km über die D 151 Richtung Zilia, ursprünglich romanische Kirche mit sehenswerten Fresken aus dem 13. Jh.

Prozession der hl. Restitute zur Kirche Saint-Blaise am Ostermontag; beim **Fest der hl. Restitute** am So nach dem 21. Mai werden die Reliquien der Märtyrerin in einer zweiten Prozession zur Kirche Sainte-Restitute zurückgetragen

Busse: nach Calvi 2 mal tägl. außer sonn- und feiertags

Calvi

Einwohner: 5100
Lage: C7
Stadtplan: S. 87

Office de Tourisme, Port du Plaisance, Tel. 04 95 65 16 67, Fax 04 95 65 14 09

La Villa, Chemin de Notre-Dame-de-la-Serra, Tel. 04 95 65 10 10, Fax 04 95 65 10 50, www.hotel-lavilla.com, info@hotel-lavilla.com,
sehr teuer; erstklassiges Haus im Park mit Blick auf die Stadt und entsprechenden Preisen, mit feinem Restaurant (teuer)
La Signoria, Route de la Forêt de Bonifato, 5 km von Calvi, Tel. 04 95 65 93 00, Fax 04 95 65 38 77, www.hotel-la-signoria.com, infos@hotel-la-signoria.com, April–Okt.,
sehr teuer; kleines Hotel in einem Herrenhaus aus dem 17. Jh., mit Gourmetrestaurant (teuer)
Le Magnolia, Place du Marché, Tel. 04 95 65 19 16, Fax 04 95 65 34 52, www.hotel-le-magnolia.com, info@hotel-le-magnolie.com, März–Jan., moderat; kleine, aber feine Oase in der Unterstadt
Auberge de Ferayola, zwischen Calvi und Galéria an der D 81, Tel. 04 95 65 25 25, Fax 04 95 65 20 78, 1. Mai–30. Sept., moderat; sehr beliebtes Familienhotel mit Restaurant (moderat/günstig)
Corsica, Route de Pietramaggiore, Tel. 04 95 65 03 64, Fax 04 95 65 00 54, 15. Feb.–15. Dez.,
moderat; mit Restaurant (moderat)
Les Arbousiers, Route de Pietramaggiore, Tel. 04 95 65 04 47, Fax 04 95 65 26 14, Mai–Sept.,
günstig; Haus der Mittelklasse, mit Restaurant (moderat)
BVJ Corsotel, Av. de la République, Tel. 04 95 65 14 15, Fax 04 95 65 33 72, 25. März–31. Okt.,
günstig; eine Art Jugendherberge mit Mehrbettzimmern und Schlafsälen, mit Restaurant (günstig)
Camping:
Bella Vista, Rte. de Pietramaggiore, Tel. 04 95 65 11 76, Fax 04 95 60 72 52, Ostern–Okt.,
schattiger Platz mit Restaurant
La Morsetta, Tel. 04 95 65 25 24, Fax 04 95 65 25 29, 15. Mai–30. Sept.,

schattiger Platz am Kiesstrand, mit Restaurant
Les Tamaris, Route d'Ajaccio (D 81), Tel. 04 95 65 00 26, Fax 04 95 65 35 25, 1. Mai–30. Sept.,
Platz mit Meerblick an der Felsenküste, mit Restaurant

La Signoria im gleichnamigen Hotel (s. o.),
teuer; beste Adresse für Feinschmecker
Emile's, Quai Landry, Tel. 04 95 65 09 60,
teuer/moderat; Fisch und Meeresfrüchte nach Herzenslust, die Palette reicht von Thunfischcarpaccio bis Languste, direkt am Hafen
Calellu, Quai Landry, Tel. 04 95 65 22 18, moderat; leckere Fischgerichte direkt am Hafen

Eglise Saint-Jean-Baptiste, Zitadelle, gegenüber der Kaserne, Führungen auf Anfrage im Office de Tourisme (s. o.)
Eglise Sainte-Marie-Majeure, La Marine, in der Kirche aus dem 18. Jh. sind u. a. zwei Gemälde aus der Sammlung Fesch zu sehen

Hôtel de Ville, Av. Gérard Marche, Mo–Fr 9–11.30 und 14–18 Uhr: Gemäldesammlung
Oratoire Saint-Antoine, Rue Saint-Antoine, nur nach vorheriger Anmeldung im Office de Tourisme: Museum mit religiöser Kunst aus der Balagne sowie einer archäologischen Sammlung

Kleiner Markt, Di–So 8–12 Uhr zwischen Blvd. Wilson und Rue Clemenceau
Winzer: Clos Landry, Carrefour de l'Aéroport, Tel. 04 95 65 04 25, Winzer mit ausgewogenem Programm, überzeugend vor allem der Rotwein

Am höchsten Punkt der Zitadelle liegt das **Tao** (Tel. 04 95 65 00 73), eine Mischung aus Restaurant, Pianobar und Discothek. In der Saison werden hier die Nächte durchgemacht.

Verschiedene **Prozessionen** während der Karwoche (s. S. 305); **Fest des hl. Erasmus,** 2. Juni; das **Jazz-Festival** ist mittlerweile international anerkannt, dritte Woche im Juni; Volksfest **Citadella in festa,** zweiter So im Aug.; **Rencontres Polyphoniques,** Treffen internationaler polyphoner Gesangsgruppen, Sept. (wechselnde Termine); **Wallfahrt zur Notre-Dame-de-la-Serra,** 8. Sept.; Ende Okt. wird beim **Festival du Vent** (korsisch: *Festiventu*) über eine Woche lang der Wind gefeiert, der dann auch schon recht stark bläst

Verleih von **Booten** und **Surfbrettern** bei Calvi Nautique Club, direkt am Zugang zum Strand, Tel. 04 95 65 10 65. Hier findet man auch die **Tauchschule** J.M.B. Diving, Tel. 04 95 65 12 07, Fax 04 95 65 39 71. **Mopeds, Motorräder** und **Fahrräder** verleiht Garage Ambrosi, Villas Saint Antoine (nahe Place Colomb), Tel. 04 95 65 02 13.

Der Strand, der die Bucht von Calvi säumt, reicht vielen für den ganzen Urlaub. Gesäumt von Pizzerias und Bars, fühlen sich hier auch Familien wohl, denn der sanft ins Wasser abfallende Strand ist besonders für Kinder geeignet.

Flughafen: Sainte-Cathérine, internationale Flüge (Charter- und Linienflüge) und regionale Flugverbindungen nach Ajaccio und Bastia. Transfer zum Flughafen ausschließlich per Taxi.
Bahn: Mehrfach tägl. Bahnverbindungen nach Bastia und über Corte nach Ajaccio; Nahverbindungen entlang der gesamten Balagne-Küste im Sommer stündl., im Winter zehnmal tägl.
Busse: Werktags Verbindungen nach Calenzana und Galéria, ‚weitere Busverbindungen nach Bastia, Corte, Bonifacio, Ajaccio.
Bootsausflüge: Direkt vom Quai Landry legen die Boote (z. T. mit Glasboden) zum Naturreservat von Scandola und Girolata sowie zur Grotte des Veaux-Marins ab

Canari

Einwohner: 291
Lage: F9

Au Bon Clocher, im Ortszentrum, Tel. 04 95 37 80 15, günstig; sehr einfach, im Restaurant (günstig) korsische Hausmannskost und frischer Fisch, sehr originelle Atmosphäre

Au Chat Qui Pêche, an der D 80 nahe dem Weiler Abro, Tel. 04 95 37 81 52, März–Nov., moderat; Terrasse über dem Meer, von Pizza bis Fisch vom Grill; einige Zimmer (günstig)

Cargèse

Einwohner: 915
Lage: C5

Syndicat d'Initiative, Rue Dragacci, Tel. 04 95 26 41 31, Fax 04 95 26 48 80, ot.cargese@wanadoo.fr, www.corsica.net/cargese

Bel Mare, Tel. 04 95 26 40 13, Fax 04 95 26 48 24, 15. März–Nov., günstig; hoch über dem Meer gelegen, mit Restaurant (günstig) und phantastischer Aussicht
Thalassa, Plage du Pero (1,5 km nördl. des Ortes), Tel. 04 95 26 40 08, Fax 04 95 26 41 66 günstig; sehr ruhiges Strandhotel mit Restaurant (günstig)
Camping:
Toraccia, 4 km nördl. von Cargèse, an der D 81, Tel. 04 95 26 42 39, Fax 04 95 20 40 21, 15.–30.9., komfortabler Platz in Strandnähe

Osterprozessionen nach griechisch-orthodoxem Ritus, mit lokalen Elementen wie der Tradition der Salutschüsse

Die feinsandigen und felsgerahmten Strände **Pero** und **Chiuni** im Norden und **Menasina, Confina** und **Capizzolou** im Süden der Stadt sind das Kapital von Cargèse. Am komplettesten ausgestattet und stadtnah (1 km) ist die Plage du Pero, wo man auch Surfbretter und Schlauchboote mieten kann.

Busse: Busverbindung zweimal tägl. außer So über Sagone und Tiuccia nach Ajaccio und über Piana und Porto nach Ota.
Bootsausflüge: in den Sommermonaten legen Ausflugsboote nach Girolata ab

Casta

Einwohner: 291
Lage: E8

Hôtel Paquerette, Tel. 04 95 37 06 68, Fax 04 95 37 21 06, Juni–Sept., günstig; am Ende der Welt, ideal zur Erkundung des Désert des Agriates, mit Restaurant (günstig)
Camping:
U Paradisu, Plage de Saleccia, Tel./Fax 04 95 37 82 51, 1. Juni–30. Sept., einfacher Campingplatz in der Einsamkeit

Castirla

Einwohner: 145
Lage: E6

Chez Jacqueline, Pont-de-Castirla, am Eingang zur Regina-Schlucht, Tel. 04 95 47 42 04, moderat/günstig; nur mittags, korsische Leckereien

Centuri-Port

Einwohner: 201
Lage: F10

Hôtel Le Pêcheur, Hafenpromenade, Tel. 04 95 35 60 14, Fax 04 95 35 65 74,

günstig; nur wenige einfache Zimmer, Restaurant mit Fischküche (Fischsuppe und Langusten, *Loup de Mer* auf Fenchel gegrillt und Thunfischragout, moderat)
Le Vieux Moulin, Tel. 04 95 35 60 15, Fax 04 95 35 60 24, April–Sept., günstig; einfaches Haus, schön gelegen, mit Restaurant (moderat)
Camping:
L'Isulottu, südlich außerhalb des Ortes gelegen, Tel. 04 95 35 62 81, Fax 04 95 35 63 63, 1. März–15. Dez., schattiger Platz mit Restaurant

Cervione

Einwohner: 1400
Lage: F6

s. Moriani-Plage (S. 290)

Camping: Olmello, Prunete, Tel. 04 95 38 03 21, Fax 04 95 38 06 85, April–Okt., angenehmer Platz direkt am Strand, mit allem Komfort

Trois Fourchettes, Place de l'Eglise, Tel. 04 95 38 14 86, günstig; korsische Hausmannskost aus eigenem Anbau und eigener Zucht: Der Wirt Michel hat einen großen Garten, macht seinen eigenen Wein und zieht auch seine Schweine selbst, entsprechend schmecken die Koteletts

Chapelle Sainte-Christine, östlich von Cervione, an der D 330 (ausgeschildert): romanische Kapelle mit beeindruckenden Fresken

Musée Ethnographique, hinter der Kirche, Mo–Sa 10–12 und 14–19 Uhr: volkskundliche Sammlung

Corbara

Einwohner: 583
Lage: D8

Couvent de Corbara, Besichtigung und Führungen durch das Dominikaner-Kloster Mo–Sa 16–18 Uhr

Corte

Einwohner: 6300
Lage: E6
Stadtplan: S. 149

Office de Tourisme, La Citadelle, Tel. 04 95 46 26 70, Fax 04 95 46 34 05, corte.tourisme@wanadoo.fr
Maison d'Information du Parc Naturel, Place des quatre Fontaines, Tel. 04 95 46 27 44, Juni–Sept., im Informationszentrum des Naturparks gibt es Auskünfte und Kartenmaterial u. a. für die Wandergebiete rund um die Stadt

Hôtel Colonna, Restonica-Tal, 2 km vom Zentrum entfernt, Tel. 04 95 45 25 65, Fax 04 95 61 03 91, RESTONIC@club-internet.fr, moderat; gutes Hotel in faszinierender Landschaft, Restaurant mit guter korsischer Küche (moderat, besonders lecker sind frische Forellen)
Hôtel de la Paix, Av. du Général de Gaulle, Tel. 04 95 46 06 72, Fax 04 95 46 23 84, April–Okt., günstig; mitten im Zentrum, dennoch ruhig, mit Restaurant (moderat)
H.R. Hôtel, Allée du Neuf Septembre, Tel. 04 95 45 11 11, Fax 04 95 61 02 85, günstig; sehr schlichte und günstige Herberge, beliebt bei jungen Wanderern
Camping:
U Sognu, unterhalb der Zitadelle am Beginn des Restonica-Tals, Tel. 04 95 46 09 07, 31. März–31. Okt., einfach, aber zentral, mit Restaurant
Tuani, Restonica-Tal, 6 km hinter Corte, Tel. 04 95 46 11 65, April–Sept., direkt am Fluß, mit viel Schatten und schöner Aussicht, mit Restaurant

Auberge Restonica, ca. 2 km von Corte, Tel. 04 95 46 09 58, moderat; traditionelle korsische Küche, einige Fremdenzimmer

U Museu, Rampe Ribanelle, Tel. 04 95 61 08 36, moderat; auf der Terasse unterhalb der Festungsmauer speist es sich wunderbar und typisch korsisch

Musée d'Art et d'Histoire, Zitadelle: Ausstellung zur Stadtgeschichte und Gemälde aus der Sammlung Fesch, auf Anfrage im benachbarten Office de Tourisme zu besichtigen
Musée de la Corse, Zitadelle, 22. Juni–20. Sept. Di–So 10–20 Uhr, sonst 10–17 Uhr, im Winter auch So und feiertags geschl.: Museum zur Inselgeschichte mit wechselnden Ausstellungen zeitgenössischer korsischer Kunst und Themenschwerpunkten zur Soziologie und Wirtschaft Korsikas

Atelier Poterie M. Leonelli, 4, Rue Chiostra, Töpferei ohne folkloristische Anbiederung
Librairie de Flome, 5, Cours Paoli, unscheinbare Buchhandlung, in der es sich zu stöbern lohnt

Folklorefestival im Freilichttheater der Zitadelle im Juli

Corte ist Zentrum des Wandertourismus, von hier lassen sich diverseTages- und **Etappenwanderungen** auf gut gekennzeichneten Wegen beginnen

Bahn: Corte liegt an der Bahnstrecke Bastia–Ajaccio, Bahnverbindung nach Calvi
Busse: Busverbindungen nach Ajaccio, Bastia, Aléria und in zahlreiche Orte der näheren Umgebung

Coti-Chiavari

Einwohner: 399
Lage: D3

Hôtel Le Belvédère, Tel. 04 95 27 10 32, Fax 04 95 27 12 99, günstig; klein und einfach, mit wahrhaft guter Aussicht und Restaurant (moderat)

Erbalunga

Einwohner: 1334
Lage: F8

Hôtel Castel Brando, Tel. 04 95 30 10 30, Fax 04 95 33 98 18, www.castelbrando.com, info@castelbrando.com, 1. April–15. Okt., moderat; Appartementhotel im Herrenhaus, mit Kochmöglichkeit auf den Zimmern

Le Pirate, Tel. 04 95 33 24 20, teuer; direkt am Hafen mit entsprechend schönem Blick, feine Küche, in der fangfrischer Fisch schmackhaft zubereitet wird, der Kastanienpudding schließt das Essen korsisch ab

Am Gründonnerstag und Karfreitag beeindruckende Prozessionen (s. S. 305)

Evisa

Einwohner: 257
Lage: D6

Hôtel L'Aitone, Rue Principale, Tel. 04 95 26 20 04, Fax 04 95 26 24 18, Feb.–15. Nov., günstig; mit Restaurant (moderat)
Camping:
L'Acciola, Tel. 04 95 26 23 01, Fax 04 95 26 20 29, Juni–Sept., einfacher Platz, schön gelegen

Evisa ist ein traumhaft gelegenes **Wanderzentrum** mit kurzen Wegen zum Meer. Die Etappenwanderung Da Mare a Mare Nord führt durch Evisa (s. S. 316), aber auch zahlreiche Tagestouren sind möglich, s. S. 262f

Busse fahren zweimal tägl. über Vico nach Ajaccio, im Sommer auch nach Ota und Porto

Favone

Einwohner: 1178
Lage: F3

Syndicat d'Initiative, Tel. 04 95 73 22 21, Fax 04 95 73 23 81

Hôtel Au Rêve, Pont de Tarco, 4 km südl. von Favone,
Tel. 04 95 73 20 93, Fax 04 95 73 22 30,
moderat; angenehmes Familienhotel oberhalb der N 198

Felce

Einwohner: 33
Lage: F6

Das **Ehepaar Berini** verkauft in einem Spezialitätengeschäft neben Kastanien und -mehl auch Konfitüre und Honig aus Kastanien (s. Tip S. 187f.)
Monsieur Filippi bietet ebenfalls Kastanienhonig aus eigener Imkerei an

Feliceto

Einwohner: 145
Lage: E7

Hôtel Mare e Monti, an der D 71, Tel. 04 95 63 02 00, Fax 04 95 63 02 01,
1. Mai–30. Sept.,
günstig; altes Herrenhaus in ruhiger Lage über dem Dorf

Osteria U Mulinu,
Tel. 04 95 61 73 23,
moderat; rustikales Ambiente in einer Ölmühle, das Essen paßt dazu, etwas folkloristisch

Winzer: Clos Reginu, Muro, an der D 13 von Santa Reparata nach Feliceto, Rotweinfreunde wird besonders der in Eichenholzfässern ausgebaute Rote ›E Prove‹ begeistern

Filitosa

Einwohner: 585
Lage: D3

Site Préhistorique de Filitosa, Kommune Sollacaro, an der D 57 (ausgeschildert), Tel. 04 95 74 00 91, ganzjährig von 8.30 Uhr bis Sonnenuntergang: vorgeschichtliche Ausgrabungsstätte mit Museum im Centre de Documentation Archéologique (s. Tip S. 228f.)

In einem Souvenirladen auf dem Ausgrabungsgelände wird **Schmuck** aus den roten Korallen vom nahen Meer hergestellt und verkauft

Folelli

Einwohner: 1162
Lage: F7

Hôtel San Pellegrino, Plage de San Pellegrino, Tel. 04 95 36 90 61,
Fax 04 95 36 85 42, Mai–Okt.,
moderat; angenehmes Bungalowhotel, direkt am Strand

Galéria

Einwohner: 305
Lage: C6

Syndicat d'Initiative, Carrefour Cinq Arcades, Tel. 04 95 62 02 27

Hôtel Le Filosorma,
Route du Bord de Mer,
Tel. 04 95 62 00 02, Fax 04 95 62 03 44,
1. Mai–5. Okt.,
günstig; direkt am Strand, mit Restaurant
Camping:
Ideal Camping,
Tel. 04 95 62 01 46, Juni–Sept.,
300 m zum Strand, mit Restaurant

Tauchclub L'Incantu, Route de Calca, Tel. 04 95 62 03 65, Fax 04 95 62 03 66: vorbildlicher Tauchunterricht und Tauchgänge in tolle Reviere. Galeria Etappenort des **Wanderwegs Tra Mare e Monti** (s. S. 317) und Ausgangspunkt für Wanderungen im Fangotal.

Ghisonaccia

Einwohner: 3270
Lage: F4

Place de la Mairie, Tel. 04 95 56 12 38, Fax 04 95 56 19 86

Hôtel Franceschini, Tel. 04 95 56 06 39, Fax 04 95 56 20 45, günstig; einfaches Haus mit Restaurant (günstig)
Camping:
Marina d'Erba Rossa, Tel. 04 95 56 25 14, Fax 04 95 56 27 23, 1. Mai–15. Okt., luxuriöser, schattiger Platz direkt am Meer, auch Bungalows, mit Restaurant

Les Deux Magots, Plage de Vignale, Tel. 04 95 56 15 61, moderat; Terrasse am Strand, sehr touristisch, dennoch ansprechende Küche mit Fischspezialitäten

Den sehr gepflegten weitläufigen Sandstrand **Plage Vignale** erreicht man über eine Stichstraße vom Ortszentrum aus. In der Saison sehr belebt, sorgt u. a. das Restaurant Les Deux Magots (s. o.) für Service. 1500 m weiter südlich erreicht man über eine weitere Stichstraße den kilometerlangen einsamen **Plage de Quericioni.** An beiden Stränden können die Mirage-Düsenjäger des nahen Militärflugplatzes von Solenzara das Urlaubsvergnügen beeinträchtigen.

Busse der Verbindung Bastia–Porto-Vecchio halten Mo–Sa zweimal, So einmal an der Hauptstraße im Ortszentrum

Ghisoni

Einwohner: 335
Lage: E5

U Fucone, Gîte d'étape, Ghisoni 2000 am Monte Renoso, Tel. 04 95 57 01 81, Mai–Okt., moderat; Wanderherberge mit Restauration
Hôtel Kyrie, Ortszentrum, Tel. 04 95 57 60 33, Fax 04 95 57 63 15, 1. April–5. Okt., günstig; ideal zur Erkundung der Region, mit Restaurant (moderat)

Girolata

Einwohner: 106
Lage: C6

Bistro Le Cormoran, Tel. 04 95 20 15 55, günstig; Treffpunkt von Wanderern, Seglern und Ausflugsgästen, mit Unterkunftsmöglichkeit in Mehrbetthütten

Bootsausflüge: Girolata wird auch von Ausflugsbooten aus L'Ile-Rousse, Algajola, Porto, Cargèse, Sagone und Ajaccio angelaufen

Guagno-les-Bains

Einwohner: 145
Lage: D5

Hôtel des Thermes, Tel. 04 95 28 30 68, Fax 04 95 28 34 02, 15. Mai–15. Okt., moderat; modernes und komfortables Kurhotel mit Badebetrieb und Restaurant (teuer/moderat)

L'Ile-Rousse

Einwohner: 2800
Lage: D8

Syndicat d'Initiative, Place Paoli, Tel. 04 95 60 04 35, Fax 04 95 60 24 74

De La Pietra, Chemin du Port, Tel. 04 95 63 02 30, Fax 04 95 60 15 92,

www.hotel-lapietra.com, info@hotel-lapietra.com, 1. April–31. Okt., moderat; moderner, sachlicher Neubau in phantastischer Lage, mit Restaurant (teuer/moderat)
La Bergerie, Route de Monticello, Tel. 04 95 60 01 28, Fax 04 95 60 06 36, 15. März–15. Dez., günstig; angenehmes Hotel mit bemerkenswerter Mittelmeerküche – auch maghrebinische Spezialitäten –, serviert im schattigen Hof (moderat)

A Pasturella, in Monticello (4 km entfernt), Tel. 04 95 60 05 65, Fax 04 95 60 21 78, www.a-pasturella.com, moderat; die Küche wird sehr gelobt, mit Hotel (günstig)
Le Laetitia, Le Port, Tel. 04 95 60 01 90, moderat; feine Küche mit guter Aussicht

Musée Océanographique, östlich des Stadtzentrums am Strand von Gineparo, April–Okt. Di–So: nachgestellte Unterwassergrotte mit der typischen Meeresflora und -fauna

Bahn: An der Balagne-Küste nach Calvi; Fernverbindung nach Bastia und über Corte nach Ajaccio
Bootsausflüge: In den Sommermonaten nach Girolata

La Porta

Einwohner: 248
Lage: F6

Chez Elisa, Ortsmitte, Tel. 04 95 39 22 00, moderat/günstig; beliebtes Lokal mit bester korsischer Küche

Eglise Saint-Jean-Baptiste, Barockkirche mit freistehendem Campanile

Jedes Jahr finden **Sommerkonzerte** statt (wechselnde Termine), u. a. in der Kirche Jean-Baptiste

Lama

Einwohner: 98
Lage: E7

Office de Tourisme d'Alti Ostriconi, Tel. 04 95 28 23 90, Fax 04 95 48 23 96, ostriconi@wanadoo.fr, hier mietet man auch die Ferienwohnungen des Ortes (s. Tip S. 130)

Lavasina

Einwohner: 1334
Lage: F8

Wallfahrt zur Notre-Dame-de-Lavasina, 8. Sept.

Levie

Einwohner: 780
Lage: E3

Office de Tourisme de l'Alta Rocca, Rue Sorba, Tel. 04 95 78 41 95, Fax 04 95 78 46 74

In Levie gibt es private Übernachtungsmöglichkeiten, Auskünfte im Office de Tourisme

Castellu de Cucuruzzu und mittelalterliche Ruinen von Capula, ca. 4 km westl. von Levie, Abzweigung von der D 268 (ausgeschildert), 15. April–15. Okt. tägl. 9–18, Juli/Aug. 9–20 Uhr, Info-Broschüren und Führungsgeräte (auch deutschsprachig): torreanische Festungsanlage und Ruinen des mittelalterlichen Dorfes von Capula, das auf den Resten einer torreanischen Siedlung errichtet wurde

Musée de l'Alta Rocca, Tel. 04 95 78 46 34, im Sommer tägl. 10–18 Uhr, im Winter tägl. 10–12 und 14–16.30 Uhr, an Wochenenden und Feiertagen geschl.: archäologische Sammlung und Heimatmuseum mit der ›Dame von Bonifacio‹ von 6750 v. Chr.

Lumio

Einwohner: 895
Lage: D7

Camping: Le Panoramic, Tel. 04 95 60 73 13, 1. Juni–15. Sept., mit Restaurant

Messerschmied Christian Moretti, Quartier Nunziata, Tel. 04 95 60 71 94, handgefertigte korsische Klappmesser, Griffe aus Horn und Holz
Winzer: Domaine U Colombu, Abzweigung der N 197, Chemin de la Chapelle Saint-Pierre, Tel. 04 95 60 70 68, der Rotwein ist sehr gut und selbst ›La Cuvée Prestige‹ kauft man hier günstig

Macinaggio

Einwohner: 480
Lage: F10

Office de Tourisme, Port de Plaisance, Tel./Fax 04 95 35 40 34

Hôtel U Ricordu, an der Uferpromenade, Tel. 04 95 35 40 20, Fax 04 95 35 41 88, www.hotel-uricordu.com, info@hotel-uricordu.com, 31. März–31. Okt., moderat; mit Restaurant (moderat)

Miomo

Einwohner: 2500
Lage: F8

Camping: Les Orangers, 5 km bis Bastia-Zentrum (Busverbindung), Tel. 04 95 33 24 09, Mai–Sept., schattiger Platz, mit Restaurant

Moltifao

Einwohner: 427
Lage: F7

Auberge Cabanella, Route d'Asco, Tel. 04 95 47 80 29, günstig; einfaches Hotel mit Restaurant (günstig)
Camping:
Camping A Tizarella, Route d'Asco, Tel. 04 95 47 83 92, April–Okt.

Moriani-Plage

Einwohner: 1061
Lage: F6

Camping: Camping Merendella, südlich des Ortes am Strand, Tel. 04 95 38 53 47, Fax 04 95 38 44 01, www.perso.club-internet.fr/merendel, Merendel@club-internet.fr, 1. Mai–15. Okt., schattiger Platz für gehobene Ansprüche, mit Restaurant

Bord di Mare, an der Strandpromenade, Tel. 04 95 38 50 45, günstig; einfache, aber gute Küche, von Pizza und Salat bis zum Komplett-Menü, große Terrasse am Strand

Morosaglia

Einwohner: 883
Lage: F7

Maison Pasquale Paoli, im Sommer Mi–Mo 9–12 und 14.30–19.30 Uhr, im Winter Mi–Mo 9–12 und 13–17 Uhr, Feb. geschl.: Geburtshaus von Pasquale Paoli

Murato

Einwohner: 565
Lage: D7

Ferme de Campo di Monti, etwas außerhalb in Richtung Rutali, Tel. 04 95 37 64 39 oder 04 95 39 01 01, moderat; korsisch-ländliche Küche vorzüglich zubereitet

Le Monastère, Tel. 04 95 36 64 39, moderat; korsische Küche im ehemaligen Kloster neben der Kirche

Eglise San-Michele-di-Murato, 2 km südwestlich von Murato, 1. Juli–30. Sept. Mo–Fr 8–12 und 14–18 Uhr, sonst auf Anfrage im Rathaus *(Mairie)* unter Tel. 04 95 37 60 10

Nonza

Einwohner: 86
Lage: F9

Auberge Patrizi, zentral am Ortsplatz, Tel. 04 95 37 82 16, Fax 04 95 37 86 40, 1. April–15. Okt., moderat; einfaches Hotel, Restaurant mit korsischer Hausmannskost (moderat)

Oletta

Einwohner: 879
Lage: F8

Winzer: Domaine Leccia, Poggio d'Oletta, Tel. 04 95 39 03 22, einer der besten, beständigsten und bestsortierten Winzer der Insel: frisch-fruchtiger Weißwein von einiger Finesse, ein brillanter Muscat, ein Rosé mit Himbeerduft und ein Rotwein, an dem man sich noch nach Jahren erfreut

Olmeto

Einwohner: 1019
Lage: D3

Syndicat d'Initiative, Olmeto-Plage, Cours Balisoni, Tel. 04 95 74 65 87, Fax 04 95 76 19 00

Hôtel L'Aiglon, Ortszentrum, an der Hauptstraße, Tel. 04 95 74 62 95, günstig; einfach, mit Restaurant

Abbartello,
Olmeto-Plage, an der D 151, Tel. 04 95 74 04 73, Fax 04 95 74 06 17, April–Okt., günstig; Haus in bester Lage, mit Restaurant (moderat)

Bistro/Bar La Source, am Ortseingang von Olmeto, Tel. 04 95 74 61 18, moderat/günstig; korsische Küche, schöner Blick aufs Meer

Palasca

Einwohner: 119
Lage: E7

Camping: L'Ostriconi, an der D 81, Tel. 04 95 60 10 05, Fax 04 95 60 01 47, www.village-ostriconi. com, info@village-ostriconi.com, 15. März–15. Okt., direkt am Meer und der Mündung des Ostriconi, mit Restaurant

Patrimonio

Einwohner: 546
Lage: F8

Hôtel U Casone, Tel. 04 95 37 14 46, Fax 04 95 37 17 15, günstig; wer nach vielen Weinproben nicht mehr fahren kann, ist hier gut aufgehoben, schlichtes Haus mitten im Ort

Camping:
Camping A Stella,
Ortsteil Marine de Farinole, Tel. 04 95 37 14 37, Fax 04 95 37 13 84, 1. Juni–15. Okt., moderat/günstig; schattiger Platz am Kieselstrand, mit Restaurant

Osteria di San Martinu, Tel. 04 95 37 11 93,

moderat/günstig; gute Küche und gute Weine

Winzerei Cave Orenga de Gaffory, Ortszentrum, Tel. 04 95 30 11 38, der Rotwein ›Cuvée des Gouverneurs‹ ist erstklassig
Clos Bernhardi, Ortszentrum, Tel. 04 95 37 01 09
Clos Marfisi, Ortszentrum, Tel. 04 95 37 01 16
Domaine Arena, etwas außerhalb in Richtung Cap Corse, Tel. 04 95 37 08 27, der Muscat gehört zur absoluten Spitzenklasse
Domaine de Catarelli, Ortsteil Marine de Farinole, Tel. 04 95 37 02 84, vor allem der Rotwein überzeugt (s. Tip S. 125)

Nuits de la Guitare, dritte Juli-Woche

Piana

Einwohner: 500
Lage: C6

Syndicat d'Initiative, Tel. 04 95 27 84 42, Fax 04 95 27 82 72

Hôtel Capo Rosso, Tel. 04 95 27 82 40, Fax 04 95 27 80 00, April–Okt., moderat; traditioneller Charme mit glänzender Aussicht und gutem Restaurant (moderat)
Hôtel Les Roches Rouges, Tel. 04 95 27 81 81, Fax 04 95 27 81 76, April–Okt., günstig; hier ist die Aussicht etwas preiswerter, mit Restaurant (moderat)

Busse: Zweimal tägl. außer So Busse über Cargese, Sagone, Tiuccia nach Ajaccio und über Porto nach Ota.

Pianottoli-Caldarello

Einwohner: 653
Lage: E1

Camping: Kevano-Plage, Tel. 04 95 71 83 22, Fax 04 95 71 83 83, 1. April–15. Okt., komfortabler und sehr ruhiger Platz, mit Restaurant

Piedicroce

Einwohner: 91
Lage: F6

Syndicat d'Initiative de la Castagniccia, im Hôtel Le Refuge (s. u.), Tel. 04 95 35 82 54, Fax 04 95 58 41 01

Hôtel Le Refuge, Tel. 04 95 35 82 65, Fax 04 95 35 84 42, 1. April–31. Okt., günstig; einfaches Haus in schönster Lage, Restaurant mit deftiger korsischer Küche (moderat)

Pietrapola

Einwohner: 2647
Lage: F4

I Bagni, Tel. 04 95 56 70 03, Fax 04 95 56 75 20, 30, moderat; gemütliches Kurhotel mit Badebetrieb und Restaurant (moderat/günstig), einziges Hotel im Fiumorbo

Pigna

Einwohner: 98
Lage: D7/8

La Casa Musicale, Tel. 04 95 61 77 31

La Casa Musicale, Tel. 04 95 61 77 31, 1. März–5. Jan.,

moderat; übernachten in kreativer Atmosphäre, nur sieben Zimmer, daher wird eine Reservierung empfohlen; mit Restaurant (moderat), jeden Di Abendessen mit musikalischer Begleitung

Paese in festa, Musik- und Theaterfest (Freilufttheater), 13. Juli; zahlreiche weitere **Musikveranstaltungen** im Juni und Juli, Auskünfte in der Casa Musicale und im Office de Tourisme in Calvi (s. S. 282)

Casa di l'Artigiani, hier vermarkten Künstler und Kunsthandwerker des Ortes gemeinsam ihre hochwertigen Erzeugnisse (CORSICADA-Produkte, s. Tip S. 260)

Piobetta

Einwohner: 40
Lage: F6

Auberge des deux Vallées, Col d'Arcarotta,
Tel. 04 95 35 91 20, Fax 04 95 35 91 20,
15. Juni–15. Sept.,
günstig; Wanderherberge, Mehrbettzimmer, auch als Doppelzimmer zu mieten, Bar und Restaurant (günstig) sind ganzjährig geöffnet

Pioggiola

Einwohner: 49
Lage: E7

Auberge Aghjola,
Tel. 04 95 61 90 48, Fax 04 95 61 92 99,
April–Okt.,
günstig; das charmante Landhaus mit einfachen Zimmern und üppiger ländlicher Küche (moderat) befindet sich im stillsten Winkel der Balagne

La Tornadia,
Tel. 04 95 61 90 93, April–Okt.,
günstig; kräftige korsische Hausmannskost

Mitten im Wandergebiet Guissani gelegen, ist Pioggiola Ausgangspunkt für zahlreiche **Wanderungen** auf gut markierten Wegen.

Ponte Leccia

Einwohner: 883
Lage: E7

Hôtel des Touristes,
Tel. 04 95 47 61 11, April–Okt.,
günstig; mit Restaurant (günstig)
Camping:
De Griggione,
Tel. 04 95 47 62 92, April–Sept.,
sehr schlichter Platz ohne Komfort

Lana Corsa, Tel. 04 95 48 43 79, Wolle und Wollwaren mit traditionellen korsischen Mustern (s. Tip S. 164)

Ponte Leccia ist Ausgangspunkt für zahlreiche **Wanderungen** im korsischen Hochgebirge. Geführte Wanderungen, **Klettertouren** und **Kanufahrten** bietet In Terra Corsa, La Gare,
Tel 04 95 47 69 48, Fax 04 95 47 69 45.

Ponte Leccia ist Umsteigebahnhof der **Inselbahn,** die Strecke über L`Ile Rousse nach Calvi zweigt hier von der Hauptstrecke Bastia-Ajaccio ab.

Porticcio

Einwohner: 1943
Lage: D4

Office de Tourisme, Plages des Marines, Tel. 04 95 25 01 01,
Fax 04 95 25 06 21, www.porticcio.org

Hôtel Le Maquis,
Tel. 04 95 25 05 55, Fax 04 95 25 11 70,
sehr teuer; Haus der Luxusklasse
Sofitel Thalassa,
Tel. 04 95 29 40 40, Fax 04 95 25 00 63,
teuer; moderne Luxusherberge in bester Lage, mit Restaurant

Camping:
Benista, Pisciatello, 6 km nördl. von Porticcio, Tel. 04 95 25 19 30, Fax 04 95 25 93 70, komfortabler Platz am Fluß Prunelli, allerdings zwischen zwei Hauptstraßen und in einiger Entfernung zum Strand gelegen, nur 10 Minuten ins Stadtzentrum von Ajaccio
Le Sud, Ruppione Plage, ca. 7 km südl. von Porticcio, Tel. 04 95 25 40 51, Fax 04 95 25 47 39,
nur 150 m entfernt vom Strand, schöner Blick auf die Bucht, mit Restaurant

L'Arbousier,
teuer; das Restaurant im Hôtel Le Maquis (s. o.) stellt Gourmets zufrieden, hat aber auch seinen Preis (mittags günstiger)
Auberge de Prunelli,
im Dorf Pisciatellu, an der N 196,
Tel. 04 95 20 02 75,
teuer/moderat; schattiges Gartenrestaurant am Fluß mit exzellent abgestimmten Menüs: Hier stimmt alles, einen Umweg wert

Winzer: Clos Capitoro,
im Dorf Pisciatellu an der N 196,
Tel. 04 95 25 19 61, www.clos-capitoro.com, erste Adresse für Rotweinfreunde

Der **Tauchclub** Maeva hat einen guten Ruf und verleiht auch **Fahrräder.** Maeva, Les Marines, Tel. 04 95 02 40, Fax 04 95 25 10 84.

Die langen Sandstrände sind die Attraktion Porticcios. Als der schönste und feinsandigste gilt der **Ruppione-Strand**. Am Ortsstrand La Viva liegen Bars und Restaurants, ist die Surfstation, kann man Skijets und Schlauchboote mieten.

Busse: Porticcio ist eigentlich ein Vorort von Ajaccio, Busse fahren regelmäßig

Porto

Einwohner: 460
Lage: C1

Syndicat d'Initiative, Le Marin, Tel. 04 95 26 10 55, Fax 04 95 26 14 25, www.porto-tourisme.com, office@porto-tourisme.com

Hôtel Les Flots Bleus,
Molini Agosta Plage,
Tel. 04 95 26 11 26, Fax 04 95 26 12 64, moderat; wohnen mit Blick auf den genuesischen Wachturm
Camping:
Sole e Vista, Tel. 04 95 26 15 71, Fax 04 95 26 10 79, April–Okt., schattiger Platz

Le Soleil Couchant,
am Genuesenturm,
Tel. 04 95 26 10 12,
moderat; Fischküche mit Aussicht

Für Anfänger oder erfahrene Taucher macht die **Tauchschule** Generation Bleue Programm: Marine de Porto, rive droite, Tel./Fax 04 95 26 24 88.
Neben den üblichen Strandaktivitäten macht die Nähe zum Hochgebirge den Reiz Portos aus. Von hier aus lassen sich zahlreiche **Wanderungen** auf gut markierten Wegen unternehmen.

Busse: Zweimal tägl außer So Busverbindungen nach Ota und über Piana, Cargese, Sagone, Tiuccia nach Ajaccio. In der Saison Verbindung nach Calvi, Juli/August auch nach Evisa-Corte.
Bootsausflüge: nach Girolata und entlang der Calanche in den Sommermonaten

Porto-Vecchio

Einwohner: 10326
Lage: F2

Office de Tourisme, Place de l'Hôtel de Ville, Tel. 04 95 70 09 58, Fax 04 95 70 03 72, www.porto-vecchio.com

Parc Naturel Régional de la Corse, Rue Bonaparte, Tel. 04 95 70 50 78, Informationsbüro des Naturparks

Grand Hôtel Cala Rossa, am nördlichen Golf, Tel. 04 95 71 61 51, Fax 04 95 71 60 11, www.relaischateaux.fr, calarossa@relaischateaux.fr, April–Jan., sehr teuer; Haus der Oberklasse mit ausgezeichnetem Gourmetrestaurant (teuer)
Le Roi Théodore, Route de Bastia, Tel. 04 95 70 14 94, Fax 04 95 70 41 34, März–Okt., teuer; nicht direkt am Meer gelegen, dafür schöne Gartenanlage und vorzügliches Restaurant (teuer)
Le Belvédère, Route de Palombaggia, Tel. 04 95 70 54 13, Fax 04 95 70 42 63, April–Jan., teuer; klein, aber fein und in schönster Lage, mit Gourmetrestaurant (teuer)
La Rivière, Quartier de Bala, Tel. 04 95 70 10 21, Fax 04 95 79 56 13, April–Dez., moderat; mit allem Komfort und Restaurant (moderat)
Camping:
Golfo di Sogno, La Trinité, 5 km nördlich von Porto-Vecchio, Tel. 04 95 70 08 98, Fax 04 95 73 16 90, 15. Mai–15. Okt., weiträumiges, schattiges Gelände, mit Restaurant
La Chiappa, südliche Golfseite, Tel. 04 95 70 00 31, Fax 04 95 70 07 70, 1. Mai–21. Okt., großer Platz mit allem Komfort, eigener FKK-Strand, mit Restaurant; etwas teurer als der Durchschnitt, aber seinen Preis wert

L'Orée du Maquis, Route de la Lézardiére (5 km nördl. zweigt die Route westlich von Ste. Trinité ab), teuer; sehr gute Küche, vor allem die Fischgerichte, schöne Aussicht
Troubadour, 13, Rue Général Leclerc, Tel. 04 95 70 08 62, moderat; Grillgerichte vom Land und aus dem Meer

Winzer: Domaine de Toraccia, Lecci, 12 km nördlich von Porto-Vecchio, Tel. 04 95 71 43 50, seit vielen Jahren eine sichere Adresse für ausgezeichneten korsischen Wein

Die berühmteste Discothek Korsikas, das **L`Amnesia** (Tel. 04 95 70 40 45), liegt an der N 198 etwa auf halber Strecke auf dem Weg nach Bonifacio.

Die **Tauchbasis** C.I.P. La Palanque, La Marine, Tel. 04 95 70 16 53, Fax 04 95 70 64 48, ist alteingesessen und gilt als besonders kompetent. Ebenfalls am Yachthafen vermieten diverse Anbieter **Segel- Motor- und Schlauchboote, Fahrräder** gibt es bei Corse Nature Evasion, Baie de Santa Giulia, Tel. 04 95 70 56 75, Fax 04 95 72 05 92. Alle Wassersportaktivitäten organisiert auch der Campingplatz La Chiappa, s. o. Porto-Vecchio ist auch Start- bzw. Zielort für die **Fernwanderung** Da Mare a Mare Sud (s. S. 317). Auskünfte für Wanderer erteilt auch das Informationsbüro des Par Naturel, s. o.

Die Strände bei Porto-Vecchio gehören zu den begehrtesten Korsikas und sind alle touristisch erschlossen. Nur in der Vor- und Nachsaison ist es hier ruhig und teilweise einsam. Als schönster Strand ganz Korsikas gilt vielen der von **Palombaggia.**

Busse: Porto-Vecchio liegt an der Busroute Bastia–Bonifacio. Weitere Busverbindungen bestehen nach Ajaccio, Aullène, Levie, Propriano, Sartène und Zonza
Bootsausflüge: im Sommer vom Hafen zu den Iles Cerbicale, zu den Iles Lavezzi und zur Ile Cavallo

Propriano

Einwohner: 3300
Lage: D2

Syndicat d'Initiative, Port de Plaisance, Tel. 04 95 76 01 49,

Fax 04 95 76 00 65, www.perso.wanadoo.fr/propriano/accueil.htm, officetourismepropriano@wanadoo.com

Grand Hôtel Miramar, Route de la Corniche, Tel. 04 95 76 06 13, Fax 04 95 76 13 14, www.miramarcorse.com, miramar@wanadoo.fr, Mai–Sept., sehr teuer; erstklassiges Haus mit Gourmetrestaurant (teuer)
Roc e Mare, Route de la Corniche, Tel. 04 95 76 04 85, Fax 04 95 76 17 55, 1. Mai–15. Okt., moderat; modern, elegant und schön gelegen
Loft Hôtel, 3, Rue Pandolfi, Tel. 04 95 76 17 48, Fax 04 95 76 22 04, moderat; modernes Stadthotel
Camping:
Tikiti, Tel. 04 95 76 08 32, Fax 04 95 76 18 25, komfortabler Platz mit Restaurant

Le Cabanon, Av.Napoleon, Tel. 04 95 76 07 76, moderat/günstig; Fischrestaurant mit Terrasse am Hafen

Geländegängige **Fahrräder** verleiht Tout Terrain Corse, Rue Gen. De Gaulle, Tel. 04 95 76 15 32. **Surfen** und **Segeln** (auch Verleih von Booten und Surfbrettern) lernt man bei Evasion Nautic, direkt am Yachthafen, Tel. 04 95 76 15 23. Bei **Reitern** beliebt, bietet die Ferme Equestres de Baracci alles vom Reitunterricht bis zu mehrtägigen Ausritten, auch mit Unterkunft und Verpflegung: Route de Baraccia (an der D 257 nordöstl. V. Propriano), Tel. 04 95 76 08 02, Fax 04 95 76 19 48.

Beiderseits des Hafens liegen die grobsandigen Stadtstrände **Murzettu** und **Rinaddiu.** Nördlich liegt der weite Strand in der **Baracci-Mündung**, südlich (jenseits des Flughafens) der weite und einsame **Plage de Portigliolo.**

Busse: Zweimal tägl. fahren Busse nach Olmeto/Ajaccio, außerhalb der Saison nur werktags

Quenza

Einwohner: 214
Lage: E3

Hôtel Sole e Monti, Tel. 04 95 78 62 53, Fax 04 95 78 63 88, günstig; gemütliches Haus mit schönem Garten und gutem Restaurant (moderat)

Mitten im Wandergebiet des Alta Rocca gelegen, kann man die Bergwelt auf gut markierten Wegen erkunden. Geführte **Wanderungen,** Klettertouren und im Winter **Skitouren** organisieren A Muntagnola und Corse Odyssee, s. S. 317

Rogliano

Einwohner: 480
Lage: F9

U Sant'Agnellu, Tel./Fax 04 95 35 40 59, April–Okt., günstig; einfaches Hotel, das Restaurant bietet gute korsische Küche (moderat)

Winzer: Clos de Gioielli, zwischen Rogliano und Macinaggio, Tel. 04 95 35 42 05, hervorragender Weißwein
Clos Nicrosi, im Oberdorf, Tel. 04 95 35 42 02, die Weinprobe im Château sollten sich Weinliebhaber gönnen: der vielleicht beste Weißwein der Insel, oft nur noch hier zu erhalten

Sagone

Einwohner: 921
Lage: C5

Syndicat d'Initiative, Route de la Plage, Tel. 04 95 28 05 36

La Marine, Tel. 04 95 28 00 03, Mai–Okt., günstig; einfaches Haus direkt am Strand, mit Restaurant

L'Ancura, im Fischereihafen (Ortsausgang Richtung Cargese), Tel. 04 95 28 04 93, April–Ende Sept., moderat/günstig; frische Fischküche aus eigenem Fang, gute Pizza

Vermietung von **Surfbrettern** und Tauchausrüstungen, **Tauchfahrten** und Kurse bei Centre Subaquatique, Hotel Cyrnos, Tel. 04 95 28 00 01, Fax 04 95 28 00 77.

Der Ortsstrand in der Bucht von Sagone liegt relativ geschützt. Die eigentlichen Traumstrände ziehen sich südlich von Sagone kilometerlang hin. Die Brandung kann hier ganz enorm sein, Baden ist dann nicht ganz ungefährlich.

Busse: Zweimal tägl. außer So Busse über Cargese, Piano, Porto nach Ota und über Tiuccia nach Ajaccio. Nach Vico und Soccia zweimal tägl außer So
Bootsausflüge: In den Sommermonaten vom Fischerhafen aus nach Girolata

Saint-Florent

Einwohner: 1350
Lage: F8

Syndicat d'Initiative, Centre Administratif, Tel. 04 95 37 06 04, Fax 04 95 37 03 70

Dolce Notte, Tel. 04 95 37 06 65, Fax 04 95 37 10 70, www.hotel-dolce-notte.com, info@hotel-dolce-notte.com, Ostern–Okt.,
moderat; Zimmer mit Blick auf den Golf
Maxime, Rue de la Cathedral, Tel. 04 95 37 05 30, Fax 04 95 37 13 07, moderat; angenehmes Haus
Camping:
U Pezzo, Route de la Roya, Tel. 04 95 37 01 65, 1. Mai–15. Okt., schattiger Platz direkt am Südstrand

Rascasse, Promenade des Quais, Tel. 04 95 37 06 99, teuer; sorgfältig zubereitet werden hier Fischgerichte und Meeresfrüchte
La Gaffe,
in der Restaurantzeile am Hafen, Tel. 04 95 37 00 12,
teuer/moderat; fangfrische Fischgerichte, besonders Fischsuppe und -eintopf

Santa Maria Assunta, Besichtigung der sehenswerten romanischen Kirche Juli/Aug. tägl. 17–20 Uhr, sonst auf Anfrage im Syndicat d'Initiative (s. o.)

La Roya, der Strand südlich der Stadt, bietet Badefreuden mit schönem Blick auf die Stadt. Das flache Gewässer ist recht kinderfreundlich. Surfbretter, Schlauchboote, Kajaks, Liegen und Sonnenschirme sind zu mieten. Sehr viel schöner sind die Strände von **Loto** und **Saleccia** (s. auch Bootsausflüge).

Busse: Busverbindungen nach Bastia und über L'Ile-Rousse nach Calvi
Bootsausflüge: im Sommer fahren Ausflugsboote zu den Stränden Saleccia und Loto im Désert des Agriates

Sainte-Marie-Sicché

Einwohner: 355
Lage: D4

Hôtel Santa Maria, Tel. 04 95 25 72 65, Fax 04 95 25 71 34,
günstig; gemütliches, familiäres Haus, Restaurant mit ländlicher Küche (moderat/günstig)

San-Martino-di-Lota

Einwohner: 3410
Lage: F8

Hôtel La Corniche, Tel. 04 95 31 40 98, Fax 04 95 32 37 69, www.hotel-lacorniche.com, info@hotel-lacorniche.com,
1. Feb.–20. Dez.,

moderat; schön gelegen mit Blick über das Tal aufs Meer, schlichte Zimmer, aber exzellentes Restaurant (z. B. *Charcuterie*, Kalbsnieren, Kutteln, Lamm und Zicklein, moderat)

Sartène

Einwohner: 3410
Lage: D2
Stadtplan: S. 219

Syndicat d'Initiative, Rue Borgo, Tel. 04 95 77 15 40, Fax 04 95 73 40 55

La Villa Piana, etwas außerhalb an der N 196 Richtung Propriano, Tel. 04 95 77 07 04, Fax 04 95 73 45 65, 15. April–15. Okt., moderat; komfortabel, mit Schwimmbad und Tennisplatz, imposanter Blick auf die Stadt
Les Roches, Rue Jean Jaurès, Tel. 04 95 77 07 61, Fax 04 95 77 19 93, günstig; ruhiges Stadthotel, mit Restaurant (moderat)

Auberge Santa Barbara, ca. 1 km Richtung Propriano, dann nach rechts abbiegen und dem Wegweiser folgen, Tel. 04 95 77 09 06, teuer/moderat; feine Küche zu erschwinglichen Preisen, die gefüllten Zucchiniblüten mit *Brocciu* oder die korsische Gemüsesuppe bilden nur den Auftakt
Ferme Auberge A Tinedda, 5 km Richtung Propriano an der N 196, Tel. 04 95 77 09 31, günstig; korsische Küche, auch Zimmervermietung

Hôtel de Ville, zwischen Place de la Libération und Place du Maggiu, Mo–Fr 8.30–12 und 14–18 Uhr: ehemaliger Gouverneurspalast, beherbergt u. a. Gemälde des 17. und 18. Jh.

Musée de la Préhistoire Corse, im ehemaligen Gefängnis, Mo–Fr 10–12 und 14–18 Uhr, an Feiertagen geschl.: anschauliches Museum mit archäologischen Funden und historischen Dokumenten zur Inselgeschichte

Berühmte Bußerprozession **Catenacciu** am Karfreitag von der Kirche Sainte-Marie zur Kapelle Saint-Sébastien (s. Thema S. 222)

Busse: Busverbindungen nach Propriano, Ajaccio, Bonifacio und Olmeto

Sermano

Einwohner: 63
Lage: F6

Gîte d'étape A Sulana, Tel. 04 95 48 67 97, günstig; komfortable Wanderherberge, auch Doppelzimmer, man kann selber kochen oder sich bekochen lassen

An kirchlichen Feiertagen wird in der Dorfkirche die musikalische Tradition der **Paghiella** gepflegt; im Sommer Konzerte mit Gastsängern

Sermano liegt im waldreichen **Wandergebiet** des Bozio. Auf gut ausgeschilderten Wegen sind viele Tages- oder Etappenwanderungen möglich.

Serra-di-Scopamène

Einwohner: 154
Lage: E3

Camping: I Palacci, Tel. 04 95 78 60 13, 1. Juni–15. Sept., sehr schöner Platz mit den notwendigen Einrichtungen

Sisco

Einwohner: 616
Lage: F9

Camping: A Casaiola, Marine de Sisco, Tel./Fax 04 95 35 21 50, Mai–Sept., gute Pizza und einfache Kleinigkeiten auf einer Terrasse direkt am Meer, angeschlossen ist ein kleiner Campingplatz

Eglise Saint-Martin und Chapelle Saint-Michel: Besichtigung und Führung durch die Kapelle nur auf Anfrage in der Maison du Cap Corse (s. Ville-di-Pietrabugno S. 301), nur während der Saison

Soccia

Einwohner: 143
Lage: D5

Hôtel U Paese, Tel. 04 95 28 31 92, 21. Dez.–19. Nov., günstig; freundliches Haus, ideal für Wanderer

Zahlreiche **Wanderungen** sind möglich, Tagestouren oder Etappenwanderungen, s .S. 260

Busse: Zweimal tägl. außer So per Bus über Vico nach Sagone und Ajaccio

Solenzara

Einwohner: 1178
Lage: F3

Office de Tourisme Côte des Nacres, Tel. 04 95 57 43 75, Fax 04 95 57 43 59

Hôtel La Solenzara, Tel. 04 95 57 42 18, Fax 04 95 57 46 84, heberg.lasolenzara@corsica-online.com, ganzjährig geöffnet, günstig; etwas angestaubter Charme, jedoch sehr gemütlich, einige Zimmer mit Blick aufs Meer

A Mandria, an der Flußbrücke, Tel. 04 95 57 41 95, moderat; originelles Ambiente und bodenständige Küche
L'Auberge La Chaumière, 3 km nördlich, an der N 198, Tel. 04 95 57 40 40, moderat; Spezialität des Hauses sind Fisch und Meeresfrüchte, Vermietung von kleinen Bungalows

Der weitläufige Strand nördlich des Ortes bietet auch in der Saison ausreichend Platz, dafür wird er nicht geharkt, manchmal beeinträchtigt Fluglärm die Badefreuden.

Busse: Zweimal tägl. Busverbindungen nach Bastia und Porto-Vecchio, So nur einmal

Sotta

Einwohner: 762
Lage: E2

Hôtel Mondoloni, Tel. 04 95 71 20 98, Fax 04 95 71 22 85, www.hotel-mondoloni.com, info@hotel-mondoloni.com, April–Sept., günstig; mit Restaurant (moderat)

Le Relais, Tel. 04 95 71 22 14, günstig; korsische Hausmannskost – es wird gegessen, was auf den Tisch kommt, etwa korsische Gemüsesuppe, Hasenragout, Käse und Obst

Speloncato

Einwohner: 194
Lage: D7

Hôtel A Spelunca, Tel. 04 95 61 50 38, Fax 04 95 61 53 14, 1. Juni–30. Sept., günstig; preiswert übernachten in einem Palais

Tiuccia

Einwohner: 292
Lage: C5

Les Flots Bleus, Tel. 04 95 52 21 65, moderat; kleines Hotel direkt über dem Meer, glänzende Aussicht und passables Restaurant

Camping: Camping U Sommalu, Route Casaglione, Tel./Fax 04 95 52 24 21, 15. April–30. Sept., schattiger Platz mit Meerblick und Restaurant

Winzer: Clos d'Alzeto, zwischen Casaglione und Sari d'Orcino, Tel. 04 95 52 24 67, traditionsreicher Familienbetrieb, produziert Weine der Oberklasse

Busse: Zweimal tägl. außer So. Busverbindung nach Ajaccio und nach Ota über Sagone, Cargese, Piano und Porto

Tizzano

Einwohner: 3410
Lage: D2

Hôtel Golfe, Tel./Fax 04 95 77 14 76, Ostern–Ende Okt., moderat; mit Restaurant (moderat)
Camping:
L'Avena Arepos, Tel. 04 95 77 02 18, Fax 04 95 77 24 47, Mai–Sept., schöner Platz ohne größeren Komfort, mit Restaurant

Chez Antoine, Tel. 04 95 77 07 25, moderat; gute Fischküche direkt am Meer

Alignement de Palaggiu, Anfahrt über die D 48, der man nach der Abzweigung ›Cauria‹ noch 2 km weiter folgt, an einem Weingut zweigt rechts ein Weg ab, über den man nach 20 Minuten zu Fuß zu den 258 Granitmonolithen gelangt
Mégalithes de Cauria, Anfahrt über D 48, bei Abzweigung nach links dem Wegweiser ›Cauria‹ folgen, nach 6 km erreicht man die vorgeschichtliche Fundstätte mit den Steinalleen von Stantari, Renaggiu und dem Dolmen von Fontanaccia

Tuarelli

Einwohner: 130
Lage: C6

Gîte de Tuarelli, Tel. 04 95 62 03 02, günstig; Wanderherberge direkt am Fango gelegen, Restauration wird nur auf Vorbestellung geboten, auch den Schlafplatz sollte man reservieren

Valle d'Alesani

Einwohner: 142
Lage: F6

Couvent d'Alesani, Abzweigung von der D 71 Richtung Piazzali (ausgeschildert), das ehemalige Franziskaner-Kloster aus dem 13. Jh. ist in der Regel geöffnet, sonst muß man in der Pfarrei hinter der Kirche klingeln (s. Thema S. 176f.)

Venaco

Einwohner: 614
Lage: E5

Paesotel E Caselle, südöstlich von Venaco, an der D 143, www.e-caselle.com, info@e-caselle.com, Tel. 04 95 45 29 00, Fax 04 95 47 06 65, April–Okt., moderat; wunderschön gelegenes Bungalowhotel mit guter korsischer Küche (Fleisch- und Wildspezialitäten und fangfrische Forellen), beliebt ist die Herberge bei Jägern, Anglern und Reitern

Im **Wandergebiet** Venachese gelegen, lassen sich hier zahlreiche Tages- aber auch Etappenwanderungen machen.

Bahn: Mit der Bahn ist das nahe Corte zu erreichen, aber auch Ajaccio, Bastia und Calvi

Vico

Einwohner: 921
Lage: D5

Hôtel U Paradisu,
Tel. 04 95 26 61 62, Fax 04 95 26 67 01,
März–Dez.,
günstig; ruhiges Haus mit Restaurant (moderat)
Camping:
Camping La Sposata, Col Saint-Antoine,
Tel. 04 95 26 61 55, Mai–Sept.,
komfortabler Platz mit Traumsicht und Restaurant

Auberge du Col, Col Saint-Antoine, Tel. 04 95 26 61 58,
moderat; korsische Küche bei schöner Aussicht

Busse: Zweimal tägl außer So per Bus über Sagone nach Ajaccio sowie nach Evisa und Soccia

Ville-di-Pietrabugno

Einwohner: 2950
Lage: F8

Maison du Cap Corse, Port de Toga (nördlicher Stadtrand von Bastia), Tel. 04 95 32 01 00, Fax 04 95 31 75 79, Informationszentrum für das gesamte Cap Corse, nur in der Saison geöffnet. Infos über das Cap erhält man auch in den Informationsbüros von Bastia, Macinaggio und Saint-Florent

Zicavo

Einwohner: 245
Lage: E4

Hôtel du Tourisme,
Tel. 04 95 24 40 06,
günstig; einfach, mit Restaurant (günstig)

Zicavo ist Hauptort der Region Taravo, auch ein **Wandergebiet** mit vielen gut markierten Wegen, s. S. 231

Zonza

Einwohner: 1600
Lage: E3

Maison du Parc Naturel Régional de la Corse, Tel. 04 95 78 66 58,
Informationszentrum des Naturparks

Hôtel L'Incudine,
Tel. 04 95 78 67 72, Fax 04 95 78 23 23,
Ostern–Okt.,
günstig; mit Restaurant (moderat)
Camping:
Camping Municipal,
Tel. 04 95 77 86 2 74,
einfacher, aber schön gelegener Platz, ideal für Wanderer

Auberge du Sanglier,
Tel. 04 95 78 67 18,
günstig; der Name ist Programm, deftige korsische Küche mit Schwerpunkt auf Wild- und Pilzgerichten

Zonza ist **Wanderzentrum** und Etappenort der Fernwanderung Da Mare a Mare Süd, s. S. 314.

Busse: Mitte Juni bis Mitte Sept tägl. nach Ajaccio und Porto-Vecchio, außerhalb der Saison nur Mo, Mi und Fr

Richtig Reisen *Service*

Reiseinformationen von A bis Z

Ein Nachschlagewerk – von A wie Anreise über N wie Notfälle bis Z wie Zeitungen – mit vielen nützlichen Hinweisen, Tips und Antworten auf Fragen, die sich vor oder während der Reise stellen. Ein Ratgeber für die verschiedensten Reisesituationen.

Anreise

... mit dem Flugzeug

Die Verkehrsflughäfen Ajaccio, Bastia, Calvi und Figari werden international vor allem von Charterflugunternehmen angeflogen. Verschiedene Fluggesellschaften bieten direkte Flugverbindungen von europäischen Flughäfen an: Düsseldorf, Frankfurt, Hamburg, Köln, München, Stuttgart, Brüssel, Genua, Innsbruck, London, Mailand, Pisa, Rom, Salzburg, Wien und Zürich. Linienflugverbindungen werden über Frankreich abgewickelt, die meisten Flüge über Nizza und Paris.

... mit dem Auto oder der Bahn zur Fähre

Die Autobahnen in Frankreich, der Schweiz, Österreich und Italien sind gebührenpflichtig. Aktuelle Auskünfte über Autobahngebühren, Verkehrsvorschriften und Verkehrsverhältnisse in den Durchreiseländern erteilen die Automobilklubs. Sowohl die französischen als auch die italienischen Fährhäfen mit Anschluß nach Korsika sind durchgängig über Autobahnen zu erreichen. Alle italienischen und französischen Fährhäfen sind auch per Bahn erreichbar. Aktuelle Fahrplan- und Preisauskünfte gibt es an jedem Bahnhof und in den Reisebüros.

... mit der Fähre

Während der Hochsaison im Juli/August bestehen zwar die meisten Fährverbindungen, dennoch ist gerade für diese Zeit die frühzeitige Buchung einer Überfahrt ratsam.

Den besten Service bieten die Schiffe der privaten korsischen Reederei
Corsica & Sardinia Ferries GmbH
Georgenstr. 38, 80799 München
Tel. 089/389991-0,
Fax 338576 und 331338
www.corsicaferries.com

Die Fährschiffe fahren von Nizza, Livorno, Savona und Toulon nach Ajaccio, Bastia, Calvi und L´Ile Rousse.

Neben den klassischen Fährschiffen werden Schnellfähren eingesetzt, die jeweils für kurze Überfahrtzeiten sorgen: Livorno–Bastia eine Stunde 45 Minuten, Nizza–Calvi zwei Stunden 45 Minuten.

Die französische Staatsreederei SNCM bedient von Marseille, Toulon, Nizza, Genua und Livorno aus die korsischen Häfen Ajaccio, Bastia, Calvi, L'Ile-Rousse, Porto-Vecchio und Propriano (u. a. auch Schnellfähren):
SNCM
Berliner Str. 31,
65760 Eschborn
Tel. 06169/42911, Fax 483015
www.sncm.fr

Die italienische Fährgesellschaft Moby-Line läuft von den italienischen Häfen Genua, Livorno und Piombino aus Bastia an:
Seetours International
Seilerstr. 23,
60313 Frankfurt
Tel. 069/1333260, Fax 133218
faeh.seetours@t-online.de

Auskünfte

Allgemeine Informationen zu Frankreich und Korsika erhält man bei den französischen Fremdenverkehrsburös ›Maison de la France‹.

Die aufgeführten Informationsbüros versenden auf Anfrage u. a. folgendes Material (in deutscher Sprache): die äußerst nützliche Broschüre ›Corse Informations Pratiques‹, das Urlaubermagazin ›Tours de France: Korsika‹ sowie einen Hotel- und einen Campingführer. Regionale Informationen sind vor Ort vom jeweiligen Fremdenverkehrsbüro zu beziehen (s. Tips von Ort zu Ort, S. 274ff.).

... in Deutschland

Westendstraße 47
Postfach 10 01 28
60325 Frankfurt/Main
Tel. 01 90/57 00 25
Fax 01 90/59 90 61
(DM 1,21 pro Minute)
www.Franceguide.com
maison_de_la_france@t-online.de

... in Österreich

Argentinierstr. 41
1040 Wien
Tel. 01/5 03 28 90
Fax 01/5 03 28 71

... in der Schweiz

Löwenstraße 59
Postfach 72 26
8023 Zürich
Tel. 01/2 21 30 85
Fax 2 12 16 44

... auf Korsika

Agence du Tourisme de la Corse (ATC)
17, Blvd. du Roi Jérôme
20176 Ajaccio Cedex
Tel. 04 95 51 77 77
Fax 04 95 51 14 40
www.visit-corsica.com
infos@visit-corsica.com
Alle Informationen der o. a. Broschüre ›Corse Informations Pratiques‹ sowie der Hotel- und Campingführer sind auch unter dieser Internet-Adresse abrufbar.

... im Internet

Die folgenden Internet-Adressen bedienen mehr oder weniger aussagekräftig touristische Interessen. Die interessantesten Inhalte bietet wohl internetcom, weitere Internet-Adressen listet visitcorse.com auf.
www.annuaire-corse.com
www.corsica-guide.com
www.sitec.fr
www.internetcom.fr/corseweb
www.corsica-online.com
www.visitcorse.com
www.labalagne.com
www.bastia-web.com

www.logis-de-france.fr
Zur Hotelvereinigung ›Logis de France‹ zählen auch 18 korsische Häuser.
Weitere zentrale Hotelreservierungen findet man auch unter folgenden Web-Adressen:
www.ilotel.com
www.e-t-corse.com
www.destination.corse.net
www.corse-voyages.com

www.infomare.it
Hier sind sämtliche Fährverbindungen von und nach Korsika aufgelistet, inkl. Fahrplänen, Preisen und Reservierungsmöglichkeiten

www.parc-naturel-corse.com.
Unter dieser Adresse präsentiert sich die Regionalparkverwaltung (weitere Informationen hierzu siehe unter Tips, S. 275ff.).

Weitere Web-Adressen sind unter den jeweiligen Stichpunkten angegeben.

Behinderte

Flug- und Fährlinien ermöglichen und erleichtern Behinderten die Reise nach Korsika, sollten aber rechtzeitig angesprochen und gebucht werden. Über behindertenfreundliche Hotels informiert eine Liste der APF. Sie ist (in der Regel) im Office Municipal de Tourisme in Ajaccio (s. S. 275) erhältlich, kann aber auch angefordert werden bei:

Association des Paralysés de France (APF),
Madame Caroline Courgeon
M.D.O.F.
Av. Lyautey
20090 Ajaccio
Tel./Fax 04 95 20 75 33
www.apf.asso.fr

Informationen über behindertengerechtes Reisen erteilt in Deutschland der **Bundesverband Selbsthilfe Körperbehinderter e.V.**
Postfach 20
74236 Krautheim
Tel. 0 62 94/6 81 10
bsk.ev@t-online.de
www.bsk-ev.de

Diplomatische Vertretungen

Deutsches Konsulat
Zone Industrielle
20600 Furiani (südlich von Bastia)
Tel. 04 95 33 03 56
Fax 04 95 33 88 89

Österreichische und Schweizer Konsulate gibt es auf Korsika nicht mehr.

Einkaufen

In korsischen Geschäften werden alle Waren des täglichen Bedarfs angeboten. Supermärkte gibt es in den meisten größeren Orten. Viele kleine Bergdörfer werden nur von ›rollenden‹ Läden versorgt. Brot ist auch dann nicht immer erhältlich, wenn ein kleines Geschäft vorhanden ist. Der Vorrat ist auf den Bedarf der Einheimischen abgestimmt. Die Läden haben in der Regel von 9–12 und 15–19 Uhr geöffnet, auch Sa.

Wochenmärkte sind eine Seltenheit auf Korsika, lediglich in Ajaccio und Bastia findet man Di–So von früh morgens bis mittags buntes Markttreiben. Einige wenige Marktstände baut man ebenso regelmäßig in Calvi und L'Ile-Rousse auf.

Einreise und Zollbestimmungen

Reisende aus Deutschland, der Schweiz und Österreich benötigen lediglich einen Personalausweis, für Autofahrer genügt der nationale Führerschein. Die Mitnahme der grünen Versicherungskarte ist ratsam.

Zollbeschränkungen sind im Zuge der EU-Liberalisierung weitgehend abgeschafft worden, Gegenstände für den persönlichen Bedarf können in unbegrenzter Menge ein- und ausgeführt werden. Bei ›Waren mit besonderer Verbrauchssteuer‹, darunter auch Tabak und Alkohol, gelten nunmehr folgende Richtmengen:
– 800 Zigaretten (oder 400 Zigarillos oder 200 Zigarren oder 1 kg Rauchtabak)
– 10 l Spirituosen (oder 90 l Wein oder 110 l Bier oder 20 l Wermutwein)

Für Nicht-EU-Bürger gelten nach wie vor folgende Begrenzungen:
– 200 Zigaretten (oder 100 Zigarillos oder 50 Zigarren oder 250 g Rauchtabak);
– 2 l Wein und 1 l Spirituosen.

Feiertage, Feste und Veranstaltungen

Gesetzliche Feiertage
1. Januar – Neujahrstag *(Jour de l'An)*
Ostermontag *(Lundi de Pâques)*
1. Mai – Tag der Arbeit *(Fête du Travail)*
8. Mai – Kapitulation der Deutschen/ Ende des Zweiten Weltkrieges *(Armistice 1945)*
Christi Himmelfahrt *(Ascension)*
Pfingstmontag *(Lundi de Pentecôte)*
14. Juli – Nationalfeiertag/Sturm auf die Bastille *(Fête Nationale)*
15. August – Mariä Himmelfahrt *(Assomption)*
1. November – Allerheiligen *(Toussaint)*
11. November – Waffenstillstand/Ende des Ersten Weltkrieges *(Armistice 1918)*
25. Dezember – Erster Weihnachtstag *(Noël)*

Religiöse Feste
Besondere Bedeutung kommt im korsisch-katholischen Kalender traditionell der Osterzeit und dem mittsommerlichen Johannis-Tag (24. Juni) zu. Weitere Höhepunkte sind die Feiern zu Ehren der Schutzheiligen

der Städte und Dörfer. Im folgenden die wichtigsten korsischen Fest- und Feiertage:

18. März
Fest der Schutzpatronin von Ajaccio, der *Notre-Dame-de-la-Miséricorde*

19. März
Fest und Prozession zu Ehren des hl. Joseph in Bastia

Karwoche
Während der Karwoche finden überall auf Korsika Feiern und Prozessionen statt. Die folgende Aufzählung ist nur eine Auswahl der eindrucksvollsten und spektakulärsten Festlichkeiten zu diesem Anlaß:

Gründonnerstag: In Calvi findet die Segnung des *Canistrelli*-Gebäcks statt. Der spezielle Kuchen wird auf der Prozession am Nachmittag mitgenommen und natürlich gegessen.

In Erbalunga ziehen am Abend Männer und Frauen mit verhüllten Köpfen und mit schweren Kreuzen beladen in einer Prozession zum Kloster der Benediktinerinnen oberhalb des Ortes.

Karfreitag: An diesem Tag finden Bußprozessionen auf der ganzen Insel statt. Besonders erwähnenswert sind die Prozessionen in Bonifacio (fünf Bruderschaften ziehen durch die Stadt), in Corte, San-Martino-di-Lota und Bastia sowie die Feierlichkeiten in Sartène, wo die berühmteste Büßerprozession stattfindet. Im Verlauf der ›Suche‹ *(La Cerca)* in Erbalunga, die über eine Strecke von 7 km führt, werden alle Kirchen der Umgebung aufgesucht. Abends folgt dann die Büßerprozession *Granitola*, bei der die Teilnehmer eine komplizierte Schrittfolge beachten müssen. Der Büßerzug bildet sich zunächst in Form einer Spirale, die sich in ein Kreuz verwandelt, um anschließend wieder in die Spiralform überzugehen etc. Die *Granitola* kennt man auch in Borgo und Calvi.

Ostern
Die Osterfeierlichkeiten finden eher in der Kirche und im Kreis der Familie und weniger in der Öffentlichkeit statt. In Cargèse im Westen der Insel vereint das Osterfest lokale Besonderheiten mit dem griechisch-orthodoxen Ritus der ortsansässigen griechischen Gemeinde.

21. Mai
Zu Ehren der hl. Restitute findet in Calenzana eine große Prozession statt.

2. Juni
In vielen Hafenstädten (besonders in Ajaccio, Bastia und Calvi) feiert man mit einer Prozession, die auch eine Bootsfahrt einschließen kann, das Fest des hl. Erasmus, des Schutzpatrons der Seeleute und Fischer.

24. Juni
Der Geburtstag Johannes des Täufers markiert einen fröhlichen Höhepunkt des Jahres, der mit Prozessionen und Feuerzauber begangen wird. Da dem Heiligen auf Korsika sehr viele Kirchen geweiht sind, hat man überall Gelegenheit, an den Feierlichkeiten teilzunehmen. Besonders spektakulär ist das Johannis-Fest in Ajaccio und Bastia.

14. Juli
Am französischen Nationalfeiertag wird in Porto auch der Schutzheilige der Stadt mit einem Volksfest gefeiert.

5. August
In zahlreichen Marienfesten wird die Erinnerung an eine Marienerscheinung aus dem 4. Jh. wachgehalten. Die 1954 am Col de Bavella errichtete Monumentalstatue Notre-Dame-des-Neiges ist an diesem Tag Ziel einer vielbesuchten Wallfahrt. Besonders sehenswert ist auch die Prozession in Bastia.

15. August
Mariä Himmelfahrt ist ebenso ein wichtiger Termin im korsischen Kalender: Die ›Königin Maria‹ ist die Schutzheilige Korsikas. In Calvi schließt sich dem religiösen Feiertag ein dreitägiges Volksfest an. In Ajaccio feiert man zudem den Geburtstag Napoleons.

8. September
Dieser Tag ist womöglich der bedeutendste auf Korsika – es ist der Geburtstag der korsischen Schutzheiligen Maria. Ihr zu Ehren finden zahlreiche Prozessionen und Pilgerzüge statt. Hervorzuheben sind die Wallfahrt zur Notre-Dame-de-Lavasina (10 km nördlich von Bastia) und die Wallfahrt zur Notre-Dame-de-la-Serra, oberhalb von Calvi.

Da Maria nicht nur die Schutzheilige Korsikas, sondern auch die der Region Niolo ist, wird sie dort besonders geehrt. In dem kleinen Ort Casamaccioli findet deshalb vom 8.–10. September ein vielbesuchtes Volksfest statt.

Veranstaltungen
Besonders im Sommer finden für Korsen und Urlauber diverse Festivals und Veranstaltungen statt. Das Angebot umfaßt Musikveranstaltungen (klassische Musik, Jazz, Folklore, Pop und Rock), Theaterfestivals, Sportwettbewerbe (Segelregatten, Radrennen etc.) und vieles andere mehr. Mitte Juni gibt es in Calvi ein Jazz-Festival, in Bastia gibt es Mitte Juli–Mitte August das *Festival d'Eté* mit klassischer und moderner Musik im Gouverneurspalast. In Ajaccio findet Ende Mai/Anfang Juni im einstigen Landhaus der Familie Bonaparte, Les Milelli, ein Musik- und Theaterfestival statt. Im Oktober ist Bastia Austragungsort eines Filmfestivals mit Beiträgen aus dem ganzen Mittelmeerraum, die ›Rallye der 10 000 Kurven‹ zieht im Mai/November (jährlicher Wechsel) die Motorsportliebhaber nach Korsika.

Die Angaben unter den jeweiligen Orten (s. S. 275ff.) informieren über weitere Veranstaltungen. Die Fremdenverkehrsbüros der Orte erteilen Auskünfte über aktuelle Veranstaltungen, eine andere Quelle sind die Tageszeitungen.

Zahlungsmittel

Der Wechselkurs des Euro gegenüber dem Schweizer Franken (Stand: Februar 2001):
1 € = 1,53 sFr

Die Bargeldbeschaffung funktioniert problemlos mit Euroscheck-Karte oder Kreditkarte an den zahlreichen Geldautomaten. Fast überall akzeptiert werden Visa- und Mastercard, seltener American-Express oder Diners Club. Dagegen werden Euroschecks selber von den Banken oft nicht mehr angenommen. Die hohe Akzeptanz der Kreditkarte in Hotels, Restaurants und Geschäften aller Art reduziert überdies den Bargeldbedarf enorm.

Natürlich können in den Banken und in vielen Postämtern nach wie vor Reiseschecks eingelöst werden. Wer sein Postsparbuch nutzen will, benötigt seit 1999 zusätzlich die ›SparCard‹. Mit ihr kann bis zu viermal im Jahr gebührenfrei Geld abgehoben werden.

Die Banken sind in der Regel Mo–Fr 8–12 und 14–16.30 Uhr geöffnet. Vor Feiertagen ist bereits um 12 Uhr Schalterschluß.

Gesundheit

Medikamente und Verbandszeug erhält man in den zahlreichen **Apotheken** *(Pharmacies)*. Sie sind in der Regel Mo–Fr zwischen 9 und 12 Uhr und von 15 bis 19 Uhr geöffnet. Über Wochenend- und Feiertagsdienste informieren die Tageszeitungen.

Für Reisende aus Mitgliedsländern der EU gilt das Sozialversicherungsabkommen. Wer vor der Abreise von seiner Krankenversicherung einen **Auslandskrankenschein** erhalten hat, bekommt die Kosten für ambulante und stationäre Behandlung mit gewissen Einschränkungen zurückerstattet. Über die Bedingungen informiert die jeweilige Krankenkasse.

In folgenden Orten gibt es **Krankenhäuser:** Calvi, Bastia, Corte, Porto-Vecchio, Bonifacio, Sartène und Ajaccio.

Die Tageszeitungen geben die Adressen von Ärzten an, die an Wochenenden und Feiertagen Dienst tun (Telefonnummern für Notfälle s. S. 308).

Karten

Jährlich aktualisiert wird die detaillierte Korsika-Karte von Michelin (›Carte Routière et Touristique‹ Nr. 90) im Maßstab 1:200 000.

Vom Institut Géographique National (IGN) gibt es mehrere Karten über das Reisegebiet:

- in der ›Série Verte‹ die Karte 73 (Corse Nord) und Karte 74 (Corse Sud) im Maßstab 1:100 000;
- die Wanderkarten ›Itinéraires Pédestres‹ Karte 20 (Corse Nord) und Karte 23 (Corse Sud) im Maßstab 1:50 000, diese Wanderkarten decken fast die ganze Insel ab, es fehlen jedoch einige Küstengebiete;
- ›Série Top 25‹ im Maßstab 1:25 000 neue Wanderkartenserie mit besonders plastischem Relief; Wanderwege, Hütten, Skiwanderwege, Lifte etc. sind deutlich hervorgehoben.

Kleidung

Korsika ist eine Insel mit verschiedenen Klimazonen. Für Reisende, die diese Vielfalt kennenlernen wollen, sind während jeder Reisezeit ein warmer Pullover und Regenkleidung zu empfehlen. Für Wanderungen benötigt man strapazierfähige Kleidung und gute Wanderschuhe. Jenseits der Strände, besonders aber in Kirchen, sollte man sich möglichst vollständig bekleidet zeigen.

Klima

Als Gebirgsinsel im Mittelmeer weist Korsika kein einheitliches Klima auf (s. S. 15). Vor allem an der Balagne-Küste kann man im Sommer Temperaturen über 35 °C erleben, während die Temperatur schon in 1000 m Höhe um 10 °C niedriger liegt. In Höhenlagen regnet es besonders zwischen November und April häufiger und reichlicher als an der Küste. Aber auch dort verteilen sich die Niederschläge ungleichmäßig: In Ajaccio ist es feuchter als in Bastia, am Cap Corse trockener als in Bonifacio.

Lesetips

Zur Einstimmung auf den Korsika-Urlaub und als gleichermaßen unterhaltende wie Kenntnisse und Verständnis fördernde Lektüre seien folgende Bücher empfohlen:

- Asterix und Obelix auf Korsika. In jedem Witz steckt Wahrheit: Mit derart spitzem Stift ist diese Karikatur Korsikas und der Korsen ausgefallen, daß die Betroffenen sich eher getroffen als beschrieben fühlen. Delta Verlag, Stuttgart 1995.
- James Boswell, Corsica. Diese ›Beschreibung von Corsica nebst vielen wichtigen Nachrichten und Anekdoten von Pasquale Paoli, dem General der Corsen‹ (s. S. 10 f.) ist in deutscher Sprache erstmals 1769 in Leipzig erschienen Der Titel spricht für sich. Das Werk wurde von Dirk Gerdes überarbeitet und 1986 im Elster Verlag, Bühl-Moos und Baden-Baden, herausgegeben (z. Zt. nur noch antiquarisch erhältlich).
- Gabriel Xavier Culioli, Das Land der Herren. Die romanartig geschriebene Geschichte der Familie des korsischen Autors gibt gleichzeitig einen Überblick über 100 Jahre korsischer Geschichte. 1990 im Claasen-Verlag und 1993 als Taschenbuch bei Rowohlt erschienen, ist das Buch z. Zt. nur noch antiquarisch erhältlich.
- Ferdinand Gregorovius, Korsika. Historische Skizzen und Wanderungen im Jahre 1852. Nach diesem Buch kann man heute noch die Insel bereisen. Es ist 1988 als Reprint der Originalausgabe beim Societäts-Verlag in Frankfurt/Main erschienen (z. Zt. nur noch antiquarisch erhältlich).
- Guy de Maupassant, Meistererzählungen. In der Novelle »Eine Vendetta« spielt Korsika eine zentrale Rolle. Zürich 1990, Diogenes-Verlag.
- Prosper Mérimée, Colomba. Diese Novelle dürfte wohl als das berühmteste literarische Werk über Korsika gelten

(s. S. 10). Reclam-Verlag, Ditzingen 1988.
- Prosper Mérimée, Mateo Falcone. Auch hier geht es um Ehre und andere korsische Klischees. Mérimée schrieb die Geschichte schon vor seiner Korsika-Reise!! Reclam-Verlag, Ditzingen 1975.
- Johannes Tralow, Neuhoff – König von Korsika. Der Roman schildert die abenteuerliche Geschichte des deutschen Königs der Korsen. Verlag der Nation, Berlin 1995.
- Erika Wesemann, Die Steinsuppe. Märchen und Geschichten aus Korsika. Der Korse Frédéric Ortoli hat diese Geschichten Ende des 19. Jh. aufgezeichnet. Unionsverlag Zürich 1996.

Wer Französisch lesen kann, hat die Chance, aktuelle Einblicke in die korsischen Verhältnisse zu bekommen:
- Edmond Simeoni, Corse: la volonté d' être. Der Kinderarzt und Politiker hat das Nationalbewußtsein der Korsen wieder belebt – und ist nicht besonders glücklich mit dem, was daraus geworden ist. Edition Albiani, Ajaccio 1995.
- Robert Colonna d'Istria, De la Corse. Korsika hält Frankreich den Spiegel der eigenen Unzulänglichkeiten vor. Diese Interpretation des Verhältnisses zwischen dem Mutterland und der nicht gerade geliebten Insel wird lange für Diskussionen sorgen. La Marge édition, Ajaccio 1998.

Aus der unübersehbaren Fülle von Napoleon-Biographien ist das Bändchen von André Maurois aus der Reihe Rowohlts Monographien, Reinbek 1966, hervorzuheben.
- Braudel, Duby und Aymard, Die Welt des Mittelmeeres. Die Autoren liefern mit ihrem Buch grundlegende und gut verständliche An- und Einsichten über die Geschichte und Probleme des Mittelmeerraumes. S. Fischer Verlag, Frankfurt/Main 1989.

Notfälle

Gebührenfreie Notrufnummern:

Feuerwehr	Tel. 18
Polizei	Tel. 17
Krankenwagen/Notarzt	Tel. 15

Öffnungszeiten

Es gibt auf Korsika (wie im übrigen Frankreich) keine einheitlich geregelten Ladenschlußzeiten. Die meisten Geschäfte und Tankstellen haben ab 8 bzw. 9 Uhr bis 12 bzw. 13 Uhr und nach der Mittagspause von 15–19 Uhr geöffnet. Während Supermärkte am So geschlossen bleiben, haben kleine Lebensmittelläden und Bäckereien zumindest vormittags geöffnet, etliche Geschäfte sind Mo geschlossen.

Kirchen in den Ortschaften sind in der Regel immer zugänglich, sie sollten während der Gottesdienste nicht besichtigt werden. Bei abseits gelegenen Kirchen, die verschlossen sind, kann man im nächsten Haus meist einen Schlüssel oder eine Auskunft über den Schlüsselgewaltigen bekommen.

Öffnungszeiten der Banken (s. S. 306), der Postämter (s. u.)

Post

Postämter findet man auch in vielen kleineren Ortschaften. Die Öffnungszeiten sind sehr unterschiedlich. In den größeren Städten sind die Schalter werktags und Sa durchgehend von 9–19 Uhr geöffnet, anderswo wird die übliche Mittagspause von 12–14 Uhr eingehalten. Schalterschluß ist hier zwischen 16 und 18 Uhr, Sa um 12 Uhr.

Briefmarken *(timbres)* und Telefonkarten *(télécartes)* erhält man außer in den Postämtern auch in Tabakläden *(Tabacs)*.

Preisniveau im Reiseland

Korsika ist wie ganz Frankreich kein Billigreiseziel. Gegenüber dem Festland sind viele Waren, darunter auch Lebensmittel, sogar etwas teurer, ist also ein Inselaufschlag durchaus spürbar. Dafür profitieren auch Reisende von den geringeren Steuern auf Tabakwaren und Alkohol. Deutsche und österreichische Urlauber werden insgesamt das von daheim gewohnte Budget aufbringen müssen, Schweizer Reisende wohl ein wenig sparen können.

Radio und Fernsehen

Seit 1981, als der Sozialist François Mitterrand Präsident der Republik wurde, ist die Radio- und Fernsehlandschaft in Bewegung geraten. Das dritte Fernsehprogramm gehört heute den Regionen. Für Korsika ist ›FR 3 Corse‹ in Bastia zuständig: 45 Sendeminuten pro Tag aus und über Korsika sind freilich einstweilen nicht geeignet, über die abenteuerliche Seichtheit der zahlreichen übrigen Programme hinwegzutrösten.

Eine Reihe privater Rundfunkstationen mit geringer Leistung und Reichweite sind auf UKW zu hören. Die meisten – auch ihr Flaggschiff RCI, ›Radio Corse International‹, einst ein Piratensender auf Elba – bieten mehr oder weniger reinen Kommerzfunk. Zu den Ausnahmen, die sich kompetent und erfolgreich um die Pflege der korsischen Sprache und der korsischen Kultur kümmern, gehört vor allem Radio ›Voce nustrale‹ in Cervione. Genannt seien noch die Sender ›Calvi Citadelle‹, ›Cap Radio Corsica‹ (Bastia), RCS und ›Carbone 14‹ (Ajaccio) und ›Radio Golfe‹ in Porto-Vecchio.

Die staatlich garantierte und per Gebühren von den Hörern finanzierte Grundversorgung von Radiohörern sichert der Sender RCFM mit Studios in Bastia und Ajaccio. Seine Magazinsendungen für möglichst jede Alters- und Bildungsgruppe, unterbrochen von internationalen, nationalen und regionalen Nachrichtensendungen (auch in korsischer Sprache), müssen auf jedem Punkt der Insel zu empfangen sein. Deshalb wird RCFM auf neun UKW-Frequenzen gesendet.

Reisezeit

Im Juli und August ist auf Korsika Hochsaison, daher ist eine rechtzeitige Reservierung der Unterkunft und der Fähre ratsam. Wer in diesem Zeitraum reist, muß zudem mit – für Nordeuropäer – ungewöhnlich hohen Temperaturen rechnen.

Andererseits haben viele touristische Einrichtungen nur zwischen Mai und September geöffnet. Das gilt für Hotels, Campingplätze, Restaurants und diverse andere touristische Einrichtungen.

Sicherheit

In die Schlagzeilen gerät Korsika vor allem wegen der vielen Bombenanschläge und zunehmend auch wegen zahlreicher Gewaltverbrechen gegen Personen. Etliche der einstmals rein politischen Zielen verpflichteten Unabhängigkeitsbewegungen sind zu untereinander rivalisierenden kriminellen Banden mit mafiöser Struktur verkommen, die ihren Rückhalt in der Bevölkerung weitgehend verloren haben (s. S. 57ff.). Die meisten Opfer der Gewalt fordern die Kämpfe dieser Organisationen untereinander. Dabei geht es vor allem um Einfluß im Drogenhandel, um Schutzgelderpressung und andere kriminelle Aktivitäten. Touristen waren von diesen Umtrieben fast nie betroffen, dennoch sorgten die 1999 wieder gehäuft aufgetretenen Bombenattentate für Verunsicherung. Vor allem Urlauber, die noch nie auf Korsika waren, entscheiden sich gegen ›die Schönste‹, während die Stammgäste seit Jahren immer wieder kommen.

Nun soll hier nicht jede Gefahr verharmlost und abgewiegelt, aber sehr wohl relativiert werden. Bombenanschläge in Paris, London oder Madrid beeinträchtigen kaum eine Reiseentscheidung, und das Risiko, Opfer ›normaler‹ Kriminalität zu werden, ist in Hamburg und Berlin, an der Côte d'Azur oder in Rom ungleich größer als auf Korsika. Wer in Deutschland nicht mehr Zug fährt, weil er Anschläge krimineller Atomkraftgegner fürchtet, der sollte auch nicht nach Korsika fahren; ansonsten gibt es bisher keinen Grund, die Insel zu meiden.

Selbstverständlich sollten die heute fast überall geltenden Sicherheitsvorkehrungen beachtet werden, denn Opfer von Dieben werden zuerst die Leichtsinnigen. Autos werden auch auf Korsika aufgebrochen, besonders an abgelegenen Stränden und in einsamen Bergregionen, und vor allem, wenn sich die Diebe gute Beute versprechen. Wer nichts im Wagen läßt, bleibt in der Regel verschont. Vor politisch verbrämter Gewalt schützt man sich am besten durch Verzicht etwa an der Teilnahme politischer Demonstrationen. Wer zufällig in eine Beerdigung gerät, an der vermummte Waffenträger teilnehmen, sollte sich lieber aus dem Staub machen, anstatt zu fotografieren.

Ansonsten gilt nicht nur auf Korsika die für Gäste übliche Empfehlung, sich eher zurückhaltend zu verhalten. In Auseinandersetzungen sollte man sich möglichst nicht einmischen; ist man selber davon betroffen, lieber den rechtzeitigen Rückzug mit einer Entschuldigung einleiten und vor allem bei alkoholisierten Gesprächspartnern berücksichtigen, daß der leicht verletzte Stolz zu unüberlegten Handlungen führen kann.

Wer immer noch unsicher ist, ob Korsika für ihn das richtige Reiseziel ist, der sollte mit Leuten reden, die schon da waren, und sich ihre Eindrücke schildern lassen. Da sind dann schnell alle Zweifel verflogen, denn die allermeisten Reisenden haben nicht nur Korsika, sondern vor allem auch die Korsen schätzen gelernt.

Souvenirs

Bruyère-Pfeifen, Korallenschmuck, die korsischen Messer, Töpfereiwaren, Kastanienholzschnitzereien, die CD mit korsischer Musik (s. S. 70/71) oder ein neuer Pullover (s. S. 164): die Möglichkeit, für mehr oder weniger kunstvoll gearbeitete Mitbringsel Geld auszugeben, besteht auch auf Korsika. Vor allem aber die hervorragenden Naturprodukte der Insel finden ihre Käufer, darunter Honig, Kastanienprodukte, Konfitüren, Wein, Schinken und Wurst, die wunderbaren kleinen Haselnüsse, getrocknete Macchia-Kräuter oder auch korsische Spirituosen.

Sprache

Französisch ist die Amtssprache und, neben Korsisch, auch die Umgangssprache. Da Korsisch von vielen Einheimischen gar nicht oder nur unzulänglich gesprochen wird und zudem regional deutlich unterschiedliche Dialekte gesprochen werden, ist Französisch seit langem die gemeinsame Basis für die Korsen und somit auch für die Besucher geworden. Viele geographische Bezeichnungen sind italienisch oder italienischen Ursprungs. Eine Folge der etwas verworrenen Verhältnisse: Die gleiche Region, der gleiche Ort taucht unter mehreren Namen auf. Am korsischsten sind die Varianten mit ›u‹ statt ›o‹ (Niolu statt Niolo).

Dem vorliegenden Reiseführer liegt die Schreibweise der Michelin-Karte (Nr. 90) ›Corse‹ zu Grunde, in der die französische Schreibweise aufgrund der leichteren Orientierung bevorzugt wird. (S. a. ›Kleiner Sprachführer‹ S. 317ff.)

Strom

Aus französischen Steckdosen fließt 220 V Wechselstrom, nur selten 110 V. Gelegentliche Abweichungen von der Steckdosennorm überbrückt ein Adapter, der im Elektrohandel zu kaufen ist.

Telefonieren

Mittlerweile sind auf Korsika (wie auch im übrigen Frankreich) fast alle Telefonzellen *(cabines)* auf Telefonkarten *(télécartes)* umgestellt. Vereinzelt wird man aber noch Münzautomaten antreffen, so daß es ratsam ist, immer etwas Kleingeld mit sich zu führen. Telefonkarten gibt es zu 50 oder 120 Einheiten in den Postämtern sowie in Bars, Tabakläden und Bistros.

Für Auslandsgespräche muß in Frankreich grundsätzlich 00 vorgewählt werden, dann wartet man den Dauerton (Brummton) ab und wählt für die BRD die 49, für Österreich die 43 und für die Schweiz die 41. Bei der Ortsvorwahl läßt man die 0 weg und wählt dann schließlich die Nummer des gewünschten Teilnehmers. Für ein Gespräch nach Hamburg würde man also wie folgt wählen: 00 – 49 – 40 + Rufnummer. Reduzierte Tarife gelten tägl. zwischen 21.30 und 8 Uhr, Sa bereits ab 14 Uhr sowie an Sonn- und Feiertagen. Die genauen Tarife hängen meist in den Telefonzellen aus und sind in den Telefonbüchern verzeichnet.

Für Gespräche aus der BRD, Österreich und der Schweiz nach Korsika wählt man 00 33 und dann die jeweilige, mit 04 95 beginnende zehnstellige Rufnummer. Die 0 ist bei Gesprächen aus dem Ausland wegzulassen, muß aber vor innerkorsischen Telefonaten immer mitgewählt werden.

Trinkgeld

Alle Rechnungssummen enthalten den Preis für den Service, deshalb sind Trinkgelder nicht verpflichtend, aber dennoch üblich. 5–10 % erhält etwa der Kellner oder Taxifahrer, und auch nach einem oder zwei Bieren in der Bar freut sich der Barmann über ein bis zwei Francs zusätzlich.

Unterkünfte

Hotels

Die Broschüre ›Corse Hôtels & Résidences de Tourisme‹ ist äußerst nützlich bei der Hotelsuche auf Korsika. Sie listet fast alle Hotels der Insel nach Regionen auf, klassifiziert sie von kein Stern bis ***** Sterne, informiert über Komfort und Lage der Häuser und gibt die Öffnungszeiten an.

In der absoluten Luxusklasse gibt es nur ein einziges Haus auf Korsika (›Le Maquis‹ in Porticcio). Wie sehr die Hotelpreise auf der Insel saisonabhängig sind, macht auch die Preisgestaltung dieses Hauses deutlich: Der Preis für ein Doppelzimmer schwankt je nach Zimmer und Zeit zwischen 100 € (15. Nov.–31. März) und 460 € (15. Juni–15. Sept.). Das Hotel ›Abbartello‹ in Olmeto-Plage hat nur einen Stern und verlangt für ein Doppelzimmer zwischen 38 und 76 € (Stand: Februar 2001).
Zu allen Unterkunftsarten erteilen auch die regionalen Fremdenverkehrsbüros *(Offices de Tourisme* bzw. *Syndicats d'Initiative)* auf Korsika gezielte Auskünfte (s. Tips von Ort zu Ort, S. 274ff.).

Ferienwohnungen

Ferienwohnungen und -häuser werden von zahlreichen Veranstaltern angeboten. Auskünfte darüber erteilt jedes Reisebüro, auch ein Blick in den Reiseteil von Tages- und Wochenzeitungen lohnt sich. Diese Ferienunterkünfte sind ebenfalls gravierenden saisonalen Preisunterschieden unterworfen, manche Objekte sind im August um ein Vielfaches teurer als in der Vor- oder Nachsaison.

Gefragte und relativ preisgünstige Feriendomizile, vor allem auch im Inselinnern, bieten private Vermieter über den Verband ›Gîtes de France‹ an. Die Broschüre für Korsika mit einigen hundert Objekten, detaillierten Beschreibungen, Preisen und Reservierungsunterlagen ist zu bestellen bei:

Gîtes de France
1, Rue Général-Fiorella
BP. 10
20181 Ajaccio Cedex
Tel. 04 95 51 72 82
Fax 04 95 51 72 89
Alle Angebote findet man auch im Internet:
www.gites-de-france.fr

Chambres d'hôtes

Die französische Variante von *Bed & Breakfast* ist auf Korsika nur wenig verbreitet. Informationen über diese Privatunterkünfte liefert ebenfalls die Broschüre ›Gîtes de France‹ (s. S. 307) und das Internet.

Feriendörfer
In der Regel bucht man den Aufenthalt in diesen Feriendörfern bereits von zu Hause aus bei einem Reiseveranstalter. Wer sich erst vor Ort auf die Suche machen will, der wird durch entsprechende Werbung auf die Anlagen hingewiesen. Hilfreich sind dabei auch die Verzeichnisse ›Camping & Villages de Vacances‹ und ›Hôtels & Résidences de Tourisme‹ des korsischen Fremdenverkehrsbüros (s. S. 303).

Camping
Das wilde Campen ist auf Korsika grundsätzlich verboten. Dieses Verbot zu beachten, ist schon aus ökologischen Gründen sinnvoll und fällt angesichts der großen Zahl von Campingplätzen (150) nicht schwer. Auf vielen Plätzen kann man Zelte, Wohnwagen oder kleine Hütten mieten, also auch ohne eigene Campingausrüstung übernachten.

Unterwegs auf Korsika

... mit der Bahn
Die ›Chemins de Fer de la Corse‹ (CFC), seit einigen Jahren ein Tochterunternehmen der französischen Eisenbahn SNCF, betreiben seit Ende des 19. Jh. die korsische Schmalspurbahn (s. S. 91 f.).

Die eingleisige Hauptstrecke verbindet Bastia (über Ponte Leccia und Corte) mit Ajaccio (185 km, Fahrzeit vier Stunden). Eine Anschlußstrecke besteht zwischen Ponte Leccia und Calvi (73 km, Fahrzeit 90 Minuten). Die Züge zwischen Bastia und Ajaccio verkehren viermal täglich, der Anschlußzug aus Calvi zweimal täglich.

Auf der Teilstrecke zwischen Bastia und Biguglia (10 km) fahren täglich regelmäßig Schienenbusse im Nahverkehr. Auf der Teilstrecke zwischen Calvi und L'Ile-Rousse (22 km) pendelt die ›Tramway de la Balagne‹ ebenfalls täglich und verbindet bis zu 21 Orte und Haltepunkte im Sommer 15mal, im Winter zehnmal täglich.

Die Fahrtkarte für Bahnenthusiasten heißt ›La Carte ZOOM‹, gilt sieben Tage im gesamten Netz, kostet etwa 45 € und kann sich recht schnell bezahlt machen (denn eine Einzelfahrt z. B. Ajaccio – Corte kostet schon ca. 10 €).

... mit dem Bus
Busverbindungen bestehen zwar zwischen den wichtigsten Orten, aber mehr als zwei Busse täglich sind auch auf den Hauptrouten selten. Fast alle anderen Dörfer und Orte der Insel sind einmal täglich per Bus mit der jeweils zuständigen Kreisstadt verbunden. Neben diesen Linienbussen gibt es etliche Busunternehmen, die halbtägige bis einwöchige Ausflugsfahrten anbieten. Informationen darüber halten die Fremdenverkehrsbüros bereit.

... mit dem Auto
Mit PKW oder Motorrad kommt man auf Korsika am einfachsten voran, selbst unter Berücksichtigung der kurvenreichen Gebirgsstraßen. Das Tankstellennetz kann nur an den Küsten als ausgebaut bezeichnet werden, es gilt also, immer rechtzeitig vor Gebirgsfahrten zu tanken.

Auf französischen Straßen gelten Gurtpflicht und die 0,5-Promille-Grenze.

Auf Schnellstraßen (N 198 etc.) gilt Tempo 110 km/h, auf Landstraßen 90 km/h und in Ortschaften 60 km/h. Vorfahrtsstraßen enden an den Ortsschildern, und gelb markierte Fahrbahnränder bedeuten Parkverbot.

... mit dem Mietwagen
Das Angebot an Leihwagen ist groß, in den größeren Städten, den Touristenzentren und auf den Flughäfen machen die Vermieter gebührend auf sich aufmerksam. Es gibt zwar keine allzu großen Preisdifferenzen, aber besonders bei Langzeitmieten lohnt sich ein intensiveres Marktstudium. Das Verleihprogramm reicht von Kleinwagen bis zu Kleinbussen und geländegängigen Allradwagen.

... mit dem Motorrad
Die Insel der Kurven und Berge ist ein Traumland für Biker – aber nicht ungefährlich.

Deshalb sollten Anfänger vorsichtig sein. Selbst die auf Korsika beliebten und vielerorts vermieteten Mopeds und Roller sollte derjenige nicht besteigen, der keine Übung hat. Besonders leichte Maschinen und Enduros sind von Vorteil.

Urlaubsaktivitäten

Angeln

Das Angeln im Meer vom Ufer aus ist genehmigungsfrei, für Binnengewässer benötigt man einen Angelschein, den es in Fachgeschäften für Angelzubehör gibt. Nähere Auskünfte über Schonzeiten und die örtlichen Bestimmungen erteilen die Hafenmeistereien (Küste) und die **Fédérations Interdépartementales de Pêche et de Pisciculture** (Binnengewässer)
7, Blvd. Paoli, 20200 Bastia
Tel. 04 95 31 11 73 und
19, Av. Noël-Franchini, 20000 Ajaccio
Tel. 04 95 23 13 32.

Baden/Strände

Bei 1047 km Küstenlinie findet jeder ein Stück Küste ganz nach seinem Geschmack. Die schönsten, empfehlenswertesten und beliebtesten Strände und Badebuchten sind in den Reisekapiteln beschrieben und auch in den dazugehörigen Detailkarten per Sonnenschirmsymbol markiert: An der Nordwest- und Westküste sowie in der Straße von Bonifacio können Brandung und Meereströmungen zeitweise gewaltig sein und für Badegäste gefährlich werden. Die gesamte Ostküste ist davon nicht betroffen und ist, ebenso wie der Strand von Calvi, besonders geeignet für Urlauber mit Kindern.

Drachen- und Gleitschirmfliegen

Die Thermik und gute Startplätze an den Berghängen machen Korsika zu einem idealen Revier für diese Sportarten. Hinzu kommen noch die Schleppschirme am Strand, die immer häufiger angeboten werden. Auch erfahrene Drachen- und Gleitschirmflieger sollten sich von inselkundigen Kollegen Start- und Landeplätze empfehlen lassen und sich über die besonderen Witterungsbedingungen genauestens unterrichten, bevor sie sich in die korsischen Lüfte schwingen.

Als besonders sachkundiger und auch für Anfänger geeignete Veranstalter gilt **Altore,** Residence Ste. Anne, 20217 Saint-Florent, Tel./Fax 04 95 37 19 30, www.altore.com, info@altore.com. Eine aktuelle Liste weiterer Anbieter erhält man bei Agence du Tourisme in Ajaccio (s. S. 275).

FKK

Anhänger der Freikörperkultur wissen Korsika als Urlaubsziel sehr zu schätzen. *Les Naturistes* heißen die Verfechter weitgehend textilfreier Ferien viel treffender im Französischen, geht es doch den Nudisten vor allem auch um Naturnähe und natürliches Leben, wobei die Nacktheit nur ein Aspekt ist.

Die Ostküste mit ihren langen und feinsandigen Stränden gilt als Zentrum des FKK. Vor allem die hellen Sandstrände der Plaine Orientale wurden besonders für deutsche FKK-Fans erschlossen. Für sie entstanden die ersten schlichten Bungalowsiedlungen und Campingplätze unter Kiefern und Eukalyptusbäumen direkt am Strand. Doch inzwischen richtet sich die überwiegende Zahl der Campingplätze und Feriensiedlungen der Ostküste an Urlauber mit Badehose und dem Bedürfnis, zu günstigen Preisen einen Urlaub weitgehend an der frischen Luft zu verbringen. Die Ferienanlagen besitzen meist entsprechend getrennte FKK-Abschnitte.

Baden ›oben ohne‹ ist zwar an den typischen Touristenstränden normal, an den Ortsstränden, die vorwiegend von Einheimischen besucht werden, ist es jedoch besonders an der Westküste und am Cap Corse für die traditionsbewußten und religiösen Korsen nach wie vor verpönt.

Golf

Einen 18-Loch-Platz (Par 72, 6130 m lang) finden Golfer im Club Golf de Sperone (s. S. 214) bei Bonifacio. Die überwältigende Landschaft hat der Golfplatz-Architekt Robert Trent Jones zu nutzen gewußt und einen technisch anspruchsvollen und abwechslungsreichen Parcours geschaffen. In einer exklusiven Feriensiedlung gleich neben dem Golfplatz können zahlungskräftige Gäste ihr Urlaubsquartier beziehen. Wer gar ein Appartement kauft, erwirbt gleichzeitig die Mitgliedschaft im Golfclub. Zahlreiche Prominente spielen hier schon seit Jahren, doch niemand sollte sich von prominenten und mitunter wohl auch reichen Mitspielern verschrecken lassen: Das Greenfee ist bezahlbar und auch im Kleinwagen anreisende Tagesgäste sind willkommen. Die Atmosphäre im Clubhaus und im Proshop ist freundlich und leger, die einzigartige Umgebung und der Parcours begeistern hier wirklich jeden Golfsportler:

Golf de Sperone,
20169 Bonifacio, Tel. 04 95 73 17 13
Ferienwohnungen: Tel. 04 95 73 13 69,
www.sperone.net, golf@sperone.net

Weitere Golfplätze:
Bastia-Golfclub (9-Loch),
Route de l'Aéroport, 20290 Borgo,
Tel. 04 95 38 33 99
Golf de Spano (6-Loch), Cocody Village,
20260 Calvi, Tel. 04 95 60 75 52

Jagd

Die Jagdsaison beginnt Anfang September und endet Anfang Januar, für verschiedene Vogelarten zieht sie sich jedoch bis in den März hin. Jagd wird vor allem auf Wildschweine, Hasen, rote Rebhühner, Kiebitze, Schnepfen und Wildenten gemacht, aber auch Drosseln und Amseln wird trotz Verbot noch nachgestellt. Auskünfte erteilt die

Fédération Départementale des Chasseurs de la Corse,
Av. Mont-Thabor, 20090 Ajaccio,
Tel. 04 95 23 16 91
Rue Saint-Joseph, 20600 Bastia,
Tel. 04 95 32 25 99

Kanu- und Kajaksport

Korsikas schnelle Flüsse sind im Frühjahr ein Paradies für ambitionierte Wildwasser-Sportler, aber nichts für Anfänger. Die befahrbaren Wildwasser sind Asco, Fiumorbo, Golo, Gravona, Liamone, Porto, Rizzanèse, Solenzara, Taravo, Tavignano und Travo. Auskünfte erteilen die heimischen Kanusportverbände, auf Korsika helfen weiter:

CorsiKayak, Osteria U Barcagghju
(N 193, am Golo), 20290 Barchetta,
Tel. 04 95 38 25 25
Comité Régional Corse de Kayak,
Suaralta Vecchia, 20129 Bastelicaccia,
Tel. 04 95 23 80 00, Fax 04 95 23 80 96

Radfahren

Obwohl Korsika hohe Anforderungen an die Kondition von Radfahrern stellt, nimmt die Zahl der Pedal-Touristen zu. Es empfiehlt sich, das eigene Fahrrad mitzubringen, denn die in allen Touristenorten angebotenen Mietfahrräder sind oft von zweifelhafter Qualität. Eine Kettenschaltung mit Bergübersetzung ist empfehlenswert. Robuste Tourenräder und Mountainbikes haben auf Korsikas Straßen und Wegen durchaus ihre Vorzüge gegenüber ultraleichten Rennrädern. Die Straßenverhältnisse und Verkehrsbedingungen erfordern gerade von Radfahrern höchste Aufmerksamkeit. Schlaglöcher, Steine und Schweine hinter der Kurve, rasante Abfahrten und korsische Autofahrer: Diese Kombination macht die korsischen Straßen stellenweise zu regelrechten Hindernisstrecken. Manch ein Radler hat daraus schon die Konsequenz gezogen und trägt Helm. Als nicht übermäßig strapaziös kann die Rundfahrt um das Cap Corse und die Strecke Ajaccio–Porto gelten. Wer sein Rad mit der Eisenbahn ins Inselinnere transportiert, kann anschließend auf überwiegend abschüssigen Straßen in Richtung Küste fahren. Auf Korsika bietet die Radsportvereinigung **Vivre la Corse en vélo** organisierte Touren und auch Leihfahrräder an:
Résidence Napoléon,
23, Cours Général Leclerc, 20000 Ajaccio,
Tel. 04 95 21 96 94

Reiten

Reiten gilt vielen als die beste Art, Korsika zu entdecken, und es gibt viele Angebote für Reiterferien. Reiterhöfe, die in der Regel Ausritte unter Begleitung anbieten, verteilen sich über die ganze Insel. Die Palette ihrer Angebote reicht von Kurzausflügen an den Strand oder in die Macchia über Tagestouren zu mehrtägigen Ausritten mit Übernachtung (oft in eigenen Herbergen), die sich bis zu ganzen Inselüberquerungen ausdehnen können. Zahlreiche Kontaktadressen sind zu finden in der Broschüre ›Informations Pratiques‹.

Segel- und Bootssport

Die Küsten um Korsika gehören zu den beliebtesten Segelrevieren im ganzen Mittelmeer. Die Einrichtungen für Segler und Motorbootfahrer verteilen sich rund um die Insel auf 13 Sporthäfen (s. Symbole in der Übersichtskarte) mit Anlagen für Freizeitkapitäne. In der Broschüre ›Informations Pratiques‹ sind Adressen und Ausstattungen der Häfen detailliert beschrieben. Wer kein Boot sein eigen nennt, kann sich in den Häfen von der Segeljolle oder dem Schlauchboot bis zur Motor- oder Segeljacht sein Traumschiff mieten.

Ski

Die Insel bietet zur Überraschung mancher Gäste mitunter bis in den Mai hinein alle Voraussetzungen für den Wintersport.

Die Alpin-Skigebiete Haut-Asco, Col de Vergio, Ghisoni 2000 und Bastelica warten mit Skiliften auf. Bastelica ist auch gleichzeitig beliebtes Langlaufzentrum, genau wie Evisa, Quenza und Zicavo.

Surfen

Für Surfer ist die Insel schon seit Jahren kein Geheimtip mehr, aber immer noch eines der bevorzugten Ziele. Könner schätzen die Süd- und Westküste mit ihren schwierigen Windverhältnissen, Anfänger fühlen sich an der ruhigeren Ostküste wohler.

In den Häfen Korsikas gibt es das notwendige Zubehör für diese Sportart, auf vielen Campingplätzen und ebenfalls in Hotels kann man Surfbretter leihen.

Tauchen

Die Gewässer um Korsika sind vorzügliche Tauchreviere, sowohl für Schnorchler als auch für Gerätetaucher. Die Unterwasserjagd ist nur ohne Sauerstoffgerät erlaubt, streng verboten ist das Sammeln von Korallen. Ohnehin sollten auch Taucher sich mit dem Anschauen begnügen und sich, statt mit der Harpune, lieber mit der Unterwasserkamera bewaffnen.

In allen touristischen Zentren werden Geräte verliehen, werden Kurse durchgeführt und Tauchfahrten unternommen. Die Broschüre ›Informations Pratiques‹ listet mehr als 50 Tauchbasen auf.

Tennis

Es gibt zahlreiche Tennisanlagen, die den Kommunen und Vereinen gehören und die auch Gästen bzw. Gastmitgliedern gegen Gebühr offenstehen. Die Tennisplätze der vielen Hotels sind häufig nicht nur den eigenen Gästen vorbehalten, sondern können auch von anderen Urlaubern (gegen eine Gebühr) genutzt werden.

Wandern

Die ganze Insel ist ein Wanderrevier. Wer seinen Urlaub hauptsächlich mit Wandern verbringen will, kann im Landesinnern günstig gelegene Standorte finden. Aber auch für Gelegenheits-Wanderer gibt es viele interessante und nicht zu schwierige Wege oder Tagestouren. Wanderschuhe sind aus Sicherheitsgründen unverzichtbar, Regenjacken und Pullover sind in den Bergen notwendige Bestandteile der Grundausrüstung. Wanderungen sollten mindestens zu zweit unternommen werden, denn die Routen sind häufig nicht sehr belebt. Grundsätzlich empfiehlt es sich auch, eine Wanderkarte mitzuführen (s. S. 307) und für größere Touren einen Wanderführer einzupacken. Plötzlich auftretende Wetterumschwünge können dazu führen, daß aus harmlosen Bächen recht schnell reißende Ströme werden. Deshalb empfehlen Experten auch die Mitnahme eines Sicherungsseiles für den gefahrlosen Rückweg.

Wer auf eigene Faust anhand einer Karte wandern will, muß mit Überraschungen rechnen. Viele eingezeichnete Wege existieren nicht mehr, andere enden vorzeitig in der sie seit langem wieder überwuchernden Macchia. Zudem braucht man einen guten Orientierungssinn oder einen Kompaß – am besten beides.

Die Naturparkverwaltung hat in den letzten Jahren zahlreiche Wege neu erschlossen, miteinander verbunden und gekennzeichnet. Diese Wege werden von der Parkverwaltung instandgehalten und so in Etappen eingeteilt, daß an deren Ende eine Übernachtungsmöglichkeit in Hotels oder *Gîtes d'étape* besteht. Die überwiegende Mehrzahl dieser Wanderherbergen bietet Kochmöglichkeiten und/oder Verpflegung, manche gleichen eher einem Hotel und bieten auch Zwei- und Vierbettzimmer. Schutzhütten *(Refuges)* sind dagegen einfachere Unterkunftsmöglichkeiten, die auf jeden Fall den eigenen Schlafsack und möglichst auch eine Isomatte erfordern. Man kann bei einer Schutzhütte auch das eigene Zelt aufschlagen, was auch für einige *Gîtes d'étape* gilt.

Die anspruchsvollste korsische Etappenroute ist der berühmte GR 20. Der ›Sentier de Grande Randonnée de la Corse‹ – der Region Nr. 20, daher GR 20 – gehört zu den schwierigsten der französischen Fernwanderwege. Die ca. 200 km lange Strecke ist, je nach Kondition und Wahl der Varianten, in 14 bis 20 Tagen zu schaffen. Einige Abschnitte erfordern das Können und die Ausrüstung von (schwindelfreien) Kletterern. Über die Hälfte der Wanderer brechen ihre GR-20-Wanderung vorzeitig ab – mancher erst, wenn er durch einen Unfall dazu gezwungen wurde. Dabei bietet Korsika viele Alternativen, darunter auch noch weniger begangene. So wurden zusätzlich zum GR 20 sieben Wanderregionen und vier mehrtägige Etappenwanderungen erschlossen.

... von Dorf zu Dorf

›Les Sentiers de Pays‹ führen von Dorf zu Dorf, ›Da Paese a Paese‹, und erschließen auf diese Art jeweils eine ganze Region. Der Wanderer kann von einem festen Quartier aus in Tagestouren die Region erkunden oder in Etappen von Quartier zu Quartier gehen. Die Regionen Alta Rocca, Bozio, Castagniccia, Fiumorbo, Giussani, Niolo, Taravo und Venachese sind in dieser Art erschlossen; für jede Region gibt die Naturparkverwaltung ein Faltblatt heraus. Es enthält Angaben über die Gehzeiten, Etappenvorschläge, Informationen über Unterkünfte, Restaurants, Läden und öffentliche Verkehrsmittel. Die Regionen Giussani, Niolo, Venachese, Bozio und Castagniccia sind mit Wanderwegen untereinander verbunden, ebenso wie die Regionen Taravo und Fiumorbo.

... von Meer zu Meer

Diese Verbindungswege sind Teilstrecken der quer über die Insel führenden Etappenwanderungen ›Da Mare a Mare‹ (von Meer zu Meer):

– von Moriani-Plage nach Cargèse: In zwölf Etappen vom Küstenort Moriani-Plage durch die Castagniccia und das Bozio nach Corte, weiter durch das Tavignano-Tal über Sega nach Calacuccia und Albertacce im Niolo, über den Col de Vergio und Evisa nach Marignana und von hier aus auf dem schon lange bestehenden Wanderweg ›Tra Mare e Monti‹ (s. S. 315) über Revinda ans Meer nach Cargèse. Eine südliche Variante führt von Sermano aus durchs Venachese über Poggio-di-Venaco, Noceta, Canaglia , Onda, Pastricciola, Guagno, Soccia, Renno nach Marignana und von dort ans Meer.

– von Ghisonaccia nach Ajaccio: Dieser Weg über die Insel beginnt in Abbazzia bei Ghisonaccia und führt in sieben Etappen durchs Fiumorbo und Taravo über die Etappen Catastajo, Cozzano, Bains-de-Guitera, Quasquara und Col de Saint-Georges. Von hier aus gibt es eine Busverbindung nach Ajaccio, die empfehlenswert ist, da ein Wanderweg noch nicht gekennzeichnet ist.

– von Porto-Vecchio nach Propriano: Die südliche Inselwanderung von Meer zu Meer führt durch die Wanderregion Alta Rocca. Sie beginnt sieben Kilometer außerhalb von Porto-Vecchio und von hier aus geht es in sieben Etappen über Cartalavone (bei L'Ospédale), Levie, Zonza, Serra-di-Scopamène, Sainte-Lucie-de-Tallano und Borgo nach Propriano.

Alle Inselüberquerungen sind gemessen am GR 20 relativ leichte Etappenwanderungen, doch auch sie sollten nicht unterschätzt werden. Wer ohne ausreichende Kondition, z. B. die erste Etappe der südlichen Wanderung von Porto-Vecchio nach Cartalavone in Angriff nimmt, dem kann leicht schwarz vor Augen werden: 1000 m Höhenunterschied sind zu bewältigen. Ähnlich anstrengende Etappen gibt es auf allen Überquerungen, sie wechseln allerdings mit recht erholsamen Tagestouren ab, erfordern also keine Konditionswunder. Die Tagesetappen sind unterschiedlich lang und in Gehzeiten von drei bis sieben Stunden zu schaffen, trainierte Wanderer können aus zwei Etappen oft eine machen. Wer einen dieser Wege gehen will, sollte die Empfehlung der Naturparkverwaltung beachten, nicht vor Mitte Mai und nach Anfang November hier zu wandern, obwohl auf der südlichen Route das Schneerisiko im Winter gering ist.

... zwischen Bergen und Meer

Als ganzjährig begehbar stuft die Parkverwaltung die Etappenwanderung ›Tra Mare e Monti Nord‹ ein. Sie beginnt in Calenzana, nur 8 km von der Küste entfernt, und verläuft in zehn Etappen über den Wald von Bonifato, Tuarelli, Galéria (am Meer), Girolata (am Meer), Serriera, Ota, Marignana, Revinda bis Cargèse (am Meer) immer in unmittelbarer Nähe zum Meer. Auf Maultierpfaden, oft auch auf den Spuren der Hirten und ihrer Herden, bietet dieser Weg Berge und Meer in einer idealen Kombination und mit vielen Möglichkeiten, die Wanderung nach Belieben zu unterbrechen. Dieser Weg ist sicher die beeindruckendste Möglichkeit, die wilde Westküste und ihr ebenso wildes Bergland kennenzulernen. Wer bereits im Frühjahr hier wandert, bekommt die blühende und betörend duftende Macchia noch gratis dazu, aber auch im Herbst und sogar bis Weihnachten herrschen ideale Wanderbedingungen. Dagegen muß man im Sommer, besonders im Juli und August, mit z. T. extremer Hitze rechnen und seinen Tagesvorrat an Wasser mitschleppen, da dann zahlreiche Quellen ausgetrocknet sind.

Der ›Tra Mare e Monti Sud‹ führt in fünf Etappen von vier bis sechs Stunden Gehzeit von Porticcio nach Propriano.

Für alle oben erwähnten Wanderwege gibt es Informationsmaterial der Naturparkverwaltung. Für die großen Etappenwanderungen sind dies die sogenannten ›Topo-Guides‹, ausführliche Broschüren mit detaillierten Informationen zur jeweiligen Wanderung (französischsprachig). Für die Wanderregionen enthalten die bereits erwähnten Faltblätter (s. S. 316) alle wichtigen Informationen. Dieses Material kann bei der Naturparkverwaltung bestellt werden, die ›Topo-Guides‹ ›GR 20‹ und ›Tra Mare e Monti‹ sind auch im korsischen Buchhandel erhältlich. Informationen bei:

Parc Naturel Régional de la Corse
2, Rue Sergent Casalonga, BP. 417, 20184
Ajaccio Cedex
Tel. 04 95 51 79 00
Fax 04 95 21 88 17
www.parc-naturel-corse-com
infos@parc-naturel-corse.com

Die folgenden Bergführer werden von der Regionalparkverwaltung empfohlen. Weitere Anschriften listet die Broschüre ›Informations Pratiques‹ auf.

Alta Strada
20271 Moltifao
Tel./Fax 04 95 47 83 01

A Muntagnola
20122 Quenza
Tel. 04 95 78 65 19
Fax 04 95 78 73 02

Compagnie des Guides de Montagne Corse
Route de Cuccia
20224 Calacuccia
Tel. 04 95 48 10 43
Fax 04 95 48 08 80

Corse Odyssee
20122 Quenza
Tel. 04 95 78 64 05
Fax 04 95 78 61 91

Muntagne Corse in Libertà
2, Av. De la Grande Armée
20000 Ajaccio
Tel. 04 95 20 53 14
Fax 04 95 20 90 60
www.montagne-corse.com
mcl@montagne-corse.com

Waldbrände

Auf den Wald- und Macchiaflächen kommt es immer wieder zu Bränden (s. S. 21). Urlauber sollten sich von Brandgebieten fernhalten, da der oft heftige Wind ein kleines Feuer blitzschnell in ein flammendes Inferno verwandeln kann. Darüber hinaus gilt es, Achtlosigkeiten zu vermeiden, niemals offenes Feuer zu machen oder glühende Zigarettenkippen wegzuwerfen. Waldbrände zerstören nicht nur die Natur, sondern kosten auch häufig Menschenleben.

Zeit

Korsika (Frankreich) hat – wie Mitteleuropa – die MEZ und auch die Sommerzeit. Offiziell ist also alles wie zu Hause.

Zeitungen

Deutschsprachige Presse wird, zumindest während der Saison, in allen Ferienzentren angeboten, meist mit einem Tag Verpätung. Die Tageszeitung ›Corse Matin‹ informiert über lokale Ereignisse und liefert Auskünfte über Veranstaltungen, Öffnungszeiten von Ärzten und Apotheken und vieles andere mehr. Seit 1998 belebt das Wochenmagazin ›Journal de la Corse‹ den Zeitungsmarkt ein wenig. Allerdings ist die Zeitung noch entwicklungsfähig.

Die Internetadressen der Blätter:
www.corsematin.com
www.jdcorse.com

Glossar

Alignement (frz.) Steinallee, Reihe von Menhiren
Anse (frz.) kleine Bucht
Barrage (frz.) Staudamm
Bergerie (frz.) Schäferei, Almhütte
Bocca (kors./ital.) Gebirgspaß (ital. Bucht, Mündung)
Bosco (kors.) Wald
Cairns (frz.) Steinhaufen zur Markierung von Wanderwegen
Cala (kors.) kleine Bucht
Calanche (kors.) Steilküste (von *Calanca* = Schutzhafen)
Capo (ital.) Kap
Cascade (frz.) Wasserfall
Castellu (kors.) Festung, Burg
Chapelle (frz.) Kapelle
Château (frz.) Schloß
Cima (ital.) Gipfel, Spitze
Col (frz.) Gebirgspaß
Corniche (frz.) Höhenstraße
Côte (frz.) Küste
Couvent (frz.) Kloster
Défilé (frz.) Schlucht, Engpaß
Eglise (frz.) Kirche
En-deça-des-monts das Land ›diesseits der Berge‹ (von Italien aus gesehen)
En-delà-des-monts das Land ›jenseits der Berge‹
Ermitage (frz.) Einsiedelei
Etang (frz.) Lagune, Haff, Teich
Falaise (frz.) Kliff, Steilküste, Felswand
Fiume (kors./ital.) Fluß
Forêt (frz.) Wald
Gare (frz.) Bahnhof
Garrigue lockerer Buschbestand, Kümmerform der Machia
Golfe (frz.) Golf, Meerbusen
Gorges (frz.) Gebirgsschlucht
Hôtel de Ville (frz.) Rathaus
Ile (frz.) Insel
Lac (frz.) See
Macchia dichter Buschwald von kors. *Mucchio* = Zistrose (frz. Maquis)
Mairie (frz.) Bürgermeisteramt
Marina (kors./ital.) Hafen
Marine (frz.) Hafen
Monte (frz.) Berg
Moulin (frz.) Windmühle
Paladini (kors.) Ritter, Bezeichnung für *Stantari* mit Abbildungen von Waffen
Phare (frz.) Leuchtturm
Piaghia (kors.) Küstenzone
Pieve mittelalterlicher Pfarrbezirk
Plage (frz.) Strand
Plaine (frz.) (Tief-)Ebene
Pont (frz.) Brücke
Ponte (kors./ital.) Brücke
Port (frz.) Hafen
Punta (kors./ital.) Berggipfel, Landzunge
Refuge Schutzhütte
Rocca (kors./ital.) Felsen
Rocher (frz.) Felsen
Scala (kors./ital.) Treppe
Source (frz.) Quelle
Spelunca (kors.) Höhle
Stantare (kors.) Menhir
Stazzona (kors.) Dolmen, eigentlich Schmiede
Tafoni bizarr verwitterte Fels- oder Steinformation (kors. *tafonare* = durchlöchern)
Teghie Dachbelag aus Steinplatten
Torre (kors./ital.) Turm, auf Korsika prähistorischer Turmbau
Torreaner nach Grosjean Träger der Torre-Kultur (ca. 1600–500 v. Chr.)
Tour (frz.) Turm
Vallée (frz.) Tal
Vestiges (frz.) Überreste, Ruine

Kleiner Sprachführer

Begrüßung und Konversation

guten Tag	bonjour
guten Abend	bonsoir
gute Nacht	bonne nuit
auf Wiedersehen	au revoir
bis bald/morgen	à bientôt/à demain
heute/morgen	aujourd'hui/demain
übermorgen	après-demain
gestern/vorgestern	hier/avant-hier
Wie geht's?	Ça va?
Danke, gut!	Bien, merci!
Und Ihnen?	Et vous?
Sehr gut!	Très bien!
Es geht!	Ça va!
Ich heiße	Je m'appelle.....
Wie heißen Sie?	Comment vous vous appelez?
Sehr erfreut!	Enchanté!
Ich bin Deutsche	Je suis allemande
Ich bin Deutscher	Je suis allemand
... Östereicher(in)	... autrichien(ne)
... Schweizer(in)	... suisse
Sprechen Sie	Parlez-vous
... deutsch/englisch/	... allemand/anglais/
... französisch	... français?
Ich verstehe	Je comprends
Ich verstehe nichts	Je ne comprends rien
Verzeihung!	Pardon!
bitte	s'il vous plaît
danke	merci
wo/wohin?	où?
woher?	d'où?
wo ist ... ?	où est ... ?
wann	quand?
wie lange	combien de temps?
warum	pourquoi?
rechts	à droite
links	à gauche
geradeaus	tout droit

Hotel und Restaurant

Haben Sie ein Zimmer frei?	Avez-vous une chambre?
... für eine/zwei Person(en)	... pour une/deux personne(s)
... mit französischem Bett	... à grand lit
... mit zwei Betten	... à deux lits
... mit Bad	... avec salle de bain
... mit Dusche	... avec douche
... mit Meerblick	... avec vue sur la mer
Wieviel kostet das Zimmer pro Tag?	Quel est le prix de la chambre par jour?
Ich bleibe	Je reste
... Nächte	... nuits
Den Schlüssel, bitte!	La clé, s'il vous plaît!
Ich reise morgen ab	Je partirai demain
Die Rechnung, bitte!	L'addition, s'il vous plaît!
Ich habe Hunger/ Durst	J'ai faim/ soif
Haben Sie einen Tisch für	Avez-vous une table pour
... Personen	... personnes
Frühstück	petit déjeuner
Mittagessen	déjeuner
Abendessen	dîner
Vorspeise	entrée
Nachspeise	dessert
Menü	menu
einzelnes Gericht	à la carte

Gesundheit

Apotheke	pharmacie
Krankenhaus	hôpital/clinique
Unfall	accident
Arzt/Zahnarzt	médecin/dentiste
Ich bin krank	Je suis malade
Ich habe Fieber	J'ai de la fièvre
Krankheit	maladie
Schmerzen	douleurs
Allergie	allergie
Atembeschwerden	troubles respiratoires

Durchfall	diarrhée
Entzündung	inflammation
Erbrechen	vomissement
Erkältung	refroidissement
Halsschmerzen	mal de gorge
Zahnschmerzen	mal de dents
Magenschmerzen	maux d'estomac
Sonnenbrand	coup de soleil

Kulinarisches

abricots	Aprikosen
agneau	Lamm
ail	Knoblauch
aïoli (kors.) aliolu	Knoblauch-mayonnaise
aliva (kors.)	Olive
amandes	Mandeln
anchois	Anchovis
anguille	Aal
araignée de mer	Meeresspinne
arigosta (kors.)	Languste
artichaut	Artisschocke
asperge	Spargel
assiette anglaise	Aufschnittplatte (Vorspeise)
aubergine	Aubergine
avocat	Avocado
aziminu (kors.)	Fischsuppe
bar	Barsch
basilic	Basilikum
bécasse	Schnepfe
beignet	Krapfen
bette	Mangold
beurre	Butter
bifteck	Steak
blanquette	Ragout
bœuf	Rind
boudin	Blutwurst
bouillabaisse	Fischsuppe
brébis (fromage de)	Schafskäse
brillulli (kors.)	Kastanienmehlbrei
brocciu (kors.)	kors. Frischkäse
brochet	Hecht
cabrettu à l'istrettu (kors.)	Zickleinragout
cabri	Zicklein
canelle	Zimt
canistrelli (kors.)	Gebäck aus Anis, Mandeln, Nüssen
caille	Wachtel
calmar	kleiner Tintenfisch
canard	Ente
câpres	Kapern
carottes	Karotten
casgiu (kors.)	Käse
cassoulet	Eintopf mit weißen Bohnen
caviar d'aubergines	fein gewürztes Auberginenmus
cédrat	Zitronatzitrone
cèpe	Steinpilz
cerise	Kirsche
champignon	Pilz
chanterelle	Pfifferling oder Eierschwamm, (s. girolle)
charcuterie	Fleisch- und Wurstwaren
charcuterie corse	Vorspeise aus verschiedenen Wurstwaren
chèvre	Ziege
chevreau	Zicklein
chou	Kohl
cinghjale (kors.)	Wildschwein
cochon de lait	Spanferkel
concombre	Gurke
coquillages	Schalentiere
coquille Saint-Jacques	Jakobsmuschel
congre	Meeraal
coppa (kors.)	Rollschinken
courgettes	Zucchini
couscous	Griesgericht aus Nordafrika
crème caramel	Vanillecreme mit Karamelsauce
crème brûlée	Vanillecreme mit karamelisierter Kruste
crevette	Garnele
crudités	gemischter Rohkostteller
crustacés	Krustentiere
daube	Schmortopf mit Rind- oder Lammfleisch
denti (kors. dentice)	Doradenart
dorade (daurade)	Goldbrasse
eau de vie	Schnaps aus Obst oder Trester
entrecôte	Rinderrostbraten, Rippenzwischenstück

epinard	Spinat
escalope	Schnitzel
escargots	Schnecken
espadon	Schwertfisch
falculelle (kors.)	flacher Käsekuchen mit Brocciu auf Kastanienblatt
fasgioli (kors.)	Saubohnen
fenouil	Fenchel
fiadone (kors.)	Käsekuchen mit Brocciu, auch Pudding aus Brocciu und Orangen
figue	Feige
fleur de courgettes	Zucchiniblüte
foie	Leber
formagliu (kors.)	Käse
fraise	Erdbeere
framboise	Himbeere
fritelle au brocciu (kors.)	süße Krapfen mit Frischkäse gefüllt
frites	Pommes frites
fromage	Käse
fruits	Obst
fruits de mer	Meeresfrüchte
gamba	große Garnelenart
ghjalaticciu (kors.)	gefüllter Schweinsmagen
gibier	Wild
gigot (d'agneau)	Keule (Lammkeule)
girolle	Pfifferling
glace	Eis
herbes	Kräuter
huile (... d'olive)	Öl (Olivenöl)
huîtres	Austern
jambon	Schinken
langouste	Languste
langoustine (scampi)	Langustine
lapin	Kaninchen
légumes	Gemüse
lentilles	Linsen
limande	Plattfisch
lonzu (kors.)	Lachsschinken
lotte	Seeteufel
loup de mer	Seewolf
marc	Tresterschnaps (wie Grappa)
marcassin	junges Wildschwein
marjolaine	Majoran
marmite de pêcheur	Fischeintopf

marrons	Eßkastanien
matelote	Fischragout
mele (kors.)	Honig
menthe	Minze
merguez	pikante Wurst aus Hammelfleisch
merlu	Seehecht
miel	Honig
minestra (kors./ital.)	Gemüsesuppe
morille	Morchel
moules	Miesmuschels
mouton	Hammel
mulet	Meerbarbe
mûre	Brombeere
myrtille	Heidelbeere
noisette	Haselnuß
noix	(Wal-)Nuß
oie	Gans
oignon	Zwiebel
orange	Apfelsine
origan	Oregano
oursin	Seeigel
pageot	Brasse
pain	Brot
pâté	Pastete
pâtes	Nudeln, Teigwaren
pêche	Pfirsich
perche	Barsch
perdreau	junges Rebhuhn
perdrix	Rebhuhn
persil	Petersilie
petits pois	Erbsen
pigeon	Taube
piment	Paprikaschote
pintade	Perlhuhn
pistache	Pistazie
pisticcine (kors.)	Fladenkuchen aus Kastanienmehl und Brocciu
piverunata (kors.)	Zickleinragout mit Paprika
poire	Birne
poireau	Porree
pois chiches	Kichererbsen
poisson	Fisch
poivre	Pfeffer
pomme	Apfel
pomme de terre	Kartoffel
porc	Schwein
potage	Suppe
poulet	Huhn
poulpe	großer Tintenfisch

praire	Venusmuschel
profiterole	Windbeutel, meist mit Füllung
prune	Pflaume
pulenta (kors.)	Polenta, oft aus Kastanienmehl
raie	Rochen
raisins	Weintrauben
rascasse	Knurrhahn (Drachenkopf)
ratatouille	Gemüseschmortopf
riffia (kors.)	Lamminnereien am Spieß gegrillt
riz	Reis
rognons	Nieren
rosmarin	Rosmarin
rouget	Meerbarbe
sandre	Zander
sanglier	Wildschwein
saucisson	Wurst
sauge	Salbei
saumon	Lachs
sel	Salz
sole	Seezunge
storzapreti (kors.)	Klöße aus Brocciu, Spinat und Ei
stufatu (kors.)	Fleischragout
sucre	Zucker
terrine (de sanglier)	Pastete (vom Wildschwein)
thon	Thunfisch
thym	Thymian
treglia (kors.) (frz. rouget)	Meerbarbe
tripes	Kutteln
trompette de la mort	Totentrompete (Speisepilz)
truite	Forelle
veau	Kalb
vinaigre	Essig
volailles	Geflügel
zini (kors.)	Seeigel
zuppa corsa (kors.)	korsischer Gemüseeintopf

Abbildungsnachweis

Archiv für Kunst und Geschichte, Berlin 41 l., 41 r., 44, 243

Karl Wolfgang Biehusen, Bremen 168/169, 175, 191
Mara Fuhrmann/PhotoPress, München 64, 88, 104, 158/159, 212
Miquel Gonzales/laif, Köln Titelabb., hintere Umschlaginnenklappe, 17, 19, 22, 23, 32, 52, 58/59, 60, 63, 80, 89, 96/97, 103, 105, 128/129, 131, 134, 138, 151, 152, 155, 178, 192/193, 208, 209, 211, 215, 217, 218, 223, 227, 229, 232/233, 235, 246/247, 248, 252
Christian Heeb/look, München 14, 77, 79, 82, 91, 93, 146/147, 148, 153, 167, 182, 204, 205, 238/239, 240, 264/265, 266/267, 268, 270
Frank Lukasseck, Overath 188, 230/231
Norbert Nepaschink, Bremen 12, 72, 76, 101, 110, 111, 112, 113, 118/119, 121, 122, 130, 135, 139, 142/143, 150, 171, 174, 179, 181, 183, 186, 189, 255
Werner Richner, Saarlouis 11, 28, 65, 68, 84/85, 94, 126, 200/201
Hans Schymik, Aalen-Waldhausen 9, 18, 25, 99, 127, 157, 163
Ulli Seer/look, München 55
Otto Stadler/Silvestris Umschlagrückseite, 8, 13, 21, 47, 51, 67, 73, 78, 102, 106/107, 114, 115, 123, 124, 125, 136/137, 140, 141, 145, 156, 165, 166, 190, 196, 197, 198, 199, 203, 206/207, 220/221, 259, 262/263,
Ullstein Bilderdienst, Berlin 37, 38
Gaby Wojciech, Köln 160/161

Karthographie: artic, Duisburg
© DuMont Buchverlag, Köln

Register

Personenregister

Orts- und Sachregister

Umschlagvorderseite: Speloncato, Balagne
Umschlaginnenklappe: Ajaccio, Café de l'Empereur
Umschlagrückseite: Pause unter Platanen, Place Saint-Nicolas in Bastia

Über die Autoren: Norbert Nepaschink, geboren 1951, ist Diplom-Sozialwissenschaftler und arbeitet als Autor, Journalist und Filmemacher u. a. in Bremen.

Karl Wolfgang Biehusen, geboren 1947, war u. a. Seemann und Redakteur. Er studierte Sozialwissenschaften und promovierte mit einer Arbeit auf dem Gebiet der Regionalwissenschaften. Heute arbeitet er als Journalist, Autor und Filmemacher.

Im DuMont Buchverlag erschien von den Autoren außerdem das Reise-Taschenbuch ›Sardinien‹.

Wichtiger touristischer Hinweis:
Im Rahmen der Militärreform in Frankreich wird aus der Grande Armée bis zum Jahr 2002 eine Berufsarmee. Die Umstrukturierung bedingt in ganz Frankreich auch die Schließung etlicher Standorte, wovon auch Korsika stark betroffen sein wird. In Folge von Standortschließungen soll etwa die Zitadelle von Ajaccio privatisiert, sollen die Kasernen von Bonifacio einer zivilen Nutzung zugeführt werden usw.

Es ist also in den nächsten Jahren mit einigen wesentlichen Änderungen zu rechnen, die den Aktionsradius von Touristen in den betroffenen Orten erheblich erweitern könnten. Jedoch sind im Moment noch keine konkreten Schritte und Zeitpläne bekannt.

3., aktualisierte Auflage 2001

Satz: DuMont Buchverlag
Druck: Rasch, Bramsche
Buchbinderische Verarbeitung: Bramscher Buchbinder Betriebe

Printed in Germany ISBN 3-7701-3733-7

Ajaccio: *1 Citadelle 2 Maison Bonaparte 3 Hôtel de Ville/Salon Napoléonien 4 Chapelle Impériale 5 Palais et Musée Fesch 6 Petit Saint-Roch 7 Saint-Roch 8 Palais Lantivy/Préfecture 9 Musée A Bandera 10 Place du Général de Gaulle 11 Assemblée Régionale de la Corse 12 Monument de Napoléon 13 Chapelle des Grecs 14 Musée du Capitellu 15 Notre-Dame-de-la-Miséricorde 16 Saint-Erasme 17 Les Milelli*